现代客户关系管理

（第三版）

周洁如 编著

Modern Customer Relationship Management

管理
MANAGEMENT

上海交通大学出版社
SHANGHAI JIAO TONG UNIVERSITY PRESS

内容提要

本书为新技术背景下的客户关系管理(CRM)教材,内容上理论与实践相结合,系统而有逻辑,与时俱进,每章附有生动鲜活的案例,并配有案例思考题和每章复习题,以帮助读者自主学习。

根据CRM的背景、时间轴、内涵和本质,本书分为五大部分,即:开篇、上篇、中篇、下篇和综合篇。其中开篇为CRM背景,包括:概述、新技术背景;上篇为CRM核心理念,包括:顾客满意与管理、顾客忠诚与管理、顾客价值与管理;中篇为CRM技术系统,包括:CRM的技术系统、CRM中的数据管理、大数据及其管理;下篇为CRM实施方案和策略,包括:CRM的实施、组织与CRM的匹配、CRM营销策略;综合篇为CRM的现在和将来,包括:CRM的绩效评估,CRM的现状与发展趋势。

本书读者为:高等院校中经济与管理专业学生、企业各级管理者以及企业销售人员、客户服务人员等。

图书在版编目(C I P)数据

现代客户关系管理 / 周洁如编著. — 3 版. — 上海:
上海交通大学出版社,2022.12
ISBN 978-7-313-28206-4

Ⅰ.①现… Ⅱ.①周… Ⅲ.①企业管理－供销管理
Ⅳ.①F274

中国版本图书馆 CIP 数据核字(2022)第 255669 号

现代客户关系管理(第三版)
XIANDAI KEHU GUANXI GUANLI(DI-SAN BAN)

编　著:周洁如			
出版发行:上海交通大学出版社		地　址:上海市番禺路 951 号
邮政编码:200030		电　话:021-64071208
印　刷:上海新艺印刷有限公司		经　销:全国新华书店
开　本:787mm×1092mm　1/16		印　张:21.5
字　数:519 千字		
版　次:2008 年 1 月第 1 版　2022 年 12 月第 3 版		印　次:2022 年 12 月第 13 次印刷
书　号:ISBN 978-7-313-28206-4		
定　价:69.00 元		

前　言

托尔斯泰有句关于家庭幸福的名言:幸福的家庭家家相似,不幸的家庭各有各的不同。借用此名言,反过来说成功与否的企业:失败的企业家家相似,成功的企业各有各的不同! 因为失败的企业都是失去了客户,没有了根基! 得客户者得天下,这是业界不争的事实。企业之间的竞争,早已从产品之间的竞争过渡到服务之间的竞争,进而到了当前与客户之间关系的竞争。如何获得新客户、维护老客户,并让客户不断升值,是每一个企业必须面临且要攻克的难题。

什么是客户? 很多人会毫不犹豫地说:客户就是直接购买企业产品和服务的人或者组织。从狭义的角度来看,此话不假。但对于像亚马逊这样的巨无霸企业,数亿尊贵的消费者是它的客户,那么平台上的 200 万卖家是不是它的客户? 数十万作者,数百万 AWS 开发人员是不是它的客户? 56 万名员工是不是其客户? 从广义的角度来看,这些都是它的客户,贝佐斯在 2021 年致股东信提到的上述人员正是亚马逊每天都想要取得进步的动力。因为这些人都与企业的经营活动密切相关,他们都是企业的利益相关者,与他们的关系不顺,最终皆会影响企业与终端客户的关系,从而影响企业的经营。所以,客户既是一个广义的概念,又是一个系统的定义。

什么是客户关系管理? 客户关系管理,英文为 Customer Relationship Management,简称 CRM。尽管目前学术界、企业界从不同的角度定义客户关系管理,有的偏重 CRM 过程,有的偏重 CRM 策略,有的偏重 CRM 经管理念,甚至有的偏重 CRM 技术系统,各自有自己的界定,但对于 CRM 的重要作用和意义却有共识:企业实施客户关系管理能发展与客户之间的长期合作关系,能提高企业以客户为中心的运营性能,能增加企业的核心竞争力,能降低成本、增加收入,因而能提高企业的盈利能力。企业要成功管理客户关系,就不能片面地看待和管理客户关系,而应该用系统的观念认识和理解客户关系管理。

客户关系管理是一个系统整合的概念。其理论体系包括三个方面:CRM 战略、CRM 技术系统和 CRM 实施方法和策略。对 CRM 全面系统的理解应该从以下三方面进行。

首先,CRM 战略是 CRM 成功的关键,它是 CRM 实施应用的基础和土壤,是促成企业战略观形成的思想基础。客户关系管理的核心理念和重要思想可以高度概括为:

- 一切以客户为中心,这是客户关系管理的导向和核心。

- 了解客户需求,重视客户的个性化特征,实现个性化服务,这是企业保留客户、发展客户的重要策略。
- 为客户提供价值,这是建立高质量客户关系的基础。
- 不断提高客户的满意度和忠诚度。
- 与客户保持长期的、良好的、有利可图的关系,始终贯穿企业市场营销的全过程。

其次,信息系统、IT技术、因特网、社交网甚至是微信等组成的CRM系统是CRM成功实施的手段和方法,此系统是辅助CRM这一企业战略观得以实现的有力工具。

最后,CRM实施和策略即是指CRM项目的具体实施和日常执行策略与方法,当战略既定的情况下,细节即决定成败。

以上三个方面就像CRM的三驾马车,互相依赖、互相关联,缺一不可。

随着技术的高速发展,时代的不断变迁,企业经营的环境发生了翻天覆地的变化,客户关系管理在新的技术环境下获得了新的内涵,客户关系管理的思想不断充实完善、理念不断更新,管理客户关系的方法、手段、策略和技巧也随之不断创新。

本教材即有别于同本教材《现代客户关系管理》第二版,又有别于市场上其他客户关系管理教材,因而在如下方面体现出现代特色,而有所差异和创新:

1)更加完整的体系

根据CRM的时代背景、时间轴、内涵和本质,本书分为五大部分,即:开篇、上篇、中篇、下篇和综合篇。其中开篇为CRM背景,包括概述、新技术背景与客户关系管理。上、中、下篇为客户关系管理的三位一体,即核心理念、技术系统与实施方案与策略。具体如下:上篇为CRM核心理论,包括:顾客满意与管理、顾客忠诚与管理、顾客价值与管理;中篇为CRM技术系统,包括:CRM的技术系统、CRM中的数据管理、大数据及其管理;下篇为CRM实施方案和策略,包括:CRM的实施、组织与CRM的匹配、CRM营销策略。综合篇为CRM的现在和将来,包括:CRM的绩效评估,CRM的现状与发展趋势。

2)融入了现代营销管理理论

CRM理论体系中融入了现代营销管理理论:如关系营销、客户关系生命周期、顾客盈利率、社交媒体营销、直播等,现代营销理论的成熟与完善为CRM体系的成形奠定了理论基础,CRM则是市场营销理论的扩展和升华。

3)基于最新的技术发展

现代的CRM技术系统融合了现代最新的科技发展。如:人工智能、云计算、5G、元宇宙、移动社交媒体、大数据等,使得企业管理客户关系的手段和方法更先进、更方便,更容易与顾客互动,因此这些都体现在内容上的诸多更新。如第2章探讨了新技术与客户关系管理的关系,具体包括人工智能、云计算、5G、元宇宙以及移动社交网分别给企业的客户关系管理带来的影响。在中篇,不仅介绍了传统的技术系统和模块,也增加了呼叫中心的最新技术和运用,而且还突出了与云计算相关的托管型的 CRM、与社交媒体相关的社交化的 CRM、最新的大数据及其管理,并紧跟 CRM 行业的发展态势,增加了 CRM 的社交化、智慧化趋势等最新内容。

4）具有业界丰富的 CRM 最新实践

由于客户对于企业生存、发展的重要意义,每个企业都在努力地进行着客户关系管理的实践,只是每个企业的实践水平不一,因而实践的效果也大相径庭,使得企业的 CRM 实践千姿百态、丰富多彩、千变万化。基于此,本书增加了很多与时俱进的鲜活案例,每章由导入案例入手,主题案例分析结尾,首尾呼应,从而使得读者能够将本章理论与最新实践结合起来,不仅能加深对 CRM 的理解,也能开阔 CRM 的行业视野。

在本著作撰写的过程中,得到了上海交通大学出版社编辑提文静博士的大力支持,暑期科研实习的本科生祝鹤、耿玉欣、陈涵菲、孙钰涵、李芊惠等参与了第 2 章新技术资料的收集与整理工作,在此一并感谢!

由于时间仓促,水平有限,难免有不足之处,在此敬请各位读者批评指正!

周洁如

上海交通大学安泰经济与管理学院

2022 年秋于上海

目　录

开篇　CRM 背景

第 1 章　CRM 概述 ·· 2

　导入案例:"得场景者得天下",平安银行信用卡极致的客户体验 ·········· 2

　1.1　客户关系管理的系统概念与内涵 ···································· 4

　1.2　客户关系管理的误区 ·· 12

　1.3　客户关系管理的意义与作用 ······································ 13

　1.4　客户关系管理的动因 ·· 17

　主题案例:华为独特的客户关系管理 ···································· 20

第 2 章　新技术与客户关系管理 ······································ 24

　导入案例:加拿大航空利用 AI 技术改善客户关系 ······················ 24

　2.1　人工智能及其对客户关系管理的影响 ······························ 27

　2.2　云计算及其对客户关系管理的影响 ································ 32

　2.3　5G 及其对客户关系管理的影响 ···································· 39

　2.4　元宇宙及其对客户关系管理的影响 ································ 43

　2.5　移动社交网及其对客户关系管理的影响 ···························· 51

　主题案例:微软为什么要收购动视暴雪 ································ 56

上篇　CRM 核心理念

第 3 章　顾客满意及其管理 ·· 64

　导入案例:2022 年中国顾客满意度指数 C-CSI ························ 64

　3.1　顾客满意的重要意义 ·· 65

　3.2　顾客满意的概念 ·· 68

　3.3　影响顾客满意的因素 ·· 69

　3.4　顾客投诉及其管理 ·· 74

　3.5　顾客流失及其管理 ·· 78

　3.6　顾客满意度的测评 ·· 82

　3.7　提高顾客满意度的途径 ·· 91

主题案例:特斯拉车主投诉 ·· 92

第4章　顾客忠诚及其管理 ·· 96
　　导入案例:航司自救:"随心飞" ·· 96
　　4.1　顾客忠诚概念与类型 ·· 99
　　4.2　顾客忠诚的发展过程 ·· 101
　　4.3　顾客忠诚的驱动因素 ·· 103
　　4.4　顾客忠诚的衡量指标 ·· 104
　　4.5　顾客忠诚的经济价值分析 ·· 106
　　4.6　顾客忠诚与顾客满意的联系与区别 ·· 109
　　4.7　顾客忠诚的培养 ·· 112
　　主题案例:加拿大航空升级版 Aeroplan 计划 ·· 118

第5章　顾客价值及其管理 ·· 121
　　导入案例:保险"内卷"加剧:高净值群体争夺战 ·· 121
　　5.1　价值的定义与内涵 ·· 123
　　5.2　顾客价值理论 ·· 124
　　5.3　顾客价值的驱动因素 ·· 129
　　5.4　顾客细分(按价值细分) ·· 131
　　5.5　顾客价值分析 ·· 133
　　5.6　提升顾客价值的途径 ·· 139
　　主题案例:宜家:"家居生活服务专家"的应变与坚守 ·· 141

中篇　　CRM 技术系统

第6章　CRM 技术系统概述 ·· 148
　　导入案例:SAP 云产品赢得中国客户 ·· 148
　　6.1　CRM 系统特点 ·· 149
　　6.2　CRM 的系统结构 ·· 150
　　6.3　CRM 的软件系统 ·· 159
　　6.4　CRM 系统的模块 ·· 164
　　6.5　CRM 系统的分类 ·· 169
　　6.6　CRM 系统的价值 ·· 172
　　6.7　CRM 软件供应商 ·· 172
　　主题案例:讯鸟软件正式推出微信呼叫中心 ·· 178

第7章　CRM 技术系统中的数据管理 ·· 181
　　导入案例:个性化推荐 ·· 181
　　7.1　数据的概念和重要性 ·· 182

7.2 数据的分类、收集及质量 ·· 183

7.3 数据仓库和数据挖掘 ·· 189

7.4 CRM 数据仓库的建立 ·· 197

主题案例:深度解析:精准医疗 ·· 198

第8章 大数据及其管理 ·· 202

导入案例:依据大数据精准赋码,助力疫情防控 ··················· 202

8.1 大数据时代的来临 ·· 202

8.2 大数据解构 ··· 204

8.3 大数据概述 ··· 205

8.4 大数据的重要性 ·· 208

8.5 大数据应用及其产业链 ·· 212

8.6 大数据面临的挑战和发展趋势 ··· 216

主题案例:脸书 5 亿用户数据遭泄露 个人隐私"裸奔"何解 ············· 221

下篇 CRM 实施与管理

第9章 CRM 项目的实施 ·· 226

导入案例:用泛微 OA 系统强化客户管理过程,提高签单率 ········· 226

9.1 CRM 软件系统的实施过程 ·· 229

9.2 CRM 系统的选择 ·· 235

9.3 成功实施 CRM 的关键 ··· 240

主题案例:e 签宝:CRM 精细化管理成效凸显,商机量和转化率增长两倍······ 244

第10章 组织与 CRM 的匹配 ·· 248

导入案例:海底捞文化:关注顾客与员工两个满意度 ··············· 248

10.1 组织结构与 CRM 的匹配 ··· 252

10.2 业务流程与 CRM 的匹配 ··· 256

10.3 CRM 与企业文化 ··· 259

主题案例:华为的 LTC 流程再造 ·· 262

第11章 CRM 营销策略 ·· 265

导入案例:社区团购走向十字路口 下半场竞夺加速·············· 265

11.1 关系营销 ··· 267

11.2 数据库营销 ·· 273

11.3 一对一营销 ·· 276

11.4 社交媒体营销 ·· 281

11.5 直播 ··· 282

主题案例:东方甄选:从销售产品到销售情怀 ······························· 286

综合篇　　总结现状　展望未来

第 12 章　CRM 绩效评估 ···································· 292
　　导入案例:SW 公司对 CRM 实施的评估 ················ 292
　　12.1　CRM 绩效评估的意义 ························· 293
　　12.2　CRM 绩效衡量的复杂性 ······················ 293
　　12.3　CRM 绩效衡量指标文献回顾 ··················· 294
　　12.4　传统的 CRM 绩效评估 ······················· 295
　　12.5　CRM 评估指标的原则 ························· 297
　　12.6　平衡计分卡与 CRM 绩效评估 ·················· 298
　　12.7　利用平衡计分卡建立的 CRM 绩效评价模型 ········ 300
　　主题案例:平衡计分卡帮助 K 公司留住顾客 ············ 309

第 13 章　CRM 应用现状及发展趋势 ····················· 313
　　导入案例:智能客服如何从内驱动滴滴新增长
　　　　　　　····································· 313
　　13.1　CRM 的应用现状 ··························· 315
　　13.2　CRM 的发展历程 ··························· 317
　　13.3　CRM 的发展现状 ··························· 320
　　13.4　CRM 的发展趋势 ··························· 321
　　13.5　社交化的 CRM ····························· 324
　　13.6　智慧化的 CRM ····························· 325
　　主题案例:Salesforce 发起 SaaS 最大并购案 ············ 327

参考文献 ·· 332

开篇 CRM 背景

第1章 CRM 概述

"得场景者得天下"，平安银行信用卡极致的客户体验

作为平安银行零售转型的先锋军，平安银行信用卡在零售战略转型中快速发展成为行业第一梯队，客户规模、消费、资产质量在行业中名列前茅，2020年1—7月新户数超450万，稳居股份制银行榜首，消费金额稳居行业第二。

作为行业佼佼者，面对日益激烈的市场竞争、产品同质化日益突出等问题时，平安银行信用卡通过场景化经营，深入打造"快、易、好"的极致客户体验，巩固平安银行零售转型成果，深耕存量用户，整体业务在后特殊时期快速反弹。

流通卡量同比增长超 10%

随着消费升级，消费金融迎来巨大发展空间，同时我国信用体系日渐完善，信用卡逐渐成为我国居民消费的主流支付方式。作为中国信用卡行业的领跑者，平安银行积极贯彻落实国家拉动消费的方针政策，履行服务实体经济的职责，大力发挥信用卡消费对社会消费的拉动作用。

作为平安银行消费金融业务板块的主力军，平安信用卡表现良好。截至2020年6月末，平安银行信用卡流通卡量达到6148.01万张，同比增长10.2%；信用卡贷款余额5125.04亿元，同比增长0.3%。2020年上半年，该行信用卡总交易金额16073.13亿元，达成上年同期水平的99.3%，信用卡商城交易量同比增长18.1%。

实际上，平安信用卡今天的成绩并非一蹴而就。2016年，平安银行拉开了零售战略转型的大幕。经过三年多的奋力赶超，平安银行大刀阔斧的锐意变革，零售战略转型交出了一份满意的答卷。

2020年，是平安银行零售转型换挡升级新阶段的开局之年，是平安银行新三年战略举措的起步之年，平安银行将以重塑资产负债表作为新三年转型的重中之重，着力打造"数字银行、生态银行、平台银行"三张名片，夯实转型升级基础，推动发展迈向新台阶。

场景化构建消费生态，"快、易、好"深入打造极致客户体验

作为商业银行构建消费金融生态的关键支点，信用卡这个"支付入口"，具有天然连接客户、商户、场景的优势。场景不仅意味着用户和商机，更是银行获取数据、夯实风控及营销模型的契机。

实际上，平安信用卡紧跟消费热点、深度适配移动消费场景，可以说将深度挖掘场景

的工作做到了极致。

以平安银行与平安产险强强联合发行"好车主卡"为例,该信用卡不仅涵盖了加油优惠、洗车代驾、接送机、出行保障等车主权益,还延伸到了美食外卖、视频网站等车主生活场景。一站式、全生命周期的产品理念正在成为平安信用卡的差异化优势。据了解,"好车主卡"已升级"加油88折"权益,为车主构建一站式车生态服务圈,截至上半年产品发行以来已发卡近50万张。

除了好车主卡外,平安信用卡在跨界方面尝试更多融合玩法。2020年上半年,平安信用卡与去哪儿、国美、途虎养车、携程、肯德基等合作方展开深度跨界合作。此外,平安信用卡针对年轻客群发行"平安悦享"白金信用卡及"萌宠"主题信用卡,满足年轻群体个性化的用卡需求。

仅有场景端布局是不够的,平安信用卡针对用户深入经营内容营销社交获客模式,通过生产优质内容促进用户的转发分享,提升客户的留存和价值转化。

一方面,平安银行积极推动线上消费,优化交易结构,全面实行网络交易发放积分;持续加码"8元+天天88""188红包""唯您优享"等品牌性活动,全面贴合客户的消费需求。该行口袋商城不断完善和推广线上生活专区,并持续推动优质品牌的入驻。2020年上半年,口袋商城已与超100个知名品牌达成战略合作,开展"大牌来了"系列活动,同时与知名品牌联合发起近40场直播,打造直播电商新模式。

另一方面,平安银行完善一站式综合金融服务App平台,从过去以销售为主转入现在以服务为主,基于平台内容基础,为客户提供内容资讯。2020年上半年阅读量达2.6亿次、分享量约2亿次。

2020年7月1日开始,平安信用卡携手迪丽热巴在全国掀起一场名为"全城寻找热8"的全域整合营销新浪潮。活动借迪丽热巴明星效应,将10万+商户、卡权益甚至卡产品背后的生态服务融合到一起,统一服务用户,并首次运用直播工具与消费者深度互动,打破行业固有营销模式,探索金融新零售的新模式。

科技赋能,综合金融,未来可期

"建设中国最卓越、全球领先的智能化零售银行",这是平安银行旗帜鲜明的长期战略目标。作为平安银行零售金融业务排头兵的平安信用卡任重而道远。

对于平安信用卡而言,平安独有的一站式综合金融服务是该业务打造差异化的独家优势。平安银行信用卡背靠平安集团这个综合金融平台,并与平安银行其他业务甚至平安集团其他子公司业务高效协同,利用集团化资源挖掘并满足客户需求,为客户提供一站式金融服务。在集团"金融+生态"战略下,平安信用卡在同质化的信用卡产品和服务中脱颖而出成为必然。

平安银行"科技引领、零售突破、对公做精"的十二字策略方针,科技引领当先,这是平安银行依托集团金融科技优势的底气。近年来,平安银行依托平安集团核心技术资源,加快人工智能、大数据、区块链等新技术与银行场景的融合应用,提升客户营销、运营管理、风险控制等方面的能力。

同时,作为平安银行零售转型换挡升级的急先锋,平安信用卡持续利用人工智能、云计算、区块链、物联网等新技术赋能业务,科技赋能的单点突破早已在平安信用卡业务的前、中、后台的各个模块全面渗透。即使行业遭受特殊时期影响，进入 2020 年以来，消费金额位居行业第二。

据了解，在产能及效率提升方面，平安信用卡推出"一键办卡、即享优惠"科技服务，实现场景化获客和营销，发卡时间由原来的 2 天缩短至最快 2 分钟；在成本控制方面，基于 PaaS 平台构建的信用卡新核心，成本仅为原系统的 1/3，同时 2020 年上半年，平安信用卡新发卡量 417.53 万张，近 90% 通过 AI 智能审批，此外平安信用卡优化 AI 智能语音技术并渗透到不同服务场景，其中智能语音月外呼规模已达 1200 万通，相当于人工坐席约 3000 人的工作量；在风控体系方面，零售统一 SAFE 智能反欺诈体系累计防堵欺诈攻击金额 3.71 亿元，同比增长 9.8%。

此外，平安信用卡打造线上多媒体服务闭环体系，持续优化图文、音频多媒体等线上交互方式，并不断提升 App 端在线客服的智能精准服务，同时升级智能预审平台，基于前沿算法建立客户信用、额度、综合授信等方面的模型，高效转化集团优质客户。

（资料来源：根据《每日经济新闻》等整理，2020.9）

客户关系管理（CRM，Customer Relationship Management）最早由世界著名 IT 系统项目论证与决策权威机构——Gartner Group 于 20 世纪 80 年代提出，是 90 年代随着 Internet 和电子商务涌入中国的最重要的 IT 技术和管理理念之一，目前已经成为学术界及企业界研究的热点问题。

从字面上，客户关系管理可拆分成客户、关系、管理三个词组。要理解客户关系管理的概念与内涵首先就得对客户、关系与管理三个概念有深刻的理解。此外，还得从系统的角度去全面定义和理解客户关系管理的概念与内涵。

1.1 客户关系管理的系统概念与内涵

1.1.1 客户的系统概念

要界定 CRM，首先要界定清楚客户的内涵。如果不将客户的范围界定清楚，就难免造成对 CRM 认识上的模糊和争论。理解"客户"的概念要从系统的角度去理解。客户有狭义与广义之分，也有个人和组织之别。

1) 广义与狭义之分

狭义的客户：是指产品和服务的最终使用者或接受者。

广义的客户：要结合过程模型来理解，任何一个过程输出的接受者都是客户。用系统的观点看，企业可以看作是由许多过程构成的网络，其中某个过程既是它前面过程的客户，又是它后面过程的供方。如果划定了系统的边界，在企业内部存在着内部供方和内部客户，在企业外部存在着外部供方和外部客户。因此，企业内部下一道工序是上一道工序的客户指的就是广义的客户。

广义的客户不仅包括企业产品的终端消费者，还包括了与企业经营相关的任何组织和个人。如产品的供应商、经销商、企业的内部客户—员工等。此外还包括对企业经营产生重要影响的特殊利益集团，如政府、行业协会、企业所在社区、新闻媒体等。

SCOPE模型：以上各关系在西方的关系营销中用SCOPE模型表示。S-Supplier,代表供应商；C-Customer,为顾客(终端顾客),笔者认为还应代表另一角色,即Competitor,竞争者；O-Owner,即企业所有者；P-Partner,为合作伙伴,它既包括渠道商,又包括任何有利益关联的伙伴关系者；E-Employee,指企业内部员工。一般而言,企业的终端客户尤其重要,但是,如今企业的经营与管理免不了要处理与各利益相关者的关系。任何一个关系方的关系发生问题,皆会影响企业的经营过程和绩效。当今全球范围内的竞争,与其说是企业之间的竞争,不如说是一系列以核心企业为中心的供应链之间的竞争。对于一个核心企业,它处于供应商、分销商、零售商以及最终消费者的链条之上,它的客户不光是最终消费者,而且还包括它的分销商和零售商,而后者对它来说也非常重要。所以,CRM中的"客户"主要应该包括供应商、分销商、零售商和最终消费者在内的企业外部客户。员工是企业的内部客户,而当前众多的CRM争论,大都隐含地将"客户"指定为最终消费者,也就难怪其将CRM界定为"一对一营销"了。

在客户关系管理的SCOPE模型中,企业应以客户为核心,关注战略性重要客户,提高客户满意度,进行客户组合分析并采取相应的策略。同时只有与供应商、企业主/投资商、员工、伙伴这四个方面相互协作、相互发展,才能为客户创造、提供价值,实现客户关系管理的成功。

以下长、短视频平台间从竞争者关系到合作者关系的变化就是对广义"客户"的最好的说明。

2021年第九届中国网络视听大会上,腾讯、爱奇艺、优酷三大长视频平台高管抱团对短视频进行了炮轰,矛头直指短视频平台上的"二创"(指基于影视作品等长视频的二次创作)内容。

腾讯副总裁孙忠怀表示,部分低智低俗的短视频长期影响用户心智,繁荣市场背后仍有不少低俗糟粕,博取关注的短视频内容,这些内容的传播消耗了用户大量时间。同时,他还提到了短视频对内容的搬运问题,他说道："长久以来,这种对长视频内容的拆解式速看,既侵犯了影视作品的著作权,又消解了影视作品的艺术价值。这不仅打击了头部创作者的创作热情,更破坏了市场的正常秩序,影响了行业的长期发展,最终导致用户、创作者、影视从业者、平台等多方利益受损。"

2022年7月19日,爱奇艺率先和抖音握手言和、达成合作,双方围绕长视频内容的"二创"与推广等方面展开探索。

依据合作内容,爱奇艺将向抖音集团授权其内容资产中拥有信息网络传播权及转授权的长视频内容,用于短视频创作。双方对解说、混剪、拆条等短视频"二创"形态进行了具体约定,将共同推动长视频内容知识产权的规范使用。这无疑是长短视频平台合作共赢新模式的开启。

对于此次爱奇艺和抖音集团达成的合作,爱奇艺创始人、CEO龚宇表示,这是双方在尊重和保护知识产权、探索合作双赢上迈出的重要一步,具有里程碑意义。这也充分证明,爱奇艺持续创作优质长视频内容、坚持长期主义的价值,得到了市场和用户的认可。相信这次合作有助于优化网络视频行业生态,拓宽合作渠道,创造更多价值,实现平台、创作者和用户的多方共赢。

抖音作为短视频的头部企业,影视创作是抖音平台内容的重要组成部分,与爱奇艺合作,可以获得大量的优质长视频,增加抖音创作者的创作热情,同时也可以避免侵权风险。对于爱奇艺来说,其可以借用抖音庞大的流量进行视频引流,通过抖音的平台用户对长视频进行二次创作,吸引用户点击跳转到爱奇艺看正片,对于长视频宣发、拉新促活以及会员收入具有重大作用。

抖音和爱奇艺双方都认为,此次合作是长短视频平台携手探索影视内容知识产权使用规范化、实现双赢的重要一步,对于长短视频创作者和消费者均有重要意义。

Stakeholder:SCOPE 模型是以同一产业链而论的。现代企业的经营常会超出产业链,跨界经营,或者是在产业链之外,还有多方力量影响着企业的经营管理。如政府、公众,甚至跨界经营的其他合作者。如生态型企业就是如此。以亚马逊为例,其客户类型是众多的。正如贝佐斯在 2021 年致股东的信中提到的:"数亿尊贵的消费者,200 万卖家,56 万名员工,数十万作者,数百万 AWS 开发人员,这些人正是我们每天都想要取得进步的动力,这些人都是亚马逊的利益相关者,都是它的客户。"

2) 2B 与 2C 之分

客户可以是一个人,也可以是一个目标群体,一个组织。个人客户是指消费者,即购买最终产品与服务的零售客户,通常是个人或家庭,他们构成消费者市场。企业客户是指将购买你企业的产品或服务并附加在自己的产品上一同出售给另外的客户,或附加到他们企业内部业务上以增加盈利或服务内容的客户,企业客户构成企业市场。

3) 不同学者对客户的理解

罗纳德·S.史威福特认为客户的范畴包括如下方面:

(1)2C 的客户是指:购买最终产品与服务的零售客户,通常是个人或家庭。

(2)2B 的客户是指:将购买的产品或服务附加在自己的产品上一同出售给另外的客户,或附加到他们企业内部业务上以增加盈利或服务内容的客户。

(3)渠道、分销商和特许经营者:不直接为企业工作,并且(通常地)不需要为其支付报酬的个人或组织。他们购买产品的目的是作为企业在当地的代表进行出售或利用企业的产品。

(4)内部客户:企业(或联盟公司)内部的员工或业务部门,他们需要企业的产品或服务以实现他们的商业目标,这通常是最容易被企业忽略的一类客户,同时又是最具长期获利性(潜在)的客户。

Webster 和 Wind 对客户的定义则为:所有本着共同的决策目标参与决策制定并共同承担决策风险的个人和团体,包括使用者、影响者、决策者、批准者、购买者和把关者。其中:

(1)使用者是指那些将要使用产品或服务的人员,在多数情况下,由他们首先提出购买建议并协助决定产品价格。

(2)影响者是指那些能够影响购买决策制定的人员,由他们提供营销活动所需要的评价信息。

(3)决策者是指那些有权决定产品需求和供应商的人员,由他们提出采购方案。

(4)批准者是指那些有权批准决策者或购买者所制定计划的人员,由他们最终决定是否购买。

(5)购买者是指那些选择供应商并进行谈判的人员,由他们具体安排采购事项。

(6)把关者是指有权阻止卖方及其信息到达采购中心那里的人员,如代理人、接待员、电话接线员都有可能组织销售人员和采购方的联系。

1.1.2 关系的概念

所谓关系是指两个人或两组人中的一方对另一方的行为方式以及感觉状态。如图 1-1 所示。

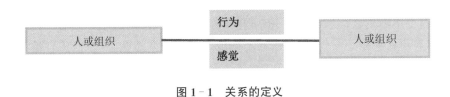

图 1-1 关系的定义

在社会学中,关系有其特定的含义。社会学认为,人的一辈子要扮演诸多的角色:为人子女,为人夫妻,为人父母,为人下属,为人上司;与人为友,与人作对,与人为邻……不管你喜欢与否,由此而衍生出来的各种关系把你困在关系网的中央。

为官,要协调与上级、下级以及同级别同事的关系;经商,要处理与竞争对手、合作伙伴、政府及企业内部员工的关系;持家,要能让自己的父母、爱人、儿女及其他亲属关系和睦。此外,还有同学关系,邻里关系等。

在企业的经营中,各利益相关者与企业之间的行为方式与感觉状态决定了企业的成败。企业与他们之间的关系非常重要。企业之间的竞争已经历了产品之间的竞争、服务之间的竞争,如今已到了客户关系之间的竞争。

关于企业与客户的关系,有如下要点:

(1)关系的特征。一是行为特征,二是感觉特征。前者是指顾客对与企业关系程度的行为表现,如重复购买、交叉购买等,后者是指顾客对与企业关系程度的态度表现。如情绪上偏爱、口碑传诵、推荐等。一种关系应具备行为与感觉两种特征,否则,缺乏任何一个特征,应该都是"欠缺的关系"。企业在加强关系的同时,不仅要关注关系的行为特征,更要考虑到关系的另一个特征,即客户的感觉等其他非物质的情感因素。从效果上来说,后者不易控制和记录,但是,如果企业一旦与其客户建立了情感关系,这样的关系就变成了企业的核心竞争力,企业的竞争对手就不易模仿。

(2)关系的长度。任何关系都有一个生命周期,即从关系建立、关系发展、关系维持到关系破坏、结束,企业与客户的这种从关系建立到关系终止的时段,称之为客户关系生命周期。关系有时间跨度,好的感觉需要慢慢积累,因此,企业要有足够的耐心进行培养。

(3)关系的投入与产出。企业与客户建立、发展与维持关系,需要投入大量的人力、物力、财力与时间。关系建立阶段,作为追求方的企业,即要求建立关系的一方,付出比较多。关系稳固以后,企业才开始获得回报,不过这个阶段,企业容易懈怠,以为大功告成,进而忽视了维持关系的必要。如今供过于求的时代,作为被追求方的客户一般是比较挑剔的,只要有一次让他们感觉不好,都有可能导致企业的努力前功尽弃。企业是商业利益的追逐者,因此企业在经营与客户的关系时,也应遵循利益最大化的原则,在关系成本一定的条件下,尽量使其关系受益最大化,或在关系收益一定的条件下,尽量使其关系成本最小化,从而使关系盈利最大化。

(4)建立良好关系的因素。建立良好的人际关系有一些基本层面。不管是和个人的关系还是和组织的关系,其基本原理皆是一样的。那些让两个人之间产生强烈的、稳固的、真正的关系的因素也是让一个企业或组织与其客户之间产生同样关系的重要因素。守信,遵守承诺是关系建立中很重要的因素。信用即指一个人诚实、不欺骗、遵守诺言,从而取得他人的信任。人离不开交往,交往离不开信用。要做到说话算数,不轻许诺言,与人交往时要热情友好,以诚相待。企业在与客户建立关系的过程中要努力博取客户的信任,这样客户就能乐于与你交往,乐此不疲地购买你的产品,成为你忠诚的客户。

1.1.3 管理的概念

从字面上解释,管理即管辖、经营。管辖是一种行政权力,分权让别人操心动手去做,以达到组织目的;经营是一种运作,必须落到实处,重在效果。管理就是在特定的环境下,对组织所拥有的资源进行有效的计划、组织、领导和控制,以便达成既定的组织目标的过程。美国管理学家斯蒂芬·罗宾斯关于管理的定义则更加简洁、更加精辟:管理是指同别人一起,或通过别人使活动完成得更有效的过程。企业的管理也即在特定的环境下,企业从环境中获取各种资源,如人力、物力、财力、信息、时间等,通过技术、管理的各职能(计划、组织、领导与控制)的转换,从而有效与高效地达到企业既定目标的过程。如图 1-2 所示。

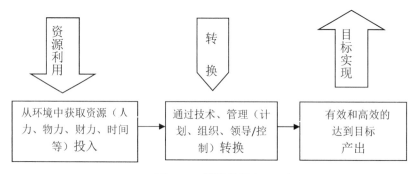

图 1-2 管理的定义

1.1.4 "客户""关系""管理"的分拆与整合

按照企业从开发新客户到保留该客户甚至该客户流失的不同阶段,企业与客户关系的状态,甚至企业在各阶段管理客户的阶段与重点也不同,见图 1-3。

由图 1-3 可知:

(1)当客户类型处于潜在客户类型时,此时的关系状态是潜在关系状态,企业管理的目标是启动关系,管理行为聚焦在机会管理,客户关系管理的阶段是新客户获取阶段。

(2)当客户类型处于现实客户类型时,此时的关系状态分为如下几种状态:

①新客户阶段,此时企业管理的目标是加强关系,管理行为聚焦在新客户管理上,客户关系管理的阶段是保留客户。

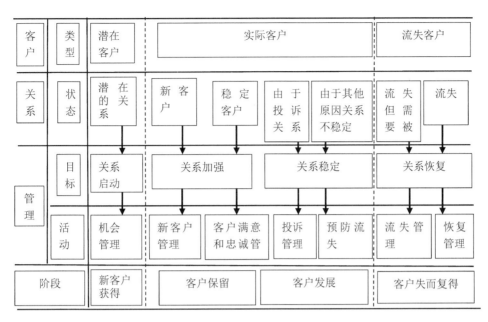

图1-3 客户关系管理的分拆解释

②稳定客户状态,此时企业管理的目标是加强关系,管理行为聚焦在客户的忠诚管理上,客户关系管理的阶段是保留客户阶段。

③因为有抱怨而关系不稳定,此时企业管理的目标是稳定关系,管理行为聚焦在客户投诉管理上,客户关系管理的阶段是保留客户。

④因为其他原因而不稳定:此时企业管理的目标是稳定关系,管理行为聚焦在预防客户撤销管理上,客户关系管理的阶段是保留客户。

(3)当客户类型处于流失客户类型时,分为两种情况:

①流失了,却要留住,管理的目标是重新获得,管理行为聚焦在撤销管理,客户关系管理的阶段是重新获得客户。

②流失了,管理的目标是重新获得,管理行为聚焦在复苏管理,此时客户关系管理的阶段是重新获得客户。

1.1.5 客户关系管理的系统概念与内涵

当今在竞争激烈的商业世界,如何强调企业与客户建立关系、维持关系与发展关系的重要性都不过分。从以上对客户、关系、管理的分析来看,笔者认为客户关系管理就是企业管理与客户的关系,包括建立、维持与发展关系。企业在管理与客户的关系过程中,在特定的环境下投入资源,包括人力、物力、财力、时间、甚至是情感等的投入,通过技术手段,各管理职能将投入的资源有效、高效地转化成产出——即良好的企业绩效,从而实现企业既定的经营管理目标。

实际上客户关系管理的理念由来已久,可追溯至商业经济时代,正如所有的"新"管理理论一样,客户关系管理绝不是什么新概念。它只是在新形势下获得了新内涵,充当了有效战略管理的工具,成为企业一种全新的管理模式。对CRM的定义,迄今还没有统一的表述。目前对于 CRM 的定义,从企业界、学术界皆有不同的定义与理解。

1) 企业界对 CRM 的定义与理解

企业从实践角度对 CRM 进行定义,举例如下。

SAS 是一家著名的统计软件及 CRM 方案平台的开发商,该公司从技术的角度定义了 CRM 的内涵,认为"CRM 是一个过程,通过这个过程,企业最大化地掌握和利用顾客信息,以增加顾客的忠诚度,实现顾客的终生挽留"[①]。

SAS 公司强调对顾客信息的有效掌握和利用,而要达到这一点,必须采用先进的数据库和决策支持工具,来有效地收集和分析顾客数据,将顾客数据转化成顾客知识,以更好地理解和监控顾客行为。

大型数据库供应商 Sybase 公司认为,CRM 就是利用已有的数据仓库,整合相关的资料,使其容易进一步分析,让组织能确定衡量现有的潜在的顾客需求、机会风险和成本,从而实现最大化的企业价值。

Gartner 则从战略角度出发,并从战术角度来阐述的定义为:"CRM 是一种以客户为中心的经营策略,它以信息技术为手段,对业务功能进行重新设计,并对工作流程进行重组。"

麦肯锡公司则认为 CRM 应该是持续的关系营销,企业应该寻求最有价值的顾客,以不同的产品和不同的销售渠道来满足不通的顾客需求,并经常与顾客保持不同层次的沟通,进行反复的测试,进而随着顾客消费行为的改变调整销售策略,甚至是组织结构。

2) 学术界对 CRM 的定义与理解

Philip Kotler 与 Armstrong 将 CRM 定义为:通过传递超级顾客价值和满意以建立和维持有利可图的顾客关系的整个过程,此定义似乎包括了基础广阔的营销实质,即价值和满意为其显著特征。

《哈佛商业评论》将 CRM 定义为:"CRM 将企业流程与客户战略相结合,以建立客户忠诚,增加利润。"[②]

美国营销学会(AMA)对 CRM 的定义很简单:认为是协助企业与顾客建立良好关系、使双方都得利的管理模式。

Zikmund,Mcleod 与 Gilbert 提出了以技术为导向的 CRM 定义,即:"它是一个商业战略,此战略利用信息技术为企业提供一个基于顾客复杂的、可靠的和整合的观点以至于所有的过程和顾客互动,帮助维持和扩大双边利益的关系。"

但就其功能来看,CRM 是通过采用信息技术,使企业市场营销、销售管理、客户服务和支持等经营流程信息化,实现客户资源有效利用的管理软件系统。其核心思想是以"客户为中心",提高客户满意度,改善客户关系,从而提高企业的竞争力。

综合分析上述文献及观点,业界对 CRM 的理解分成三种观点。

一是从商业哲学的角度来理解,认为 CRM 是把客户置于决策出发点的一种商业哲学,它使企业与客户的关系更加紧密。

---

① The Website of SAS Institute Inc[OL]. http://www.sas.com.

② Darrell K Rigby, Frederick, Phil Schetter. Avoid the Four Perils of CRM[J]. Harvard Business Review, Feb, 2002.

二是从企业战略的角度来理解，认为 CRM 是通过企业对客户关系的引导，达到企业最大化盈利的企业战略。

三是从系统开发的角度来理解，认为 CRM 是帮助企业以一定的组织方式来管理客户的互联网软件系统。

CRM 是一种战略观点（Approach），它通过与关键顾客和顾客群的良好关系来提高为股东创造价值，整合关系管理与信息技术的潜力，创造与顾客和其他利益相关者有利可图的长期的关系。CRM 提供了更多的机会以利用数据和信息理解顾客并与顾客一起创造价值，这需要通过信息、技术和应用软件对经营过程、人员、运营和营销能力进行跨部门整合。[①]

图 1-4 描述了有关 CRM 定义的三种观点。即从战术角度的 CRM，到 CRM 是一系列整合的技术方案的实施，最后到战略角度的定义。

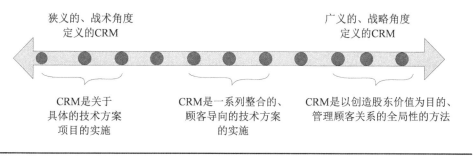

图 1-4　CRM 连续统一体

资料来源：Adrian Payne & Pennie Frow. A Strategic Framework for Customer Relationship Management[J]. Journal of Marketing，Vol.69（October 2005），p168.

3）本书的观点

综合上述各种观点，本书认为：CRM 通过使企业组织、工作流程、技术支持和客户服务都以客户为中心来协调和统一与客户的交互行动，达到保留有价值客户，挖掘潜在客户，赢得客户忠诚，并最终获得客户长期价值的目的。CRM 是企业为发展与客户之间的长期合作关系、提高企业以客户为中心的运营性能而采用的一系列理论、方法、技术、能力和软件的总和。它既包括了以客户为中心的战略管理思想，又包含了各种信息、网络技术、应用软件系统等技术工具，而且还包括了一系列个性化的营销策略。企业在新的市场环境（高度扰动的市场环境）下，利用信息技术，通过对企业客户关系的互动引导、识别、保留和发展，与客户建立长期的良好的有利可图的关系，从而达到企业最大化盈利的目的。

本书认为：客户关系管理是一个系统整合的概念。因而本书将 CRM 的理论体系概括为三个方面：CRM 战略、CRM 信息技术系统和 CRM 实施策略。CRM 理念是 CRM 成功的关键，它是 CRM 实施应用的基础和土壤，是促成企业战略观形成的思想基础。信

①　Adrian Payne & Pennie Frow. A Strategic Framework for Customer Relationship Management[J]. Journal of Marketing Vol. 69（October 2005），p.167-176.

息系统、IT 技术、因特网等组成的 CRM 系统是 CRM 成功实施的手段和方法,此系统是辅助 CRM 这一企业战略观得以实现的有力工具。实施即指 CRM 的营销策略,是决定 CRM 成功与否、效果如何的重要环节,也是直接影响因素。因此本书借用三角图来阐述 CRM 中这三方面的关系。如图 1－5 所示。

图 1－5　CRM 三角关系图

　　客户关系管理首先是一种管理理念,其核心思想是将企业的客户(包括最终客户、分销商和合作伙伴)作为最重要的企业资源,利用 CRM 系统,通过完善的客户服务和深入的客户分析来满足客户的需求,从而提高顾客满意,进而提高顾客忠诚,最终实现客户的终生价值最大化。客户关系管理应是一种旨在改善企业与客户之间关系的新型管理机制,它实施于企业的市场营销、销售、服务与技术支持等与客户相关的领域。一方面通过向企业的销售、市场和客户服务的专业人员提供全面、个性化的客户资料,并强化跟踪服务、信息分析的能力,使他们能够协同建立和维护一系列与客户和生意伙伴之间卓有成效的"一对一关系",从而使企业得以提供更快捷和周到的优质服务、提高客户满意度、吸引和保持更多的客户,从而增加营业额;另一方面则通过信息共享和优化商业流程来有效地降低企业经营成本。

1.2　客户关系管理的误区

　　从以上企业界与学术界对 CRM 的多角度的定义可知,对于 CRM,没有系统、全面、统一的认识,而且现实中还有很多误区。主要的误区如:CRM 是一个销售系统;大企业才要上 CRM;呼叫中心就是 CRM 系统;CRM 与数据库差不多等,这些都是对 CRM 片面的理解。

　　CRM 是渐进的发展,而非变革。当安装了 CRM 系统后,企业希望该系统马上高速运转的想法是不切实际的。有的用户急于求成,在没有培训或用户参与的情况下草率地实施了 CRM 系统。相关的报道比比皆是。据不完全统计,有 60%～80% 的企业深陷在这个麻烦之中。

　　认识误区,如:①技术追星现象;②信息孤岛现象;③"追求时髦";④对 CRM 不现实的期望:有些企业对信息化项目有盲目的崇拜,认为只要一上 CRM 项目,就百病俱消;⑤管理问题:没有充分发挥和整合 CRM 系统的功能,存在全方位的管理问题。

　　实践误区:如未对客户关系管理树立正确的认识,缺乏必要的准备与支持,缺乏有效的测量指标,对客户知识的研究缺乏,实施客户关系管理时忽视了行业特点,等等。

　　国外学者 Peter C、Verboef 与 Fred langerakd 等认为业界对客户关系管理有 11 个误区:

误区 1：仅仅使用客户关系软件就可以提高绩效。

误区 2：企业只需要关注客户关系进展情况就可以了。

误区 3：新客户的获得和客户关系管理是两个不相关的过程。

误区 4：认为客户希望与企业建立良好的关系。

误区 5：长期客户关系更有利可图。

误区 6：一般来讲满意的客户具有较高的忠诚度。

误区 7：企业应该把重点放在盈利能力比较强的客户上。

误区 8：客户金字塔是对客户进行细分的好方法。

误区 9：企业有关客户忠诚度的活动能提高客户的忠诚度。

误区 10：客户生命周期价值是可以估计的。

误区 11：互联网能够最有效地提高客户的忠诚度。

由于客户关系管理实践上的复杂性、实施到位的难度，上述误区还普遍存在。

1.3 客户关系管理的意义与作用

1.3.1 客户的重要意义

高价值的、回头的、满意的、创利的客户是全世界所有盈利型和增长型公司的焦点。美洲航空公司 CEO，Donald J.Carty（1999）说过：自由市场竞争的精灵就是客户，是他们决定着谁输谁赢。而且最终，客户将是最大的赢家。客户的重要意义主要体现在客户资源对企业的重要性上。

在当今买方市场环境下，市场竞争越来越激烈，因此获得和维持竞争优势便成了企业生存和发展的基础。资源能力学派认为：在今天形成企业竞争优势和核心竞争力的再也不是那些有形的机器设备、厂房、资本、产品等物资资源，而是管理、人才、技术、市场、品牌形象、客户等无形资源，其中客户资源对企业具有重要的价值，是企业最重要的战略资源之一。拥有客户就意味着企业拥有了在市场中继续生存的理由，而保留住客户是企业获得可持续发展的动力源泉。当前企业的核心任务一方面是提升企业核心竞争力适应客户需求的变化，以提高市场竞争力，另一方面以先进的管理思想为指导，采取科学的技术手段，科学地处理企业与客户之间的关系来维持老客户，提高客户的价值。客户关系成为新的客户经济中基本的价值来源，客户资本至少与投资资本一样重要，一个公司现在和将来的客户关系将决定公司的价值，客户永远是企业存在的理由。

客户资源对企业的价值，主要体现在：

1）成本领先优势和规模优势

客户能够提供成本优势，从而也就提供利润优势。为新客户服务花费的费用比老客户昂贵得多，因为为新客户服务需要更高的初始成本，如果公司能够增加回头客的比例，那么总成本会呈现出戏剧性的下降趋势。另外如果企业的忠诚客户在企业的市场中占据相对较大的份额，那么就会为企业带来相应的壁垒，形成规模优势，这也会降低企业的成本。由于顾客有从众心理，企业拥有大量的客户群也会成为他们考虑的重要因素。

2）品牌价值

客户不仅是企业收入的来源，而且是提高市场价值的宝贵财富，这主要是通过品牌价值表现出来。品牌价值是一个企业与其消费者或与起决定作用的客户之间相互发生联系的产物，品牌因客户的认可而存在。没有客户认可，企业便不能创造或维持品牌的价值。较大的市场份额本身代表着一种品牌形象，另外客户的口碑对企业的品牌形象也有重大作用。

3）客户信息价值

客户信息对企业来讲是最为重要的价值，它会直接影响到企业对客户消费行为的把握，影响企业的经营行为。企业通过对消费者的需求、购买行为、消费习惯等信息的分析，提供个性化的产品服务组合以及相应的企业关怀，从而让客户满意以致忠诚。

著名的管理大师彼得·德鲁克（Peter.Drucker）说过："企业经营的真谛是获得并留住顾客。"客户是企业存在的基础，与公司长期利润相关的唯一因素往往是客户忠诚，而不是销售量、市场份额。据美国专家弗雷德里克·雷赫德（Fredrick Reichheld）研究，美国的公司每五年就要损失一半顾客，这一损失足以使公司的增长率放慢 35%。在经济全球化、企业间竞争越发激烈的情况下，任何一家公司都无法承担失去顾客的损失。德勤（Deloitte）咨询公司的近期报告指出，客户忠诚是影响全球股票价值的一个关键因素，顾客利润率主要来源于老顾客的保留。因此，高度忠诚的客户是企业最重要的资产。越来越多成功企业的实践证明，企业成功的关键在于关注顾客需求，为顾客提供适销对路的产品与服务，有效地管理与顾客的关系，以确保顾客有较高的满意度，从而有较高的忠诚度，对企业的产品和服务保持持续地购买行为。

1.3.2 客户关系的重要意义

随着市场环境的变化，企业管理理念逐渐从单纯关注内部管理转向内外兼顾，以"产品为中心"转向"以客户为中心"。因为在当今快速发展和高度竞争的市场空间中，产品不断更新换代，新产品层出不穷，单纯依靠产品已很难延续持久的竞争优势，而忠诚的客户关系却具有相对的稳定性，能消除环境变化带来的冲击，通过关注顾客的需求，提供个性化的产品与服务，保持与客户亲密的、个性化关系，从而提高顾客满意与忠诚，最终实现企业与客户的"双赢"。图 1-6 说明了企业经营中心从产品向客户的转移。

图 1-6　企业经营中心的转移

如今，企业的产品优势、服务优势已不复存在，或者只能存在很短的时间，因为它们很容易模仿，可很快被竞争对手复制，而企业与客户的关系则是不能复制的，它是企业的核心竞争力。因此，企业与客户关系的重要性则不言而喻。

1.3.3　客户关系管理的重要意义

1) 实施 CRM 可以降低企业的经营成本

有资料表明,企业用于增加一个新客户的成本是维护一个老客户成本的 5～8 倍。哈佛商学院曾经在 1990 年对顾客整个购买生命周期内服务于顾客的成本和收益进行了分析,并得出结论:对于每个行业来说,在早期为赢得顾客所付出的高成本使得客户关系不能盈利;但在随后几年,随着服务老顾客成本的下降及老顾客购买额的上升,这些客户关系带来了巨大收益。Reichheld 和 Sasser(1990)的研究表明:每增加 5% 的客户保持率将使客户净现值增加 35%～95%,从而导致公司利润大幅度增加,其增加的幅度依行业不同而不同。因为寻找新的客户需要花费,CRM 通过满意服务和客户忠诚计划维系企业的现有客户并通过老客户的口碑效应扩大企业影响、提升企业形象、吸引新客户,大大降低了企业的经营成本。

2) 实施 CRM 可以使企业获得更多的收入

因为客户关系管理会为企业带来忠诚客户。忠诚客户会重复购买,会增加钱包份额,对价格的敏感程度低,会推荐其他人前来购买。CRM 使企业的管理重点由短期交易变为长期交易,并通过客户分类,识别最有价值的客户。客户关系管理对客户份额的关注,能为企业带来更高的投入回报。它强调企业客户在该行业高价值客户总体中所占的份额,此份额越高,企业获利能力就越强。

3) CRM 有利于降低企业的经营风险

当今企业的经营环境高度不确定,不稳定,变化迅速,表现在客户需求的不确定性增加、多元化趋势加剧、变化快。企业传统的“为产品找客户”的“以产品为中心”的经营理念将承受极大的风险,因为产品一旦开发失败,将受到灭顶之灾。而“为客户找产品”的“以客户为中心”的经营理念却成为企业缓冲市场扰动造成的冲击、最大限度地降低企业的经营风险的有效途径。

4) CRM 有利于为企业创造竞争优势

开发 1 个新客户的成本等于留住 5 个老客户的成本,也就是说留住老客户是企业最具有性价比的选择,但是如果老客户每年都在流失的话,则每年都必须加倍开发新的客户。如何留住老客户,如何提高重复购买率,这些也许是很多企业都存在问题,或者叫做营销难题。

因此,客户关系管理是企业竞争的利器,它既节约成本又提高收入,从而提高企业的利润。因为 CRM 关注识别、保留和发展有价值的客户,通过顾客满意计划和忠诚计划提高客户满意度和忠诚度。为新客户服务所花费的费用,比起现有的客户来说,要昂贵得多。这是因为为新客户服务,需要更高的初始准备成本,他们需要更多的服务,服务成本高于老客户,并且现有的客户比新客户更能够有效地解决他们自己的问题。另外老客户还能够创造出成本节余的方法。他们能参与企业的产品及服务的创造。通过参与日常事务的实施,老客户能够起到比降低成本还要多的作用。在服务中,由于客户已经接受了教育,有心理准备承担作为服务过程一部分的新任务。在以目录营销为基础的商业企业里,客户可从目录上挑选他们想要的产品,在收款台支付费用,然后到仓储柜台去收集这些货物。在更加传统一些的商业企业里,所有这些活动都由营业员承担,但是由于可以将这些活动交回到客户的手中,所以这家企业能够以相对来说更低的成本去管理更大的业务量。

CRM 能为企业带来可持续的竞争优势。CRM 关注与客户的长期关系,一旦企业与客户建立了长期持久的关系,那么企业就具有了可持续的竞争优势。研究表明,长期的客户关系与企业的长期盈利能力具有高度正相关关系。鉴于优势在于与竞争对手相比有所不同这一原理,所以当你拥有了竞争对手难以模仿和替代的某些不同之处的时候,优势的持续性便来到了。客户的易变性和复杂性,与供应类企业的易变性和复杂性相结合,使得客户关系成为最难管理的领域之一,但也是最难拷贝的领域之一,因此企业的CRM 能力是企业的核心竞争力,它为企业带来独特的竞争优势。它不易为竞争者模仿,这就为企业营造了很好的市场壁垒,使其享受创新的垄断收益,对企业的竞争力影响重大。

CRM 大大增强了企业在新经济环境中的竞争力。有研究表明,在新经济环境下,相对于有形资产,无形资产对企业竞争力的贡献更大,而且其贡献份额呈上升趋势。客户资产作为企业的一项重要的无形资产,其重要性已经受到了广泛的关注,成为企业市值的要素之一。CRM 战略,对于企业在新经济时代,有效地管理企业客户资产,具有重大的作用。

5) 企业实施 CRM 是提高交易效率的重要途径

尽管信息时代买卖双方可以不断增加交易对方的信息,激烈的竞争和技术的突飞猛进使得顾客的选择权越来越大,但要实现交易的高效率还是很困难的。一方面交易的双方依然处于信息不对称的环境下,因为获取信息需要成本,对买卖双方而言,不惜代价地获取信息、传递信息并不是经济的行为,再者要获取交易双方的所有信息也是不可能的,因为交易双方的信息存在很多变数,受很多不确定因素的影响,人们难以预料和控制,另一方面除了信息成本还有其他的交易费用。企业实施 CRM 就有效地解决了这一问题。CRM 从长期的投资回报考虑,架构企业与客户不可或缺的互动关系,企业充分考虑到客户的各种要求,为客户创造性的设计各种交易结构,使买卖双方均为了支持对方即为对方创造价值而进行专有性的投资,形成一种持续性的依赖关系,这种治理结构有助于降低交易成本,提高交易的效率。这种依赖关系越持久双方从此获得的收益也越大。

1.3.4 CRM 对企业的作用

企业实施客户关系管理对企业的具体作用体现在:

(1)管理客户资料:将零散、不集成的客户资料集中管理,可以及时、准确地了解老客户和新客户的准确信息。

(2)增加销售机会,提高销售额:利用 CRM 系统的跟踪、管理销售机会,确切了解客户的需求,增加销售的成功率,进而提高销售收入。

(3)提高客户满意程度:CRM 系统提供给客户多种形式的沟通渠道,同时又确保各类沟通方式中数据的一致性与连贯性,利用这些数据,销售部门可以对客户要求做出迅速而正确的反应,让用户在对购买产品时满意的同时也认可并愿意保持与企业的有效沟通关系。

(4)降低市场销售成本:利用 CRM 的数据挖掘和分析功能可以分地区、类别等特征进行分析,从而辅助企业进行决策,使企业进行市场推广和销售策略时避免了盲目性,节省了时间和资金。

(5)提高员工的工作效率:利用 CRM 系统,可以了解员工每天的工作情况,及时得到员工的合理建议,修改公司的销售策略,使公司获得更多的利润。

(6)资源共享:利用 CRM 系统可以在涉及跨部门的业务时,协调好各部门的运作。

1.4 客户关系管理的动因

当企业的产品差异日渐缩小,企业把目光投向了企业内部的管理上。管理驱动型企业通过加强管理充分整合企业内部资源来降低成本,从而赢得竞争优势,这就是我们平常所说的"向管理要效益"。这个时期企业信息化建设的首选是企业资源管理系统 ERP。

当企业之间的产品差异与管理差异日渐缩小,企业内部资源的挖掘潜力不大而企业面临的竞争更加激烈时,企业自然把目光投向了企业最重要的外部资源——客户资源的挖掘上来。客户关系管理是一种以客户为中心的企业经营理念。重视客户关系管理的企业认为客户资源是企业最重要的核心资源。客户关系管理的核心是客户价值管理。企业通过从市场营销、销售过程到技术支持的全程客户管理来满足客户的个性化需求,提高客户满意度和忠诚度,缩短销售周期、降低销售成本、增加销售收入、扩展客户市场,从而全面提升企业的盈利能力和竞争能力。CRM 正是管理企业的客户资源的信息系统。

下列因素催生了客户资源在企业中日益显现的重要性,从而加快了客户关系管理的进程。

1) 顾客行为的变化

随着经济的发展、技术的进步、产品的不断推陈出新,消费者的思维方式、生活方式和行为方式不断发生变化,因而消费者的需求和购买方式也不断变化着,尤其是信息技术的飞速发展,带来了客户消费行为历史性和根本性的变革。互联网技术使客户选择权空前加大,消费者价值观的变迁,使得快速、容易、便宜、人性化、方便、熟悉、安全成为新时代的客户购买行为的七大准则。面对顾客需求的多变与复杂性,企业间竞争日益激烈,企业必须积极采取措施应对消费观念和行为不断变化的客户,时刻准备着与消费者的沟通与互动,密切注视消费者变化的需求,因而这种市场对企业的客观要求对客户关系管理的发展起了推动作用。而且,社交网的快速发展,微信用户的日益增多,尤其是移动互联网的普及,使得人们的需求、消费行为、传递信息的方式、互动的模式发生深刻的变化,这些都对企业管理客户关系提出了新的要求和挑战。

2) 企业内部管理的需求

通常,在很多企业,我们仔细地倾听一下,会从顾客、销售、营销和服务人员、企业经理那里听到各种抱怨。

来自销售人员的声音:从市场部提供的客户线索中很难找到真正的顾客,我常在这些线索上花费大量时间。我是不是该自己来找线索?出差在外,要是能看到公司电脑里的客户、产品信息就好了。我这次面对的是一个老客户,应该给他报价才能留住它呢?

来自营销人员的声音:如上一年在营销上开销了 2000 万。我怎样才能知道这 2000

万的回报率？在展览会上，我们一共收集了4700张名片，怎么利用它们才好？展览会上，我向1000多人发放了公司资料，这些人对我们的产品看法怎样？其中有多少人已经与销售人员接触了？我应该和那些真正的潜在购买者多多接触，但我怎么能知道谁是真正的潜在购买者？我怎么才能知道其他部门的同事和客户的联系情况，以防止重复地给客户发放相同的资料？有越来越多的人访问过我们的站点了。但我怎么才能知道这些人是谁？我们的产品系列很多，他们究竟想买什么？

来自服务人员的声音：其实很多客户提出的电脑故障都是自己的误操作引起的，很多情况下都可以自己解决，但回答这种类型的客户电话占去了工程师的很多时间，工作枯燥而无聊；怎么其他部门的同事都认为我们的售后服务部门只是花钱而挣不来钱？

来自顾客的声音：我从企业的两个销售人员那里得到了同一产品的不同报价，哪个才是可靠的？我以前买的东西现在出了问题。这些问题还没有解决，怎么又来上门推销？一个月前，我通过企业的网站发了一封EMAIL，要求销售人员和我联系一下。怎么到现在还是没人理我？我已经提出不希望再给我发放大量的宣传邮件，怎么情况并没有改变？我报名参加企业网站上登出的一场研讨会，但一直没有收到确认信息。研讨会这几天就要开了，我是去还是不去？为什么我的维修请求提出一个月了，还是没有等到上门服务？

来自经理人员的声音：有个客户半小时以后就要来谈最后的签单事宜，但一直跟单的人最近辞职了，而我作为销售经理，对与这个客户联系的来龙去脉还一无所知，真急人；有三个销售员都和这家客户联系过，我作为销售经理，怎么知道他们都给客户承诺过什么；现在手上有个大单子。我作为销售经理，该派哪个销售员我才放心呢？这次的产品维修技术要求很高，我是一个新经理，该派哪一个维修人员呢？

上面的问题可归纳为两个方面的问题。首先，企业的销售、营销和客户服务部门难以获得所需的客户互动信息。其次，来自销售、客户服务、市场、制造、库存等部门的信息分散在企业内，这些零散的信息使得无法对客户有全面的了解，各部门难以在统一的信息的基础上面对客户。信息不准确导致营销预算浪费严重，一般性事务耗时太多，使得销售人员的效率低下，销售人员占有关键客户信息。

另一方面，在竞争日益激烈的买方市场环境下，在控制权逐渐从供应商向顾客手中转移的同时，选择权也日益转移到顾客手中，顾客角色正在发生巨大变化，顾客不再是被动的和单纯的交易者，已经发展成为企业增强网络的关键组成部分，他们参与企业产品与服务的开发，是企业的合作者，与企业一起创造价值，他们迫切需要与企业建立良好的持久的关系以创造更优的价值。

这需要各部门对面向客户的各项信息和活动进行集成，组建一个以客户为中心的企业，实现对面向客户的活动的全面管理。

3）竞争的压力

现代企业所面临的市场竞争无论在广度还是深度上都在进一步扩大，竞争空前激烈，竞争全球化，市场范围已经从区域扩展到全球，不仅仅包括行业内部已有的或潜在的竞争对手，在利益机制驱动下，许多提供替代产品或服务的竞争者、供应商和客户也加入了竞争者的链条。产品本身差异降低，竞争由产品转向服务，且随着产品的同质性越来越强，生命周期越来越短，竞争也越来越激烈、灵活，因此竞争的压力越来越大。很多企业在产品质量、供货及时性等方面已经没有多少潜力可挖。低成本、高质量的产品不再是保证企业立于不败之地的法宝，如何有效地避免客户的流失、强化企业与客户的关系已成为竞争的标准。内部挖潜已不足以产生明显竞争优势，竞争的观念逐渐由以利润为导向发展到以客户为导向、保持持续竞争力为导向。因此企业开始意识到良好的客户关系在客户保留中所起的关键作用，并着手提升客户对企业的忠诚。越来越多的企业认识到实施客户关系管理将大大有利于企业赢得新客户、保留老客户，提高客户利润贡献度，从而提高企业的核心竞争力。

4）信息技术的推动

除了计算机、通信技术、网络应用的飞速发展外，新的技术，如 AI、5G、云计算、大数据、移动互联网、物联网、区块链、元宇宙等，使得关系营销的理念发展到一个崭新的阶段，大大催生了客户关系管理的发展。随着企业办公自动化程度、员工计算机应用能力、企业信息化水平、企业管理水平的不断提高，为客户关系管理的实现创造了现实的条件。电子商务改变了企业做生意的方式，通过因特网、移动互联网、移动社交网、短视频、直播，甚至是元宇宙，即可开展丰富多彩的营销活动：如向客户销售产品，提供售后服务，收集客户信息，与客户互动等，更重要的是这一切的成本可以很低。由于客户信息是客户关系管理的基础，所以随着信息技术中数据仓库、商业智能、知识发现等的发展，使得收集、整理、加工和利用客户信息不仅更加容易而且也使质量得以大大提高，使企业在客户关系管理上的投入不仅可能而且时机成熟。另外，随着通信技术的发展，各类企业的通信成本将会不断降低，这将推动电话和网络进一步发展，进而推动类似于呼叫中心等客户关系管理模块的发展。而电话和网络的结合，也使得企业可以以统一的平台面对客户和管理客户。因特网、社交网、微信迫使每一个人改变生活行为方式，它将主动权从经营者手中转移到客户手中，使企业的顾客距其竞争者仅点击一下鼠标之遥。虽然信息技术不是客户关系管理的全部，甚至不是决定性的要素，但客户关系管理所涉及的全部方法，无论是收集、分析信息、建模，还是数据挖掘或者数据仓库，都是基于信息技术来展开的。

近年新的信息技术对企业的客户关系管理又提供了更强大的技术支持。如人工智能、5G、云计算、大数据管理等。云计算的出现，为 CRM 满足各种需求提供了可能。不管是在业务成本上还是业务敏捷性上都得到极大的满足，并开创出了新的商业模式和市场机会。可以说，云计算将催生 CRM 产业发生一系列新的变革，CRM 服务提供商将突破传统 CRM 产品理念的局限，积极地向 SaaS、在线、托管、SNS 等新的领域扩展。而在线 CRM 是基于互联网模式、专为中小企业量身打造的在线营销管理、销售管理、整合客户生命周期管理工具。

综上所述，客户决定着企业的一切：经营模式、营销模式、竞争策略。客户的一举一动都应该引起企业的特别关注，否则企业有可能会失去稍纵即逝的发展机遇而无论企业的产品好到什么程度。客户就是市场，是企业竞争的唯一导向。如何才能在强者如云的竞争环境中捕捉到客户的有效需求、维持长期的合作关系呢？企业迫切需要一个崭新的经营指导思想和一个可操作的指导方法来帮助提升处理客户关系的能力。这些都是"客户关系管理"理论所要解释的内容。

华为独特的客户关系管理

华为为何从一个名不见经传的小厂成长为世界知名大企业、引起全世界关注,尤其是引起美国不断打压? 这可能是一个"横看成岭侧成峰"的问题,但华为管理好客户关系一定是其成功的一个关键因素。本案例将从客户关系管理角度讨论华为是如何以客户为中心,全面管理其与客户、合作者、甚至员工等的关系,以此探索其成功的奥秘。

华为简介

华为创立于1987年,从深圳出发,员工从最初的1人到如今的19.5万多人,年销售收入从最初的2万到最高的8913.7亿人民币,从代理别人产品,到全球电信设备巨头、到智能手机位居全球手机前列,如今成为我国民营企业之星,是全球领先的ICT(信息与通信)基础设施和智能终端提供商。截至2021年底,华为产品遍及170多个国家和地区,服务全球运营商50强中的45家及全球1/3的人口、为全球30多亿人口提供服务。华为致力于把数字世界带入每个人、每个家庭、每个组织,构建万物互联的智能世界。截至2020年12月31日,华为全球终端连接数已经超过10亿,手机存量用户突破7.3亿。

根据2022年3月发布的财报,2021年,华为整体经营情况符合预期,财务稳健。公司实现销售收入人民币6 368亿元,同比下降28.6%。运营商业务表现稳定,企业业务稳健增长,终端业务快速发展新产业。实现利润人民币1 137亿元,净利润率达17.9%,同比增长75.9%。

在《福布斯》发布的2019年全球品牌100强中,华为也是唯一上榜的中国品牌,名列第97位,福布斯估计的品牌价值为80亿美元。

"利益共同体"化腐朽为神奇

有一则小故事,可以成为华为的一个另类注解。1993年初,在深圳蛇口的一个小礼堂里,华为召开了1992年年终总结大会,当时全体员工270人,第一次目睹了任正非满脸沉重、嗓音沧桑的真情流露。会议开始后,只见任正非在台上说了一句"我们活下来了",就泪流满面再也说不下去,双手不断抹着泪水……

这是一面镜子。从中可以窥见任正非创业初期经受的艰辛与屈辱,也可以看见后来采取共赢市场策略和全员持股时,他的内心有多么坚定。宁愿与所有人利益均沾,宁愿自己只占1.42%的股份,也要让合作伙伴、让员工和自己一起拼命把企业做大。

资金与市场大考时,华为已经具备了突出的成本优势,但它还需要市场规模。

没有强大的资金实力,成本优势再明显,也难以做大市场,那么规模经济之下的成本优势就体现不出来,华为就等于没有优势。关键是资金,但1992年华为销售收入只有1亿元,这点资金远远不够做市场。何况,研发也是一个需要花大价钱招收大量技术人员和连续投入大量资金的漫长过程……此时华为资金极为紧张,面临生死大考。

1）资金在哪里

20 世纪 90 年代初,国外竞争对手们纷纷通过技术转让、与邮电系统甚至与当地政府成立合资公司等方式进入中国市场。任正非想,既然外资可以这样,自己拥有核心技术,为什么不可以呢？华为很快学到了这一点,而且做得更加彻底——华为不只是与一个地方的邮电系统合资,而是与全国的邮电系统合资,广泛吸收股份。

更绝的是,华为并不吸收只给予资金支持而没有业务往来的单纯资金,而是将风险投资的目标集中在各地既有市场又拥有资金的客户群即邮电系统上。也就是,邮电系统出资与华为合作组建一个新公司,华为入股并主导经营。这便是 1993 年得到广东省和深圳市支持,华为与全国 21 家省会城市邮电系统联合发起成立的合资公司——莫贝克公司,注册资金 8881 万元。华为给邮电股东们的年分红承诺达 30%。

对邮电系统而言,这是用自己的资金在自己的地盘做市场。让自己获利,自然全力以赴。

通过这种方式,华为与电信局客户之间形成了资金和市场的紧密联盟,就像硬币的两面,一面获得资金另一面获得市场。资金解决了,市场打开了,华为大转折,迈过生死关。

一石数鸟。华为的交换机通过莫贝克的渠道迅速低价冲击全国市场,到 1995 年,迫使交换机行业销售价格从 200～300 美元/线下降至 80 美元/线,邮电系统也因为全行业交换机采购价大幅降低而实现了将电信业务向全国迅速推广。最终实现了全社会、消费者、邮电系统和华为的多赢。

2）利益共同体

任正非说过:"现代企业竞争已不是单个企业之间的竞争,而是供应链的竞争。企业的供应链就是一条生态链,客户、合作者、供应商、制造商命运在一条船上。只有加强合作,关注客户、合作者的利益,追求多赢,企业才能活得长久。""利益共同体"的思想,在全员持股中则直接体现得更加直接。

"利益同共体"模式立竿见影,华为营收从 1992 年的 1 亿元增长到了 1996 年的 26 亿元。这一年完成使命的莫贝克独立运作销售华为电源产品,后改为深圳市安圣电气有限公司,2001 年以 30 倍的市盈率,计算作价 60 亿元人民币出售给了美国艾默生,"远远超出无数上市公司的融资额",华为再次拥有大量资金。当年的股东也获得了高额投资回报。

1994 年,华为再次与各省邮电局成立了 27 家合资公司,进一步打通市场渠道,共计获得"风险投资"5.4 亿元,再次为华为的高速扩张和大规模研发输入了血液。

两次成立这样的一系列公司,可谓一石数鸟。既获得了资金,促进了华为的销售,还疏通了长期客户关系,更高明的是:令所有通信制造企业头痛、造成现金流不畅的回款问题解决了——让合资企业的人向作为股东的客户收款是个绝妙的主意。而且,这种利益捆绑还可能在企业危机时发生微妙的作用。可能是避嫌关联交易,这些合资公司在 2000 年之后纷纷退场成为华为各地分部。重要的是它们完成了历史使命,在关键时期帮助华为战胜了关键的竞争对手。

"有利益同共体又有利益驱动机制,我们就能激活这个组织。"任正非说。

这种把客户、供应商、合作伙伴、竞争对手等价值链上的利益相关体,一同"拉下水",

形成"你中有我,我中有你"的"共赢生态圈"思维,最终使华为的市场快速做大规模,其低成本优势终究得以大规模地爆发——早年每年保持100%左右的增长,2003年销售收入317亿元,毛利率达到惊人的53%。这一年,海尔、联想、TCL在中国电子信息企业中营业额排在前三名,但这三家企业的利润总和才约等于华为一家。

华为特殊的客户关系法则

两种被华为做到极致出新意的老商业模式,一是超低价,二是核心价值观,即"以客户为中心"之下的"不打领带的关系"。

人海战术的升华:"不打领带的关系",客户关系也需要沉底,做到极致。"以客户为中心"是华为的核心价值观。按任正非要求,华为一线员工要保持与客户之间"不打领带的关系",也就是朋友之间的密切关系,随时满足客户的一切需求。

2000年,中国电信业再次分拆,中国电信运营商由原来的一个演变为7个。华为做了两个举措,一个举措是成立了7个运营商系统部,任正非称"放出了7匹狼",一对一地服务于这7个新的运营商。这些系统部从运营商总部到各个省分公司都有自己的分支机构,有自己的KPI(关键绩效指标)。这就使华为比中兴技高一筹,使各运营商的拓展和发展相对均衡。无论是电信、网通、移动、铁通、联通等运营商,没有出现抓一部分,漏掉一部分,或一俊遮百丑的现象。各背各的指标,各有各的压力。这样华为就将所有大小运营商一网打尽,全在自己的服务范围之内。

华为之所以如此,是在于一,不缺钱。它可以派出足够多的人员;二,华为四大战略第一条:"为客户服务是华为存在的唯一理由;客户需求是华为发展的原动力。"服务到每一个客户是必须的,服务一家就赚一家;三,做到极致,不给对手留任何机会,让对手"陷入人民战争的汪洋大海之中"。

另一个举措,曾经让人觉得匪夷所思。电信分家后,县地市公司基本没有采购权了,省级公司的部分采购权也上收。外资竞争对手以前只做总部和省级公司的关系,常常受到华为的蚕食。这样一来,形势似乎对外资公司有利,华为遍布各地市的200多个网络受到挑战,管理层自然会想到收缩地市公司的销售服务网络。况且,当时拓展国际市场也大量需要有经验的销售人员。

于是有人建议说,撤销这些经营部可以节约成本,反正现在县局手里已没有采购权了。任正非的批复是:"我相信,这就是华为和西方公司的差别。我们每层每级都贴近客户,不放弃对我们有利的任何一票。"

任正非甚至反其道而行之,在其他对手撤出地市级市场之后,他反而提出把战壕修到离客户最近的地方,在每个地市建立客户服务中心,加强在地市一级城市的营销服务网络,以前的华为销售经理转变为客户代表,也就是代表客户来监督提高华为的服务水平。

这样客户一有问题,就能在身边和华为的工程师沟通,"我们跟客户保持良好的关系,甚至在一些县市的电信局也有自己的办公室,随时给客户解决问题,而国际大公司在一个省可能就只有几个人,怎么能跟我们比?"华为河北和宁夏地区的一位销售代表说。每当省级以上公司集中采购时,往往需要地市公司这些使用单位提出需求和意见,显然,华为就成了最终使用单位的第一选择!

这就是"不打领带的关系",让华为与基层客户的关系牢不可破；同时华为也在各地进行"咨询＋营销"，帮助运营商分析网络现状，以真正实力抢夺大客户，发展新业务。1999年，华为帮郑州本地网做的网络分析和规划送到了河南省局高层的桌面上，获得了高度认可，省局还追问："是谁做的？"

运营商在采购设备过程中，华为不光会提供一套完整的解决方案，而且还会告诉客户未来会有哪些方面的成本，包括显性成本与隐性成本。然后再告诉客户，华为的解决方案对降低这些显性成本和隐性成本都有哪些好处，使客户知晓这样的方案能比竞争对手带来哪些更大的价值。

华为"不打领带的关系"遍及华为全国、全球市场的每一个末梢。不像外资公司只瞄准决策者做工作，华为构筑的是决策者、技术人员、使用者、经营部门、财务部门等全方位的客户关系。

（资料来源：根据各种资料整理）

案例思考题

(1)以本案例为例，讨论客户的系统概念、客户对公司的重要性。

(2)华为是怎样以客户为中心，系统地进行客户关系管理的？

(3)什么是不打领带的关系？这种关系有何优势？

(4)以你所在的企业为例，说明在经营管理中，企业是如何体现"以客户为中心"的经营哲学的。

(5)你从该案例中得到何种启示？

本章复习思考题

(1)如何全面系统地理解客户、客户关系管理？

(2)客户关系管理发展的动力是什么？它对企业的重要意义何在？

第2章 新技术与客户关系管理

加拿大航空利用 AI 技术改善客户关系

近年来,加拿大航空为改善与客户的关系在移动科技和人工智能方面采取了一系列改进举措。

加拿大航空希望无论是怎样的平台,都能够利用网络、移动科技、语音助手或私人服务展开会话式互动。其计划未来无论出现怎样的平台,都能够与客户同在。"目前我们正在考虑虚拟现实和增强现实,考虑通过将这些技术融合起来,提供更具浸入感的体验。因此,未来将有更多选择。我们不一定要挑挑拣拣,也不一定要让自己能够预测哪些平台和渠道会胜出。从基础设施和科技的角度来看,我们要研究的是,怎样去创建一个让自己能够介入多个生态系统的解决方案。"

全新的 Alexa 功能

加拿大航空近期推出了全新的 Alexa 功能,向客户提供航班动态信息、机票报价、移动 App 提示和有关旅行证件、机票政策、TSA 预安检可用性以及行李追踪等一般信息。未来加拿大航空还将在其中添加更多信息。其与 RozieAI 合作开发了 Alexa 功能。

Nasr 表示,刚启动的 Alexa 功能项目为在其他面向客户的应用中整合人工智能奠定了坚实的基础。"我们通过 Alexa 和 RozieAi 展开的大量工作都可延伸至脸书和谷歌等其他生态系统。因此,我们并不是在为每个生态系统重新创建全套方案,而是根据一个产品和下一个产品之间的差异进行调整。"

加拿大航空对与客户的互动进行了研究,在移动平台和网络平台以及其他客户触点寻找最常被访问的查询问题,并根据研究结果在 Alexa 平台选择了初期使用的功能。

Nasr 解释说:"客户告诉我们这些是对其来说最重要的功能,是他们更常用的功能,因此我们就在这个新渠道中将其列为首要事项。有了这个客户需求清单,就要研究该怎样去实现。如果部署某功能用时过长,则基本等于未满足客户的任何需求。我们找到了可被尽快投放到市场的那些功能。我们就是这样决定初期该推出哪些功能的。当然,加拿大航空正在转向使用充分灵活的数字化科技。其目的是随着时间的推移不断推出更多功能。我们的计划是从带来更多价值的功能开始,并不断层层添加价值。"

Persado 和人工智能在营销中发挥的作用

加拿大航空还与人工智能营销内容生成平台 Persado 合作,在产品营销中应用人工智能。其同时还与凯撒娱乐、hotels.com 以及皇家加勒比等旅游企业合作利用人工智能。

Persado 拥有全世界规模最大的会话式"标签"数据库,根据激励行为的方式储存了超过一百万个单词和短语。Nasr 表示,Persado 帮助加拿大航空"以不同的方式思考"该怎样向客户进行营销,帮助公司思考怎样超越 AB 测试的范围,实现更具个性化的沟通方式。个性化沟通方式很可能根据客户对广告文字的不同反应而产生不同的影响。

举例说明:加拿大航空利用焦虑型语言让其电子邮件点开率提升了 48%。同时,与"立即预订"按钮相比,其引导客户"查看交易"时的点击率高出了近 220%。

Persado 全球客户服务高级副总裁 Ryan Deutsch 解释了人工智能平台能够怎样让复制文字比真人写手撰写的内容更有吸引力。而这背后有大量的科技来给予支持。

"我们将单词和短语分为五大类:情感型、格式型、描述型、行动召唤型和定位型。以创建一段可用作主题行、展示广告或脸书广告的文字为例,我们从客户那里获得一段文字时,会将这些文字细分入以上五类中的一类。然后我们会做试验,创建这段文字的各种衍生文字,看哪段衍生文字对受众发挥的影响最大。我们利用这些分类对某段信息的各组成部分分配不同的影响因素。

Persado 每次进行试验时,都不会去对比 A 信息和 B 信息相比是怎样发挥作用的,而是会观察所发送出的所有衍生文字。情感型文字在激发某群体或某个受众采取行动时发挥了多大的作用?信息的格式化有多大影响?所推出内容的描述文字产生了多大影响?这些元素的定位又产生了多大影响?"

就加拿大航空而言,Persado 对加拿大航的某段复制文字创建了 16 个不同的衍生版本,共有 1024 种传达信息的方式。所采集到各条信息的效果数据,则让人工智能通过机器学习获知哪些语言组合或能够在之后发挥最好的作用。

据 Deutsch 表示,在以上五大类文字中,情感型文字产生的影响最大。引发或响应焦虑、感激或独家体验等情感的语言在 Persado 向客户提供的信息清单中占 60%。"我们一直设法实现情感上的连接,但要怎样连接情感和语言则会更复杂一些。这些旅游企业开始与我们合作时,我们最初都会进行一系列试验。一旦合作企业与 Persado 完成了大概 75 项试验,我们就会开始创建 Persado ID,将其与客户的客户关系管理系统中各客户群体和单个客户捆绑在一起。这个 ID 则了解任何个人可能会在响应时出现的一级情感、二级情感和三级情感。我们认为,这首先会彻底改变企业内部创建内容的方式。大多数企业,尤其是旅游业和酒店业的企业,最重视的都是目的地有怎样的描述、从定价的角度来看其内容是怎样的,而对情感则不那么重视。一旦将情感与其他事物联系起来,再加上适当的目的地和恰当的价格,业绩会有极大的提升。"

加拿大航空的 Nasr 表示,公司使用 Persado 的人工智能引擎来编写文字信息后,营销方法的有效性有了极大的提升,尤其是使其有极大的灵活性来实现信息的个性化。

"我们已对不同产品进行了一系列的测试,且已开始更广泛地铺开 Persoda 的技术。真正重要的是,最终可利用工具来确保让更多的客户和你的营销活动形成互动,当然你仍需带来价值。你仍需确保客户通过电子邮件、横幅广告或并列式窗口点击时,获得的是一段设计精良且直观的数字化体验。Persoda 属于全局的一部分,而且是很重要的一部分。然而,如果你自己没有的产品,没有恰当的定价,或是交易过程中存在障碍,你仍然无法达成交易。Persado 是整个转化漏斗中的一个环节。"

Nasr 表示,除了单词标签引擎外,真正为加拿大航空带来附加值的是 Persado 紧随其后的分析结果。"像大量零售品牌和消费产品品牌一样,我们也在不断转变,正在成为在营销方面由分析结果来驱动的公司。对于我们来说,无论是考虑合作伙伴,还是测试新的合作关系,都要由分析结果来推动决策。而这正是 Persado 的基因所在。其从多个角度来看均不属于一家传统型营销企业,是一家真正的下一代营销企业,其工作的核心就是分析。"

从移动为先到语音技术

对于加拿大航空来说,转化漏斗和客户关系管理方式的改良要优先移动端。这意味着语音查询和聊天机器人是首要的事项。

Nasr 解释说,"我们的乘客群体,尤其是最常乘坐航班的乘客,通常都是尤为精通科技的旅客。科技就是他们的一种生活方式。这对我们的常飞旅客和精英会员来说尤其如此,因为这些旅客会频繁出行。我不敢说我们在技术指标方面是否超越了同业竞争对手或国内其他企业,但我敢肯定是有所超越的。我们的客户大量通过移动科技与我们互动,我们日益相信,语音技术和聊天机器人也会有同样的发展趋势。仔细想想,一旦活动转向移动式,我们就会考虑在移动设备上完成某事时哪种方式最快。语音技术是向移动设备输入时一个极高效的手段。如果你在出行途中,只能腾出一只手,或者在开车,需要专心看路、安全驾驶,则此时移动设备和语音技术最相配。"

人工智能将继续发展

加拿大航空认为,人工智能目前是提升后台和前端性能必不可少的一部分。Nasr 表示,"问题在于:人工智能和其他科技能否让我们更轻松、更好地交付服务?我们不是要利用此类科技来取代之前的科技,而是要利用其增强和改进客户服务。是否采用自助服务这最终是客户自己的选择。不过,在可预见的未来我们会始终如一地提供地面服务和机上服务。我们希望员工能够更轻松地为客户带来更好的体验。"

(资料来源:根据航旅同行等网上资料整理)

随着新技术的不断发展,新技术对国家经济、社会,对人们的日常生活、工作都产生深刻的变化。早在 2018 年 5 月,习近平总书记在两院院士大会上就强调:"新一轮科技革命和产业变革正在重构全球创新版图、重塑全球经济结构,科学技术从来没有像今天这样深刻影响着国家前途命运,从来没有像今天这样深刻影响着人们生活福祉","现在,我们迎来了世界新一轮科技革命和产业变革同我国转变发展方式的历史性交汇期,既面临着千载难逢的历史机遇,又面临着差距拉大的严峻挑战"(《中国经济时报》—中国经济新闻网)。新的科学技术很多,本书在此选取最前沿、最热议且对企业客户关系管理产生深远影响的新技术如人工智能、云计算、5G、元宇宙、移动社交网等进行讨论。深入了解、认识这些新技术及其功能、在客户关系管理中的运用,有助于企业更好地进行客户关系管理。

2.1 人工智能及其对客户关系管理的影响

2.1.1 人工智能的界定及其内涵

1) 学界定义

人工智能最早是由英国达特茅斯学院于 1956 年提出的,它是研究开发用于模拟,延伸和扩展人的智能的理论、方法、技术及应用系统的一门全新的技术科学,是计算机科学与技术的一个分支。对于该领域研究的科学家而言,他们的主要任务是探究如何将目前人类已经拥有的技术应用于计算机,使得计算机能够模仿并逐渐延伸扩展人类的智能。

美国麻省理工学院的温斯顿教授认为:"人工智能就是研究如何使计算机去做过去只有人才能做的智能工作。"这反映了人工智能学科的基本思想和基本内容。即人工智能是研究人类智能活动的规律,构造具有一定智能的人工系统,研究如何让计算机去完成以往需要人的智力才能胜任的工作,也就是研究如何应用计算机的软硬件来模拟人类某些智能行为的基本理论、方法和技术。

毛航天(2016)认为:人工智能的含义要从"智能"二字开始解释,智能的含义为机器能够达到和人类智能水平相当的智能或者具有一定的思维,一般认为机器智能也是需要人类辅助的,例如人类将信息和数据录入机器大脑中,并设置相关的运行程序,机器将能够根据人类的程序命令进行运算和输出,但通常机器智能的速度和准确性都大大优于人类智能。因此人工智能不是独立于人类的,但可以无限地接近人类智能。

2) 业界定义

2020 人工智能发展报告白皮书中的定义为:人工智能与行业场景深度结合,会产生显著的效益:行业场景拥有第一手数据资源,拥有丰富的场景需求,人工智能可以助力传统行业实现跨越式升级,同时人工智能技术本身也得以持续进化。

3) 人工智能主要研究领域

根据 2019 人工智能发展报告,人工智能的主要研究领域包括:机器学习,计算机视觉,自然语言处理,语音识别,机器人,人机交互技术,等等。

机器学习是"不直接针对问题进行编程的情况下,赋予计算机学习能力的一个子领域"(1956,亚瑟·塞缪尔,被誉为"机器学习之父"),它的处理系统和算法主要是通过寻找现有数据中所隐藏的模式而实现不断自我学习,不断更新和完善自身的知识结构和框架,并对未来的情况做出越来越精确的预测。

计算机视觉是一门分析,研究让计算机智能化地达到类似人类的双眼"看"的一门研究科学。它利用了摄像机和电脑来代替人眼并实现了人眼所具备的识别和检测,运动和跟踪,分割和分类等功能,主要发展历程包括马尔计算视觉,多视几何与分层三维重建,基于学习的视觉。

自然语言处理是指用计算机对自然语言的形、音、义等各类信息进行处理,对字词句篇章的输入、输出、识别、分析、理解、生成等进行操作和加工。具体的表现形式有:机器翻译,文本摘要,文本分析,文本分类,文本校对,信息抽取,语音合成,语音识别等。

语音识别是让计算机能够识别并理解人类语言信号的一门学科,可以实现将语音信号转变为计算机所能够准确识别的文字字符或者命令,它与许多学科交叉结合,是一种实现人机交流的有效手段。

机器人是自动控制机器的俗称,包括一切模拟人类行为或思想与模拟其他生物的机械。组成部分一般由执行机构,驱动装置,检测装置和控制系统组成。

人机交互技术是指通过计算机输入、输出设备,以有效的方式实现人与计算机对话的技术。人机交互技术包括机器通过输出或显示设备给人提供大量有关信息及提示请示等,人通过输入设备给机器输入有关信息,回答问题及提示请示等。

2.1.2 人工智能技术的重要意义

1) 政府对人工智能发展的政策支持

从政府对人工智能的各种政策支持就能说明该技术的重要意义。

早在 2017 年 7 月,国务院印发了《新一代人工智能发展规划》,明确了我国发展人工智能的战略目标,并进行了总体部署,设立了"三步走"目标。国家各部委在不同时间点出台了人工智能相关的政策政策文件,由此可见人工智能的重要性以及政府对人工智能的重视,见表 2-1。

表 2-1 中央和国家各部委有关人工智能的政策

时间	政策文件	政策内容
2022 年 10 月	二十大报告	人工智能是引领新一轮科技革命和产业革命的关键技术,是全球科技竞争的制高点
2017 年 10 月	十九大报告	人工智能将推动互联网、大数据和实体经济的高度融合
2018 年 11 月	《新一代人工智能产业创新重点任务揭榜工作方案》	精选掌握核心技术,有较强创新能力的企业,重点突破标志性产品,服务和平台
2019 年 3 月	《关于促进人工智能和实体经济深度融合的指导意见》	探索人工智能创新成果应用转化路径和方法,构建智能经济
2019 年 8 月	《国家新一代人工智能开放创新平台建设工作指引》	鼓励人工智能细分领域领头企业搭建开源,开放平台,推动行业应用
2020 年 7 月	《国家新一代人工智能标准体系建设指南》	明确人工智能标准化顶层设计,研究标准体系建设和标准研制的总体规则,制导标准化工作有序开展,完成关键领域技术的预研工作
2021 年 7 月	《新型数据中心发展三年行动计划(2021—2023 年)》	推动新型数据中心与人工智能等技术协同发展,构建完善新型智能算力生态系统
2021 年 9 月	《新一代人工智能伦理规范》	将伦理道德融入人工智能全生命周期,为从事相关活动工作者提供伦理指引

资料来源:根据网上资料整理。

2) 人工智能的重要意义

人工智能作为新一轮产业变革的核心驱动力之一,对社会、经济以及人们的生活将产生深远影响。

（1）社会意义。

随着人工智能的不断发展和广泛应用于日常的生产生活中，必然会替代一些劳动密集型行业的岗位，造成"结构性失业"，但并不会因此造成失业率的直线上升。从长远来看，伴随着产业链各个环节向着自动化、智能化方向演变，会在运营管理、系统更新、技术改进方面带来新的岗位需求。并且，产业实现自动化、智能化还有助于提高劳动生产率，使得市场更加活跃，促进社会的繁荣和发展。

另外，人工智能在社会治理方面也发挥着十分积极的作用。AI 视频监控系统，安防智能机器人，智慧楼宇，智慧政务警务等已经广泛应用于小区，写字楼，人流密集公共场所等，通过改变运用人力进行社会治理的模式，大大降低了成本，切实提高了社会治理的效率，也使得人们的生活更为安全便捷。

（2）经济意义。

人工智能是引领未来世界经济长远发展的关键性因素，目前人工智能技术已经上升到了提升各国综合国际竞争力的战略地位。且随着人工智能技术的不断进步和数字经济的蓬勃发展，它已日益成为各国产业智能化升级的重要引擎。例如在新零售领域，通过 AI 技术的应用实现了指挥门店和商品自动识别，节省了顾客进门和排队买单的时间，大大提升了客户的购物效率。另外基于海量的数据和精确的人工智能算法，实现了整条供应链的灵活调度，优化了资源配置，实现了经济效益的最大化。

（3）生活意义。

目前机器学习、语音识别等人工智能核心领域已经普遍地应用于人们的生活场景，人工智能与我们的生活已经密不可分。

①人工智能改变人们的生活方式。

随着人工智能技术的普及，人们的居住、健康、出行、教育、娱乐等多方面的生活方式都将从中受益。智能家居将是人工智能技术应用的一个重要突破口。智能家电、智能音箱、智能照明、智能厨卫等共同组成的智能家居系统，未来，智慧家居助理会统筹管理所有智能家居设备，使其协同工作，根据不同的活动场景，为人们营造更加舒适和安全的居住环境。人们不再是通过双手去操作使用各种电器，而是通过更加自然的方式与智慧家居助理交流，轻松地让各种电器完成任务。

医疗也将是人工智能大展身手的领域。AI 技术的推广，可以很大程度缓解当下的医疗资源紧缺、医护人员工作强度大等问题，使更多的民众受益。另外，通过健康穿戴设备，监测人们的生理数据，对人们的日常健康状况进行检测管理，做到疾病的提前预防。未来在智能医疗，智能服务等领域会有更大的发展空间，基于精确算法的智能体验切实提高了居民的生活效率和生活质量。

②人工智能改善人类的生存环境。

人工智能在粮食保障、能源利用、气象预测、环境污染、自然资源保护等领域上应用，可有效改善人类生存环境，促进人与自然和谐共生。自然灾害和气候变化是导致粮食不安全的部分关键因素。人工智能在一定程度上可以改善农业所面临的问题。如有些机构组织开始着手研究如何利用人工智能技术结合卫星遥感地理信息，对类似的自然灾害进行预警，减少农业损失。另外，利用人工智能技术对小地域范围内实时、精准的气象预测,可以指导农业实施过程,在什么时间适合进行播种、施肥、灌溉、采摘等。人工智能还可以用于筛选优良种子,达到粮食增产的目的。

(4)对企业经营的意义。

人工智能对企业变革影响巨大。有数据表明,在未来 15 年内,人工智能和自动化技术将取代 40%～50%的岗位,同时也带来效率的提升。例如,在工业制造领域,AI 技术将深度赋能工业机器,将会带来生产效率和质量的极大提升。如采用 AI 视觉检测替代工人来识别工件缺陷,带来的益处有:①识别精度,基于图像数字化,可以达到微米级的精度;②无情绪影响,可以长时间保持稳定工作;③检测速度,毫秒级就能完成检测任务。

2.1.3　人工智能的发展历程和现状

1) 人工智能的发展历程

根据人工智能发展经历的三次浪潮,可将人工智能发展阶段分成如下三个阶段:

(1)第一阶段:萌芽时期(20 世纪 50 年代到 20 世纪 80 年代)。

信息系统、早期专家系统:此阶段正值人工智能技术的起步阶段,"人工智能"的概念在 1956 年首次被提出,接着科学家们在机器定理证明、跳棋程序、聊天机器人等方面有了突破性的进展,但是由于当时的计算机技术不够先进无法实现复杂的算法,因此人工智能这个概念仅仅处于研究范畴而无法在具体场景中实现应用。

(2)第二阶段:探索时期(20 世纪 80 年代到 20 世纪 90 年代)。

专家系统广泛应用、神经网络初步发展:此阶段是人工智能技术向着应用领域发展的关键性阶段。随着计算机技术的进步发展,专家系统已经能够让人工智能在具体的领域取得应用,这些领域包括气象、医疗、地质等。但是由于应用领域较为单一狭窄,且无法实现基于各类不同场景的一套推理算法,人工智能的发展陷入了停滞。

(3)第三阶段:高速发展时期(21 世纪开始至今)。

统计机器学习、深度学习、类脑计算:此阶段人工智能技术更加成熟,应用领域不断扩展。信息技术的迅猛发展为人工智能领域的技术研究提供了必要的开发条件和基础,在此阶段以机器学习为主导的算法在现代互联网、电商平台、新销售模式等领域都有了广泛的应用和发展。而近几年,人工智能的算法进一步升级,以深度学习为底层逻辑的算法使得人工智能的应用领域进一步发展壮大,在图像识别、自然语言处理、语音识别等核心领域都有了广泛的应用和实践,另外随着 5G、云计算、大数据分析等各类新技术的出现,人工智能与其他新技术结合形成了更强大的新兴应用场景,而这也正是未来的发展趋势。

2) 我国人工智能发展现状

(1)人工智能产业链。

人工智能的产业链包括了基础层、技术层和应用层三大部分。基础层主要利用 AI 芯片、AI 平台和 AI 框架给予人工智能基础技术的计算机能力支持,典型公司包括百度、华为等。技术层是在基础层开发之后以感知计算机技术为代表的通用技术,包括计算机视觉、图像识别、语音识别、机器学习等。应用层则将各类通用技术应用于实际的场景,服务于具体的产品设计和研发,目前的应用领域涵盖了医疗、交通、家居、金融、零售、教育,等等。

（2）人工智能近年发展概况。

据统计，在人工智能领域，2020年人工智能产业规模保持平稳增长，产业规模达到了3031亿元，同比增长15%，增速略高于全球的平均增速。产业主要集中在北京、上海、广东、浙江等省份，我国在人工智能芯片领域、深度学习软件架构领域、中文自然语言处理领域进展显著。

2022年6月27日，在第二十四届中国科协年会闭幕式上，中国科协隆重发布10个对科学发展具有导向作用的前沿科学问题，其中包括"如何实现可信可靠可解释的人工智能技术路线和方案"。

在人工智能产业发展过程中，完善基础环境的建设尤为关键，这其中包括基础数据的安全监测，机器学习核心算法的迭代升级，AI芯片的设计与研发等等，只有搭建了完整系统的基础层和技术层的环境，人工智能的发展才有可能更加深入，从而探索更多领域的场景应用。另外，加强人才的培养，保障我国技术的原创性和突破能力；加强伦理道德框架和社会监管体系也是值得关注的方向。

2.1.4　人工智能在各行各业的应用

随着人工智能技术的普及，人类社会正在从信息化时代步入智能化时代。人工智能技术与行业深度结合，针对具体的场景来实现智能化的方案，目前主要的应用行业领域包括文旅、安防、金融、医疗、交通、教育、制造、互联网、电力等，未来将会拓展到更多的领域。

以人工智能在文旅行业中的运用为例说明。人工智能技术在现代旅游业中充当了导游、智能调度员、智能销售人员和呼叫服务的角色，通过机器人、智能语音、图像识别、语言处理等功能真正实现了"智慧旅游"的概念，带领我国旅游业朝着智能化、现代化方向进展。从旅途中的各环节来看，从旅游前的预定，到就餐餐厅的智能点餐、送餐到酒店服务中的入住，从智能门卡、开关、自动化窗帘等，再到景点参观过程中的智能导航导游、智能语音呼叫、智能销售等等，可以说人工智能已经成为"智慧旅游"不可分割的一部分，是充分利用旅游信息资源，满足游客个性化需求，提供高质量和高满意度服务的技术核心，为游客旅行过程中的各个环节都提供了支持。

2.1.5　人工智能与客户关系管理

早在2017年，国内CRM巨头百会在发布的第四代CRM产品中，就融合了数据挖掘和机器学习技术，该产品就能智能识别重要客户、寻找附近的客户、推荐工作流配置、建议联系潜在客户的最佳时间等。

如今，人工智能已经融入了各行各业实际场景中的应用，并逐步开始向企业客户关系管理方向延伸。CRM实现了企业与客户的连接，而人工智能技术构建了更加智能化的中间桥梁，AI与CRM的结合为企业提供了更高效的销售、服务模式，为客户提供了更智能、更个性化的客户体验，加强了企业和客户的互动，碰撞出了精准营销的智慧火花，未来将有重大的发展空间。

1）AI助力更好地对接客户、维系客户

人工智能技术与CRM的结合可以使企业在导入客户的交易历史记录，消费偏好以及各类产品服务的数据库后,基于机器学习的精确算法逻辑,为客户提供符合个人偏好模式的智能服务的同时,对于客户接下来的消费需求进行精准的推测,并进行相关产品的推送,及时提供促销信息来真正改善客户的消费体验,实现"留住客户"的目标。

2) 改变客户关系管理的策略,实现真正的"精准营销"

在改变促销方式方面,可以依托 AI 领域的大数据分析技术对消费者群体的客户信息搜索历史记录、购买记录、产品点击频次等进行精细化的分类。例如通过客户信息可以将其归类为高受教育水平以及低受教育水平,通过搜索和购买记录可以推测该用户属于低收入人群还是高收入人群,还可以再进一步细分高档商品偏好和低档商品偏好,比如在具体的促销环节中由于高档商品的偏好者对于价格的敏感度相对较低,更注重产品的精致度和购买过程中的实际体验,在这样的情况下促销过程中应该主打品牌质量保证,历史客户的优质体验和满意评价,而不是通过价格优惠模式来吸引客户。

在改变促销时机方面,可以将客户的产品浏览时间,搜索和购买产品的时间间隔,搜索和购买的具体时间等数据导入新型的数据管理系统,利用精确的算法推断客户在特定时间的消费偏好,从而实现"因时而异"的精准营销模式。不过就目前现状而言,人工智能基于不同时间段推送产品的算法逻辑还比较生硬,可能与客户的实际需求有较大的偏差,因此算法优化是实现正确把握促销时机的首要任务。

3) 构建智能化的业务流程

传统的 CRM 系统能够把业务流程的各个环节分支整合成为一个完整的流程链,从而实现销售的标准化,可是却没有完成智能化的转型,基于 AI 的智能算法可以使得销售部门快速地整合各类与客户信息相关联的数据库,大大改善 CRM 系统工作流程。而伴随着人工智能助力的 CRM 系统能够高效率地完成整套业务流程的整合,企业的销售人员就可以把更多的资源和精力用于与潜在的客户建立关系,扩展企业的业务规模。

2.2　云计算及其对客户关系管理的影响

云计算被视为计算机网络领域的一次革命,因为它的出现,企业工作方式和商业模式也在发生巨大的改变。

2.2.1　云计算的定义与内涵

云计算有广义与狭义之分。

狭义上讲,云计算就是一种提供资源的网络,使用者可以随时获取"云"上的资源,按需求量使用,并且可以看成是无限扩展的,只要按使用量付费就可以,"云"就像自来水厂一样,我们可以随时接水,并且不限量,按照自己家的用水量,付费给自来水厂就可以。

从广义上说,云计算是与信息技术、软件、互联网相关的一种服务,这种计算资源共享池叫做"云",云计算把许多计算资源集合起来,通过软件实现自动化管理,只需要很少的人参与,就能让资源被快速提供。也就是说,计算能力作为一种商品,可以在互联网上流通,就像水、电、煤气一样,可以方便地取用,且价格较为低廉。

云计算是分布式计算的一种,通常指将数据计算处理程序分解后,通过多部服务器组成的系统进行处理和分析,得到结果并返回给用户。云计算又称网格计算(许子明、田杨锋,2018)。

虽然目前有关云计算的定义有很多,但对于云计算的基本含义是一致的,即云计算具有很强的扩展性和需要性,可以为用户提供一种全新的体验,云计算的核心是可以将很多的计算机资源协调在一起,因此,使用户通过网络就可以获取到无限的资源,同时获取的资源不受时间和空间的限制。

2.2.2 云计算分类

基于服务类型与部署模式可将云计算分成不同的类型。

1) 基于服务类型分类

（1）IaaS。

IaaS(Infrastructure as a Service),意为基础设施即服务,把比较底层的服务器、虚拟机、存储空间、网络设备等基础设施作为一项服务提供给用户使用。用户可以通过 web 网页的方式注册账号,然后申请 CPU、内存、磁盘、存储、路由器、防火墙、负载均衡和数据中心空间等基础资源。申请成功后就够部署和运行任意软件,包括操作系统、数据库、中间件和应用程序。用户不需要管理或控制任何硬件基础设施,但能控制 CPU 核数、内存大小和磁盘大小,还能选择操作系统、部署应用,也能获得有限制的路由器、防火墙、负载均衡器等网络组件的控制。例如:商业软件有亚马逊 AWS 和 Goole CloudEngine,开源软件有 OpenStack 和 CloudFoundry 等都是 IaaS 服务类型的典型应用。

（2）PaaS。

PaaS(Platfrom as a Service),意为平台即服务,实际上是将软件研发的平台作为一种服务,提供超过基础设施的服务,用于在集成环境中开发、部署、运行和维护应用程序,帮助用户快速实现更多应用功能。也就是说 PaaS 是将一层软件或开发环境封装并作为一项服务提供,可以在这种服务上可以构建其他更高级别的服务。即软件开发者可以直接在 PaaS 上自由构建自己的应用程序,或开发新应用,这些应用程序部署在服务商的基础设施上,而不需要购买和部署服务器、操作系统、数据库和 web 中间件等即可运行客户自己的应用程序。例如:Google App Engine、微软 Azure 等都是 PaaS 服务类型的典型代表。

PaaS 能将现有的各种业务能力进行整合,具体可以归类为应用服务器、业务能力接入、业务引擎、业务开放平台等。向下根据业务能力的需要测算基础服务能力,通过 IaaS 提供的 API 调用硬件资源;向上提供业务调度中心服务,实时监控平台的各种资源,并将这些资源通过 API 开放给 SaaS 用户。

（3）SaaS。

SaaS(Software as a Service),意为软件即服务,为用户提供了一个完整的软件功能服务。用户通过订阅的方式随时随地在云上使用这些现成软件,无须下载和安装,也不需要关心软件的授权、升级和维护等问题。也就是对于用户来说不需要购买硬件设备和软件许可证,也不需要管理和维护网络设备、服务器、操作系统和存储等基础设施,只需要通过网络在各种设备上访问客户端界面,从而减轻了软件搭建和维护的负担,但被迫放弃了对软件版本和个性化需求的控制。对于服务商来说,由于只需要托管和维护单个应用程序,所以降低了成本。SaaS 服务类型的典型代表有:NetSuite、Google Apps、微软

office365 等。

2）基于部署模式分类

（1）公有云。

公有云由云服务供应商提供应用程序、资源、存储等服务，只能使用互联网来访问和使用。在私人信息和数据保护方面较有保证。通常会同时提供可扩展的云服务。

公有云一般由第三方大公司承建和运营，并以一种即付即用、弹性伸缩的方式为政府或公众用户提供服务，包括硬件和软件资源。用户可以通过互联网按需自助服务，即通过 Web 网页注册账号，填写 web 表单信息，按需付费，且根据需要随时取消服务，并对使用服务的费用进行实时结算。业界有名的公有云厂商有：Amazon AWS、Microsoft Azure、Google Cloud、阿里云、腾讯云、百度云等。

公有云关注盈利模式，具有强大的可扩展性和较好的规模共享经济性。但是，所有定制者共享相同的基础设施，配置有限，安全保护和可用性差。公有云的优势在于它们可能比企业云更大，因此可以根据需要无缝扩展。

（2）私有云。

私有云专门为某一个企业服务。纠正、检查等安全问题需买者自己负责，整套系统也需要买者建设、管理。可以为所有者提供具备充分优势和功能的服务。

私有云是某个企业根据自身需求在自家的数据中心上部署的专有服务，提供对数据安全性和服务质量最有效控制。因此私有云的使用仅限于某个企业的成员、员工和值得信赖的合作伙伴。私有云也有内部部署和外部托管两种部署模式：

内部部署。内部部署私有云（也称为内部云）部署在企业数据中心的防火墙内。该模型提供了更加标准化的流程和保护，但在大小和可扩展性方面受到限制。IT 部门还需要为物理资源承担资金和运营成本。这最适合需要对基础设施和安全性进行全面控制和可配置性的应用。

外部托管。这种类型的私有云由外部托管的云服务商提供，其中云服务商搭建专有云环境并充分保证隐私。这最适合由于共享物理资源而不喜欢公有云的企业。

私有云关注信息安全，客户拥有基础设施，并可以控制在基础设施上部署应用程序。内部用户通过内部网络或专有网络使用服务，私有云的使用体验较好，安全性较高，但投资门槛高，当出现突发性需求时，私有云因规模有限，将难以快速地有效扩展。业界有名的私有云厂商有：Vmware、深信服、华为云和青云等。

（3）社区云。

社区云此模式建立在多个目标、环境相似的企业或社区之间，它们共享基础设施、共同承担成本。社区云的成员都可以登入云中获取信息和使用应用程序。

社区云是指当几个具有相似需求的组织共享共同的基础设施时就形成了这个云。成本分摊的用户数量比公共云少，但不止一个租户。混合云可以以无缝方式使用私有云和公共云。在典型的公共云场景中，第三方供应商向各种客户提供诸如计算，存储，网络，虚拟化和应用程序等服务。在私有云环境中，内部 IT 资源用于为其内部用户和客户提供服务。企业正在采用公共云服务，通过利用云的弹性可伸缩性和面向市场的成本核算功能来节省资本支出和运营成本。尽管如此，公共云计算也引发了对数据安全，管理，数据传输，性能和控制水平的担忧。云计算应用涉及多个领域，包括：商业，技术，政府，医疗保健,智能电网,智能交通网络,生命科学,灾难管理,自动化,数据分析以及消费者和社交网络。

社区云是企业的一种过渡阶段发展的产物。面向一个行业(行业云)或一个地理区域范围内(园区云)提供服务。

(4)混合云。

混合云是两种或两种以上的云计算模式的混合体。

混合云融合了公有云和私有云优点,是近年来云计算的主要模式和发展方向。出于安全考虑,企业更愿意将数据存放在私有云中,但是同时又希望可以获得公有云的计算资源,在这种情况下混合云被越来越多地采用,它将公有云和私有云进行混合和匹配,以获得最佳的效果,这种个性化的解决方案,达到了既省钱又安全的目的。

混合云兼顾性价比与安全,在公有云中创建网络隔离的专有云,用户可以完全控制该专有云的网络配置,同时还可以通过 VPN/专线连接到内部私有云,实现公有云与私有云的连接,兼顾公有云和私有云的优点。

(5)专有云。

专有云(处在起步阶段)兼具公有云产品丰富、以租代建;私有云定制性强、相对安全的特点。阿里云、腾讯云、华为等公有云厂商均已推出专有云平台。

2.2.3 云计算的优势及其特点

云计算的可贵之处在于高灵活性、可扩展性和高性价比等。与传统的网络应用模式相比,因而其具有如下优势与特点:

(1)虚拟化技术。虚拟化突破了时间、空间的界限,是云计算最为显著的特点,虚拟化技术包括应用虚拟和资源虚拟两种。众所周知,物理平台与应用部署的环境在空间上是没有任何联系的,正是通过虚拟平台对相应终端操作完成数据备份、迁移和扩展等。

(2)动态可扩展。云计算具有高效的运算能力,在原有服务器基础上增加云计算功能能够使计算速度迅速提高,最终实现动态扩展虚拟化的层次达到对应用进行扩展的目的。

(3)按需部署。计算机包含了许多应用、程序软件等,不同的应用对应的数据资源库不同,所以用户运行不同的应用需要较强的计算能力对资源进行部署,而云计算平台能够根据用户的需求快速配备计算能力及资源。

(4)灵活性高。目前市场上大多数 IT 资源、软、硬件都支持虚拟化,比如存储网络、操作系统和开发软、硬件等。虚拟化要素统一放在云系统资源虚拟池当中进行管理,可见云计算的兼容性非常强,不仅可以兼容低配置机器、不同厂商的硬件产品,还能够外设获得更高性能计算。

(5)可靠性高。倘若服务器故障也不影响计算与应用的正常运行。因为单点服务器出现故障可以通过虚拟化技术将分布在不同物理服务器上面的应用进行恢复或利用动态扩展功能部署新的服务器进行计算。

(6)性价比高。将资源放在虚拟资源池中统一管理在一定程度上优化了物理资源,用户不再需要昂贵、存储空间大的主机,可以选择相对廉价的 PC 组成云,一方面减少费用,另一方面计算性能不逊于大型主机。

(7)可扩展性。用户可以利用应用软件的快速部署条件来更为简单快捷的将自身所需的已有业务以及新业务进行扩展。如,计算机云计算系统中出现设备的故障,对于用户来说,无论是在计算机层面上,抑或是在具体运用上均不会受到阻碍,可以利用计算机云计算具有的动态扩展功能来对其他服务器开展有效扩展。这样一来就能够确保任务得以有序完成。在对虚拟化资源进行动态扩展的情况下,同时能够高效扩展应用,提高计算机云计算的操作水平。

2.2.4 云计算的重要意义

2020 年,国家发改委明确新基建内容,共包括三方面:信息基础设施、深度应用技术、支撑传统基础设施转型升级,进而形成融合基础设施,支撑科学研究、技术开发、产品研制的具有公益属性的创新基础设施,分别从技术、应用、产业化角度阐明了新基建重点。其中云计算被列入新技术基础设施,数据中心、智能计算中心被列入算力基础设施,可见云计算的重要性。

2020 年,疫情推动线上化进程加速,网络使用普及,不少服务转至线上。远程办公、远程教育、远程会议、各类联网 App 等产业迅速发展,由此相关企业迎来许多新增流量。这些流量有新增快、增长不规律的特点。因此对于传统平台或传统计算模式来说,存在负担重、无法及时增加设备、改进服务的问题。

云计算的种种特点则刚好能切合上述需求。特别对于企业用户,可以做到快速扩容、保证服务器不会因流量多而崩塌。因此云计算能够满足当下的特殊增长与随之而来的需求,并且由于云计算的存在与发展,带动了一些在传统模式下成本、风险过高的服务应用,使其能够发展起来。如教育云与医疗云最近发展较以往更为迅猛。

而上述产业、服务的发展也反作用于云计算,促进带动了云计算相关的研究、投资。以前由于各种原因没有上云的企业,不少由于无法快速的扩充服务器和带宽,错失了一波需求。因此不少企业开始加大应用云计算,由此激发对于云计算的研究和投资。

2.2.5 云计算发展现状

1)云计算国际发展

2006 年 8 月 9 日,Google 首席执行官 Eric Schmidt 在搜索引擎大会 SESSanJose2006 首次提出云计算概念。2008 年,微软发布公共云计算平台 Windows Azure Platform。2011 年,美国 NIST 正式给出了云计算的参考定义。2011 年,苹果发布了 iCloud。2014 年,英国政府正式采用"政府云服务 G-Cloud"。

当前全球云计算市场增速明显滑坡。过去几年,全球云计算市场保持稳定增长态势。根据 Gartner 2021 年 4 月的统计数据,2020 年,全球经济出现大幅萎缩,以 IaaS、PaaS 和 SaaS 为代表的全球云计算市场增速放缓至 13.1%,市场规模为 2 083 亿美元。据 Gartner 估计,2019 年全球云计算市场规模达到 1 883 亿美元,增速 20.86%,预计到 2023 年,全球云计算市场规模将超过 3 500 亿美元。

2)云计算国内发展

2008 年,国内许多大型网络公司才开始研究考虑云计算。2009 年,阿里云计算有限公司正式成立。2010 年,腾讯云正式提供云服务。2013 年,全球最大公有云服务商亚马逊 AWS 在中国落地。此后，我国云计算市场不断增长。到 2020 年，我国云计算整体市场规模达 2091 亿元，增速 56.6%。其中，公有云市场规模达 1277 亿元，相比 2019 年增长 85.2%；私有云市场规模达 814 亿元，较 2019 年增长 26.1%。

我国 SaaS 市场稳定增长，IaaS、PaaS 迎来突破。2020 年，我国公有云 SaaS 市场规模达到 278 亿元，较 2019 年增长了 43.1%，受新冠疫情对线上业务的刺激，SaaS 市场有望在未来几年迎来增长高峰；公有云 PaaS 市场规模突破 100 亿元，与上年相比提升了 145.3%。

据 2021 年中国云计算行业研究报告统计，国内 2021 年整体 IT 支出超过 3 万亿美元，其中 IT 服务和企业级软件增速最快，整体达到全球增速的两倍。根据国务院发展研究中心，预计至 2023 年，政府和大型企业上云率将超过 60%，上云深度将有较大提升。在中国，2019 年云计算市场规模达 1 334 亿元，增速 38.61%，领先于全球平均增速。预计到 2023 年，中国云计算市场规模可达 4 000 亿元人民币。数据量的崛起、丰富的应用场景是催生国内企业上云的必要条件。

2.2.6　云计算与客户关系管理

1）传统客户关系管理与云客户关系管理

（1）传统客户关系管理。

传统客户关系管理有如下特点。

技术方面：本地 CRM 需要专属服务器、存储设备，需要 IT 人员进行系统管理和维护；需在办公时间从办公场所内的系统访问；扩容时维护、管理、增加储存成本高且困难；跨地区、跨部门合作困难。

在市场方面：客户概念较狭隘，不够重视潜在客户、已消费客户；客户关系界定简单，重点围绕产品而非顾客；客户信息管理主要依靠人员或者营销部门，人事变动时相关客户关系随之流失；信息不够系统化，不同部门的信息不一致，市场反馈信息延迟、滞后；共享性差，偏重短期利益，客户的信息与产品市场行为不一致，不能充分实现客户资源价值（常雪琴、张道华，2016）。

（2）云客户关系管理。

云客户关系管理有如下特点。

技术方面：CRM 应用程序的更新、维护、存储由云计算提供者完成，不需专设相应人员、部门；可随时随地访问、信息共享；提供了大量应用程序编程接口，利于集成、跨部门执行任务；安全性更高，不会因为人事变动、硬件损坏等问题丢失数据；可扩展性更高，维护管理成本不会剧增，容量无限。

市场方面：支持对所有的客户进行分类、打标签、跟进提醒等、线索价值排序，可以直观看到哪些客户需要在哪些时间跟进，及时跟进高价值客户；信息集成化、共享化使销售人员有目的的、有步骤地向客户进行沟通，避免重复和不合时宜，提高成单率。

2）云计算与新客户开发

新客户开发大致可以分为如下四个阶段，云计算对新客户开发的各个阶段可提供相应帮助。

阶段 1——寻找目标客户：在寻找目标客户阶段，云上的用户信息，如购买频率、购买物品价位、购买商品种类、常用地址等信息可以被集中起来供商家筛选。企业首先可据此分别筛查出总市场/潜在市场、可服务可触及市场、可服务可获得市场，并据此对处在不同市场的用户制定不同营销策略。

阶段 2——引起客户兴趣：在接近客户、吸引注意、引起兴趣阶段，传统营销方式难以精确得知客户兴趣点，也难以获取足够的信息。而云计算则可通过客户以往购物习惯、相似客户购物方式等信息推算出客户兴趣点所在。企业即可根据推算结果有针对性地制定产品介绍、广告、促销模式等方式来吸引特定分类下的用户。常见的 2B 统计数据包括"搜索后的点击率""点击后的收藏率""点击后的购买率"等。

阶段 3——交易：在交易过程中阶段，客户的购物体验、购物反馈对回购、商家声誉、商家在平台能分的流量也极为重要。云计算将客户反馈进行分类、关键词提取，便于企业特定部门根据特定关键词进行修改、提高，从而获得更好口碑，再由此反作用于下一波营销周期。

阶段 4——售后：在交易后阶段，商家为取得更好的营销结果，应当根据上一阶段结果对商品或服务进行实质性调整。企业可统计出每一种商品的投入产出比、每一件店铺的投入产出比等数据。而运用云计算，可找出以往相似情况、数据出现时各类营销策略的结果，并从中选择较优的或对下一经济周期的情况进行预测。由此进行商品位置调整、上下架，不同地区的店铺增开或减少，广告、合作资源、科研资金投放分配等。

3）典型案例：爱点击

（1）爱点击（iClick）简介。

爱点击集团（NASDAQ：ICLK）成立于 2009 年，是中国领先的企业数字化运营和营销云平台，分别在上海、香港、北京、深圳、广州、合肥、西安、伦敦、首尔、新加坡和曼谷全球 11 个大城市设有分支机构。企业于 2017 年在美国纳斯达克上市，被外媒称为"中国数字化运营第一股"。

其业务范围涵盖快消、零售、金融、电商、教育、汽车、游戏、网服等多个领域，为全球超 3000 家大中型企业客户提供数字化运营服务，能够为品牌提供超出行业平均水平的投入产出比。

（2）爱点击运营模式：以云计算为技术支点。

爱点击采取"SaaS＋X"模式。其两大支点分别为：代表技术工具的"SaaS"，以及代表增值服务的"X"。其中 SaaS（软件即服务）为云计算基于服务类型的其中一类。X 为增值服务如广告采买、内容营销等。

爱点击的"SaaS＋X"模式分别在内容建设、精准投流、分销转化、私域运营等场景下均有作用。

（3）爱点击客户关系管理中云计算（SaaS）的应用。

客户价值与多种因素有关，如客户自然生命周期、消费周期、消费频次、单次消费金额、客户品牌忠诚度、复购率、综合购买力、对品牌推广意愿等。

由此可从多角度进行客户价值增值。针对不同人群，如推送更多品类的产品、推送更高端的产品、吸引复购、吸引客户了解企业精神/企业产品以增加客户对品牌喜爱程度等。

Lululemon（以瑜伽为灵感来源的国际休闲服饰品牌）曾需要一个多平台的联合广告

投放，以期客户在各平台与品牌的一次次接触过程中逐渐加深品牌形象，最终潜移默化地达成转化。爱点击为此助力。

爱点击每年基于 SaaS 技术有超 60 亿媒介投放。由于云计算信息集中的优势，爱点击熟悉不同媒体平台的用户分布，且熟悉不同品类在各媒体点位上的表现，做到以此来优化媒介组合，应对不同类型的媒介有不同的客户价值预期，以及与之对应的客户价值增值的方案。

媒介类型一为个性化类媒体，含 bilibili、知乎、Soul 等应用。其主打客户为学生与年轻白领，特性为重视自我表达，能够有深入的兴趣。此类客户特性在于自然生命周期长、综合购买力较低、对自我提升类产品有较高兴趣且愿意深入购买高端产品。对于此类客户，爱点击定制的广告首先凸显品牌精神，以吸引爱运动/瑜伽或休闲风格的人群。其次减少推送最高端/最贵品类的产品，以免引起客户失落、反感情绪。以提升品牌忠诚度、提升消费频次、提升客户介绍给朋友概率的方式来提升用户价值。

媒介类型二为应用型媒体，如爱奇艺，高德地图，QQ 阅读等应用。此类应用的用户涵盖一大部分中年群体以及在组建家庭阶段的人群，使用应用意在使生活更游刃有余。用户特性为综合购买力强、货比三家意识高、形成品牌忠诚客户后则复购频次多。对于此类用户中的新用户群体，爱点击强调花大版面展示出产品的优势与性价比，提升用户对品牌喜爱度、后至忠诚度。同时对于已有购买经历的用户，广告主要推荐更多品类的产品，使得用户能够有更大的购物范围，提升复购率。

媒介类型三为基础媒体，如微信、微博、淘宝、百度。此类应用为大众化传播，其用户群体多样。在此类媒体中，广告制作过程中依靠 SaaS 的部分更多。由于群体分界更模糊、困难，由此爱点击依靠存于云计算中各大平台的客户信息，通过客户自行用户数据填写、搜索的词条、关注的大 V、曾购买用品等来对用户进行分类。并在此基础上对用户进行价值评定，判断出应推送的广告样式与其后续价值增值策略。

Lululemon 在一个月的广告投放过程中达到了 1070 万＋曝光率、15 万＋点击量，对品牌而言收效甚好。

2.3 5G 及其对客户关系管理的影响

2.3.1 5G 的界定

1）5G 的定义与内涵

5G 是指第五代移动通信技术（5th Generation Mobile Communication Technology，简称 5G），是具有高速率、低时延和大连接特点的新一代宽带移动通信技术，5G 通信设施是实现人机物互联的网络基础设施。

国际电信联盟（ITU）定义了 5G 的三大类应用场景，即增强移动宽带（eMBB）、超高可靠低时延通信（URLLC）和海量机器类通信（mMTC）。增强移动宽带主要面向移动互联网流量爆炸式增长，为移动互联网用户提供更加极致的应用体验；超高可靠低时延通信主要面向工业控制、远程医疗、自动驾驶等对时延和可靠性具有极高要求的垂直行业应用需求；海量机器类通信主要面向智慧城市、智能家居、环境监测等以传感和数据采集为目标的应用需求。

2）5G 技术特点及优势

（1）数据传输较快。5G 技术是当前最先进的通信技术，其宽带理论上已经达到每秒 10G 的速度，相当于万兆裸光纤的速度。结合当前的量子通信加密技术，5G 技术可以促进经济的发展，为我国经济的发展提供支持，能够为各行各业的发展打下坚实的基础，同时也提供了新的机遇。

（2）极大程度地减少网络延迟等现象。随着网络的发展，越来越多的人开始使用网络技术来满足自身的需求。随着网民人数的增多，网络的压力越来越大，时常出现网络延迟等现象，极大地降低了用户的体验。5G 技术的出现缩减了 4G 技术的缺陷，提高了运行效率。

（3）万物互联。随着科技的发展、网络时代的到来，手机、电脑等基础设备有时难以满足人们的需求。人们需要利用更多的技术与设备来满足自身更多的需求，而 5G 技术可以通过系统和信息的数据分析等来链接这些设备，实现万物互联的目的。

3）5G 的关键技术

根据发展方向不同，5G 技术通常包含如下两项关键技术：无线技术与网络技术，其中，无线技术更为重要，因为其覆盖领域更为广泛，覆盖范围也更加全面。从我国 5G 技术的发展现状来看，其在技术、标准、产业生态等多方面已经取得初步的成效，其发展前景非常的可观（曲修颖、李畅，2022）。

（1）5G 无线关键技术。

5G 国际技术标准重点满足灵活多样的物联网需要。在 OFDMA 和 MIMO 基础技术上，5G 为支持三大应用场景，采用了灵活的全新系统设计。在频段方面，与 4G 支持中低频不同，考虑到中低频资源有限，5G 同时支持中低频和高频频段，其中中低频满足覆盖和容量需求，高频满足在热点区域提升容量的需求，5G 针对中低频和高频设计了统一的技术方案，并支持百 MHz 的基础带宽。为了支持高速率传输和更优覆盖，5G 采用 LDPC、Polar 新型信道编码方案、性能更强的大规模天线技术等。为了支持低时延、高可靠，5G 采用短帧、快速反馈、多层/多站数据重传等技术。

（2）5G 网络关键技术。

5G 采用全新的服务化架构，支持灵活部署和差异化业务场景。5G 采用全服务化设计，模块化网络功能，支持按需调用，实现功能重构；采用服务化描述，易于实现能力开放，有利于引入 IT 开发实力，发挥网络潜力。5G 支持灵活部署，基于 NFV/SDN，实现硬件和软件解耦，实现控制和转发分离；采用通用数据中心的云化组网，网络功能部署灵活，资源调度高效；支持边缘计算，云计算平台下沉到网络边缘，支持基于应用的网关灵活选择和边缘分流。通过网络切片满足 5G 差异化需求，网络切片是指从一个网络中选取特定的特性和功能，定制出的一个逻辑上独立的网络，它使得运营商可以部署功能、特性服务各不相同的多个逻辑网络，分别为各自的目标用户服务，目前定义了 3 种网络切片类型，即增强移动宽带、低时延高可靠、大连接物联网。

2.3.2　5G 的时代意义

5G 移动通信技术诞生，赋予了时代崭新的意义。它以其全新的网络框架走向市场，并提供给互联网用户高达 10Gbps 的宽带速度,不仅能实现数据的高密度衔接,同时也降低了数据在传输与通信过程中存在的时延,信息时代的发展得到了质的飞跃。5G 本身对社会并没有直接产生价值,但 5G 对信息社会、人工智能产生支撑作用,其支撑的信息系统对未来进步有巨大的价值。

时代的新发展催生了新的通信传输市场。如今,5G 技术紧随市场发展,在手机、电脑等传统领域的基础上,又拓展了健身设备、智能家居等新领域。结合物联网等新兴行业的发展实践来看,该项技术有良好的应用前景,能够极大地推动相关领域的发展,满足了人们丰富多样的个性化需求。

2.3.3　5G 的发展现状

5G 作为下一代移动通信关键技术,自 2018 年正式商用以来,已经被广泛应用于各行各业,比如教育、医疗、农业、金融、工业、游戏、AR(augmented reality)/VR(virtual reality)等垂直行业场景。

在 5G 技术方面,5G 历经 Rel‑15 到 Rel‑17 共 3 个版本的迭代优化,已基本具备同时支持 eMBB、URLLC、mMTC 业务场景的服务提供能力,为了适配更广泛的垂直行业应用场景,3GPP 已启动 Rel‑18 的研究工作,并正式将 5G 演进命名为 5G-Advanced,为 5G 面向 2025 年后的发展定义了新的目标和能力。5G-Advanced 的特征可归结为"融合、智慧、低碳",通过全面演进和增强,使能 5G 产生更大的社会和经济价值。对于 5G 基站的建设,至 2019 年 5G 正式商用以来,目前中国已发展 5G 套餐用户数达 4.5 亿,建设的 5G 基站数达到 85 万个,占全球 5G 基站建设总量的 70%。同时,全球5G 发展进入高速发展阶段,美国、欧盟、日本、韩国等国家和地区纷纷提出了多项刺激5G 发展的计划,预计 2026 年年底,全球 5G 用户数将达到 35 亿。

在 5G 产业建设方面,我国为了深化 5G 建设,推进 5G 融入千行百业,赋能传统经济的数字化转型需求,工信部印发了多项文件,如 2020 年 3 月 24 日,工信部提出了《工业和信息化部关于推动 5G 加快发展的通知》。2021 年 7 月 5 日,工业和信息化部等十部门联合发布《5G 应用"扬帆"行动计划(2021—2023 年)》,提出了"坚持需求牵引、坚持创新驱动、坚持重点突破、坚持协同联动"4 个基本原则为基本行动纲领,到 2023 年实现我国在5G 行业应用发展水平的显著提升,并打造面向医疗、教育、工业等行业服务的 IT、CT、OT 与业务深度融合的新生态。

2.3.4　5G 的应用领域和行业

5G 的应用领域非常广泛,如工业、车联网由于自动驾驶、教育、医疗等行业偶广泛的应用。以下以车联网与自动驾驶、教育行业来说明其应用。

1)车联网与自动驾驶

5G 车联网助力汽车、交通应用服务的智能化升级。5G 网络的大带宽、低时延等特性,支持实现车载 VR 视频通话、实景导航等实时业务。借助于车联网 C-V2X(包含直连通信和 5G 网络通信)的低时延、高可靠和广播传输特性,车辆可实时对外广播自身定位、运行状态等基本安全消息,交通灯或电子标志标识等可广播交通管理与指示信息,支持实现路口碰撞预警、红绿灯诱导通行等应用,显著提升车辆行驶安全和出行效率,后续还将支持实现更高等级、复杂场景的自动驾驶服务,如远程遥控驾驶、车辆编队行驶等。5G网络可支持港口岸桥区的自动远程控制、装卸区的自动码货以及港区的车辆无人驾驶应用,显著降低自动导引运输车控制信号的时延以保障无线通信质量与作业可靠性,可使智能理货数据传输系统实现全天候全流程的实时在线监控。

2)教育行业

5G在教育领域的应用主要围绕智慧课堂及智慧校园两方面开展。5G＋智慧课堂,凭借5G低时延、高速率特性,结合 VR/AR/全息影像等技术,可实现实时传输影像信息,为两地提供全息、互动的教学服务,提升教学体验;5G智能终端可通过5G网络收集教学过程中的全场景数据,结合大数据及人工智能技术,可构建学生的学情画像,为教学等提供全面、客观的数据分析,提升教育教学精准度。5G＋智慧校园,基于超高清视频的安防监控可为校园提供远程巡考、校园人员管理、学生作息管理、门禁管理等应用,解决校园陌生人进校、危险探测不及时等安全问题,提高校园管理效率和水平;基于 AI 图像分析、GIS(地理信息系统)等技术,可对学生出行、活动、饮食安全等环节提供全面的安全保障服务,让家长及时了解学生的在校位置及表现,打造安全的学习环境。

2022 年 2 月,工业和信息化部、教育部公布 2021 年"5G＋智慧教育"应用试点项目入围名单,一批 5G 与教育教学融合创新的典型应用亮相。

2.3.5　5G 与 CRM

在 5G 背景下,无论是相关网络、业务形态还是管控方式都会发生重大变化,这就需要企业在客户关系管理方面采用新的方式,从而帮助消费者更充分地实现通信应用的高效性、便捷性,取得更大的经济效益和社会效益。

在倡导"个性化"的时代背景下,各个企业将突出地面对客户群体更为多元、个性化需求更为分散的管理难点,相对简单的服务模式将会受到冲击。

1)应用 5G 技术能完善客户体验

企业可以使用现代化通信工具,应用 5G 技术构建可面向信息共享服务的推送体系,包括:根据大数据获取并定位需求,使用云计算获取区域地址信息,使推送的资源可满足用户实际通信需求同时,提升给予用户服务的时效性。

在划分用户需求属性过程中,企业可以将不同类型用户需求作为导向,适时使用 5G 技术,与客户进行信息内容的交互,通过市场前沿调研队伍对技术的不断研发,使市场内一些独立服务类型进行集成或融合,包括:将 5G 通信技术与 VR、AR、智慧家园、智慧城市、智慧家居、智慧平台、车联网、智能化技术等融合,通过信息的集成与协作,丰富现有服务资源,从而为用户的精准服务提供资源支撑,实现为其提供更加良好的服务体验。

若需要定期更新并处理提供给通信客户的内容,在创新服务模式过程中,可引入 5G 技术中的 RDF 技术,对三元组服务行为进行语义处理,适当转换与用户进行沟通交流的方式,并将单独服务项目整理成关联信息提供服务,从而在产业中形成一个完善的网络服务体系。

2)订制个性化服务

在 5G 背景下,在市场的海量通信数据中,企业可以对不同通信用户的所处场景进行实时分析,掌握不同用户在各个领域遇到的问题,并通过对用户的画像,对用户需求做出精准判断,通过分析客户的消费行为信息,更精准地将相关资源及时向客户进行推荐,以此为客户提供一种相对针对性的服务。利用 5G 移动通信技术,将分散的个人信息集成在一起,并统一不同层面的多种类型数据,从而实现一个一体化的通信客户服务有效机制。

同时,企业业务的推进可与客户的反馈相结合,特别是做好诸如消费分析、消费挖掘等方面的关联工作,充分提高企业对市场的适应能力和面向客户的服务能力,从而打造更为稳定的客户关系,培育稳定的信息消费群体和忠诚客户。

3) 应用 5G 能创新 CRM 策略

在 5G 时代下,富有 5G 特色的营销策略让人耳目一新,可吸引消费者前来消费。

(1)AR 策略。

AR 营销以真实世界为原型,创造虚拟世界,让人们获得独特的感官体验,它将一些静态存在的物体,通过 AR 技术转化为动态物体,构建一个代入感较强的虚拟画面。通过 AR 技术的有效应用,让消费者充分了解产品的主要来源以及生产阶段的全过程,介绍产品的功能优势,推荐顾客消费,它打破了传统的思维局限,是当前社会发展过程中应用较为广泛的营销方式之一。AR 营销是一种全新的购物体验,能够全面提高商品的成交率,为企业创造更高的经济效益。

(2)VR 策略。

VR 营销是 5G 时代下,企业发展的主要营销手段,能够为消费者带来多元化的购物体验,从而全面提高用户黏度,帮助消费者与产品之间,建立密不可分的情感关系,有效降低退换货的问题发生概率。VR 营销通过体验情节的不断调整,获得愉悦的购物体验,并从不同的角度观察产品的功能作用,打破传统营销方式时间与空间的限制,加强消费者与产品之间的零距离互动,提高对商品的认可程度。通过对 VR 营销方案的体验,能够建立全新的企业营销体系,降低商家的经济成本投入,助力企业可持续发展。

(3)互联式营销策略。

互联式营销是指消费者在日常工作生活与学习的过程中,借助不同的商品标签,通过移动终端将商品与消费者建立互联关系,通过互联营销模式,了解商品的功能特点,实现线上储存与交易。当遇到消费者不满意的商品推送时,能够直接从购物清单中移除。

网络互联技术的出现,让网络设备之间、商品之间逐渐形成一种互联的关系状态,保证物与物之间的有效连接,5G 技术具有高传输速率、低延迟性的发展特点,能够让物与物之间形成有效的信息交互,并在未来一定的发展时间内,实现万物互联。

2.4 元宇宙及其对客户关系管理的影响

2.4.1 对元宇宙的界定与认识

元宇宙一词最早出现于美国科幻小说家尼尔·史蒂芬森在 1992 年发表的小说《雪崩》(Snow Crash)当中,书中构思了一个脱胎于现实世界并与之平行的虚拟现实世界,只要戴上配以三维效果和立体音响的特制“目镜”,用户就可以产生和真实世界相似的第一人称视角体验。在元宇宙,人以打破时空界限,以数字化身的形式在其中生活。

元宇宙引领新风口,元宇宙成为2021年传媒科技领域最火爆的概念,各行各业围绕元宇宙的探讨和探索不断。对于元宇宙的定义,无论是学术界还是商界,并没有形成统一认识,他们从不同角度切入,元宇宙的价值指向因而也有所不同。

1) 元宇宙的界定

《元宇宙》作者赵国栋(2022)认为:"从本质上讲,元宇宙是指借助人工智能、虚拟现实、云计算、数字孪生、区块链等高技术手段,将物理世界映射成由数字、因特网构成的虚拟世界,是多重技术的集合。"

薛静宜则认为(2021):"元宇宙是指以人工智能、扩展现实、区块链三大技术为核心,由诸多共享基础设施、标准和协议打造的数字化宇宙,它构建出一个与现实物理世界相平行的虚拟数字世界,且与现实世界相互融通。"

沈阳(2022)的定义则更简洁,认为:"元宇宙可以:一,把目前的互联网从二维升级到三维;二,自然人、虚拟人和机器人的三者联动;三,通过经济规则的调整,实现元宇宙的创作者经济。"

管浩(2022)认为:"元宇宙(Metaverse)是一个合成词,即 Meta(元)+Universe(宇宙)。它指的是一个集体虚拟共享空间,是由现实世界与增强现实技术、虚拟现实技术创建出的虚拟世界相混合的一个融合状态。"

综上所述,元宇宙本身不是一种技术,而是一个集成了互联网、大数据、云计算、人工智能、区块链以及 VR/AR、物联网等技术的虚拟数字新生态。这个通过技术打造的虚拟数字生态是对现实世界的映射,是资本为互联网3.0时代打造的新消费场景,也是人类数字文明发展到新时期时的形态表现。元宇宙不是"平行于"现实世界的一种存在,而是既超越现实世界又与现实世界相融合的"混合现实",它是将虚拟与现实融合的数字生活空间(见图2-1)。

综上所述,元宇宙仍是一个不断演变、不断发展的概念,不同参与者也会不断丰富它的含义。无论是变革新机遇还是资本的概念炒作,对元宇宙和各行各业的融合还有许多想象空间,但美好愿景仍需以理性判断风险和稳步推进技术发展为基础。元宇宙是可信赖的未来,但完美需要引导与共创。

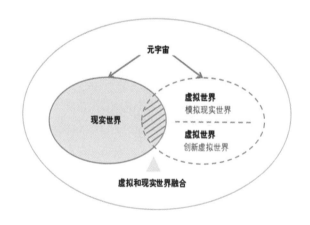

图 2-1　元宇宙定义

2）业界对元宇宙的认识

产业界对元宇宙的认识也是各执一词,著名的企业家对元宇宙的评价如下。

Meta CEO 马克·扎克伯格(2022):"我们正处于互联网下一章的开端,这也是我们公司的下一章。下一个平台将更加身临其境——一个实体化的互联网,你可以在其中体验,而不仅仅是看着它。我们称之为元宇宙,它将触及我们构建的每一个产品。在元宇宙中,你几乎可以做任何你能想象到的事情——与朋友和家人聚在一起、工作、学习、玩耍、购物、创造——以及全新的体验,这些体验与我们今天对电脑或手机的看法不符。"

主世界元宇宙创始人 Galan(2022):"我把它理解为互联网的升维,游戏的降维。历史上曾经出现过很多虚拟世界的游戏,它们都具备元宇宙的雏形。但是它们跟今天说的元宇宙有共同有差异。今天说的元宇宙,有一个很重要的标准:连接现实。向实扎根,向虚而生。它一定不是空中之城。"

腾讯董事局主席马化腾(2022):"元宇宙是个值得兴奋的话题,我相信腾讯拥有大量探索和开发元宇宙的技术和能力,例如在游戏、社交媒体和人工智能相关领域,我们都有丰富的经验。将虚拟的世界变得更加真实,以及让真实的世界更加富有虚拟的体验,这是一种融合的方向,也是腾讯的一个大方向。"

综上可见,元宇宙引起了国内外互联网公司的广泛关注与战略布局。资本也急切地在 2021 年布局元宇宙,谁都不想错过下一场可能改变人们消费方式的技术革命浪潮。但从企业角度来看,目前元宇宙仍处于行业发展的初级阶段,无论是底层技术还是应用场景,与未来的成形相比仍有较大差距,但这也意味着元宇宙相关产业可拓展的空间巨大。因此,拥有多重优势的数字科技巨头(如腾讯、字节跳动、美国苹果公司等)想要守住市场,数字科技领域初创企业要获得弯道超车的机会,就必须提前布局,甚至加码元宇宙赛道。

2.4.2　元宇宙的优势

元宇宙具有如下优势:

(1)更好的可达性,让身处不同物理地点的用户可以享有相同的资讯与体验。

(2)更好的多元性,让不同的用户群体可以享有脱离物理资源限制的相处空间。

(3)更好的平等性,让不同种族、不同肤色、不同语言的用户可以享有均等的发展机会。

(4)更好的人文性,让人类文化以更加健康永续的方式传承。

2.4.3　元宇宙的时代意义

互联网陷入了内卷化的负向循环,不同形态的内容,其分发、商业化的逻辑走向高度一致,在内容载体、用户体验、传播、场景、交互等方面都进入瓶颈期。当前的互联网已经不能称之为先进生产力,互联网的内容形态对用户的吸引力明显下挫,剧本杀、盲盒等成为争夺用户时长与可支配收入的强势对手盘。元宇宙能增加用户体验的维度,孕育出的新内容形态有望具备"碾压式"的竞争力。

元宇宙作为交往生态重构的基础设施,它是一个关乎另类社会实践的可能性以及人类种群如何与技术共处、与机器共生、与代码共事的后人类境况议题。它预示着一种后人类生存境况,正是因为其具备未来人类生存的基础设施功能,全面更新的数字化基础设施能实现对人类社会交往生态的重构。元宇宙作为全新的人类文明形式所具有的生态性特质,它对人类社会交往将会进行创造性颠覆而非片段式的、具体性改写。

元宇宙的发展前景也可从各咨询报告的预测中看到。据彭博资讯分析,到 2024 年,元宇宙的市场规模将达到 8000 亿美元,而麦肯锡报告称,到 2030 年,全球元宇宙市场的规模有望增长至 5 万亿美元,普华永道也预计,元宇宙市场规模在 2030 年将达到 1.5 万亿美元,而据摩根士丹利报告,到 2030 年奢侈品牌在元宇宙的市场规模可能高达 560 亿美元。

2.4.4 元宇宙的行业应用

1) 元宇宙在业界应用的可能

目前虽然元宇宙产业仍处于社交＋游戏场景的应用阶段,未来它会产生一种有某种社区性质,更加综合、多元、具有功能性的模拟空间,它对应生活中的各种应用场景,包括教育、办公科研、电子商务、医学、艺术品交易、数字经济、心理服务等。

元宇宙是必然的趋势,但是元宇宙并不是互联网这么一个单项技术的发展,它是很多技术的组合。因此,从不同角度切入,元宇宙的价值指向都有所不同,当极致沉浸的交互体验能带给人们超现实的体验,那么生活、工业、社会、科技将大大提升效率,元宇宙在其他产业也会产生应用。

从政府角度看,元宇宙不仅是重要的新兴产业,也是需要重视随之而来的社会治理问题的产业,伴随元宇宙产业的快速发展,该产业将会带来一系列新的问题和挑战。如果以移动互联网去类比元宇宙,那就可以很好地理解政府部门对其关注的内在逻辑。政府希望通过参与元宇宙的形成和发展过程,以便前瞻性考虑和解决其发展所带来的相关问题。

2) 各行各业拥抱元宇宙

(1)政府高度重视。

元宇宙的重要性可从政府的重视程度体现。

"元宇宙"作为两会"热词"之一,出现在 2022 多地政府工作报告中。上海、浙江、武汉、合肥等地纷纷将元宇宙纳入未来产业发展体系。如:

①武汉政府工作报告提到要推动元宇宙、大数据、5G、云计算、区块链、地理空间信息、量子科技等与实体经济融合。

②合肥政府工作报告提出,未来 5 年,合肥将前瞻布局未来产业,瞄准元宇宙、超导技术、精准医疗等前沿领域,打造一批领航企业、尖端技术、高端产品。

③成都政府工作报告提出,成都将大力发展数字经济,用好网络信息安全、超算中心等优势赛道,加快发展人工智能、大数据、云计算等新兴赛道,主动抢占量子通信、元宇宙等未来赛道,力争数字经济核心产业增加值占地区生产总值 12.8%以上。

除政府工作报告外,多地规划中也已将元宇宙提上日程。例如:

①北京市在十五届人大五次会议"推动新时代首都发展"新闻发布会上提到,北京将启动城市超级算力中心建设,推动组建元宇宙新型创新联合体,探索建设元宇宙产业聚集区。

②上海市经济和信息化委员会《上海市电子信息产业发展"十四五"规划》中提出,加强元宇宙底层核心技术基础能力的前瞻研发,推进深化感知交互的新型终端研制和系统化的虚拟内容建设,探索行业应用。

(2)业界布局元宇宙。

2021年以来,元宇宙热度持续上升,国外互联网巨头们陆续宣布布局元宇宙赛道。2021年3月,"元宇宙第一股"Roblox公司在美国纽约正式上市,同年10月,脸书创始人兼首席执行官马克·扎克将公司名称由Facebook(脸书)改名为"Meta"(元宇宙),并将元宇宙开发作为未来公司发展的重心。

微软、英伟达、苹果、字节跳动、腾讯、百度、网易等国内外互联网巨头均开始着手布局相关产业,涉及游戏、社交、虚拟人、XR设备等领域,元宇宙的序幕已被拉开。

微软在Ignite大会上表示,该公司正在调整其标志性软件产品,以创建一个更企业版的元宇宙。Roblox,现在已经能实现在元宇宙中举办自己的虚拟音乐节,著名歌手Lil NasX和Zara Larsson曾都纷纷参与其中演唱自己的主打歌曲,相对于国内元宇宙项目大多是投机者参与,他们的参与人数庞大,能做到让元宇宙出圈并走向大众化。

韩国Com2verse元宇宙平台,已经能将现实生活完全呈现在了元宇宙中,实现开会、返工、管理日程、文件处理等,就连听歌、返学、看医生等都能在元宇宙中进行。从Com2verse影片发表的预告片中能看到,Com2verse元宇宙俨如真实的世界,员工工作需要打卡,表现好还能获得奖励。

如今百度在不断发展虚拟现实和AI技术,目前已经成了中国元宇宙龙头老大。

目前,华为技术有限公司、百度公司和阿里巴巴集团已加入元宇宙标准论坛,该论坛还包括脸书母公司元宇宙平台公司、微软公司和高通公司等美国科技巨头。

国内唯一能称得上元宇宙平台的还是希壤,希壤采用了数字孪生技术,能够做到虚拟现实,不仅能在虚拟环境下进行各种游戏,还能开一些AI大会。

3)元宇宙在业界应用的方向

(1)以元宇宙为战略发展方向。

随着元宇宙的热议,很多公司将元宇宙作为未来发展的战略方向。国外知名企业如脸书将企业名从Facebook改为Meta,微软收购动视暴雪以推进微软的元宇宙战略。

国内不少企业也将元宇宙作为战略发展方向。据报道,2022年6月国美零售已将元宇宙定为比较重要的战略方向,元宇宙项目总负责人已于6月入职,正积极招揽人才,该元宇宙项目于7月初部分上线。另外,通过国美的技术人员招聘描述,国美的元宇宙项目包括元家园、元商超、元展演以及元娱乐项目等。

目前,中国的三大零售巨头在战略上高度重视元宇宙业务,未来也将开始新一轮的较量和比拼。

京东早在2021年年底就推出了NFT发行平台"灵稀",为品牌创造了新的营销和商品展示机会,在2022年"618"大促中,京东"灵稀"联合京东家电、京东新百货等推出首场数字藏品主题活动。此外,淘宝的"元宇宙购物"3D空间被曝仍在测试阶段,同为阿里巴巴旗下的电商平台,天猫已经在多个促销节点尝试与各品牌联合发布数字藏品,其中"天猫超品日"期间与Babycare、卡萨帝等品牌发布了10款数字藏品,吸引超过26万人次领取。

不仅是国内的零售巨头，国际零售巨头也正在积极拥抱元宇宙。早在 2018 年，著名零售企业沃尔玛就推出了 Walmart AR 应用，顾客扫描条形码即可进行 AR 体验，例如与商品品牌的吉祥物合照、观看 3D 动画、玩小游戏等，消费者还可以录制体验并分享至社交媒体。此外，亚马逊近期上线了 AR 虚拟试鞋功能，用户可以无限试穿上千款运动鞋；奢侈时尚平台发发奇（Farfetch）近日宣布将接受 60 多种流行的加密钱包作为客户的付款方式。

元宇宙对于电商的魅力，主要是在购物场景中，元宇宙有可能改变传统的购物链路，通过打造全景 360°实时互动的一站式体验平台，创造新型"人货场"要素。对商家，把线下的购物体验模拟到 VR 平台，用 VR 装修设计替代当前网页布局，营造购物氛围，提高成单率；对用户，三维的模型加上沉浸式的体验，更容易产生沉浸感，更好地挑选适合自己的商品。

当前元宇宙在电商的应用还是基于提升自身曝光度的目的，随着虚实融合产品推出、规范合理的价值认定标准以及消费者观念更新，元宇宙将带来业绩拉升。

（2）在元宇宙虚拟地块布局。

耐克公司在元宇宙游戏平台 Roblox 中建造了一个虚拟世界 Nikeland，吸引众多玩家在其中建设和游玩，阿迪达斯及奢侈品牌 LV、Gucci、Burberry 等巨头纷纷在元宇宙的虚拟地块进行布局，搭建自己的虚拟店铺，展销相应商品，这成为品牌营销的新模式。

（3）推出以元宇宙为主题的新产品。

目前，众多品牌、商家纷纷玩起"元宇宙"的创意。饮料巨头可口可乐今年也将营销方向转向了虚拟世界。可口可乐在 2022 年推出了以元宇宙为主题的新款可乐产品——"零糖字节"（Coca-Cola Zero Sugar Byte）系列。据悉，这是一款跨越了数字与物理世界，并融合时下热门的元宇宙元素而设计的可乐。其中像素风的 LOGO 设计以及包装视觉更是给人一种电子游戏的异次元体验。这款"像素风"的可乐此前就已经以"数字版"的形式出现在游戏的虚拟世界中。相比经典的 LOGO 标识，要更加地前卫、潮流、大胆。可口可乐全球战略高级总监 Oana Vlad 表示："这款产品是 Coca-Cola Creations 继 2022 年 2 月推出 Coca-Cola Starlight 之后的第二款创新产品。初衷是为新一代消费者推出专属的创新口味，希望能通过我们的产品将消费者带入游戏世界中，一起分享魔法般的时刻。"

4）元宇宙在行业的典型运用举例

（1）游戏行业。

元宇宙为我们构建了一个虚实结合的宏伟框架，商业产业、社交娱乐和生活方式等场景都能够在新的框架下被重新构建。目前，虚实结合的产业形态还未普及，但游戏与元宇宙结合的业态已"跑"在了最前面。以虚拟形式存在的游戏为元宇宙的发展提供了极大的可拓展的空间以及优越的实验场景。目前，游戏也成为元宇宙最重要的呈现形式。

元宇宙浪潮催生出了一批结合元宇宙的游戏平台，在构建虚拟空间、制作游戏内容、建设社交平台等方面都对游戏做出了更多的可能性实验。元宇宙与游戏产业结合的业态已经初现规模，两者结合将涌现出新的发展路径。如 Roblox 不从事制作游戏内容，而是为玩家提供丰富的素材库和强大的编辑功能，支持玩家进行数字内容创作。

（2）广电行业。

元宇宙的概念自诞生以来就与视听领域紧密耦合。当前，广电行业正处于转型升级的关键时期，推进广播电视与元宇宙相关新媒体、新技术、新业态融合发展，是转型的关键一步，广电转型的突破点在于打造数字生活新服务。

而蓬勃发展的元宇宙致力于打造服务各行各业的应用场景，与广电发展方向高度一致，这为广电行业固有业务领域带来了新的生机。

未来，广播电视和网络视听构成的场景是元宇宙的雏形，而元宇宙可以通过物联网、分析技术、扩展现实等技术逐步实现对真实世界的想象与延伸。广电行业将以数字化的方式建立全媒体、全生命周期动态复制体，其可基于丰富的历史和实时媒资数据，并结合先进的算法模型实现对媒体对象的高保真度数字化表征、模拟试验和预测。

目前，元宇宙大发展还面临着两大难题：一是现阶段的网络支撑能力、传输速度都不足以满足媒体数据实时传输需求；二是智能终端及接入设备无法实现便携无感，技术成熟度待提升。在元宇宙时代来临之前，广电行业可提前在网络端打下稳固的基础，大幅提升通信算力，促进元宇宙全效媒体发展，这也符合广电行业各公司预期的规划。

（3）传媒行业。

传媒行业为了将社会事实以更加真实的方式呈现，经历了时间消灭空间到空间消灭时间，再到时间压缩与融和一体的过程，其背后逻辑与动力分别在于时空的有限性与传播技术的推动。

因此，传媒行业需要不断构建新的场景以适配人们善变的媒体需求。而进入元宇宙阶段，其时空概念相较于以往现实世界发生根本改变。首先是空间的无限延伸与瞬时复制，其次是时间的方向将可以正反双向。时空将失去其唯一性与不可更改性。在此基础上，元宇宙时空将会摆脱现实世界的限定范畴，逆转传统媒介复制真实世界程度越高越好的评价标准，异空间虚构能力也将成为传媒行业的进化趋势，传媒生态在元宇宙体系下的发展进程将会发生翻天覆地的变化。

传媒行业之所以注重时空概念，是因为一个社会事实的根本属性取决于其时空范围，脱离了特定时空范围的社会事实将失去其社会意义。而元宇宙中的时空场景是可静止、可复制、可延伸的，传媒行业对于元宇宙中的社会事实的报道将存在两种方式，一种是场景的复制，传媒行业为人们提供完全一致的时空场景，另一种是场景的重构，将已经发生的时空场景进行一定程度的改编。以此带来的影响在于，传媒行业的时空观将不再是两者之间的取舍，而是不断扩展时空。传媒行业将不仅关注社会事实的时空属性，也将在意多维时空中与参与主体的关系。

2.4.5 基于元宇宙的CRM策略

1）元宇宙营销的三大方向

元宇宙对生产过程、技术研发、组织架构，对提升规模、改善工艺、提升效率、降低成本，对客户关系管理、优化企业的人力资源管理、决策支持系统、供应链管理，都会带来革命性的影响。

元宇宙与CRM的关系可从CRM策略体现出来，元宇宙给企业的数字营销带来了更多可能性，许多品牌纷纷试水元宇宙概念和虚拟产品，元宇宙营销的三大方向可从

"人""货""场"三个维度来聚焦。

（1）人——虚拟数字人破圈爆火，品牌青睐虚拟代言人在元宇宙概念走红后，其主角"数字人"破圈而来，近乎完美地融入真实世界。

在 2021 年 5 月，燃麦科技推出了首个超写实数字人 AYAYI，因为长相过于真实又过于完美而引发了网友热议，在小红书上收获粉丝无数。随后，不同平台的用户开始了围绕 AYAYI 的作画、仿妆等二次创作，持续破圈。AYAYI 也业务不断，不仅和陈伟霆等明星一起参加活动，而且和娇兰等品牌展开合作，还打卡各大艺术展，并以数字员工的身份入职阿里巴巴，完美诠释了"出道即巅峰"。虚拟数字人的出现，也让我们看到了数字营销中使用"虚拟偶像""虚拟代言人"的前景。2021 年，明星、网红频频翻车，这给代言的品牌带来了很大的危机。而虚拟数字人相比更加"可靠"，获得众多品牌的青睐，比如，国货彩妆品牌花西子推出同名虚拟代言人 AYAYI，欧莱雅的"M 姐"与"欧爷"，除此之外薇诺娜、凡士林、卡姿兰、屈臣氏等众多品牌都推出属于自己品牌特色的虚拟形象。

（2）货——NFT 数字藏品层出不穷，品牌纷纷入局试水元宇宙营销的另一思路则是 NFT 数字藏品营销。

NFT 是相对于同质化代币而存在的概念，属于区块链中代币的一种，其具有独一无二、稀缺性、可追溯、不可分割、不可篡改和伪造、可转让等优势。可以将其理解为，一个有了独一无二签名认证的数字物品，相当于虚拟数字世界的"房产证"。品牌愿意通过打造独有的 NFT 数字藏品来输出自己的理念和价值观。

（3）场——虚拟环境落地现实，品牌构建沉浸式场景体验游戏被普遍认为是元宇宙的最初落地场景，玩家们使用独特的虚拟形象，在虚拟数字场景中进行社交互动，构建"另一个世界"。对于品牌的数字营销来说，有了虚拟代言人，有数字产品，就可以在真实世界中举办虚拟的明星演唱会、虚拟直播、虚拟展览、虚拟发布会、虚拟时装秀等等线上虚拟体验。

2）元宇宙在营销传播活动中发挥的作用

品牌运用元宇宙技术进行社交互动游戏和虚拟演出，增强用户互动和消费体验。比如腾讯音乐娱乐集团宣布将正式推出国内首个虚拟音乐嘉年华 TMELAND，在其打造的元宇宙世界中，用户可以创建个人专属虚拟形象，并进行各种虚拟社交活动等。

营销传播通往元宇宙的路径，让品牌场景营销有了新的进化方向，毫无疑问，品牌方需要在虚拟的元宇宙世界找到立足之地，其过程不亚于线下营销到线上营销的革命性转变。

在传统情况下，广告营销的对象是现实中的人，而元宇宙为营销带来了一个重大转变。元宇宙将用户带入虚拟与现实的交汇世界，品牌要面对的消费者，就不只是现实中的消费者，还有现实消费者在元宇宙虚拟空间中的数字化身。消费者的数字化身，既具有真实消费者的社会属性，也具有虚拟空间的社交属性。这就要求品牌在进行广告营销时，不仅要满足实体消费者的现实需求，也要满足消费者在虚拟空间中的社交需求。增强消费者互动体验元宇宙概念的兴起，引发了不少行业布局元宇宙产品。相关数据显示，全球已经有不少于 25 亿人口参与到虚拟经济中。

2.5 移动社交网及其对客户关系管理的影响

移动社交网是近十年来最流行的社交方式之一,除了耳熟能详的微信、QQ 还有后来兴起的 Soul、陌陌等移动社交应用,以及最近几年兴起的短视频、中视频网站,如抖音、快手以及 B 站等。移动社交与传统的 PC 端社交相比,移动社交具有人机交互、实时场景等特点,能够让用户随时随地的创造并分享内容,让网络最大限度地服务于个人的现实生活。随着移动互联网发展起来的社交网络对人类社会活动的方式、效率等产生了深远影响。

2.5.1 移动社交网的定义与内涵

1) 社交网的定义

关于社交网络的概念有广义与狭义之分。广义来讲,Rick Mathieson (2011)认为社交网络(Social Networking)是指通过各种界面,包括网、聊天室、论坛、电子邮件、即时消息、文本消息、博客、三维虚拟世界以及他们各种可能的组合,让用户分享各种兴趣爱好及活动的在线社区。此广义的概念有社交媒体的含义。

当前无论是学界还是业界对社交网络的狭义解释主要有如下三种含义:服务(Social Network Service)、网站(Social Network Site)、软件(Social Network Software)。

(1)Social Network Services,即社会性网络服务,专指旨在帮助人们建立社会性网络的互联网应用服务。用来帮助人们建立社会性网络的互联网应用,强调人与人之间的互动关系。哈佛大学的心理学教授 Stanley Milgram 创立的六度分割理论是社交网络产生的基础理论。该理论认为一个人和任何一个陌生人之间的距离不会超过六个人,人们通过网络扩大自己的圈子,每个圈子通过相互渗透,最终形成一个庞大的社交网络。

(2)Social Network Site,此种解释是常用解释,即"社交网站"或"社交网",是一种平台。SNS 是能为人们提供在线个人空间并与他人分享的网站(Barn,2006)。

(3)Social Network Software,专指社交服务软件。社交网站是一种多人参与的网站,在这个网站上,用户公开自己创造的内容并与他人分享个人或专业信息。社交网络服务则是一种建立和验证在线社会网络的软件。

无论是哪一种观点,社交网络都是人们网络群居生活的平台,人们通过这个平台进行相互的交流,从而形成一种自己喜欢和适应的生活方式,满足各自不同的诉求。

2) 移动社交网的定义

由于手持移动终端设备的普及,人们很容易通过终端设备进入社交网,因此社交网就变成了移动社交网。

百度百科对移动社交网络(Mobile Social Networks,简称 MSNs)的解释有两点:①为研究社会群体在某方面的活动规律,通过对移动终端设备的位置信息进行采集并聚类而形成的社交网络。②人们使用手持移动终端设备使用 E-mail、BBS、微博等应用而形成的社会交往群体。

2.5.2 移动社交网的时代意义

随着第二代互联网技术而兴起的以用户生产内容为核心特征的社交网络平台,标志着社交媒体黄金时代的来临。凭借近十年智能手机的全面普及,中国社交媒体迅速走上移动社交的快车道。社交功能已经成为当代各种互联网服务和应用的标配。

经过十多年的发展,中国已成为全球最大的移动社交媒体市场,而以微信为代表的移动社交网络在网民中的普及率也已接近饱和。随着市场规模的飞速扩大,移动社交媒体所承载的社会交往和信息传播功能也在不断革新,持续重构着从人际互动、娱乐和工作方式到交易和服务模式等各个社会生活层面的底层逻辑,从而深刻改变了当代中国社会的方方面面。

1) 移动社交网改变人们的日常生活及工作方式

移动社交重新定义了人和人之间交往的方式和节奏,并以朋友圈和群聊的形式重构了当代中国人的社群关系、工作方式和家庭模式。

智能手机,尤其是安装在手机中的移动社交应用软件,差不多已经成为人际互动、获取资讯和索取服务的唯一信息端口。而短视频、弹幕、饭圈等所代表的新兴网络文化样态则象征着移动社交时代娱乐和自我认同方式的革新。网购和外卖也成为这个移动社交媒体蓬勃发展的时代最醒目的新生事物。这个时代的人们已经习惯了足不出户,心仪的产品就会送到家门口的便捷服务。围绕各大电商平台和新兴的直播平台兴起的网络消费狂欢,不仅为无数人提供了创业致富的途径,也催生出社会化电子商务形式,并深刻改写了当代中国的商业格局乃至整个经济版图。

2) 移动社交平台同样深刻改变着政府与公众之间沟通的方式

各级政府机构在微博、微信等主流社交网络平台开设官方账号早已成为一种常态,社交化政务传播无疑已经成为当代中国社会治理中极为重要的一环。而公众通过移动社交网络所表达的声音,也在不断推动政策调整和治理模式更新,与实现善治的国家意志形成良性互动,从而不断推动当代中国政治文明建设的进程。

3) 改变企业与客户的关系

在企业的客户关系管理方面,移动社交媒体更是催生了新型客户管理模式——SCRM,极大地影响了整个行业的生态。不仅仅改变了企业的获客渠道,也改变了企业与用户互动沟通的方式、效率与效用。正如《优质客户体验》的作者 Vinay Lyer 认为:"今天,企业使用移动和社交网络渠道已经不再是一个'看上去不错'的选择,而是与客户互动、深入了解客户的关键环节。"

总之,移动社交媒体的发展在人际交往、生活与工作方式、文化模式、经济发展、政务传播等各个方面为社会经济带来了积极深刻的变化。

2.5.3 移动社交网的发展现状

1) 国内移动社交网发展现状

据中国互联网络信息中心(CNNIC)在京发布了第 50 次《中国互联网络发展状况统计报告》,报告显示:截至 2022 年 6 月,我国网民规模为 10.51 亿,互联网普及率达 74.4%;我国短视频的用户规模增长最为明显,达 9.62 亿,较 2021 年 12 月增长 2805 万,占网民整体的 91.5%;即时通信用户规模达 10.27 亿,较 2021 年 12 月增长 2042 万,占网民整体的 97.7%;网络新闻用户规模达 7.88 亿,较 2021 年 12 月增长 1698 万,占网民整体的 75.0%;网络直播用户规模达 7.16 亿,较 2021 年 12 月增长 1290 万,占网民整体的 68.1%;

在线医疗用户规模达 3.00 亿,较 2021 年 12 月增长 196 万,占网民整体的 28.5%。

2) 国内外移动社交网头部企业介绍

近年国内外移动社交网蓬勃发展,国外以 Facebook、Twitter、Instagram、YouTube 为典型代表,见表 2‐2。国内以微信、抖音、B 站与小红书为典型代表,见表 2‐3。表 2‐4 说明了 2019—2021 年中国移动社交平台发展现状。

表 2‐2　2022 年国外移动社交网头部企业

企业	月活数(MAU)	竞争优势	市场地位
Facebook	29.4 亿	多用于分享个人生活动态及个人聊天	全球最受欢迎的社交媒体平台
Twitter	4.36 亿	多用于热门话题的讨论及关注社会名流和公众人物	全美在线社交网络服务和微博服务性质的软件
Instagram	20 亿	主要提供在线照片共享,视频共享和社交网络服务	美国第二大社交平台
YouTube	22 亿	用于分享短视频	最受年轻人欢迎的新兴社交平台
Tiktok	12 亿	用于分享短视频	深耕中国市场,同时遍布海外

数据来源:金十数据。

表 2‐3　2022 年国内移动社交网头部企业

企业	月活数(MAU)	竞争优势	市场地位
微信	12.9 亿	用户群体:深耕熟人社交与即时通信,市场规模大,用户黏性高;熟人社交＋高知公众号文章	微信是移动互联网第一基础应用和基础平台
抖音	12 亿	短视频平台,话题度高,热度高,适应时代节奏	中国最大的短视频平台
B 站	1.72 亿	二次元是其核心竞争力,国内年轻用户纯度最高的几个平台之一	"Z 世代乐园",得年轻者得天下
小红书	2 亿	"她经济"女生是主要流量,年轻化,消费能力中等	海外购物笔记分享社区,以及自营保税仓直邮电商

数据来源:根据金十数据、千瓜数据等整理。

表 2‐4　2019—2021 年中国移动社交平台发展现状

观测指标	2019	2020	2021
用户数	8.24 亿	8.9 亿	9.56 亿
用户增长速度	7.0%	8.0%	7.4%
用户黏性	较低	较低	较低
市场规模	896 亿元	1162 亿元	1438 亿元
市场规模增速	31.45%	29.7%	23.8%

数据来源:前瞻产业研究院。

3）移动社交网发展前景

移动互联网的用户数量巨大，发展前景不可估量。具体体现在如下方面：

（1）巨大收入增长潜力。中国社交网络的主要变现方式主要包括增值服务，如虚拟物品及会员订购、广告服务及其他。增值服务及广告收入分别占 2021 年中国整体移动社交网络市场的 44.0% 及 49.0%。增值服务收入的增长主要由于用户支付意愿随着移动社交网络不断升级其功能和内容类别以满足用户不断变化的需求和偏好而不断提高。预计 2026 年增值服务的收入贡献将达到移动社交网络市场总额的 48.6%。

（2）用户支付意愿增强，尤其是 Z 世代。中国的移动社交网络用户越来越愿意为移动内容付费，尤其是 Z 世代。中国移动社交网络市场的每名 Z 世代付费用户平均消费由 2017 年的 287 元增加至 2021 年的 561 元，2021 年渗透率占中国移动社交网络总用户规模的 34.0%，增长速度大于整体中国移动社交网络市场，未来还有加大增长的趋势。

2.5.4 移动社交网与 CRM 的关系

移动社交网与 CRM 的关系主要体现在移动的 SCRM 上，即 Social CRM，社交化客户关系管理。传统 CRM 和顾客之间是一种单向沟通的方式，它更多建立于顾客个人信息和资料数据之上，企业搜集顾客资料，然后将资料输入 CRM 管理系统中，并通过这些数据更好地了解顾客，细分顾客需求，以及更精准地去定位它的受众。而 SCRM 则是建立在关系链上的 CRM，涵盖了从品牌参与互动到客户服务的方方面面。在 SCRM 中顾客是整个系统中最为关键的因素，它决定了企业该如何来运营品牌的 SCRM。SCRM 使品牌必须与顾客平等交流，相互沟通，必须与顾客一起合作。在社交网络中，顾客有更大的权力，可以自主地选择产品。

在新冠疫情背景下，企业微信成为很多企业求生自救的工具，不少企业通过在线上建立客户微信群，给用户派发优惠券，进行商品打折等活动成功续命，即所谓的"私域流量运营"。而随着企业运营的不断深入，企业对于私域流量运营的需求越来越多，也由此引发了 SCRM 这个新的热点。

2.5.5 SCRM 在行业的运用举例

1）在电商行业中的运用

SCRM 最突出的表现，莫过于其对电商的迅速繁荣所做出的贡献。电商的兴起，依托于社交网络的繁荣，而其得以持续发展，靠的就是科学系统的社会化客户关系管理。电商是 SCRM 发挥最为出色的一环，而其发展所带来的更多的问题与需求，又促进了 SCRM 的不断成熟与完善。"SCRM＋电商"，如微信分销、团购、小红书种草、抖音直播带货等。

（1）微信分销、团购。

微信分销，简称"微分销"，是一款"购物＋分享"的多级分销商城，其采取两种佣金模式，即销售佣金与分销商佣金相结合，利用熟人网络，把好友和粉丝快速转化为分销商。其效果是，引爆社交关系链，实现裂变式发展分销商，一店变多店，快速地拥有强大的社交分销渠道。

微信团购，是依托微信平台的社区团购，以微信群或小程序（如快团团）为载体，以团长推荐为纽带,串联产品与客户,高效、实惠的新零售方式。该模式结合互联网和社区资源,构建了一条成本相对较低的获客渠道,通过本土和地域内的关系网络,采用熟人之间分享传递的形式逐渐扩大客户群体,有效降低拉新成本和提高用户下单转化率。

2022 年上半年疫情暴发期上海地区的抗疫保供,让社区团购火了起来,其工具就是微信群、微信小程序。疫情管控期间用户购物行为从线下转移到线上,其中社区团购业务迎来热度。许多此前没有接触过社区团购的用户开始体验社区团购,并且与团长建立了信任。兴盛优选方面曾向记者表示:"从全国整体的数据来看,3 至 5 月,公司合作的门店店均订单量较疫情前环比增长了 30%左右。生鲜、米面粮油等民生商品和防疫类产品增幅明显。"

据了解,在此前上海疫情期间,家乐福、盒马、山姆会员店、叮咚买菜等企业也推出了团购业务。

2022 年 6 月 2 日,家乐福相关负责人向记者表示:"面对疫情反复,在上海、广州、长沙、沈阳、北京地区,家乐福小程序上线了社区集单购业务,打通'最后一公里',保障居民的民生必需品高效供应。目前,家乐福社区集单购小程序已经覆盖所有家乐福门店所在城市。截至目前,家乐福社区集单购订单量增长了 300%、客单价等增长了 100%。"

(2)小红书种草。

小红书的模式是内容＋电商,其中内容负责"貌美如花",电商负责"赚钱养家",其20%盈利是由电商带来的。与传统的电商不同,小红书的电商有着很明显的"种草"特点。传统平台往往会采取 AISAS 整合营销模型,见图 2－2,即消费者行为路径为由注意(A-Attention),引起兴趣(I-Interest),进而搜索(S-Search),从而激发行动并进一步分享。而小红书则采取了 CAS(C-Consideration,A-Action,S-Share)的模型,即,通过推文,引起读者种草,进而行动并分享,这样传统的搜索类电商变为兴趣电商。这就相当于变传统的由顾客根据自己的需求主动向外寻求产品并权衡取舍,到潜在客户被平台种草,被动获得有关产品的认知,进而激发购买欲望,转化成购买行为并进行分享。

CAS 模式有许多优势,比如可以拓展潜在客户,降低广告成本进行推广宣传等。但目前小红书的种草机制还存在很多不足之处,阻滞了种草转化为平台购买力的提升。如:平台商品真假存疑;商品页前列展示的商品店铺不够权威;有比价需求。这就导致出现了类似于在小红书种草而转向其他平台购买的现象,导致小红书更成为一个推广平台而不是直接的卖货平台。

图 2－2　小红书消费者行为路径——CAS 模型

资料来源:36kr.com。

（3）抖音直播带货。

抖音直播可谓是最时兴的社交网络活动，而其催生的抖音直播带货则更是当前最火爆、流量最大的社交网络在电商活动中的运用。与小红书类似，抖音直播带货也属于兴趣电商，也不同于传统的搜索电商。传统电商平台做的是搜索电商，将所需要的物品名称打在搜索框，都是人在找货，系统根据搜索浏览记录和页面停留时间再进行相关对应产品的推送，看到的都是图文介绍。而抖音电商将这一模式改变为货找人，后台根据人群画像的精准算法将货与人进行高度匹配，再加上视频对产品的描述，缩短用户了解产品的时间，直播间成了新的购物方式。搜索电商是需要才买，兴趣电商是喜欢就买。随着越来越多的官方品牌入驻抖音电商，抖音实现了由原先的网红带货逐步向源头厂家和个体工商户的跨越，即从 C2C 到 B2C、O2O 的转变。除此之外，抖音作为社交网络平台，还有一个非常大的红利，那就是，它可以让用户转发分享，从而进一步快速裂变，让兴趣电商再与社交电商结合，这样带来的经济价值将是超前的。

2）SCRM 在文旅行业的运用

目前 SCRM 在文旅行业中的运用比较丰富且到位。而社交平台如微信、小红书、抖音等都从不同角度，以不同方式深刻影响着文旅行业。

（1）微信。

微信可谓是融合了多种功能，贯穿旅客旅行的全过程。

- 公众号、小程序：景点介绍、门票预订、实时概况、线上参观等。
- 视频号：宣传，扩大影响力。
- 微信支付：购买门票、景区纪念品等。
- 商业微信、微信群：客户关系的维持。

（2）小红书。

小红书相当于"年轻版"的大众点评，更面向生活在大城市中的年轻人，通过帖子来吸引读者种草、拔草，提供图文并茂的"旅行攻略""探店合集"。但值得注意的是，小红书并不直接作为消费平台，而是引流到微信用户或线下景点，更像是"买家秀"与"卖家秀"的叙述。

（3）抖音。

作为国内最大、最有影响力和渗透力的短视频平台，抖音充分利用了现代人的碎片化时间，进行内容输出，在文旅行业也表现不俗。疫情居家期间，人们渴望外出探索世界，但囿于现实因素无法成行，而导游也因疫情失去了收入来源，这便带火了抖音直播旅游。成千上万的人通过抖音直播，观看博主在景点的讲解与参观。可以说，抖音是疫情时代"云旅游"的主力军。

主题案例

微软为什么要收购动视暴雪

经济周期的波动，丝毫没有影响到产业巨头追求科技进步的步伐，他们对涉及未来的关键技术大举下注。在 2022 年上半年,就有三起超过 400 亿美元的收购:分别是 1 月软件巨头微软以 687 亿美元收购动视暴雪;4 月马斯克以 440 亿美元收购推特;5 月美国芯片巨头博通宣布将以 610 亿美元收购虚拟机软件巨头 VMware。

微软首席执行官萨蒂亚·纳德拉(Satya Nadella)表示,收购动视暴雪是为了推进微软的元宇宙战略。因为游戏作为元宇宙的入口,是最有可能率先应用的娱乐场景,也是目前科技巨头们的必争之地。

在即将到来的 Web3.0 时代,企业的每一步重大决策,都决定着其在下一个技术时代的地位。本案例将重点关注微软在错过移动互联网前半场之后,如何通过收购动视暴雪来重构技术版图,布局其在元宇宙的未来。

重构——微软的纳德拉时代

作为互联网时代的霸主,微软一度错过了移动互联网前半场,而现在,它正将自己的未来交付给元宇宙。一场针对游戏巨头——动视暴雪的高达 687 亿美元的并购将微软拉入了元宇宙世界的中央,风头甚至压过了早先一步改名 Meta 的 Facebook 公司。

那么,微软是如何制定自己的技术路线图的,又为什么会将自己的未来下注在一个代表虚幻世界的元宇宙身上呢? 尽管这是一个当下的决策,却要从微软的历史发展谈起。

创办于 1975 年的微软,伴随个人 PC 电脑的不断流行,曾在世纪之交走到了历史的巅峰时刻,微软的市值一路飙升到 6000 亿美元,夺下了全球市值最高公司的宝座。

然而,在移动互联网时代,微软的股价却变得一蹶不振,收购诺基亚以失败告终,Windows Phone 以失败告终,社交业务以失败告终,再加上 PC 业务的衰退,到了 2013—2014 年年初,微软市值已经不足 3000 亿美元,不到辉煌时期的一半。

当时的报道显示:那是一个属于苹果的"王者归来"的时代,微软智能手机业务被苹果和谷歌绞杀,云计算行业亚马逊在主导天下,Bing 搜索继续烧钱,Windows 8 诟病不断,Office 仍与 Windows 绑定。可以说,在一个开放的时代,微软仍保持在一个封闭的世界之内。

转折点出现在 2014 年,微软第三任 CEO 萨蒂亚·纳德拉接过第二任 CEO 鲍尔默的指挥棒,开始了微软历史上大刀阔斧的变革。首先,在组织文化上,微软对外强调开放、合作,比如将自己的应用在各个操作系统上流通;对内表现为"一个微软",强调成长型思维与团队协作。由此,微软进入开放合作的时代。

与此同时,微软开始重构技术版图,不再一如既往地坚守 Windows,而是将资源聚焦在生产力和平台上。2015 年,纳德拉将微软的 5 个业务部门调整为 3 个业务部门。新设立的"生产力与业务流程"部门对应的是 Office 业务;"智能云"部门对应的是 Windows Server 等云服务业务;更多个人计算对应的是 Windows、Surface 等业务。

事实上,云服务是纳德拉最看好的方向之一,他本身也在任职 CEO 之前就领导了微软在云计算方面的发展,目前智能云已经是微软收入最高、增速最快的业务板块。微软财报显示,2022 财年第一季度(截至 2022 年 3 月 31 日),微软营收 494 亿美元,同比增长 18%;净利润 176 亿美元,同比增长 8%。智能云营收 191 亿美元,同比增长 26%。

由于云业务的发力,2017 年 10 月微软市值再度回归巅峰时刻的 6000 亿美元。此后市值一路上涨，2020年，时隔十多年后，微软的市值第一次超过苹果。2021年10月29日，微软以2.49万亿美元的市值再次超过苹果，成为全球市值最高的上市公司。

在外界看来，微软基于云计算的软件业务帮助推动了强劲的季度营收和利润增长，已经连续十多个季度超过分析师的预期。云服务已经当之无愧地超越Windows，成为微软的第二增长曲线，这对错过互联网时代的微软而言简直是一个奇迹。

然而，微软的重构技术版图之路到此并没有结束，微软执行副总裁兼首席财务官艾米·胡德（Amy Hood）就对外表示，"微软Azure面临着市场领先者亚马逊AWS和排名第三的谷歌云的激烈竞争。尽管Azure营收一直以每季度40%以上的速度增长，但当这些增长在某些时期放缓时，投资者可能会感到失望。"

面对巨头们在云市场的激烈竞争，微软要保证在未来10～20年的领先优势和竞争能力，还需要打造更深的护城河。

显然，纳德拉正是这样一位优秀的"战略决策者"。易股天下集团董事长、《元宇宙》三部曲作者易欢欢告诉《中国经营报》记者，"纳德拉在斯坦福大学读书的时候，当时启发他、激励他进入科技产业，为之奋斗的一本书叫《雪崩》。正是《雪崩》这本书提出了整个元宇宙的雏形。"

当微软的市值突破1.5万亿美元的时候，纳德拉就提出了微软的未来在元宇宙。

在易欢欢看来，这一决定并不突兀。因为早在2015年，微软就已经开始大跨步地进入了云计算、消费级的游戏市场等领域，而这些正分属元宇宙的基础设施和应用层面。微软下一步要做的，就是要整合现有资源，真正站到元宇宙世界的中央。

跃迁——从云计算到元宇宙

很多人会诧异，微软收购动视暴雪，即便仅仅站在游戏的场景之下，也是完全可以理解的，但微软为什么要刻意凸显收购是为了推进其元宇宙战略？这是否意味着在微软内部，或将"元宇宙"战略的中心化？是否意味着公司面向未来战略的一场大规模的资源整合已经开启？

在元宇宙战略背后，微软有哪些既有的资源可以进行协同？在元宇宙的企业级市场和消费级市场上，微软已经做好了哪些准备？这一收购又将为既有的战略补充哪些资源，增加哪些砝码？

不仅如此，如果微软对动视暴雪的收购是基于元宇宙战略而推进，那么收购后的整合，势必并非单一业务层面的整合，要充分发挥收购背后的目标价值和巨大潜力，需要在微软错综复杂的业务部门内部进行深度有机的打通，这也将成为本次收购的难点和看点。

尽管存在巨大的挑战，但对老练的纳德拉来说，一个元宇宙的雏形在其最早涉足云计算领域的时候或已经开启。如今的收购，不过是各种资源合围之后的必然选择。关于这一点，看看元宇宙业界先行者的分析就会不难理解了。

万向区块链公司董事长肖风表示，"元宇宙不是下一代互联网，而是下一代网络。CT技术（通信技术）构成了通信网络；计算机互联网构成了信息网络；人类社会迈入数字化时代，AI、云计算、区块链等构成了数字网络。元宇宙就是新一代的网络——数字网络。"

中关村大数据产业联盟秘书长、《元宇宙》第一作者赵国栋在接受记者采访时也表示，"从本质上讲，元宇宙是指借助人工智能、虚拟现实、云计算、数字孪生、区块链等高技术手段，将物理世界映射成由数字、因特网构成的虚拟世界，是多重技术的集合。"

但是，在支撑元宇宙不断向前的众多技术背后，最重要的推手应属云计算，这也是纳德拉执掌微软以来最重视的业务部门。分析认为，元宇宙勾勒了未来科技的版图，而打开这一版图的密钥则潜藏在云计算这一基础设施里。

易欢欢指出，"纳德拉所理解的元宇宙其实是两个：一个是面向产业级的，就是把微软当年的云计算、数字孪生的这一套软件产品加上应用，再加上面向 B 端的 AR 眼镜，给各行各业提供一系列的解决方案。"

事实上，这种产业级的应用案例已经不少，并呈现出了巨大的需求。举例来说，世界上最大的啤酒公司百威英博，就在元宇宙世界中搭建了数字工厂。再比如，2021 年美国国防部耗资 219 亿美元，采购了微软研发的集成视觉增强系统，根据这一订单，微软将在未来 10 年为美军研制超过 12 万套 AR 头盔。

正是需求的推动，让微软的元宇宙科技版图不断补充、引进新的"拼图"。比如，考虑到语音是混合现实产业最核心的交互方式之一，2021 年 4 月，微软宣布以 197 亿美元收购 Nuance，后者最核心的产品是语言识别引擎——Dragon Anywhere，该引擎使用深度学习来识别语音，从而夯实了自己在语音领域的技术基础。由此，微软已经从硬件到基础技术再到应用层面，在整个产业链条里为元宇宙做好了准备。

易欢欢表示，"纳德拉的第二个元宇宙应用在消费级市场。首先，微软已经有自己的Xbox，但其在整个消费级元宇宙市场相对比较弱，因为它的游戏大多是由其他公司开发的，或者是收购的。这也就突显了其收购动视暴雪的价值，后者将大大增强微软的内容创造和创建的能力。其次，微软 Xbox 有 2500 万用户，主要集中在电视端，而移动端市场较为薄弱，本次收购动视暴雪将可以获得超过 4 亿用户。从这个角来看，微软在当下收购动视暴雪是处在一个非常重要的抢位，微软可以把 PC 端、电视端、移动端进行深度整合。"

在易欢欢看来，微软并不是突然间开始涉足元宇宙，在此之前，微软每年投资超过 10 亿美元的模拟飞行就是典范。而动视暴雪最大的能力在于消费世界观的构建能力，其所有的前期工作都可以作为未来元宇宙的雏形，这补足了微软从产业市场到消费市场的重要一环。

"如果说云计算业务打造了微软进军元宇宙的基础能力的话，那么，收购动视暴雪，将无疑成为微软进军元宇宙的重要支点，它不仅将游戏的重要性推到前台，也势必将帮助微软实现从第二增长曲线到第三增长曲线的跃迁。"分析人士表示。

游戏——打造一体化游戏产业链

根据市场调研机构 Gartner 的预测，到 2026 年，有 25% 的人将每天至少花一小时在虚拟世界中工作、购物、教育、社交或娱乐。另据彭博社（Bloomberg Intelligence）分析，预计到 2024 年，全球元宇宙市场规模可达 8000 亿美元。

这是一个可预见的未来，而游戏市场正是元宇宙的前哨。

有分析认为，"如果我们能以下一个计算平台切入点的战略高度重新审视游戏，或许我们将在新一轮科技竞争中占据更有利的位置。"纳德拉也一直强调,从微软成立之初开始,游戏就一直是微软的关键。

那么,游戏为何会是微软的关键,游戏之于元宇宙的意义到底是什么?微软又是如何通过游戏来确保自己在下一代计算平台的竞争中处于优势地位的呢?

值得注意的是,纳德拉在上年接受 Xbox 负责人菲尔·斯宾塞访谈时曾通过几个事例讲述了微软游戏对于前沿技术的应用与推动。比如在 Azure 上进行游戏开发时所产生的巨大吸引力,比如 Pearl Abyss 扩展游戏规模就是用了微软的云端技术,而他最期待的事情之一就是如何通过 Azure PlayFab 去助力游戏开发者。

公开数据显示:Azure PlayFab 已经托管了 25 亿个玩家账户,而且有超过 5000 款游戏将其作为后端服务。以《我的世界》为例,这款当年微软耗资 25 亿美元收的游戏,如今在元宇宙领域占据非常重要的地位,它开创了高度自由创造的全新模式。游戏引擎不仅可以模拟出各种各样的物体,甚至可以在游戏里造出真正的计算机。纳德拉表示,"人们正在《我的世界》里造一所完整的大学,或者在里面扩展商业机会。创作者已经在这里产生了 3.5 亿美元的交易额和 10 亿次 MOD(编者注:数学运算符号,指取模运算符)、附加内容等的下载量。"

此外,微软 Mesh 是一个能让人们与其他人共同对全息图像进行自然交互的新平台,纳德拉认为游戏也能用它大展拳脚。

来看一下动视暴雪的营收数据,2020 年,动视暴雪营收 80.9 亿美元,利润 21.9 亿美元;2021 年前三季度营收 90.5 亿美元,利润 26.4 亿美元,这个数据超越了游戏领域的大部分优秀公司。

由此,从财务指标和企业战略发展来看,这都将是一个恰到好处的收购。从直接意义上来看,它将扭转微软 Xbox 主机对阵索尼 PS 主机由于游戏内容不足而处于下风的劣势,进而打造出更完整的一体化游戏产业链。

从根本意义上来看,元宇宙概念跟游戏是紧密相关的,元宇宙世界中所需要的,真正把用户的体验放在至高无上位置的,恰恰是游戏这个行业。用户体验好了就会买单充值,形成良性循环。这让微软有了最好的前沿技术试验场。

殊途同归抢占元宇宙制高点

易欢欢指出,"元宇宙中大概有三类典型的雏形:第一种是在数字货币市场里,以以太坊提供的公链参与到各种各样的场景,囊括各种各样的参与者,然后形成了一个完整的、高成就的生态,这是以区块链技术延伸出来的原生态元宇宙。第二种是以 Facebook 为代表,它提供从硬件到场景,通过一个数字 ID,可以在各种各样的场景之间来回穿梭的元宇宙。在元宇宙中也产生了很多的数据资产和数据产品,这些通过确权之后,将形成一个非常巨大的数字市场,这是以互联网技术延伸出来的消费级元宇宙。第三种就是微软这种尝试在元宇宙这样的一个高沉浸感、高参与感、实时性强的场景里,把我们现有的信息化的世界进一步延伸,这是以信息化技术延伸出来的元宇宙。"

那么,从区块链技术、互联网技术和信息化技术延伸出来的元宇宙,是否是一样的,又或者有着怎样的差异?

易欢欢表示,"殊途是不是同归?我们要用相对漫长的时间来验证。在不同的国家、不同的地区、不同的领域,大家会选择最适合自己的发展方式和路径。没有谁对谁错,各种情况都有可能产生,这就是元宇宙的魅力。"

(资料来源:屈丽丽,中国经营网,2022.7.16)

案例思考题

(1)微软为什么要收购动视暴雪?

(2)元宇宙有何发展前景?

(3)举例说明元宇宙对企业客户关系管理的重要意义。

本章复习思考题

(1)新技术有哪些? 在各行各业的应用有哪些?

(2)这些新技术对客户关系管理有何影响? 举例说明这些影响。

上篇 CRM 核心理念

第3章 顾客满意及其管理

导入案例

2022 年中国顾客满意度指数 C-CSI

2022 年 7 月 20 日,品牌评级权威机构 Chnbrand 发布 2022 年(第八届)中国顾客满意度指数 SM(C-CSI)品牌排名和分析报告。该指数 2015 年首次推出,获得工业和信息化部品牌政策专项资金的扶持。

2022 年 C-CSI 核心发现:

整体 C-CSI 得分稳定,满意度发展进入平台期

本年度 C-CSI 平均得分 79.7 分,已连续 2 年增幅不足 1 分,中国整体满意度提升进入平台期,尤以耐用消费品和服务业两大行业的品类最为明显。特殊情况影响了这两大对线下渠道依赖性更强的行业,但我们仍然发现了行业内众多优秀的品牌,他们在特殊情况期间主动求新求变,积极适应用户的变化,并迎合需求不断拓宽自身的产品和服务链条,在众多品牌中突围而出。

满意度指标更加动态,满意度管理需坚持"长期主义"

即使 2022 年 "顾客最满意品牌"被逆转的比例有所降低,但仍然处于高位水平。与品牌力相比,体验类的指标动态属性更加明显,它会伴随人群迭代、需求变化、行业环境变化而变化。企业的满意度管理只有坚持"长期主义",才能持续赢得赞誉,并真正做到品效合一。

C-CSI 得分表现出明显的人群差异

2022 年,C-CSI 得分随着消费者年龄的降低而降低。不同收入、城市级别和区域等细分人群中也表现出满意度的差异。消费者满意度的差异化要求企业具备用户精细化管理的能力、用户洞察能力和流程再造能力。

满意度启示及提升建议

"知行合一",只有秉持长期主义,建立满意度的保障机制并将满意度管理融入经营管理,才能适应市场环境和消费者变化;满意度管理必须从消费者本身出发,正确理解其需求是满意度提升的首要要素,同时企业还需要具备强大的需求转化能力和精细化管理的能力,才能持续为消费者提供满意的商品和服务;顾客满意度评价指标也在不断"升级",尤其在 Z 世代人群心目中,仅在产品和服务端满足需求远远不够,品牌的沟通、价值传递、品牌的行为和态度都已经列入满意度的"标准"中来,品牌需要将顾客满意的理念植入到更全面、更细微的触角当中,才能够赢得未来。

(资料来源:光明网,2022.7.22)

在客户关系管理的逻辑中,企业通过利用实施 CRM 战略和策略,为顾客提供价值,增加顾客满意度,保留顾客,以至于提高其忠诚度,从而实现顾客为企业提供价值、企业达到利润最大化的目的。在市场竞争中,让顾客满意和忠诚,已成为世界各国企业追求的共同目标。满意、忠诚的顾客群体是企业的无形资产,谁能满足顾客的需求,使顾客满意,实现顾客的忠诚,谁就拥有市场,因此顾客满意、忠诚、顾客价值及其管理是 CRM 的核心理念。

3.1 顾客满意的重要意义

顾客满意(Customer Satisfaction)理论被誉为 20 世纪 90 年代管理科学的最新发展之一,它抓住了管理科学以人为本的本质,如今顾客满意已经形成一种全新的大质量观。质量应是消费者满意的质量,质量指标应该以顾客满意为评价基础。对顾客满意的重视体现在各国评审质量奖的标准中。如欧洲质量奖的 9 大指标中,仅"顾客满意"一项的分值就定为 200 分,占整个质量奖总分(1000 分)的 20%,还不包括在"领导""政策和战略""过程""实施结果"等其他指标中有关顾客满意的要求,是 9 大指标中分值最高的一项重点指标。

3.1.1 关于顾客满意的名人名言

许多著名的学者和企业家都视顾客为企业的重要资源,他们非常重视顾客对企业及其产品的满意程度,如:

(1)菲利普·科特勒(Philip Kotler):除了满足顾客以外,你还必须取悦他们。

(2)李·亚柯卡(克莱斯勒公司):这家公司中每一个人所拥有的唯一的保证来自质量、生产率和满意的顾客。

(3)简·卡尔森(斯堪的纳维亚航空公司):在资产方面,我们应该填的内容是:上年我们的班机共有多少愉悦的乘客,因为这才是我们的资产——对我们的服务感到高兴,并会再来买票的乘客。

(4)佛莱德·史密斯(联邦快递的创始者):想称霸市场,首先要让客户的心跟着你走,然后让客户的腰包跟着你走。

(5)施乐前董事兼创办人约瑟夫·威尔森:我们究竟有没有饭吃,最后还是由客户来决定。

从以上名言可知这些专家和学者对顾客满意的重视,也从一个侧面反映了顾客满意对企业的重要意义。

3.1.2 许多国家将顾客满意度指标作为测量标准

顾客满意度指数(CSI)是目前国内外质量领域和经济领域一个非常热门而又前沿的话题,顾客满意度成为各国宏观质量指标评价体系中的一项重要指标。从世界范围看,瑞典于1989年建立起顾客满意度指数模型,美国于1994年建立了自己的ACSI,沿用至今。其后,设立在美国Michigan大学商学院的国家质量研究中心,先后在中国台湾、新西兰、韩国等国家和地区选择一定数量的行业进行满意度调查,计算该地区的顾客满意度指数。1999年欧盟11个国家也分别在本国试点调查,计算自己国家的顾客满意度指数,至今为止全球共22个国家设立了全国性的顾客满意度指数。2005年5月12日,中国标准化研究院顾客满意度测评中心成立。这是一家专门从事顾客满意度理论研究和调查测评的专业机构,是由中国标准化研究院与清华大学合作组建的。这个新成立的测评中心将对全国范围内主要产品和服务开展顾客满意度的研究和测评。向社会发布顾客对产品质量和服务质量进行直接评价的信息,可以引导消费,促进企业改进质量,提高经济效益。

为什么会有日益增多的国家在经济统计指标中增加顾客满意度指数呢?这是因为:生活水平的提高和经济竞争能力的增强,不仅依赖于经济资源的生产效率,而且依赖于这些资源的产出质量。所以只研究生产效率问题而不研究产出质量的变化是不足以深入分析原因所在的。

世界各国多年研究和应用的实践表明,在市场经济体制下建立运用顾客满意指数有如下重要意义:

(1)CSI是一项可靠的宏观经济指标:美国的研究发现,它和纽约股票市场道琼斯工业指数呈现较显著的相关关系。目前在我国实施可持续发展战略下,还缺少一个对经济运行质量进行检测和调控的有效手段,CSI正好填补这个空缺,具有十分巨大的潜在应用价值。

(2)CSI是一个有效的宏观调控工具:CSI作为一个测评系统,可以被政府利用来对优势企业进行激励,对平庸企业进行刺激或警告,能够有效地帮助政府对市场进行规范管理和引导。

(3)CSI是一个有用的企业管理工具:通过和竞争对手在CSI上的比较,可以帮助企业了解其市场地位和薄弱环节,完善企业经营机制,并制定有效的发展战略和市场策略。

(4)CSI也是一个对经济和市场进行研究的新工具:随着CSI覆盖领域的扩大(即向非家庭生活直接接触的产品或服务领域发展,如建筑业、冶金业、各种中间产品制造业等),它将为宏大复杂的市场提供一个微观切片,为经济和社会研究打开一个新的窗口。

总之,CSI是对全国范围内产品和服务的全面评价,宏观上能够有效地评测经济发展质量,有助于国家经济结构、产业结构的调整;微观上可帮助企业了解行业发展趋势和提高企业本身市场竞争力,帮助判断企业经营业绩或股票走势,还可以为广大用户提供科学的消费指导。

3.1.3 顾客满意度与企业业绩的关系

1）顾客满意度与顾客保留率

顾客满意的程度与顾客保留率成正比。有研究表明,顾客满意与顾客保留率有如下关系(见表 3-1)。

表 3-1　顾客满意与顾客保留的关系

计分(5 分制)	顾客保留率(一年后,%)
5　非常满意	92～97
4　满意	80～85
3　中立	60～65
2　不满意	15～20
1　非常不满意	0～5

从表 3-1 中可知,随着满意程度从 1～5 的提高,一年后顾客的保留率从 0～5%上升到 92%～97%,说明了顾客满意对顾客保留率起着决定性的影响作用。

2）顾客满意与股价

顾客满意对企业股价的影响是通过顾客满意影响顾客忠诚,然后增加市场份额,从而使企业盈利,最终实现企业股价上升。

发达国家有学者对 CSI(顾客满意指数)与企业股价进行了研究。如伊特拉(Itter)和拉卡科尔(Larcker)等人以股价作为变量研究了 CSI 对股价的影响。他们分析了瑞典一些上市公司一段时间的资料,并对此进行回归分析,得出结论:回归系数为 7.36(P 值小于 0.05),即表明 1%的 CSI 变化意味着大约 7%的股东价值变化。他们同样对美国公司做了分析。他们研究了 130 家 ASCI 公司从 1994 年 7 月到 1995 年 1 月的股价和 CSI 的原始数据,得出的结果是:130 家公司中,1/4 满意度指数得分高的公司,其股票价格超过了股指中得分最高的公司,CSI 得分最高的公司在 CS 测评后股价收入通常超过市场收入的 1%～2%。上述研究是基于不同的公司和他们的股票绩效。还有人研究了 CSI 与道琼斯指数的相关性,即研究了 1994 年第四季度开始实施 ACSI 到 1997 年第二季度的资料。结果很有趣:即 1%的 ACSI 在某一季度的变化会引起道琼斯指数在下一季度百分率的变化。

由此可见,CSI 在统计学上显示出了其与各种经济绩效测量之间的关系具有显著的相关性。顾客满意度的增加实际上是通过投资收益率、股票价格收益、市场占有率、价格收益和资产净值的增加来影响经济绩效,顾客满意指标是预测和提高公司未来盈利能力和增值能力的深层次指标。

有人对企业高股票价格与公司 ACSI 的低计分进行了对比研究,发现当公司或组织具有较高的顾客满意度时,他们的股票价格水平提高了 4.6%,而且实际的公司业绩也有所上升。而 ACSI 计分低的公司的股票价格则平均下降了 0.4%。

3）顾客满意与企业绩效的关系

提高顾客满意度是否会真正导致经济回报和企业的价值增值? 专家学者通过研究

CSI 与企业间的经济资料,得出两者的相关性。安德森(Anderson)等人根据对 SCSB(瑞典顾客满意度指数)所涉及的 77 个公司的调查情况,对过去的 CSI 与 ROI(投资收益率)的时间序列数据进行回归分析,结果表明 ROI 受 CSI 影响,其弹性系数为 0.4(P 值小于 0.001),这一研究提供了"一个大样本的,关于 CS 与企业绩效是相关的"证据。

3.2　顾客满意的概念

顾客满意度理论研究有其悠久的历史和社会背景。早在 1802 年英国的 Bentham 就提出用户满意的研究问题,但是没有得到当时学术界的认可。一直到 20 世纪中后期,一方面,人类行为学(Human Behavior)方面的理论研究逐步成形,另一方面,市场经济的充分发展使消费者的地位得到进一步提高,在这种情况下顾客满意度研究的问题又得到肯定并发展。到 20 世纪 80 年代末,顾客满意度理论研究已经比较成熟并应用于许多国家和区域的实践,如:瑞典的 SCCB 模型,美国的 ASCI 模型和欧洲的 ECSI 模型等。西方发达国家在国家和行业层次广泛应用顾客满意指数作为国家经济参数,企业也把顾客满意度研究的成功经验应用于市场营销和企业计划当中,并取得很好的效果。

我国在 20 世纪 90 年代,开始了顾客满意度理论研究工作。通过借鉴国外经验,根据我国国情对我国的顾客满意度模型进行了建立、测试、修正和再测试的研究过程,目前已经形成了可以在多个行业中实际应用的中国顾客满意度模型(CCSI)。

在 2000 版的 ISO/DIS 9000 中,顾客满意被定义为:"顾客对某一事项已满足其需求和期望的程度的意见。"并注明:"某一事项是指在彼此需求和期望及有关各方对此沟通的基础上的特定事件。"

菲利普·科特勒认为:满意是指一个人通过对一种产品的可感知的效果(或结果)与他或她的期望值相比较后,所形成的愉悦或失望的感觉状态。Barky 等认为顾客满意是指顾客使用前的预期与使用后所感知的效果相比较的结果。而顾客满意度是顾客满意水平的量化。如果可感知的效果低于期望,顾客就会不满意,可感知的效果与期望值相匹配,顾客就会满意,若感知的效果超过期望值,顾客就会高度满意或欣喜。因此满意水平是可感知的效果与期望值之间的差异函数,用公式表示为:

顾客满意水平＝f(事前预期,可感知的效果)

理查德·奥利弗(Oliver)认为满意度是一种影响态度的情感反应,针对某种产品和服务的消费,他提出了一个具有扩展性的顾客满意度定义:满意是顾客对于自己愿望的兑现程度的一种反映,是一种判断方式。这种判断方式的对象是一种产品和服务的特性以及这种产品和服务本身,判断的标准是看这种产品和服务满足顾客需求的程度,包括低于或高于顾客的预期。该定义包含了三种满意情况:未达到顾客要求、达到顾客要求和超出顾客要求。未达到顾客的要求顾客就会不满,达到顾客要求就会使顾客勉强满意。

综上所述,顾客满意的基础理论是心理学上的差距理论,即顾客感知价值与顾客预期的差距决定了顾客满意程度。

顾客满意一般包括如下 5 个方面的内容:

(1)理念满意:这是企业经营理念带给顾客的满足状态。

（2）行为满意：这是指企业全部的运行状态带给顾客的满意状态。

（3）视听满意：这是企业可视性和可听性外在形象带给企业内外顾客的满足状态。

（4）产品满意：这是企业产品带给顾客的满足状态。

（5）服务满意：这是企业的服务带给顾客的满意状态。

笔者认为实际上顾客对企业的满意大多是以上各个层面顾客满意的综合，是总体满意。各层面上不仅有关联性，而且有很强的层次性，从而形成了一个有序的、功能耦合的顾客满意系统结构，这是一个十分复杂的系统工程。

3.3 影响顾客满意的因素

影响顾客满意度的因素很多，许多学者从不同的角度对此进行了研究，其中顾客满意的双因素模型、差距模型以及卡诺模型是典型的对其解释的理论。

1）客户满意的双因素模型

这是赫兹伯格的双因素理论在顾客满意上的运用。运用该理论，本书把影响顾客满意的因素分为两类不同性质的因素，一类是保健因素（卫生因素），另一类是激励因素（愉悦因素）。保健因素是顾客所期望的，没有满足的话，顾客就不满意；激励因素是雇员提供给顾客的，提供后，顾客很是愉悦和满意。这两类因素对顾客满意度的影响是完全不同的。保健因素是引起顾客满意度低的因素，激励因素是导致顾客满意度提高的因素。也即没有提供保健因素，顾客很不满意，提供后，顾客只是没有不满意，而并不是满意。反过来，企业若提供了激励因素，顾客很是满意，若没有提供激励因素，顾客只是没有满意而已，而不会不满意。也就是说无论企业在保健因素上如何出色，结果只是顾客没有不满意而已，并不会因此有很高的满意度。而顾客没有得到激励因素也并不会因此对企业怨恨，只是有些遗憾而已，并不会因此导致顾客的不满意。

在此利用顾客满意的双因素来分析行业内公司业绩的类型。如图 3-1 所示。

图中的四个角代表了完全不同的情况，尽管行业不同或商业类型不同。

（1）处于左下角的情况：公司面临危机，顾客的满意度低，将会流失更多的顾客。尽管公司可以随便应付一阵，但是长期的前景是暗淡的，除非处于这种情况的公司进行根本的变革去接近顾客，否则过不了多久就会倒闭。

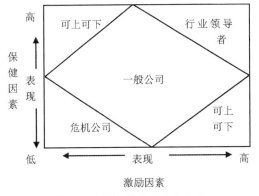

图 3-1 顾客满意度坐标方格

（2）处于左上角的情况：公司较之前者生存的机会大一些，这样的公司能够满足顾客的基本需要，但忽略了其他因素。如一家餐馆，可以提供可口的食物，但是用餐环境很差，而且服务也很差。竞争的激烈程度决定了公司的生存机会。若其竞争者没有获得较高的顾客满意度，它还有可能维持现状，但当其竞争对手的绩效更好，能够提供更好的服务时，它就会在市场竞争中迅速衰败。

（3）在右下角的情况：公司所处的局面是很令人困惑的。公司的业绩水平在某些甚至所有愉悦度方面都是很高的，然而保健因素方面却不完善，这些公司只需要在保健因素上努力得到顾客的认可，即可摆脱困境。

（4）处于右上角的是创新的企业领袖，处于这种情况下的企业，掌握了所有顾客的期望，形成并贯彻了有效的增值传运系统，这样的企业，已经形成了持久的、有竞争力的优势。

（5）行业内大多数公司处于中间状态，无论是在保健因素还是激励因素上都是表现平平，是一般公司。

2）服务质量差距模型

Parasuraman，Zeithaml 和 Berry（1985）三位教授（简称 PZB）认为，服务质量体现了顾客所期望的服务与商家提供的实际服务之间的差距——这一差距发生在企业内部，以及企业与顾客交互过程中的其他四个差距累计造成。GAP 模型描述了这四个差距累计形成服务质量差距的过程，如图 3－2 所示。

此模式提出服务质量有五个差距（GAP），而这五个差距就是服务业的服务质量无法满足顾客需求或期望的原因，如果企业要让顾客的需求达到满意水平，就必须缩小这五个差距的差距。而这五个差距中，前四个差距是服务业者提供服务质量的主要障碍，第五个差距是由顾客认知服务与期望服务所形成的，且第五个差距是前面四个差距的函数。

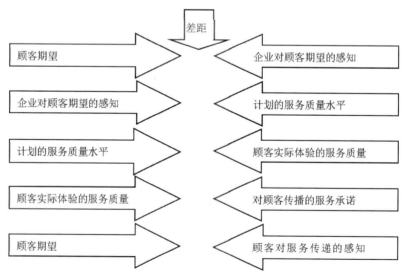

图 3－2　描述服务质量差距的 GAP 模型

（1）差距一：顾客对企业产品的期望与企业对顾客期望的感知存在差距。很多企业不能满足顾客的需求，是因为他们根本不了解顾客的期望。如果企业不注重顾客满意度的话，企业可能是在为它的产品寻找顾客，而不是为其顾客生产产品。

（2）差距二：虽然企业知道顾客的期望，但可能由于成本、企业资源等问题无法满足顾客的全部期望，企业所提供的服务质量水平达不到顾客的要求。

（3）差距三：企业原计划向顾客提供的服务质量水平，经过员工、渠道传递后，顾客实际感受到的水平可能会小于计划水平，这方面的差异体现了企业的执行力的强度，著名的大企业在这方面要比小企业做得出色。

（4）差距四：是从顾客的角度出发，顾客购买产品或者服务后，他实际体验到的感受会与企业所宣传的承诺有差别，例如企业承诺七天内无条件退货，但顾客购买后，企业却拒绝退货，顾客就会不满意。

（5）差距五：是顾客对事前的服务期望和感知的服务之间的差距，此差距是顾客对接受服务前预期的服务水平和接受服务后认知到的服务水平之间的差距。如果事后的认知大于事前的期望，则顾客对企业提供的服务质量会感到满意；如果事后的认知未达事前的期望时，则顾客对企业所提供的服务质量会感到不满意，而口碑、个人需求、过去经验都会影响到顾客的期望。因此得知，要使顾客达到满意的服务质量，必须缩小这一差距，因为顾客对服务的期望和认知的差距，决定了顾客对服务质量满意的程度。

此外 Parasuraman，Zeithaml 和 Berry 将第五个差距独立出来，认为单从顾客的期望服务和认知的差距来衡量顾客感知的服务质量，并归纳出十个影响服务质量的决定因素，并在 1988 年对五家服务公司（电器维修公司、银行、电信公司、证券经纪商、信用卡公司）做实证研究后发现，有些因素可以合并成一个新的因素，于是将服务质量的十个因素缩减成五个因素，它们为：

（1）可靠性（reliability）：提供服务的及时性、承诺履行情况。

（2）反应性（responsiveness）：企业主动帮顾客解决问题并提供迅速的服务。

（3）保证性（assurance）：员工用其专业知识和礼貌等唤起顾客的信任和信心。

（4）移情性（empathy）：对顾客关心，使顾客感受到具有个人色彩的特别关注。

（5）有形性（tangibles）：设备完好率、工作人员的精神面貌、其他服务设施的完好状况。

这五个因素形成衡量服务质量的量表，称为 SERVQUAL（Service Quality）。笔者认为，影响顾客对某种产品的感知价值的因素有很多，其中顾客使用产品或服务的目的，顾客所掌握的信息的多少，顾客的消费偏好，市场供给情况以及代替品的可获得性，顾客购买和使用体验等为其主要因素。

3）卡诺（KANO）模型

KANO 模型是由日本的卡诺博士（NORITAKI KANO）提出的。KANO 认为，产品和服务质量分为三类：当然质量、期望质量和迷人质量，具体内容如下：

（1）当然质量，是指产品和服务应当具备的质量，对这类质量顾客不做任何表述，因为顾客假定这是产品和服务所必须提供的，如电视机的清晰度，汽车的安全性等。顾客认为这类质量特性的重要程度很高，如果在这类质量特性上企业的业绩很好，并不会显著增加顾客的满意度，但反之，即使重要程度不高，如果企业在这类质量特性上的业绩不好,则会导致顾客的极度不满。当然质量和顾客满意度非线性相关。

(2)期望质量,是指顾客对产品和服务有具体要求的质量特性,如汽车的省油,服务的快捷性,高的可靠性,这类质量特性上的重要程度与顾客的满意度同步增长。顾客对产品和服务的这种质量特性的期望,以及企业在这种质量特性上的业绩都容易度量,这种质量与顾客满意线性相关。

(3)迷人质量,是指产品和服务所具备的超越了顾客期望的、顾客没有想到的质量特性,这类质量特征(即使重要程度不高)能激起顾客的购买欲望,并使顾客十分满意,如3M公司的"方便帖",索尼公司的随身听等皆是典型例子。此类质量与当然质量一样,与顾客满意成非线性相关(见图3-3)。

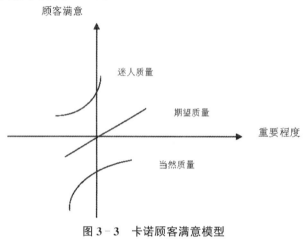

图3-3 卡诺顾客满意模型

上述三种顾客满意影响因素理论皆从不同角度定性地对其影响因素进行了分析。笔者认为,顾客满意是顾客的一种心理感受,是一个复杂的心理过程,不同的顾客其心理过程皆不一样,即使是同一顾客在不同的情景消费同一产品和服务,其满意度也会不一。而且根据顾客满意的定义,顾客满意度是顾客对产品和服务的期望与顾客对产品与服务的感知的效果的差距,亦即顾客满意是顾客期望与感知效果的比较结果,顾客期望是属于顾客心理范畴的概念,而感知效果既取决于企业提供的产品与服务实绩,又取决于顾客的感知水平(感受性),还取决于当时双方关系的情景。

因此分析顾客满意的影响因素应从顾客感受与公司表现两个角度去衡量:

1)从顾客感受角度看

(1)顾客期望。顾客期望是指市场上的顾客从各种渠道获得企业及产品、价格、服务等信息后在内心对企业及产品服务等形成一种"标准",进而会对企业的行为形成一种企盼。顾客获得这些信息的渠道包括顾客过去购买的经验、周边人们的言论、该公司发布的广告以及公司对产品的许诺等。由于顾客对其产品或服务形成的标准高低不一,因而其期望的等级也不一。可以分为如图3-4不同等级的期望水平,期望的满足程度分别影响着客户的满意度和惊喜度。

除了各种渠道收集的有关产品和服务的信息影响顾客的期望外,产品或服务属性对顾客的重要程度也影响其期望。对顾客越是重要的产品或服务属性,顾客的期望越是高,反之,顾客认为对其不太重要的属性,对其期望也越小。

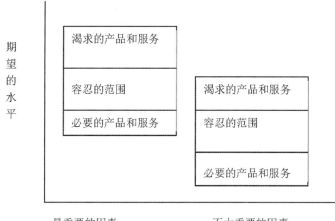

图 3-4　不同要素的容忍范围

顾客期望影响顾客满意,从而影响企业的销售量和收入。根据顾客满意的定义,当顾客感知的实绩效果一定时,顾客的期望与顾客满意成反方向变化,即降低顾客期望有望提高顾客的满意度,但是这样愿意前来尝试的顾客就少,即使顾客满意,因而重复购买率高,但由于其基数小,从而销售量就少。相反,提高顾客期望值有利于吸引顾客购买,但顾客满意度低,从而将来愿意重复购买率就低。两者的关系如图 3-5 所示。

(2)顾客感受水平。由于顾客的经历、背景、需求等方面的差异性,不同的顾客对同一产品和服务的感受水平不一。

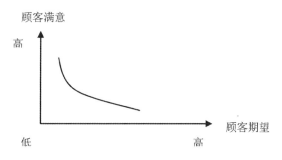

图 3-5　顾客满意与顾客期望之间的关系

2) 从公司角度看

让顾客满意的关键是要理解哪些因素对顾客重要,要尽力满足他们的那些期望,这些需求不仅仅是相关的产品和服务,许多核心产品之外的因素也会影响到满意度。如餐馆的食品可能不错,但是整个经历却可能令人沮丧,因为服务在餐馆中具有中心地位。因此深刻理解顾客的需求和期望是非常重要的。公司正是通过满足和超过顾客的期望和迎合他们的需求来提高顾客满意度,从而提升其忠诚度,直至增加顾客盈利率。

从公司的产品与服务的构成来看,影响顾客满意的因素分为五个层次。

(1)核心产品和服务:这是为顾客提供供给的本质。由于技术的进步、激烈的竞争导致产品越来越同质化,其质量出色不太可能会出问题,在此层面上同竞争对手的产品和服务太相似了,以致于它提供不了任何价值,顾客对核心产品通常不太关心或者完全不关心。技术和其他方面的发展已经到了这样的境界,即相互竞争的公司所供给的产品和服务实际上是相同的,特别是对加工工业来说,质量标准已经被提高到了很高的地步,卓越的质量已经变得稀松平常。在许多行业,优秀的核心产品和服务只能是成功的基础,只能代表进入市场的基本条件,而非企业的核心竞争力,因为向客户证明价值的增加或者一家公司的产品和服务特别优于另一家是非常困难的。

(2)服务和系统支持:这个层次包括了外围的和支持性的服务,这些服务有助于核心产品的提供。如运输和记账系统、定价政策、实用性和便利性、服务时间、员工的水平、信息沟通、储存系统、维修和技术支持、求助热线以及其他支持着核心的计划。

(3)技术表现:如坚持标准、按时供应、信守承诺、降低产品和流程失误。

(4)与顾客互动的要素:如员工服务的水平、注意力、服务的速度、接触的一般质量、人们如何被接待和服务。

(5)情感因素:服务的感性因素。感觉与情感的沟通,本质上是企业给顾客的感受。这是建立顾客关系进行价值创造的重要组成部分,没有顾客的这种情感,就没有真正的顾客关系,而只有一系列的交易。很多公司没有意识到他们的工作所产生的负面情感,丧失了很多业务机会,也没有抓住能够创造正面情感的那些重要机会。

有研究表明:过程失误之后的满意度要低于结果失误之后的满意度,即虽然将核心产品做好很重要,但对顾客的满意度来说,服务的供应才是最重要的。研究进一步表明,顾客的不满通常与核心产品、服务、支持系统以及表现无关,而与员工的互动和得到的感受通常是使顾客满意或者不满意的最终决定因素。因此企业要特别重视在这两类因素中的表现。

3.4 顾客投诉及其管理

任何公司皆有失误之处,很难让每一个顾客都满意,再优秀的公司也难免有不满意的顾客存在,因而会有不满意的顾客投诉。然而很多公司都不愿听到顾客的不满、抱怨,尽量避免任何消极的反馈,以为没有顾客的投诉,一切皆顺利,他们犯了"把头埋进沙坑,也许能使一切问题消失"的错误。其实顾客投诉并不可怕,关键是如何正确看待顾客投诉,如何管理顾客的投诉,并从顾客投诉中挖掘出对企业的价值,将顾客投诉作为衡量其质量的尺度,使企业发现问题,提高质量,化顾客的不满为满意甚至是忠诚。

3.4.1 顾客投诉对企业的意义

顾客投诉是顾客对企业管理和服务不满的表达方式,它为企业创造了各种各样的机会,既是企业发现问题和失误的机会,也是企业促进连续改进的机会,还是企业留住不满意客户的最后机会。因为:

(1)顾客的投诉是因为企业的产品和服务有瑕疵、有不足,从而造成顾客的损失或对其的伤害,所以顾客的投诉可以使企业及时发现产品与服务的失误,及时采取措施修正或改进,从而提高企业产品与服务的质量,提高顾客的满意度。

(2)顾客投诉可能反映了企业产品和服务未能满足的顾客需求,企业可以从中发现新的商业机会,故企业的产品创新往往来源于顾客的投诉。

(3)顾客投诉可使企业避免流失顾客、再次获得顾客。有数据表明绝大多数的投诉者中对投诉处理结果感到满意的顾客有再次购买的意图。

因此顾客投诉是企业有价值且免费的信息来源,是企业了解顾客未满足的需求的渠道,是企业创新的来源,是使企业再次获得顾客的机会。有研究显示,与流失顾客做生意的概率是陌生人的2倍。另有研究表明:40%的顾客对服务的感知是受企业对不可预见问题反应的影响,由此可见管理顾客投诉对企业的重要意义。

雪佛莱公司研究发现:在遇到问题的客户中,真正愿意提出投诉的大约只有40%,但其中却有80%的客户表示,如果公司以一种专业的、有效的、关心的方式处理他们的问题,他们将再购买雪佛莱的产品,即公司并不需要彻底解决客户的投诉,就能实现较高的客户重复购买率。这些客户投诉的根本目的就是希望能促使公司倾听他们的抱怨并提供可能实现的帮助。在遇到问题而不投诉的60%的客户中,只有10%的客户再购买公司的产品。即100位遇到麻烦的客户中有60位客户不投诉,其中有6位会再购买公司的产品,而54位会选择竞争者的产品;在40位投诉的客户中,有32位愿意再购买公司的产品。由此该公司得出结论:公司需要鼓励所有遇到问题的客户主动投诉。

3.4.2 不满意顾客的投诉行为分析

大多数对企业产品不满意的顾客,其行为有如下几种:

(1)不投诉。有两种情况:一是选择去别的地方购买东西,并告诉其他人他所遇到的麻烦;二是继续购买其产品和服务,但此类客户要么是对企业的不满在可接受的范围,要么是企业设置了退出壁垒,因而不得不被锁定在这样的关系中。

(2)投诉。有如下几种情况:问题没有得到解决或对解决投诉的方式不满意,部分流失,部分保留;对于公司解决他们投诉的方式感到满意,少数顾客流失,但大多数顾客保留,并对公司保持忠诚。

据Mckinsey公司的统计数据,公司不满意客户不投诉者、投诉者再次购买其商品的比例如表3-2所示。

表3-2 不满意客户投诉比例及其再次购买商品的可能性

类别	问题主次	购买该公司商品的可能性(%)
不投诉者	主要问题	9
	次要问题	37
投诉但没有得到解决者	主要问题	19
	次要问题	46
投诉获得解决者	主要问题	54
	次要问题	70
投诉获得迅速解决者	主要问题	82
	次要问题	95

资料来源:厄尔·诺曼,斯蒂文·H.霍廷顿.以客户为中心的六西格玛[M].王晓芹,等译.北京:机械工业出版社,2004.

从上表可知,那些碰到主要问题不投诉的顾客再次购买的概率是9%,而投诉了但没结果的顾客再次购买的概率是19%;那些主要问题得到解决的顾客再次购买的概率是54%,那些投诉了而且主要问题得到马上解决后顾客再次购买的概率为82%,即只要顾客有个投诉的地方,再次购买的概率就会成倍增加(9%~19%),一旦公司理会顾客的投诉,那么再次购买的概率同样增加得很快(54%~82%)。

另根据TARP(Technical Assistance Research Program)对顾客不满进行的调查研究结果显示:30%遇到问题的客户向产品或服务的直接供应者投诉;2%~5%的客户投诉递交给公司总部;一位满意的客户向四五个人讲述他或她的经历;一位不满意的客户向8~10人讲述他或她遇到的问题;70%~90%的投诉者在对投诉解决方式表示满意的前提下会与公司继续开展业务;20%~50%的投诉客户在不满于投诉解决方式的前提下会与公司继续开展业务;只有10%~30%的客户遇到问题而不投诉或者不要求协助的客户会再购买公司的产品。

综上所述,虽然顾客投诉是司空见惯的事情,但并不是不满意的顾客皆会投诉。而且由于行业的不同,顾客投诉的情况也不同。继TARP的调研之后,服务影响调查集团进行了进一步研究。研究显示,不同行业的客户在投诉问题的倾向上存在很大差异,如表3-3所示。

表3-3 不同行业客户不投诉的比例

类别	不投诉比例(%)
财务服务	39
自动修理服务	26
电讯	45
旅游和休闲	55
化工产品	18
人身保险	43

资料来源:厄尔·诺曼,斯蒂文·H.霍廷顿.以客户为中心的六西格玛[M].王晓芹,等译.北京:机械工业出版社,2004.

所以如若将公司不满的客户比作一座冰山的话,投诉的客户则仅是冰山一角,不满客户这个冰山的体积和形状隐藏在表面上看起来平静的海面之下,不满意客户的情况只有在公司这艘大船撞上冰山后才会显露出来,如若企业之船在与冰山碰撞之后才想到补救,犹如试图修复一艘将沉的轮船,效果通常是微不足道、为时已晚。

3.4.3 不满意顾客投诉和不投诉的原因分析

1) 不满意顾客投诉的原因分析

不满意顾客投诉的原因多种多样,但大多有如下问题:产品问题,如产品的质量、性能、可靠性、耐用性、易用性等;服务问题,如人员的服务态度、服务技能、服务水准、服务的可靠性、及时性;还有虚假广告宣传,假劣产品,产品性价比低,售后服务不到位,不信守对顾客的承诺等问题,这些都致使顾客蒙受物质损失以及遭遇心理上的伤害。

2) 不满意顾客不投诉的原因分析

为什么顾客对公司的产品和服务不满,或是遭受损失后很多不投诉? 其原因颇多,归纳起来有下列几类:

(1)投诉成本:投诉要花去顾客很多时间成本、精力成本、货币成本,甚至心理成本。

(2)没有适当的投诉渠道:企业没有向顾客明晰企业的义务和顾客的权益,致使问题发生后顾客不知道损失该由谁承担,应该通过何种渠道向谁反映问题。

(3)投诉无用:顾客认为企业不会理会他们的投诉,企业并不会在乎他们的感受,也不会做出任何改进。

(4)心理上的担忧:顾客害怕由于投诉遭到报复,使接下来的服务更糟糕,如病人对医护人员的恶劣服务不敢投诉,就是因为害怕投诉换来更加恶劣的服务。

(5)其他原因:如文化因素。有时顾客不投诉是一种文化或背景的反映,日本的一项研究表明:有21%的不满客户对投诉感到尴尬。又如在欧洲,顾客对餐馆进行投诉被认为是不礼貌的事情。还有顾客的个性差异也导致不投诉。不同类型的顾客对待不满意的态度不尽相同,理智型的顾客会不吵不闹,权衡投诉的得失,若值得投诉才会据理力争,寸步不让;急躁型的顾客大吵大闹,不计后果;忧郁型的顾客可能会无声离去,但会再不回来。

根据 Yankelovich Monitor 1993 年所作的一项研究,有 54 %的成人赞同这样的话:"当你对一种产品或服务不满意时,向一家大公司投诉通常是在浪费时间。"有关调查结果也表明了不投诉者的普遍心态,即:投诉是徒劳的,企业不会理睬,更不会公正处理;投诉可能遭到报复;客户对其权利和企业责任不了解;投诉是要浪费时间、精力和金钱的,为此而保持沉默,并以从此不再购买该公司的产品来处理自己的情绪。

3.4.4 顾客投诉的心理分析

顾客投诉有着较为复杂的心理过程,且因人因事因情景而异,但其投诉的心理却具有一些共性,顾客投诉的目的或是寻求情绪上的宣泄,或是寻求经济上的补偿,或是讨一种说法,或是希望企业能改进,或是以上各种目的的组合。

(1)求尊重:顾客投诉肯定是自尊心受到伤害,很难平复,投诉的目的或目的之一就是要求当事人或管理人员当面认错并赔礼道歉,以维持其尊严。

(2)求宣泄:顾客正当需求没有得到满足或受到不公正对待而产生挫折感,心生怒气、怨气,故去投诉以求发泄心中的不满与愤怒,以求情感上的补偿和慰藉。

(3)求补偿:一般而言,顾客因受损失而投诉,除对物质损失要求补偿外,更多的是对精神损失要求进行物质赔偿,以求得心理的平衡。

顾客投诉,一则表明他对企业还没有绝望,企业还有机会与他做生意,他还想尝试一次;二则表明不仅仅是投诉顾客对该企业的产品不满,他还代表其他顾客的意见,因为并不是所有对你不满的顾客都会对你进行投诉;三则表明该企业存在许多经营管理问题,尤其是企业的产品和服务,企业必须马上改进。

3.4.5 顾客投诉管理

综上所述,顾客投诉是难免的,顾客投诉有其特殊的心理需求,如何管理顾客的投诉

则是企业的一大课题。根据以上对顾客投诉的分析,笔者认为企业在管理顾客投诉上要做到如下几点:

1) 重视顾客投诉

企业要让全体员工认识到顾客投诉对企业的重要意义,认识到向企业投诉的顾客是企业的朋友,那些对企业"沉默"的顾客会给企业造成更大的损失。

2) 鼓励顾客投诉

企业应制定明确的产品和服务标准及补偿措施,告知顾客如何进行投诉及可能获得什么结果,在此基础上要增加接受和处理顾客投诉的透明度,设立奖励制度鼓励顾客投诉。

3) 建立高效的顾客投诉系统

(1)设立处理顾客投诉的组织机构,由全职的、专一的、训练有素的员工处理客户的投诉,管理日常操作以及向公司的其他部门报告客户的相关信息,并设置监督执行官。

(2)提供顾客投诉解决方案,尤其是为顾客进行物质赔偿的财政支持。

(3)为客户提供便利的投诉通道。为此,公司必须了解客户更乐意用什么方式投诉,是邮寄、电话、电子邮件、传真还是面对面投诉,然后提供给顾客乐于接受的投诉渠道,告知顾客投诉的程序,许多大公司皆设立了顾客投诉专用电话。

(4)方便顾客投诉。企业应尽可能降低顾客投诉的成本,减少其花在投诉上的时间、精力、货币与心理成本,使顾客的投诉变得容易、方便和简捷,投诉系统不能向客户要求过多的文件证据和额外的努力。

(5)同理心。站在顾客的角度思考问题,认同顾客的感觉,不要跟顾客辩解。

4) 快速回复

一个良好的投诉系统应能提供快速的、个性化的回复。一方面告知顾客公司已经收到了投诉,并且正在对问题进行调查,另一方面公司必须以某种方式快速处理投诉问题。

5) 合适的补偿

对投诉顾客进行必要的且合适的补偿,包括心理补偿和物质补偿。心理补偿是指客户服务人员承认确实存在着问题也确实对顾客造成了伤害,并道歉。心理补偿可以令顾客平静下来,为了提高心理补偿方式的效率,员工必须主动倾听客户的投诉并代表公司对客户表示歉意。员工应当体谅客户的处境,从而感受到快速解决问题的重要性,如果可能,员工应立即采取措施,进一步提供物理的或物质的补偿。所谓的物质补偿是指一种"让我们现在就做些实际的事情解决这个问题"的承诺,如经济赔偿,调换产品或对产品进行修理等。

3.5 顾客流失及其管理

对于公司来说,老顾客无论在数量和质量上,都比新顾客更具有吸引力。在数量上,作一个形象的比喻,一方面,企业开发新顾客,就像往一容器中加水;另一方面,老顾客的不断流失,就像容器底端有一个漏洞,使水不断地流失。而容器中水流失的速度是由漏洞的大小决定的。漏洞的大小实际就代表着公司顾客的流失速度或顾客流失率。老顾客的流失,往往使公司的市场开拓毫无收益。在质量上,老顾客为公司贡献更多的利润。

公司保持老顾客的成本要比获取新顾客的成本低得多;老顾客随着与公司商业关系的延长,对公司的产品线和服务更加了解,他们消费更多的产品,学会更为高效的购买,节约公司的服务成本;对价格不像新顾客那样敏感,此外老顾客还把公司的产品和服务推荐给别人。以上这些优势,都是新顾客所不具备的。根据美国著名的忠诚管理学家Frederic Reichheld 的研究成果表明,随着公司与顾客保持商业关系时间的延长,公司从顾客身上获取的利润额不断增大。因此,对老顾客的保持是一项十分重要的工作。而顾客流失的分析是顾客保持中非常重要的一环。

3.5.1 顾客流失对企业的影响

顾客的流失对于一个商业系统来说,就像摩擦力对于一个机械系统的作用,摩擦力损耗着机械系统的能量,顾客流失则不断损耗着企业的人力、财力和物力。首先,顾客流失率的提高,是顾客受让价值降低的一个标志;其次,不断攀升的顾客流失率预示了来源于顾客的现金流量的减少,即使公司及时地用新顾客取代了老顾客,但还是不经济,因为老顾客比新顾客更节约成本,能产生更多的现金流量。通过分析顾客流失的根本原因,企业可以发现其经营管理活动中真正需要改进的环节,有时甚至可以把流失的顾客挽救回来,并建立更为牢固的顾客关系。

3.5.2 导致顾客流失的原因分析

现实的情况是,大多数企业都没有把顾客流失的分析作为一项日常的必需工作,也缺乏富有经验和技能的顾客流失分析人员。因此在危机来临时,很难快速有效地发现导致顾客流失的真正原因并加以改正。

美国科罗拉多大学管理学院的市场学助理教授 Susan M.Keaveney 在 1995 年公布的一项研究成果中,总结了八项对顾客流失产生关键影响的因素:价格,不方便,核心服务的失误,服务人员的失误,对失误的反应,竞争,伦理道德,非自愿的流失,并提出了顾客流失行为的模型。

(1)价格。价格因素是第三大导致顾客流失的因素。在对 500 名顾客的调查中,30%的人认为价格因素是导致他们转换商家的因素,9%的顾客把价格因素列为导致他们转换行为的唯一因素。

价格因素还细分成四种子因素:第一种子因素是"高价"。顾客由于价格高于自己的参考价格而转换商家。参考价格可以是某种标准价格,可以是相对于接受的产品或服务,顾客自我认知的价格,也可以是竞争对手的价格。第二种子因素是"价格提高"。顾客由于价格提高而流失。实际上,这一类顾客的参考价格是前一次购买时的价格。第三种子因素是"不公平的价格措施"。顾客认为受到欺骗或认为价格不公平。第四种子因素是"欺诈价格"。顾客因为感到价格有欺骗成分而流失。如顾客最后偿付的价格高于商家最初的报价。

(2)不方便。不方便因素包括顾客对商家地理位置、营业时间、等待服务的时间、等待预约的时间等方面的不方便的感觉。20%的被访问者把"不方便"归为导致他们流失的因素,其中 21.6%的人认为不方便是导致其转换商家的唯一因素。

(3)核心服务的失误。核心服务的失误是导致顾客流失的最大因素。44%的被调查者认为该因素是导致流失的重要因素,11%的被调查者认为该因素是导致流失的唯一因素。第一类失误是一系列失误屡次发生(如顾客每月的银行对账单屡次出现错误),服务水平降低,在一次产品或服务过程中发生了多项失误,在一次产品或服务过程中发生一个大的失误(如药剂师提供了错误的药量),提供不完整的服务或无法提供服务(如某个汽车修理工由于经验技术的原因,无法修理顾客的汽车)等。第二类失误包括错误的账单和没有及时更正错误的账单。第三类失误指产品或服务对顾客个人、家庭、宠物或个人物品构成伤害,或导致顾客损失金钱。

(4)服务人员的失误。服务人员的失误是导致顾客流失的第二大因素。34%的被调查者把该因素归入导致流失的原因,9%的被调查者认为该因素是导致他们转换商家的唯一原因。

"不关心"包括产品或服务的提供者没有倾听顾客意见。在提供服务时关注别人,对顾客草率、不友好和表现出冷漠、无兴趣。"不礼貌"的雇员被顾客描述成粗鲁、怨恨和缺乏耐心。"没有反应"的服务人员包括拒绝满足顾客的特殊需求,与顾客缺少沟通,忽视了顾客的提问。"无知无能"是指那些缺乏经验,能力不足,难以使顾客对产品和服务树立信心的服务人员。

(5)对失误的反应。在一些顾客流失行为的研究中,顾客的流失并不是因为产品或服务的失误,而是因为产品和服务的提供者对事物所做出的不恰当的反应。17%的顾客流失行为是由于或部分由于商家对失误不恰当的反应造成的。

对失误的不恰当的反应包括:①产品和服务供应商对顾客指出的失误虽然做出正面反应(如改正错误或补偿损失),但这种反应十分勉强和被动,显示供应商缺乏诚意;②对顾客的抱怨和投诉没有反应;③对顾客指出的失误蓄意做出负面的反应,把错误归咎于顾客。

(6)竞争。顾客被竞争者吸引,而转向竞争者的产品或服务,在顾客的流失行为中占10%的比重。顾客因为竞争对手提供更为个人化的,更可靠或更高质量的产品或服务,有时这种商家转换是以损失金钱和便利为代价的。

(7)伦理道德问题。顾客由于产品或服务供应商在其经营行为中存在不合法、不道德、不安全、不健康和违背社会规范的因素,也会发生流失行为。由于该因素发生的流失行为占7%。

不诚实行为是指供应商欺骗顾客,偷窃个人财产,对没有提供的服务收费或建议顾客购买不需要的产品。强迫行为包括过分主动地兜售产品,向顾客高声叫卖或因为顾客不购买产品而恐吓顾客。如修理工因为顾客在一次汽车维修中拒绝接受一项暂不需要的维修,进而威胁顾客说,不接受这项维修开车就有危险。不健康和不安全的服务行为诸如餐厅里肮脏的台布,上菜的服务员用手接货币,安排顾客已经有人入住的房间等。有的商家根本不考虑顾客的利益,例如当一个顾客发现他的旅行社总是为他预订能给旅行社最高回扣的航空公司的机票时,这位顾客毫不犹豫地换了一家旅行社。

(8)非自愿的流失。非自愿的流失是由于一些顾客和商家都无法控制的因素而导致的顾客流失。如顾客迁移或商家经营地点的转移。该因素占6%的比例。

根据对导致顾客流失的关键事件的研究分析,顾客流失有时是单一因素作用的结果,有些是多个因素共同作用的结果。根据 Susan M.Keaveney 的研究结果,在她运用关键事件方法(Critical Incident Technique,简称 CIT)所调查的 468 次顾客流失事件中,45%(211/468)的顾客流失是由于上述八种因素中的某个单因素导致的,36%(168/468)的顾客流失事件是由八种因素中的两个因素共同作用的结果,15%(69/468)的流失事件是三种因素导致的,还有 4%的流失事件是四种或四种以上的因素导致的(见表 3-4)。

表 3-4　顾客流失原因分析

被调查者声明的流失原因	单因素流失事件		双因素流失事件		三因素流失事件	
	行为数量	行为比例(%)	行为数量	行为比例(%)	行为数量	行为比例(%)
价格	42	19.9	51	15.2	33	15.9
不方便	21	10.0	41	12.2	27	13.0
核心服务失误	52	24.6	96	28.6	45	21.8
服务人员失误	42	19.9	61	18.1	45	21.8
对失误的反应	0	0.0	38	11.3	31	15.0
竞争	14	6.6	7	5.0	11	5.3
道德伦理	9	4.3	11	3.3	7	3.4
非自愿	31	14.7	21	6.3	8	3.8
事件数量	211		168		69	
行为数量	211		336		207	

注:四因素流失事件的数据略。总事件数 468,总行为数 838。

资料来源:Susan M. Keaveney. Customer Switching Behavior in Service Industries:An Exploratory Study[J]. Journal of Marketing,Vol 59(April 1995),P78.

从表 3-4 可知,导致顾客流失行为的因素十分复杂,不能一概而论,需要具体问题具体分析。不过,从上面的数量中,我们得到的一点启示:在八种因素中,除了竞争和非自愿流失两项外,其他都是企业的可控因素。而价格、方便性、核心服务和服务人员四项企业可控因素,在导致顾客流失的因素中占较大的比例。可以说,顾客流失在大部分情况下,是企业自身问题造成的,因此,也存在着进一步改进的可能性。

3.5.3　挽回顾客流失

由前述,老顾客对企业有着重要意义,因此企业应致力于保持老客户。如若一旦老客户流失,只有挽回流失的客户所获的收益大于付出的成本,才应该尽力挽回流失的顾客。

挽回顾客流失的步骤:

(1)仔细倾听顾客的诉说。

(2)满足顾客的要求,就改进的地方与顾客进行沟通,再次表达企业的诚意。

(3)对待顾客要耐心、坦诚。

(4)与流失的顾客保持联系。

(5)给回归的顾客一个台阶下。

(6)挽回顾客成功之后,继续保持生意的往来。

3.6 顾客满意度的测评

顾客满意的衡量指标是顾客满意度指数（Customer Satisfaction Index，简称 CSI）。它指通过从各种物理意义的质量特性中，抽取潜在变量——顾客满意度，从而抓住对产品或服务的质量评价的本质，也是衡量顾客从企业得到价值的综合体现。从哲学意义上说，顾客满意度指数是人们对质量的认识的飞跃，它是对传统的、具有物理意义的产品或服务的质量评价标准的突破。使得不同的产品和服务质量之间具有质量上的可比性。

顾客满意度测评是指利用电话访谈辅助软件和先进的计算机辅助电话调查系统等工具，通过测量顾客对产品或服务的满意程度以及决定满意程度的相关变量和行为趋向，利用数学模型进行多元化统计分析得出顾客对某一特定产品的满意程度。

企业进行客户满意度测评的目的如下：

▶确定影响满意度的关键决定因素。

▶测定当前的顾客满意水平。

▶发现提升产品或服务的机会。

▶从顾客的意见和建议中寻找解决顾客不满的办法，为管理者提供建议。

▶提升顾客的满意水平。

3.6.1 顾客满意度测评意义

在宏观上顾客满意度指数可以用来评价国民经济系统运行质量的好坏，即国民经济的运行质量，不仅决定于政府、部门、企业的满意，归根到底还要决定于全国消费者的满意。微观上企业一旦建立并采用顾客满意度指数模型，就可以持续地进行顾客满意度指数的测评活动，滚动发布顾客满意度测评结果，这些结果随时间推移追踪企业业绩，从而改进企业的经营管理反馈的情报系统，这种情报系统可以预测企业未来的发展前途，是顾客未来购买行为的指示器；可以帮助企业了解行业发展的趋势和企业未来的市场竞争力，帮助企业判断其经营业绩和股票走势。

从企业层面看，顾客满意度直接影响顾客忠诚度，并最终影响企业的利润水平和竞争能力。企业可以使用这一指数评估顾客忠诚度，确定进入市场的潜在障碍，预测投资回报、精确地找到市场切入点也就是未满足的顾客期望所在。

从区域和各行业角度看，运用顾客满意度指数的数据，可以对不同区域、不同行业的顾客满意程度进行对比，也可以拿各区域、各行业的顾客满意度指数与全国指数进行对比；还可以与公共部门提供的服务的顾客满意度指数与那些私有部门提供服务的顾客的满意度指数对比。同时，因为顾客满意度指数覆盖国内产品和进口产品，因此它也是一个可以拿国内制造的产品质量和国际竞争对手的产品质量进行对比，找出国内企业在国际竞争中的优劣势。

3.6.2 顾客满意度测评模型与方法

1）各国顾客满意度衡量：理论模型和方法

瑞典于 1989 年在世界上率先建立了国家层次上的顾客满意度指数模型，此后，世界各发达国家如美国、德国、加拿大、日本、韩国等纷纷建立了具有自己特色的国家顾客满意度指数测评体系,作为衡量经济增长质量的一个客观经济指标。中国国家范围的顾客满意度指数测评体系尚未建立,但在局部区域或某些行业已建立并成功运行顾客满意度测评,很多企业都在进行各自的顾客满意度测评,但对顾客满意的经济价值没有量化分析,不理解顾客满意所包含的有关未来的许多信息。

(1)瑞典顾客满意度指数(SCSB)模型。

瑞典的顾客满意度指数模型是在美国密西根大学的福内尔(Fornell)教授等人的指导下开发的,该模型共有五个变量:顾客预期、感知质量、顾客满意、顾客抱怨和顾客忠诚。其中顾客预期是外生变量,其他变量是内生变量。如图3-6所示。

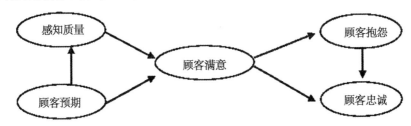

图3-6　瑞典顾客满意度指数(SCSB)结构模型

(2)美国顾客满意度指数(ACSI)模型。

美国顾客满意度指数的出现,是美国经济发展的需要,也是美国企业发展的需要,美国顾客满意度指数则给国家和企业提供了一个从顾客满意的角度系统观测产品和服务质量的指标。这一指标的出台,给美国国家、10个主要国民经济部门、40多个行业和200多个企业及有关机构提供了关于质量方面非常有用的信息,完善了美国经济检测的指标体系。

美国顾客满意度指数是由设在Michigan大学商学院的国家质量研究中心和美国质量协会共同发起并研究提出的一个经济类指数。从1994年10月开始调查、测算和发布,每季度更新一次数据。

美国顾客满意度指数是一个测量顾客满意程度的经济指标,是根据顾客对在美国本土购买、由美国国内企业提供或在美国市场上占有相当份额的国外企业提供的产品和服务质量的评价,通过建立的模型计算而获得的一个指数。

在计算美国顾客满意度指数时,首先选择200个左右的工业企业和提供服务的政府机构。列入美国顾客满意度指数调查的美国有关企业和机构的产值约占国内生产总值的40%,拟调查企业中,还包括一定数量的在某一行业市场中占有率相当大的外国企业。

对于选定的大多数企业而言,大约要抽样访问他们的50名顾客;对于一小部分企业,则要对他们的100~225名顾客进行抽样访问。因此,美国顾客满意度指数是在电话访问全国50000个顾客样本基础上计算出来的。所抽取的顾客样本必须是近期购买、消费过被列入调查企业名单中企业所提供的产品或服务。

这些工业企业和有关机构的顾客满意度是计算全国、部门和行业的顾客满意度指数的基础。对每一个企业或者机构的顾客的调查访问,可以包含多个问题,例如顾客的期望、感受到的质量、感受到的价值、顾客抱怨和顾客忠诚度等。他们之间的关系以及和顾客满意度之间的关系可以用图 3-7 所示的模型表示。

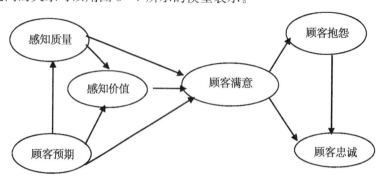

图 3-7　ACSI 结构模型

根据这一模型,可以建立一个可检验的、由多元方程组成的计量经济模型。该模型把顾客满意度及其决定因素——顾客的期望、感受到的质量、感受到的价值等联系起来,同时也把影响利润水平的顾客抱怨以及顾客忠诚度联系在一起。根据方程的变量,输入被访问者给出的分数就可以计算出每一个企业或者机构的顾客满意度得分。

在计算出企业顾客满意度指数以后,就可以计算出行业的顾客满意度得分、各部门的顾客满意度得分和全国顾客满意度得分。因此,美国顾客满意度指数有 4 个层次:全国顾客满意度指数、10 大经济领域的顾客满意度指数、40 多个行业以及这些行业内 200 个工业企业和有关政府机构的顾客满意度指数。

美国顾客满意度指数模型是以瑞典顾客满意度指数模型为原型建立的。在原有基础上增加了一个结构变量——感知价值,模型结构如图 3-7 所示。6 个结构变量中只有顾客预期是外生变量,其他变量皆是内生变量。ACSI 被公认为是最为成功的顾客满意度指数,很多国家都借鉴其基础测量模型和方法。

(3)欧洲顾客满意度指数(ECSI)模型。

欧洲顾客满意度指数模型是借鉴了 ASCI 模型,在此基础上增加了形象作为结构变量,将感知质量分为感知硬件和软件质量两个部分,去掉了顾客抱怨这个结构变量。其结构模型如图 3-8 所示。

从以上三个模型可以看出,各国的 CSI 模型大同小异,都是综合运用 PLS(偏最小二乘估计)方法和 LISREL 方法来建立模型的,只是模型中的变量和变量之间的关系略有不同,变化的趋势越来越复杂,模型中所包括的变量和观测变量越来越多。按照变量之间的因果关系,各国的模型可以分为三个部分,即顾客满意度形成的原因、顾客满意度和顾客满意度的结果。瑞典模型是世界上第一个国家级的顾客满意度指数,该模型中只有两个原因变量——预期质量与感知价值。但感知价值是感知质量与价格综合作用的结果。所以 SCSB 不能区分高质高价与低质低价产品的顾客满意度差异。ACSI 通过增加一个结构变量——感知质量,克服并弥补了瑞典模型的缺陷;并且在 1998 年修正的 ACSI 模型中,进一步将感知质量分为产品感知质量和服务感知质量,以适应服务的重要性在企业营销活动中日益增长的趋势。欧洲模型增加了结构变量——形象,以解释企业形象和品牌形象对顾客满意度的影响。其结构中没有顾客抱怨,其解释是顾客抱怨以及企业对其的处理应当作为服务的一个环节,是影响顾客满意度的一个因素,而不是其结果。

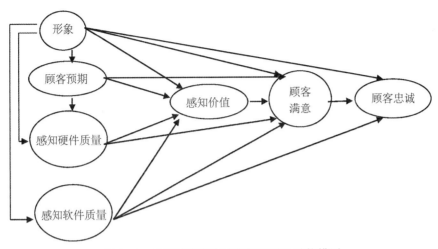

图 3－8　欧洲顾客满意度指数(ECSI)结构模型

(4)中国顾客满意度的指数。

目前中国没有统一的满意度测评的模型和方法,但有商务部发布的商业服务业顾客满意度测评规范。在其标准文本中包括三个核心内容:商业服务业顾客满意度测评的指标体系、顾客满意度调查方案设计、测评模型及其统计分析方法体系。该标准适用于中国境内的批发和零售业、住宿和餐饮业以及居民服务和其他服务业开展的顾客满意度测评。该标准采用商业服务业顾客满意度测评采用三级指标体系,针对八个二级指标,分别设立相应的三级测量指标,共 29 个。如表 3－5 所示。

表 3－5　顾客满意度测评指标体系及数学符号

一级指标	二级指标	三级指标
顾客满意度指数	企业/品牌形象 x_1	企业/品牌总体形象 x_{11}、企业/品牌知名度 x_{12}、企业/品牌特征显著度 x_{13}
	顾客预期 x_2	总体质量预期 x_{21}、可靠性预期 x_{22}、个性化预期 x_{23}
	产品质量感知 x_3	总体产品质量感知 x_{31}、产品质量可靠性感知 x_{32}、产品功能适用性感知 x_{33}、产品款式感知 x_{34}
	服务质量感知 x_4	总体服务质量感知 x_{41}、有形性质量感知 x_{42}、可靠性质量感知 x_{43}、保证性质量感知 x_{44}、响应性质量感知 x_{45}、关怀性质量感知 x_{46}
	价值感知 x_5	给定质量下对价格的评价 x_{51}、给定价格下对质量的评价 x_{52}、与同层次竞争对手相比下对价格的评价 x_{53}
	顾客满意度 x_6	总体满意度 x_{61}、实际感受同预期服务水平相比下的满意度 x_{62}、实际感受同理想服务水平相比下的满意度 x_{63}、实际感受与同层次竞争对手相比下的满意度 x_{64}
	顾客抱怨 x_7	顾客抱怨与否 x_{71}、顾客投诉与否 x_{72}、投诉处理满意度 x_{73}
	顾客忠诚度 x_8	重复接受服务的可能性 x_{81}、向他人推荐的可能性 x_{82}、价格变动忍耐性 x_{83}

商务部发布的商业服务业顾客满意度测评规范其原理与以上国家的一致,只是在变量的设置上综合了美国与欧洲模型中的变量。如模型中的自变量有 5 个,与欧洲一样,不同的是,欧洲模型中的硬件质量感知、软件质量感知换成了中国模型中的产品质量感知与服务质量感知,这在本质上与欧洲模型是一致的。在结果变量中,欧洲模型中只有顾客忠诚一个因变量,而中国模型和美国模型一样,是 2 个因变量:顾客抱怨与顾客忠诚。其结构模型如图 3 - 9 所示。

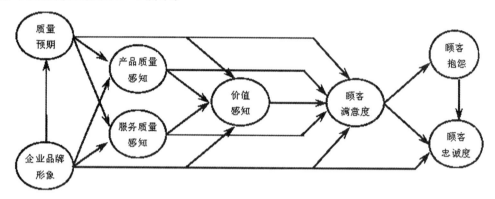

图 3 - 9 中国商业部顾客满意度指数结构模型

图 3 - 9 模型是利用顾客在接受服务过程中满意度形成的因果关系来构建结构模型。企业/品牌形象是整个模型的外生变量,不受模型中其余变量的影响,但对其余变量会产生一定直接或间接的影响;质量预期仅受企业/品牌形象的影响,对质量感知、价值感知、顾客满意度有直接影响;质量感知具体分产品质量感知和服务质量感知来加以测量,对价值感知和顾客满意度有直接影响;价值感知则仅对顾客满意度产生直接影响。顾客满意度有两个结果变量,分别为顾客抱怨和顾客忠诚度,顾客抱怨进一步对顾客忠诚度也有直接影响。以上模型可以作为各行业进行顾客满意度测评的初始模型,最终采用的模型形式根据具体的调查数据加以调整。

2)顾客满意度测量的一般模型和方法

综上所述,由于很多国家已经建立了 CSI 体系,其基础测量模型也比较成熟,对于顾客满意度的一般衡量可以借鉴国外的基本理论和方法,尤其是 ACSI 的基础测量模型。鉴于各个国家的具体情况不一,其基础测量模型也在借鉴 ACSI 的基础上进行了符合自身情况的修正。而且由于行业或区域的差异性,因此可在 ACSI 基础测量模型的基础上视具体情况或行业来做适当的修正,然后进行顾客满意度的测量。

(1)建立结构模型。

根据顾客满意度指数测评的基本原理,结合国外顾客满意度指数模型和本国、本区域或本行业的实际,企业可建立自己的顾客满意度指数测量模型如图 3 - 10 所示。

图 3 - 10 中的 X 指根据具体情况进行修正的变量,在中国有的顾客满意度模型中突出市场环境(如中国石油兰州炼化提出的 CCSI 模型)、有的在 ACSI 模型基础上吸收了ESCI 中的 “形象”变量(清华提出的 CCSI 模型),本模型中以“信息的对称程度”为例,这符合中国的具体情况。模型中“信息对称程度”是外生变量,其余结构变量为内生变量。

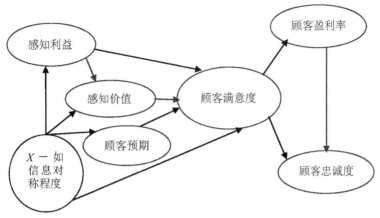

图 3 - 10 一般顾客满意度指数结构模型

（2）确定观测变量。

以上的结构变量是通过一系列观测变量来操作的，本结构模型的观测变量如表 3 - 6 所示。

表 3 - 6 顾客满意度指数模型中的结构变量和观测变量

结构变量	观测变量
信息对称程度	1. 企业（或产品/服务）的知名度 2. 企业（或产品/服务）的美誉度 3. 企业（或产品/服务）的认知度 4. 市场完善程度
顾客预期	5. 对产品/服务价值的总体预期 6. 对产品/服务个性化的预期 7. 对产品/服务可靠性的预期
顾客感知利益	8. 对产品/服务提供利益的总体评价 9. 对产品/服务个性化的评价 10. 对产品/服务可靠性的评价
顾客感知价值	11. 产品/服务提供利益一定下对价格的评价 12. 价格一定下对产品/服务提供利益的评价
顾客满意度	13. 总体满意度 14. 产品/服务提供的利益同预期的比较 15. 产品/服务提供的利益同竞争对手的比较 16. 产品/服务提供的利益同理想的比较
顾客忠诚度	17. 重复购买的可能性 18. 向别人推荐的可能性
顾客盈利率	19. 顾客关系收入

（3）模型设定。

目前最为先进的评价质量—满意度—忠诚度模型的方法是偏最小二乘法（PLS：Partial Least Squares Regression），它是通过在自变量和因变量中提取成分，使得所提取的成分一方面包含了原始资料里的最大信息，另一方面所提取的自变量对因变量又有最大的解释能力。假设模型结构变量之间，以及结构变量之间为线性加权关系，并考虑测量误差因素，根据 PLS 建模方法，将模型设定为一组线性结构方程，包括两个子模型，一是内部模型，用于表征模型结构变量之间的联系，另一个是外部模型，用于表征结构变量同显变量之间的联系。模型中的测量误差包括内部模型中引入的隐变量误差和外部模型中引入的显变量测量误差，分别用下列标记表示：

$$\psi = (\psi_1 \sim \psi_4), \quad \delta = (\delta_1 \sim \delta_{15}), \quad \zeta = (\zeta_1 \sim \zeta_6)$$

模型中各潜在变量之间的结构方程为：

内部模型：见式（3-1）。

ε＝信息对称程度　　　η_1＝顾客预期质量

η_2＝顾客感知质量　　　η_3＝顾客感知价值

η_4＝顾客满意度　　　　η_5＝顾客忠诚度

η_6＝顾客盈利率

$$
\begin{bmatrix} \eta_1 \\ \eta_2 \\ \eta_3 \\ \eta_4 \\ \eta_5 \\ \eta_6 \end{bmatrix}
=
\begin{bmatrix}
0 & 0 & 0 & 0 & 0 & 0 \\
\beta_{21} & 0 & 0 & 0 & 0 & 0 \\
\beta_{31} & \beta_{32} & 0 & 0 & 0 & 0 \\
\beta_{41} & \beta_{42} & \beta_{43} & 0 & 0 & 0 \\
0 & 0 & 0 & \beta_{54} & 0 & 0 \\
0 & 0 & 0 & \beta_{64} & \beta_{65} & 0
\end{bmatrix}
\begin{bmatrix} \eta_1 \\ \eta_2 \\ \eta_3 \\ \eta_4 \\ \eta_5 \\ \eta_6 \end{bmatrix}
+
\begin{bmatrix} \gamma_1 \\ \gamma_2 \\ \gamma_3 \\ \gamma_4 \\ 0 \\ 0 \end{bmatrix}
\varepsilon
+
\begin{bmatrix} \zeta_1 \\ \zeta_2 \\ \zeta_3 \\ \zeta_4 \\ \zeta_5 \\ \zeta_6 \end{bmatrix}
$$

或简写为：$\eta = B\eta + \Gamma\varepsilon + \zeta$　　　　　　　　　　　　　　　（3-1）

模型中各潜在变量的观测变量如表 3-6 所示。

外部模型：对于外生变量同外生标识之间，有

$$
\begin{bmatrix} X_1 \\ X_2 \\ X_3 \\ X_4 \end{bmatrix}
=
\begin{bmatrix} \lambda_1 \\ \lambda_2 \\ \lambda_3 \\ \lambda_4 \end{bmatrix}
\varepsilon
+
\begin{bmatrix} \Psi_1 \\ \Psi_2 \\ \Psi_3 \\ \Psi_4 \end{bmatrix}
$$

或者记作：

$$X = \Lambda_x \varepsilon + \psi \qquad\qquad\qquad\qquad （3-2）$$

其中：

x_1＝企业（或产品/服务）的知名度

x_2＝企业（或产品/服务）的美誉度

x_3＝企业（或产品/服务）的认知度

x_4＝市场完善程度

对于内生变量与内生标识之间,有见(3-2)方程中的关系。其中:

y_1＝对产品/服务提供利益的总体预期

y_2＝对产品/服务个性化的预期

y_3＝对产品/服务可靠性的预期

y_4＝对产品/服务提供利益的总体评价

y_5＝对产品/服务个性化的评价

y_6＝对产品/服务可靠性的评价

y_7＝产品/服务提供利益一定下对价格的评价

y_8＝价格一定下对产品/服务提供利益的评价

y_9＝总体满意度

y_{10}＝产品/服务提供的利益同预期的比较

y_{11}＝产品/服务提供的利益同竞争对手的比较

y_{12}＝产品/服务提供的利益同理想的比较

y_{13}＝重复购买的可能性

y_{14}＝向别人推荐的可能性

y_{15}＝顾客关系收入

$$
\begin{bmatrix} y_1 \\ y_2 \\ y_3 \\ y_4 \\ y_5 \\ y_6 \\ y_7 \\ y_8 \\ y_9 \\ y_{10} \\ y_{11} \\ y_{12} \\ y_{13} \\ y_{14} \\ y_{15} \end{bmatrix} = \begin{bmatrix} \lambda_{11} & 0 & 0 & 0 & 0 & 0 \\ \lambda_{21} & 0 & 0 & 0 & 0 & 0 \\ \lambda_{31} & 0 & 0 & 0 & 0 & 0 \\ 0 & \lambda_{12} & 0 & 0 & 0 & 0 \\ 0 & \lambda_{22} & 0 & 0 & 0 & 0 \\ 0 & \lambda_{32} & 0 & 0 & 0 & 0 \\ 0 & 0 & \lambda_{13} & 0 & 0 & 0 \\ 0 & 0 & \lambda_{23} & 0 & 0 & 0 \\ 0 & 0 & 0 & \lambda_{14} & 0 & 0 \\ 0 & 0 & 0 & \lambda_{24} & 0 & 0 \\ 0 & 0 & 0 & \lambda_{34} & 0 & 0 \\ 0 & 0 & 0 & \lambda_{44} & 0 & 0 \\ 0 & 0 & 0 & 0 & \lambda_{15} & 0 \\ 0 & 0 & 0 & 0 & \lambda_{25} & 0 \\ 0 & 0 & 0 & 0 & 0 & \lambda_{16} \end{bmatrix} \begin{bmatrix} \eta_1 \\ \eta_2 \\ \eta_3 \\ \eta_4 \\ \eta_5 \\ \eta_6 \end{bmatrix} + \begin{bmatrix} \delta_1 \\ \delta_2 \\ \delta_3 \\ \delta_4 \\ \delta_5 \\ \delta_6 \\ \delta_7 \\ \delta_8 \\ \delta_9 \\ \delta_{10} \\ \delta_{11} \\ \delta_{12} \\ \delta_{13} \\ \delta_{14} \\ \delta_{15} \end{bmatrix}
$$

也可以记作：

$$Y = \Lambda \eta_y + \delta \qquad\qquad (3-3)$$

由式(3-1)、式(3-2)、式(3-3)构成的方程组即是建立的衡量顾客满意度的 PLS 模型。

(4)数据调研和处理。

(5)利用 SAS/STAT 软件中的 PLS 过程可以完成 PLS 分析，得到上述 3 个满意度指数（总体满意度、与预期的比较、与理想的比较）指标的拟合值后，可运用主成分分析法，并将得分转化成百分制即可。

3) 中国专业机构顾客满意度测评——Chnbrand（中企品研）

(1)Chnbrand 简介。

Chnbrand 是典型代表，在中国开展品牌评价基准研究与评级监测，品牌提升管理定制研究，并提供相关咨询、培训及数字化解决方案，是中国领先的全面品牌价值管理（TBV，Total Brand Value）专业顾问机构。

Chnbrand 自 2011 年起开始发布基于消费者心智和体验的品牌评级研究报告。作为中国市场唯一覆盖全品类的权威品牌评级体系，中国品牌力指数（C-BPI）、中国顾客推荐度指数（C-NPS）和中国顾客满意度指数（C-CSI）先后被工业和信息化部纳入品牌扶持政策体系，并享受品牌专项扶持资金。该品牌评价制度连续数年获得工业和信息化部品牌政策专项资金的扶持。

(2)该机构的 C-CSI 简介。

该机构的中国顾客满意度指数（China Customer Satisfaction Index，简称 C-CSI）是中国首个全品类顾客满意度评价体系，C-CSI 在全国范围内消费者调查的基础上，表征中国消费者对使用或拥有过的产品或服务的整体满意程度。2015 年首次推出并获得了工业和信息化部品牌政策专项资金的扶持。C-CSI 是在全国范围内消费者调查的基础上，表征中国消费者对使用或拥有过的产品或服务的整体满意程度，是衡量和管理顾客满意度的基础性参考指标。作为一个连续的年度调查项目，C-CSI 每年向全社会发布最新调查结果，这些完全来自消费者反馈、真实传递消费者心声的独立、科学、即时的评价结果是中国消费风向标，为中国消费者做出明智的品牌选择提供了极具价值的指导。同时，C-CSI 的研究成果对于帮助企业建立与完善顾客满意评价体系有着重要的价值。

2022 年 7 月 20 日，Chnbrand 发布了 2022 年（第八届）中国顾客满意度指数 SM（C-CSI ©）品牌排名和分析报告。2022 年 C-CSI 调查区域覆盖全国 100 个城市，调查对象为 15 岁到 64 岁之间的常住居民，并根据性别、年龄、收入进行随机抽样，品类样本量总计超过 278 万个，调查覆盖 178 个细分行业，涉及被评价主流品牌 10748 余个。其计算方法见图 3-11。

Chnbrand 的 C-CSI 不同于基于美国 ACSI 模型的逻辑及其计算方法，但是在中国没有全国性权威的 CCSI 评价指标的前提下，拥有全行业多品牌的客户满意度评价，是第三方客户满意度指数，独立采集数据，独立分析数据，也不同于企业主导的满意度调研，能更全面了解行业及竞争对手，具有可比性和客观性，且能帮助企业及时发现问题，并改进问题，帮助企业更好成长。

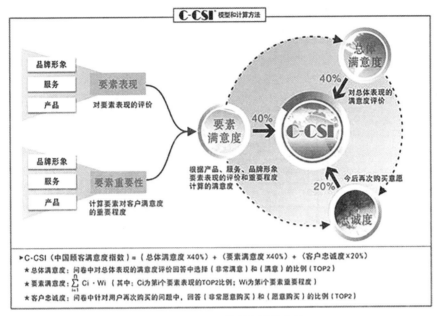

图 3 - 11　C-CSI 模型和计算方法

3.7　提高顾客满意度的途径

从顾客满意度的定义可知:影响顾客满意度的因素有顾客的期望值和顾客感知价值,而顾客感知价值又取决于顾客感知所得与顾客感知所失的差值大小。因此,提高顾客满意度的逻辑即为:管理顾客的期望,增加顾客感知所得,减少顾客感知所失。

对于顾客期望的管理有如下考虑:提高期望值有利于吸引顾客购买;期望值定得太低,顾客满意度高,但销售量小;期望值定得太高,顾客满意度低,顾客重复购买的少。

因此企业应酌情引导顾客的期望。

对于增加顾客感知价值,有如下途径:增加顾客感知所得;减少顾客感知所失;既增加顾客感知所得,又减少顾客感知所失。

其实影响顾客感知价值的因素很多,但这些因素对企业顾客满意度的影响大小取决于其重要程度,因此分析提高顾客满意度途径时应考虑满意度重要性矩阵,也即在满意度调查收集的信息中,考虑两类,一类是顾客对于产品或服务的各主要因素的重要程度评价;另一类是对于各主要因素的满意度评价。

顾客重要性满意度矩阵是以产品和服务各因素对顾客的重要程度为纵坐标,用顾客对这些因素的满意度评价为横坐标建立的四个矩形组成的矩阵图,如图 3 - 12 所示。从而可以判断企业在哪些因素上具备优势、哪些因素上具有劣势并亟须改进。

在上述顾客满意度调查数据和影响企业的满意度重要性的四维矩阵中:

A:急需改进区(劣势):这些因素决定整体顾客满意度非常重要,但企业在这些方面的表现比较差,需要重点修补、改进。

B:竞争优势区:这些因素决定整体顾客满意度非常重要,但企业在这些方面的表现比较有优势,有一定的竞争力。

C:次要改进区(机会):这些因素决定整体顾客满意度重要程度低,企业在这些方面的表现也比较差,消费者和企业都忽略,可以挖掘出提升满意度的机会点。

D:锦上添花区(维持):这些因素决定整体顾客满意度重要程度低,企业在这些方面的表现也比较好,对企业的实际意义不大,不需要花太大的功夫。

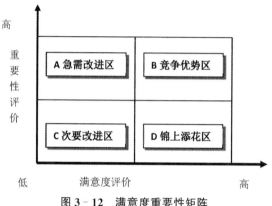

图3‑12　满意度重要性矩阵

主题案例

特斯拉车主投诉

从刹车失灵、车顶维权到决不妥协、移交数据,特斯拉在第十九届上海国际汽车工业展览会(以下简称"上海国际车展")的参展之旅迎来了"翻车"一刻。

2021年4月19日,在特斯拉展区,车主张某因与特斯拉有消费纠纷爬上了一辆展车车顶,将特斯拉踩在了脚底,造成车辆一定程度受损。当天下午,特斯拉副总裁陶琳在接受媒体采访时表示:"她的诉求我们不可能答应,因为诉求是不合理的",并明确表示"我们没有办法妥协。"此后,特斯拉官方发布声明也再度重申:"对不合理诉求不妥协,同样是我们的态度。"

4月22日,特斯拉"车顶维权"事件另一当事人李某在接受《中国经营报》记者专访时也表示:"我不是为了闹事,就是因为觉得很委屈,想要讨一个说法,想要拿回车辆发生事故前后的原始数据。"

最终,在市场监管总局和中消协等部门的介入下,特斯拉才最终对外公布了张某所驾驶车辆的行车数据。

4月22日晚,特斯拉方面发布声明称,在驾驶员最后一次踩下制动踏板时,车速为118.5千米/小时。驾驶员踩下制动踏板后,车速持续降低,发生碰撞前,车速降低至48.5千米/小时,并称"制动系统均正常介入工作并降低了车速"。

但随后,维权女车主张某的丈夫回应称,特斯拉在与车主无任何沟通的前提下,将行车数据发布出去,"这已经侵犯到了我们个人隐私权及消费者权益",下一步将会向郑州市市场监督管理局进行投诉,同时要求特斯拉公开道歉,并将行车数据撤销。

业内人士表示,特斯拉单方公布的数据还有待监管部门或第三方检测机构的权威认定,围绕刹车失灵事故频出的深层次原因也有待进一步厘清。

刹车失灵"风暴"来袭

4月19日,以"拥抱变化"为主题的上海国际车展在国家会展中心(上海)开幕。根据日程,4月19日至20日为媒体日,仅接待海内外新闻媒体。而作为今年全球第一个如期举办的A级车展,上海国际车展也成为国内乃至全球汽车行业技术和市场的风向标之一。

据主办方提供的资料,上海国际车展共吸引了1000余家车企参展,展出总面积36万平方米,共启用国家会展中心(上海)的12个室内展馆,包括9个乘用车展馆、2个汽车科技与供应链展馆和1个媒体专用展馆。

作为国内新能源汽车的"顶流",特斯拉展区的标号为7.2H7B08,四周分别被东风汽车、东风标致、吉利汽车和东风雪铁龙等4个自主品牌整车厂商包围。

正当各家厂商忙于召开新闻发布会、推荐首发车型之时,特斯拉展区井然有序的参展氛围在4月19日11点20分左右被打破,来自河南郑州的车主张某在与特斯拉工作人员沟通刹车失灵解决方案无果的情况下,身穿印有特斯拉标志和"刹车失灵"字样的T恤衫,爬上车顶将特斯拉的参展车辆踩在了脚底,并大呼"特斯拉刹车失灵"的口号。

据记者了解,当天共有3名车友一同在特斯拉展区维权,除张某和李某两名女性外,还有一位安姓男性。张某等3人很快被现场工作人员清理出现场,最终张某被处以行政拘留五日,李某和安某被处以行政警告。

在特斯拉展区增加安保人员、逐渐恢复平静的同时,特斯拉也陷入汹涌的舆论热潮中,消费者维权事件成为引发热议的焦点话题。

"导火索"是特斯拉面对消费者维权诉求时给出的"决不妥协"强硬表态。

"大企业该有大企业的担当,没有哪家企业可以恃强为所欲为。"新华社旗下"新华视点"对此评论称,代表企业形象的高管更不能盛气凌人,充当什么"霸道总裁"。出了问题不彻改,有问题的高管不撤换,没有诚意糊弄事,终将再次吃教训。

4月22日,已返回西安家中的李某告诉记者,自2020年3月19日,从西安南二环一家特斯拉体验中心提回特斯拉车辆后,在2020年3月份接连两次出现刹车失灵问题,并最终在驾车掉头时撞上了直行车辆,"踩刹车没反应就直接撞上去了,连侧方安全气囊也没有打开"。

争夺原始行车数据

在全国各地接连发生多起因刹车失灵导致的碰撞事故后,特斯拉车辆记录的原始行车数据成为还原事发时车辆行驶状态的关键和车主与特斯拉争夺的关键。

据李某介绍,在出现刹车失灵问题并最终撞上直行车辆后发现,车辆的行车记录仪一片空白,很多车主也在遭遇碰撞后发现行车记录仪丢失。彼时,特斯拉工作人员仅解释称,若行车记录仪要启用,必须在U盘内创建一个TeslaCam文件夹。

"我一直找他们要数据,想知道究竟是什么原因导致刹车失灵?特斯拉海南'失控'事件和我的遭遇很类似,而且事发时间相近,但我每次要数据,售后都回复'在忙',只可以将数据提供给第三方鉴定机构。"李某告诉记者,去上海国际会展特斯拉展区维权,也是想要拿回车辆发生事故前后的原始数据。

安某也在此前回应特斯拉"决不妥协"的表态时称:"我们的诉求,最多的就是解释车子的问题,提供车子的数据。"

事实上,早在2021年3月11日,特斯拉Model 3车主喻女士在单位附近停车场内准备停车时,车辆发生意外撞上对面的防护栏板。此后的3月14日,特斯拉在回应说明中表示:"车辆数据显示,在车主踩下制动踏板后,车辆制动系统、ABS均正常工作,但在踩下制动踏板的初期制动压力较低,仅在碰撞前0.5秒制动压力大幅升高。"

而对于喻女士的诉求,特斯拉方面在说明中称:"车辆数据是由车辆网关读取车内各部件信号并加密存储,存储后的数据采用加密技术记录,无法直接读取、修改、删除相关数据。同时,特斯拉在遇到执法和监管机构的调查时,均会完整、真实地提供车辆相关数据。"

对于车主拿回原始行车数据的诉求,中消协也明确表示,作为汽车生产者,企业掌握相关数据,应当利用专业知识严格自查,技术优势不应成为解决问题的阻碍。企业有义务拿出证据证明产品安全、拿出措施提升产品和服务质量、拿出诚意解决涉及的消费者诉求。

直到4月21日,郑东新区市场监管局在向上级部门请示后表示,已获明确批复纯电动轿车在使用(行驶)过程中产生的行车数据属于消费者知情权范畴,并责令特斯拉汽车销售服务(郑州)有限公司无条件向张女士提供该车发生事故前半小时完整行车数据。

当天深夜,特斯拉方面在各方压力下才最终妥协:"为了维护消费者的权益,我们愿意全力配合,提供事发前半小时的车辆原始数据给第三方鉴定机构或政府指定的技术监管部门或者消费者本人。"

4月22日晚上,特斯拉方面再度发布声明,公布了车辆发生事故前一分钟的数据,并表示,车辆以较高速度行驶,驾驶员开始踩下制动踏板力度较轻,之后,自动紧急制动功能启动并发挥了作用,提升了制动力并减轻了碰撞的冲击力,制动系统均正常介入工作并降低了车速。此外,在车辆发生事故前的30分钟内,驾驶员正常驾驶车辆,有超过40次踩下制动踏板的记录。

不过,在多位维权车主看来,特斯拉公布的行车数据只是单方面数据,还需要郑州市市场监管局等部门指定权威的、有资质的第三方检测鉴定机构,开展检测鉴定工作,才能进一步还原真相。

事故车辆流向存疑

与此同时,特斯拉将事故车回购之后是否会进行二次销售,也成为大众心中的疑虑。

记者在采访中了解到,在李某赴上海国际车展特斯拉展区控诉特斯拉刹车失灵之前,曾有来自上海市、海南海口和湖北武汉的多位车主与特斯拉达成协议,特斯拉方面将事故车辆以二手车交易的方式对事故车辆进行了回购。

以来自湖北武汉的车主李亮(化名)为例,驾驶车辆在地下车库因"刹车刹不住"发生事故后,在当地市场监管部门的协调下,特斯拉最终将售价25万元的事故车以24万元回购,自己则承担保险损失、车购税等费用2万多元。

类似的故事也发生在海南。3 月 16 日,此前一直不认可特斯拉解释的喻女士,已与特斯拉汽车销售服务(海南)有限公司约定将所购特斯拉 Model 3 过户至后者名下,后者通过二手车交易的方式以 24.99 万元向喻女士回购车辆。

"我们只要求特斯拉退款退车,但特斯拉让我们修好后卖给别人。"上海国际车展"车顶维权"者张某的妹妹也质疑称,"刹车有问题维修后再卖,这不是让问题车继续祸害他人和社会吗? 特斯拉居心何在?"

而另一上海车展维权者李某告诉记者,与上述情况类似,特斯拉方面曾表示可以在事故车维修后"当作二手车高价卖出去"。"首先,电动车保值率很低,二手能卖出多少钱? 其次,车辆已经存在刹车失灵现象,如果再流入市场不是会有更大的隐患? 这样我可能会良心不安一辈子。"李某感慨道。

工信部新能源与智能网联汽车产业专家智库成员张翔告诉记者,特斯拉对于事故车,采取先让保险公司维修再让经销商去回购的模式,在现有法律法规下是合理合法的。"在这种情况下,车主的保险、购置税等损失只能自认倒霉了。"张翔表示。

那么,特斯拉对回购车辆究竟会如何处置? 是否有二次流通出售的可能? 对此,特斯拉公关人员在接受记者采访时表示:"上述情况我不是很了解,没有听说过有类似回购事故车的情况。"上海一家特斯拉体验店工作人员则表示,对于回购车辆,特斯拉会拉到工厂统一销毁,"现在上海工厂造一台新车只要三天,我们不可能进行二次销售的"。

(资料来源:郭阳琛、张家振,中国经营网,2021.04.24)

案例思考题

(1)对于特斯拉用户维权事件,特斯拉有何可吸取的教训? 你如何评判此案例?

(2)企业是否应该鼓励顾客投诉? 为什么?

(3)你是如何理解"顾客永远都是对的"或"客户从来没有错"的经营理念?

(4)在网络时代尤其是社交网络时代,企业正确处理好顾客投诉的重要意义何在?

(5)该案例对你有何启示?

本章复习思考题

(1)什么是顾客满意? 影响顾客满意的因素有哪些?

(2)如何测评顾客满意度?

(3)企业应如何提高顾客满意度?

第4章 顾客忠诚及其管理

导入案例

航司自救："随心飞"

新冠疫情让航空业遭受了巨大的损失，无论是航班运输量还是公司收益，都受到了一定的影响。对此，航空公司在开源节流的同时，主动出击，飞行套餐等相继推出，吸引人们眼球的同时也回血了部分现金流。

航司自救 回血现金流

面对无法如期到来的民航旺季，航空公司主动出击，开展自救。2020 年 6 月 18 日当天，东航率先推出"周末随心飞"产品，在东航 App 上以 3322 元的价格限量上线售卖。顾客在购买并激活后，可在 2020 年任意周末，不限次数乘坐东航、上航航班，起、终点可为大陆内任一城市。

产品推出后，引来顾客抢购，一时间，购买渠道便被挤"瘫痪"，限量 10 万套不久后就出售完毕。华夏航空紧随其后，推出了"2999 任意飞"产品，在当年 10 月 24 日之前，支付 2999 元，即可享受华夏航空百余条航线无限次飞行权益。

西部航空推出两款优惠套餐：一是 2400 元，一年内 4 次境内飞行机会，不限起点和终点，1 位受益人；二是 6600 元，一年内 12 次境内飞行机会，不限起点和终点，可以有 3 位受益人享用。

为什么航空公司选择在此时推出"周末随心飞""2999 任意飞"等产品？国际航空研究院(英国)院长雷铮表示，首先，东航的"周末随心飞"产品是促销活动，在"618 购物节"推出，符合促销的定位。其次，暑期原本是航空业的旺季，但北京的疫情防控突然严峻，令航空公司对本该是旺季的暑期不再抱有期待。

雷铮分析，客运业务是航空公司的主要收入来源，2020 年 2 月、3 月，航空公司的国内市场与上年同期相比下降了约 80%，同时，航空公司通过低价机票来刺激市场。但航空公司的固定、半固定成本非常高，即使全部停飞，短期内，每个月也要花费往常总成本的 40%～50%，其中包括飞机融资贷款、飞机租赁费用、机务维修、行政、员工工资等支出。

民航资深人士林智杰表示，东航"周末随心飞"产品是疫情下的业内首创。此前，部分航空公司有小范围的"无限飞"活动，例如省内航线、某两条固定航线，采用月票制等形式。但此次东航"周末随心飞"将所有的网络都放开，之前是没有先例的，产品的推出能够看出公司是受到了疫情很大的影响。

"随心飞"当真能救民航吗

经历了低谷期的航空公司,靠着"随心飞"类型产品,当真能扳回一局吗?

林智杰说,航空公司出售"随心飞""无限飞"等套餐,其实是对下半年的市场进行了预判,认为并不乐观,座位大量过剩,所以要提前预售。以东航为例,"周末随心飞"主要面对的群体是异地恋、探亲旅客、游客,对于航空公司,这类人原本是低收益的旅客,有出行需求,但要利用优惠产品来刺激需求。同时,该产品通过规定仅限周末使用、提前5天订票来排除商务旅客,以免造成收益损失,此举目的是防止高端旅客消费降级。

雷铮表示,优惠产品的推出有利也有弊:"我认为这种产品的推出,要从两方面来看待。有利的一面是能够提供航空公司迫切需要的现金流,少亏损,另外能够提高旅客的黏性,买套餐后出行欲望增强,可能会附带着同行人员的机票售出。不利的一面是套餐价格低,当座位供应有限且航空公司能够将机票卖得更贵的时候,旅客若多次乘坐,航空公司也存在亏本的可能,此外要看下半年疫情的情况和国内航空的恢复情况,若全面恢复,这次出售的价格就过低,东航此次售出约3亿元,这笔资金对于高昂的成本来说也只能解燃眉之急。"

对于"周末随心飞"产品能否实现盈利,林智杰认为,一个旅客的边际成本其实只有100多块钱,航班若要起飞,多一位旅客乘坐,航空公司只要多付100多元成本,所以这个产品设计上是赚钱的。但如果常规旅客消费降级,随心飞旅客订满了航班导致商务旅客无法购票,那么无疑增加了成本,所以算经济账,"周末随心飞"赚足了人们的眼球,但可能没有人们想象中那样盈利。

针对经营方面的变化,雷铮提到,航空公司的航线调整可能会有变化。过去四五年间,很多航空公司在布局国际航线,走国际化道路,但通过此次疫情可以看出,国际航线越多、宽体机越多的航空公司,损失越惨重,所以航空公司在发展国际航线方面会更加慎重。

此外,经营方面可能会将更多的注意力放在货运上,疫情期间,全球航空货运量下降了25%左右,与客运相比,情况较为乐观。

在经历过随心飞1.0和2.0之后,在2021年最后一个季度,随心飞却卷土重来了,还进入了3.0时代。

"随心飞",又回来了

2021年的民航业,没能走出亏损的阴霾。国有三大航2021年三季度财报显示,整体仍处于亏损状态,其中国航亏损35.36亿元,东航亏损29.54亿元,南航亏损14.31亿。

重压之下,航司不得不开源节流。11月5日开始,部分航司恢复征收燃油附加费。时隔34个月,燃油附加费"重出江湖"。另一方面,上年大放异彩的"随心飞"产品也进入3.0时代。

10月7日,南航率先推出"快乐飞3.0",初期采取定向邀请制,只有收到邀请短信的用户才有购买资格。4天后,"快乐飞3.0"开始面向大众公开发售。10月20日,山东航空推出"魔毯3.0",售价3299元/套。

10月27日,春秋航空发售"想飞就飞3.0",有效期5个月。海南航空、中联航、深圳航空 11 月 5 日也开售"随心飞",其中海航"随心飞"最低售价 1999 元,只能飞到 2022 年 1 月中旬;中联航"随心飞"售价 2698 元,有效期至明年 5 月 31 日;深圳航空"随心飞"青春悠游卡售价 3333 元,同一地点只能去一次。

对此,民航专家慕琦向中新网表示,"当前环境和上年随心飞诞生时比较像,受疫情影响,各地的旅行限制政策,出行需求下降严重。所以,随心飞又回来了。"

时间短了,规则细了

2021 年一季度,南航、深航曾推出双城旅行卡和城市悠游卡,国航发布了敬老权益卡等。这批产品的共同点是期限更短、客群更细化。"随心飞"进入 3.0 时代后,适用时间也普遍缩短。

同时,部分产品的适用区域也缩小了。春秋航空"想飞就飞"只能兑换特定城市进出港航班;海航"欢聚自贸港"产品上年覆盖旗下 12 家航空公司运营的海南进出港国内航线,现在只支持海南航空和大新华航空两家航司实际承运的国内自营航线。

对此,慕琦认为,"随心飞"3.0 相较 1.0 和 2.0 时代,区别在于规则更细致,适用群体更具体。

"权益类产品如果规则比较泛泛,权益执行的时候会有很多纠纷。新的产品规则更加明晰,客群更加细化,有助于减少纠纷。至于值不值,消费者要看是不是真正满足自己的需求。"

在规则设计方面,航空公司也结合自身经验,做出了不同的调整。春秋航空经历过石家庄基地、扬州基地停航,据此增加了相应的规定:若区域内任意机场因疫情或不可抗力原因停航超过 1 个月,可申请退还剩余的套票金额。

南航"快乐飞 3.0"规定:航线编排调整属于民航正常业务范畴,若受此类情况影响导致套餐覆盖的部分航线取消、停飞或时刻更改,航司将不提供额外补偿。

但这些规则也引起了消费者质疑。有用户表示:"调整航线编排是否有合理依据?如果是因为上座率不足,应该是航司承担,为什么要把风险转嫁给旅客?"

从业内人士角度来看,"随心飞"能兑换的通常是"票卖得比较差"的航班,这类航班被取消的可能性很高,这也是投诉和矛盾高发的地带。

次卡,不用随时可退

"我买了 3 期成都飞海口的往返次卡,单次票价才 600 元,直接买票一张要 1000 多元,省了 400 多,太值了。12 月 10 号开售的最新一期,飞三亚只要 450 块。"在成都工作的林云现在成了海航"自由飞"的铁粉。

"次卡"是"随心飞"的一种新形态。2021 年 7 月,海南航空联合去哪儿平台推出。消费者预先以固定价格购买特定航线机票,在下一个月中,可以在航司开放的航班中选择任意时间兑换机票。除了 50 元燃油费外,不用再额外支付任何费用。如果下个月未兑换,将获自动全额退款。

国航则随着冬奥会的热度,推出了冬季滑雪主题飞行次卡。从最低档 289 元至最高档 489 元,例如北京大兴飞沈阳 289 元,哈尔滨飞北京首都 389 元。去哪儿平台数据显示,机票次卡平均价格在 300 元左右,平均折扣在 2 折左右。

上年各大航空公司推出"随心飞"产品售价大多数在 3000 元左右,虽然期限相对较长,优惠力度不小,但不少网友反映,工作忙走不开,再遇上疫情反复,买一套"随心飞"有时候可能都没法回本。

在"随心飞"旅行群里,记者看到不少人都从"随心飞"切换到了"飞行次卡"。买到的人说"在兑换次卡机票时,当天的航班几乎都会有座位开放兑换,时间段也有更多选择""上年随心飞没飞几次,买这个就不担心会浪费了"。

(资料来源:根据中国新闻网、中国经营网资料整理)

以上案例生动证明了顾客忠诚对一个公司的生存、发展都具有极其重要的意义。

4.1 顾客忠诚概念与类型

4.1.1 顾客忠诚的概念

牛津词典对忠诚的定义:(对职责、爱或者义务)真诚或者守信;对效忠坚定不移,献身于一个人所在国家的合法统治者或政府。在商业字典中忠诚被解释为"相对于竞争者更偏爱购买某一产品或服务的心理状态或态度""对某种品牌的一种长久的忠心"。商业环境中的客户忠诚被定义为顾客行为的持续性。它是指顾客对某一企业的某一产品或服务形成偏爱并长期频繁地重复购买的行为。所以通常企业衡量顾客忠诚度的标志是顾客的长期光顾和重复购买。在其他情况下,忠诚被等价于甚至被定义为在某种产品或者服务上的支出占总支出的比重。时间和联系的持续性都可以是忠诚度的指标,但这些指标并不能断定一个顾客是否忠诚。有的顾客一直光顾一家公司,却并没有真正忠诚于它。实际上很多顾客是很勉强地维持与公司的关系,因为他们被有些限制因素锁定在这样的关系中,不能轻易转移到其他公司。顾客忠诚来源于多次愉快的购买体验,这些体验增加了顾客的舒适感、信任感和忠诚感。忠诚的顾客是这样的顾客:当他想买一种他曾经使用过的商品或者是将来可能需要的商品时,他首先想到的就是你的公司。

雅各比等人认为:"营销文献对顾客忠诚的定义主要有两种方式。"[1]第一种认为,"顾客忠诚是一种态度","不同的感觉造就个人对产品、服务或组织的整体依附感"[2],而"这种感觉就是个人完全感知性的忠诚度"[3];对顾客忠诚的第二种定义认为"顾客忠诚是一种行为",忠诚行为包括"重复购买、增加关系的程度和范围、自愿的推荐等"[4]。

一个顾客对产品或服务的依恋程度取决于两个方面:一是喜好程度——顾客对产品或服务承认的延伸;二是产品或服务的差异化程度——顾客对其产品或服务不同于其他

① Jacoby, J.and Kyner, D.B(1973). Brand Loyalty vs.Repeat Purchasing Behavior[J]. Journal of Marketing Research, February.

② Roger Hallowell(1996). The Relationships of Customer Catisfaction, Customer Loyalty, and Profitability: an Empirical Study[J]. International Journal of Service Industry Management, Vol 7.No.4, 1996, p.27 - 42.

③ Yi, Y.(1990). A Critical Review of Customer Satisfaction, in Zeithaml, V.(ed.)[J]. Review of Marketing, 1990, Americal Marketing Associate , Chicago,Il, p.68 - 123.

④ Jill Griffin and M.W.Lowenstein(2001). Customer Winback: How to Recapture Lost Customers- and Keep Them Loyal[M]. San Francisco: Jossey-bass, p.23.

类产品或服务的认知。这两种因素有高有低,交叉组合,就出现如图 4-1 所示的 4 种情况。

(1)顾客对某种产品或服务非常喜好,同时又很清楚这种产品或服务的特别之处时,其依恋程度就很高(强烈)。

(2)当顾客对公司的产品或者服务的态度比较淡薄(谈不上喜欢),但是对它与另外一些竞争公司的产品或服务相比差异性很明显,也会转化成一般程度的依恋,也可能进一步变为忠诚。

(3)对公司产品强烈的喜好加上很少的区别特征,可能引起的则是对多个产品的忠诚。

(4)对公司产品和服务的肯定加上没有任何区别特征,导致的是最低程度的依恋,此时重复消费的概率小很多。

图 4-1 四种不同程度的依恋

4.1.2 顾客忠诚的类型

根据顾客对企业的态度和行为,可将顾客分为态度忠诚和行为忠诚。所谓态度忠诚是指顾客内心对企业及其产品和服务的积极的情感,是顾客对产品或服务的相当程度的依恋,而顾客的行为忠诚是指顾客对企业的产品和服务的不断重复购买。

根据顾客态度和行为上忠诚高低的组合,可将顾客忠诚分成如图 4-2 所示的四种类型。

(1)低态度忠诚、低行为忠诚——非忠诚:由于许多原因,某些顾客对一定的产品和服务不会产生忠诚感,这种顾客不能发展成为公司的忠诚顾客,一般来说,企业要避免把目光投向这样的顾客。

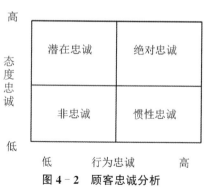

图 4-2 顾客忠诚分析

（2）高态度忠诚、低行为忠诚——潜在忠诚：这种类型的购买者对公司的产品和服务情有独钟，但是由于购买的产品属于耐用品，或消费的次数不多，需要重复购买的次数不多。但他们对此会广为宣传，极力推荐给亲戚、朋友和家人。这类顾客会成为公司的业余营销员，因而他们对公司而言也很有价值。

（3）低态度忠诚、高行为忠诚——惯性忠诚：其忠诚是来自于外在因素，一旦外在因素（如价格、地点等）发生变化时，他们就不再购买企业的产品和服务。例如垄断忠诚、惰性忠诚、激励忠诚、方便忠诚。垄断忠诚是指顾客别无选择。上百份顾客满意度调查显示：选择权极小或者没有选择权的顾客总是感到不满意。惰性忠诚是指顾客由于惰性而不愿意去寻找其他的供应商，但他们对公司并不满意，若其他公司能够让他们得到更多的实惠，这些顾客就很容易被人挖走。激励忠诚是指当公司有奖励活动的时候，顾客们都会来此购买，当活动结束时，顾客们就会转向其他有奖励的或是有更多奖励的公司。方便忠诚是指顾客由于公司提供的产品和服务有空间、时间等方面的方便性而重复购买，这样的顾客也很容易被竞争对手挖走。但是企业也可以通过积极地与顾客搞好关系，同时尽量显示出产品或服务有竞争对手的产品或服务没有的优点或长处，来争取将这种顾客发展成为绝对忠诚的顾客。

（4）高态度忠诚、高行为忠诚——绝对忠诚：真正的忠诚，既包括态度上的认同感，又包括行为上的持久性。这是一种典型的感情或品牌忠诚，这种忠诚对很多企业来说是最有经济价值的。顾客对其产品和服务不仅情有独钟，重复购买，而且乐此不疲地宣传他们的好处，热心地向他人推荐其产品和服务。这种顾客是任何企业都喜欢的一类顾客。

根据顾客的满意度和忠诚度的高低组合还可将客户忠诚分为四种类型：传道者、图利者、囚禁者和破坏者。传道者指那些不仅忠诚，而且对服务非常满意并会向其他人推荐的人；图利者指那些为谋求低价格而转换服务提供商的人，尽管他们的满意度可能很高；囚禁者指那些对产品或服务极不满意，但没有或很少有其他选择的人；破坏者指有选择余地并利用的人，他们利用每一次机会来表达以前服务提供商的不满情绪，并转向其他供应商。

顾客忠诚度是企业长期盈利潜力的重要指标，是测量顾客需要多大经济力量才能驱使其离开企业转向其他组织的态度倾向。

忠诚的顾客一般具有如下五个方面的特征：①有规律地重复购买；②愿意购买供应商多种产品和服务（交叉购买）；③经常向其他人推荐；④对竞争对手的拉拢和诱惑具有免疫力；⑤能够忍受供应商偶尔地失误，而不会发生流失或叛逃。

4.2　顾客忠诚的发展过程

培养忠诚顾客是一个过程，不仅需要时间，还需要精心培养，以及对每个环节的关注。一个顾客的忠诚发展过程包括图 4-3 所示的几个阶段。

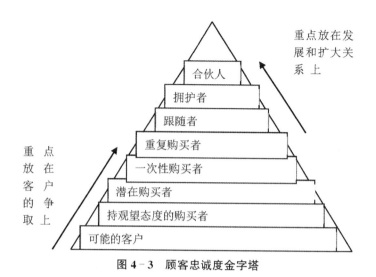

图 4-3　顾客忠诚度金字塔

每个环节都有特定的需求。明确了每个环节并满足了各环节的特定需求之后，一个公司才有更大的机会让一个买者变成一个忠诚的顾客或者客户。其中的每一个环节代表顾客与公司关系的级别，或者忠诚的程度。

（1）可疑者——对企业的产品服务没有任何兴趣的个人或公司。企业不可能从这个群体中赚到一分钱，所以要慎重考虑对这些客户的营销成本。

（2）持观望态度的购买者——企业的产品和服务能够满足这些客户的需要，只不过目前还没有与这类客户建立任何联系。企业应与这些客户建立联系，将他们发展成潜在客户，甚至是活跃客户。

（3）潜在购买者——企业与这些客户有某些联系，但他们还未曾购买公司的产品和服务。企业应将此类客户发展成为活跃客户。

（4）首次购买者——对企业的产品和服务进行过首次购买的人或组织。

（5）重复购买者——对企业的产品和服务进行过多次购买的人或组织。

（6）跟随者——对企业有肯定的归属感的重复购买者，但他们除了购买以外对企业的支持不够主动。

（7）拥护者——那些通过把企业推荐给别人来主动支持你的客户。

（8）合伙人——最强的客户——供应商关系模式，这种模式是互利双赢的，而且能够长期进行下去。

从顾客忠诚的发展过程来看，笔者认为：

（1）对于企业而言，拥护者和合伙人有极大的价值。

（2）对任何一家企业而言，首先就要区分可疑者与持观望态度的购买者，然后努力将持观望态度的购买者发展成为新客户，这是市场营销中最具挑战性的也是投资成本最高的部分。

（3）在关系的发展中，从可能性顾客到一次性购买者，企业的重点应放在如何吸引新客户，即客户的争取上；从一次性购买者到合伙人，企业的重点应放在如何维持和发展客户的关系，即顾客的保留上。

4.3　顾客忠诚的驱动因素

许多学者研究了顾客驱动因素,典型的学者如美国密西根大学的 Fornell 与西北大学的菲利普·科特勒。

Fornell(1992)认为忠诚度由以下三项因素构成:① 顾客满意度(customer satisfaction);②转换障碍(switching barrier);③顾客的声音(customer voice)。

从 Fornell 的观点来看,顾客忠诚度的提高除了受顾客满意度的影响外,还受到顾客转换品牌的机会成本和对抱怨的处理的满意度的影响。Jones,Mothersbaugh and Betty (2000)将转换成本的概念统称为"转换障碍",并将转换障碍分为:①人际关系:指顾客与服务人员之间的互动的关系;②转换成本:消费者改变消费对象时,所需花费的时间、金钱、精神与努力等;③竞争对手的吸引力:即消费者可以替换的产品或服务的选择性,当替代对象越多,则消费者的品牌转移的可能性越大。

菲利普·科特勒认为影响顾客忠诚的因素有两个,一个是顾客满意,另一个就是顾客的转换障碍。

以上学者对顾客忠诚的影响因素研究很有道理,笔者认为还可从另一角度来分,即从驱动顾客忠诚的作用力将顾客忠诚的驱动因素分为内在驱动因素与外在驱动因素。

1) 内在驱动因素

(1)顾客满意因素。顾客满意程度越高,则该顾客的购买越多,对公司及其品牌越忠诚。大量的有关顾客满意和顾客忠诚的研究表明:无论行业竞争情况如何,顾客忠诚都会随着顾客满意度的提高而提高。如若顾客不满意,大多数顾客会无言地离去,不给公司任何留住他们的机会。所以说,顾客满意是推动顾客忠诚的最重要因素之一。

(2)顾客价值因素。企业和顾客间的关系终究是一种追求各自利益与满足的价值交换关系,顾客忠诚的是企业提供的优异价值,而不是特定的某家企业或某个产品。企业让渡给顾客价值的多少决定了顾客对其忠诚的程度。许多相关研究在一定程度上支持这一结论。如 Blackwell 等人在其提出的价值——忠诚度模型中就认为,感知价值对顾客的再购买意愿起决定性作用,情境因素在直接影响顾客忠诚度的同时,还通过作用于顾客感知价值的构成而间接地影响顾客忠诚。

(3)消费者个人特征。消费者个人特征也是影响顾客忠诚的重要因素。如消费者的经济条件、文化背景对消费者的忠诚影响很大。因为经济条件是品牌忠诚的基础,从总体情况来看,高收入人群对自己认可的品牌忠诚度高,低收入人群对自己认可的品牌忠诚度低,因为一旦竞争品牌提供优惠或折扣,低收入人群很容易转换品牌,而高收入人群相对来说对价格不太敏感。据抽样调查,中国和美国相比,一些中国人喜欢转换品牌,竞争品牌只要提供一些额外的利益,消费者就会见"利"忘"义",弃自己偏爱的品牌而不顾,而去购买竞争者的产品和服务。

2) 外在驱动因素

外在驱动因素主要是指企业设置的顾客退出的壁垒,即转换成本。也即顾客如若要离开现有的品牌,必定要付出代价,如若这样的代价顾客不愿付出,或者是超出了顾客的承受范围,顾客则留下来继续购买原品牌。如忠诚计划,它就是通过维持客户关系和培养客户忠诚度而建立客户长期需求、并降低其品牌转换率的客户计划,该计划增加顾客从一个品牌转换到另一个品牌的成本,通常的形式包括客户分级会员制,累计消费奖励制度等。

4.4 顾客忠诚的衡量指标

4.4.1 顾客忠诚的规律性

顾客忠诚度是顾客对公司产品或服务态度的倾向性或行为重复性的程度,没有一个指标能精确地衡量它,但笔者认为以下指标都与顾客的忠诚度相关,且一般而言,其关系呈现一定的规律性:

(1)重复购买的次数。一段时间内,顾客对某一种产品或服务重复购买的次数越多,说明他对这一产品或服务的忠诚度可能越高,反之,则可能越低。

(2)交叉购买的数量。交叉销售是指向一位客户销售多种相关的服务或产品。这一位客户必须是你能够追踪并了解的单位客户,而这里的相关因素可以有多种参数,例如销售场地相关、品牌相关、服务提供商相关等等。

交叉销售是建立在双赢原则的基础之上的,也就是对企业和客户都有好处,客户因得到更加符合他需求的服务而获益,企业也因销售增长而获益。

(3)增加购买的数量。与交叉销售不同,增量销售可能更好的理解应该是追加销售。增量销售是指向客户销售某一特定产品或服务的升级品、附加品,或者其他用以加强其原有功能或者用途的产品或服务。这里的特定产品或者服务必须具有可延展性,追加的销售标准与原产品或者服务相关甚至相同,有补充、加强或者升级的作用。

(4)购买时挑选商品的时间。顾客在购买产品和服务时挑选的时间越短,忠诚度可能越高,反之,则可能越低。

(5)对待竞争产品和服务的态度。顾客对竞争者表现出越来越多的偏好,则表明顾客对该企业的忠诚度下降。

(6)对产品和服务价格的敏感程度。顾客对产品和服务价格的敏感程度也可以用来衡量其忠诚度的高低。敏感程度越低,其忠诚度可能越高,反之,则可能越低。

(7)对产品和服务质量事故的宽容度。顾客对产品和服务或品牌的忠诚度越高,对出现的质量事故也可能就越宽容,反之,则越不宽容。

(8)顾客生命周期。这是顾客与公司进行业务往来的时间长度的衡量指标。在多数公司中,能长期留在公司中的顾客满意度高,从而忠诚度也高,否则,他们早就离开这家公司了。在加拿大曾经有个关于远程通信的调查,那些与地方远程通信提供商往来15年的顾客,在范围为10分的满意度中平均得分8.1分,而那些往来只有5年甚至更少的顾客的得分只有7.3分。

(9)顾客满意度。虽然顾客满意度与顾客忠诚度是两个不同的概念,且满意度与忠诚度的关系随行业的不同而各有不同,但在正常情况下(如非垄断行业)两者的关系是正相关却是毫无疑问的。CRM利润链揭示出企业收入和利润的增长来自忠诚的客户,而忠诚的客户来自客户的满意度。客户的满意度越高,越容易变得忠诚,从而为企业带来的收入和利润就越多。

(10)顾客向其他顾客的推荐和介绍。即为顾客口碑。忠诚的顾客会对企业进行正面的口头宣传,会对其朋友或家人推荐公司的产品和服务,因此顾客忠诚度与顾客向其他顾客推荐和介绍的力度成正相关关系。口碑好的企业其顾客忠诚度将会高,口碑不好的企业其顾客忠诚度将必低无疑。

(11)顾客保持率。指在一定时期企业顾客的保持程度。一般而言,顾客保持率与忠诚度成正相关关系,即保持率越高,其忠诚度有可能也越高,保持率越低,表明其忠诚度也越低。

(12)顾客流失率。这是与顾客保持率相对应的指标。一般而言,顾客流失率越高,表明顾客的忠诚度越低,顾客流失率越低,其忠诚度有可能越高。

4.4.2　顾客忠诚的衡量指标

1)常见衡量指标

衡量顾客忠诚度的关键指标是:重复购买倾向、交叉购买倾向、转向竞争对手的倾向和将企业品牌向其他消费者推荐的倾向[①]。

实践中,常用来衡量顾客忠诚的指标有:重复购买(repurchasing)、交叉购买(cross-selling)、向上购买(up-selling)、推荐(recommendation)、口碑(WOM:word-of-mouth)、钱包份额(SOW:share of wallet)。

也有企业用 RFM 模型来衡量,也即:R-recency,新近一次购买;F-frequency,购买频率;M-monetary,每次购买的金额。这三个指标都能反映顾客对企业的忠诚度。

2)净推荐值

还有企业用净推荐值来衡量顾客对企业的忠诚度。

净推荐值,英文为 NPS(Net Promoter Score),又称净促进者得分,亦可称口碑,是一种计量某个客户将会向其他人推荐某个企业或服务可能性的指数。它是最流行的顾客忠诚度分析指标,专注于顾客口碑如何影响企业成长。通过密切跟踪净推荐值,企业可以让自己更加成功。

净推荐值最早是由贝恩咨询公司客户忠诚度业务的创始人弗雷德里克·雷赫德(Frederick Reichheld)在 2003 哈佛大学商务回顾文章"你需要致力于增长的一个数字"的文章中提到,随后在他的书"终极疑问:驱动良性利润和真正发展"中出现。

净推荐值是等于推荐者所占的百分比减去批评者所占的百分比。

净推荐值(NPS)＝(推荐者数/总样本数)×100％－(贬损者数/总样本数)×100％

确定您的净推荐值是直截了当的:问您的客户一个问题"您是否愿意将公司名字推荐给您的朋友或者同事?"

根据愿意推荐的程度让客户在 0～10 之间来打分,然后你根据得分情况来建立客户忠诚度的 3 个范畴。

推荐者(得分在 9～10):是具有狂热忠诚度的人,他们会继续购买并引荐给其他人。

---

① Lars Grønholdt,1 Anne Martensen & Kai Kristensen. The Relationship Between Customer Satisfaction and Loyalty:Cross-industry Differences.

被动者(得分在 7～8):总体满意但并不狂热,将会考虑其他竞争对手的产品。贬损者(得分在 0～6):使用并不满意或者对你的公司没有忠诚度。NPS 计算公式的逻辑是推荐者会继续购买并且推荐给其他人来加速你的成长,而批评者则能破坏你的名声,并让你在负面的口碑中阻止成长。

NPS 的得分值在 50% 以上被认为是不错的。如果 NPS 的得分值在 70%～80% 则证明你们公司拥有一批高忠诚度的好客户。调查显示大部分公司的 NPS 值还是在 5%～10% 徘徊。

中企品研推出了中国顾客推荐度指数(China Net Promoter Score,简称 C-NPS),是中国首个顾客推荐度评价体系。C-NPS 是反映有消费体验的消费者愿意向他人推荐企业产品或服务的程度,通过对全国范围内消费者的调查,将企业产品或服务的现有顾客当中积极推荐者的比例减去贬损者的比例,从而得到净推荐值。C-NPS 是测定品牌口碑和顾客忠诚度的关键指标,也是企业进行用户体验管理的主流方法。中企品研的 C-NPS数据来源如下:

▶方式:入户调查,分层随机抽样。
▶范围:全国 28 省级,65 城市,覆盖 1～3 线城市。
▶样本量:2 499 000＋样本。
▶周期:每月连续跟踪执行。
▶行业覆盖:细分行业 176 个。
▶品牌覆盖:主流品牌约 10 300＋。

实践中顾客忠诚度可以由客户调查、客户自愿反馈、正式市场研究、服务一线员工报告、客户实际参与及服务组织的特定活动等方式来测量。

4.5 顾客忠诚的经济价值分析[①]

以下就极具经济价值的忠诚顾客——超值忠诚客户或传道者进行经济价值分析。

一般而言,企业的目标是追求利润的最大化。利润是企业优胜劣汰的信号:企业利润越大,表示市场越需要这个企业,此企业才会有条件更好地生存和发展。否则,企业就会被市场淘汰出局。

设企业的总收益为 TR,总成本为 TC,则

$$利润＝f(TR,TC)＝TR\text{-}TC$$

即企业利润是收入和成本的函数,其大小取决于收入和成本的差值。根据公式,在成本一定的情况下,收入越高,利润越大,收入越低,利润就越低;在收入一定的情况下,成本越低,利润就越高,成本越高,利润就越低。故企业增加利润有开源节流两个途径。忠诚的顾客,不仅能为企业带来可观的、有形的货币价值,还能为企业带来巨大的、无形的非货币价值。既可增加企业的收入,又可降低其成本,从而为企业带来很大的利润空间。具体分析如下:

①　周洁如.客户忠诚及其经济价值分析[J].上海管理科学,2002(5).

1）货币价值

（1）增加收入。

①顾客重复购买：忠诚顾客往往会重复购买，重复购买的顾客对产品熟悉、满意，重复购买时购买量往往更大，这样就增加了企业的收入。

②增加钱包份额：企业不仅从忠诚顾客的重复购买中增加营业收入，而且还会从忠诚顾客的关联消费中增加关联销售收入。当顾客对某一企业或者品牌感到亲切，或者和他们有着良好的客户关系时，他不仅总是选择这个企业，而且还会在他的开销中给予此企业更大的比例，这一现象被称为钱包份额效应。如在保险业，很多人第一次买保险时主要根据价格来做出决定，而保险企业也主要通过价格吸引他们，然后以其他理由让他们留下来。当他们的收入增加，添置了大件商品，或购买了价值更大的资产时，其额外的保险需求就会随之增长，客户通常会在同一家保险企业中增加他们的业务。随着客户的成熟，他们对自己的需求得到满足会有信心，因而会把自己的消费对象锁定在一家企业上。有人研究，在汽车行业，按客户人均计算的营业收入第五年比第一年通常增长 2 倍。

③对价格的敏感度低：根据经济学原理，在影响利润的其他因素不变的情况下，价格越高，单位产品和服务收入越高，因而利润也越高。忠诚的客户是因为获得了高水准的服务和体验了满意而留下来与企业交往的，他们不会等到甩卖的时候才去购买，也不会在有折扣时囤积产品和服务。他们更关心其他方面的价值，常常全额购买产品和服务，从而增加企业的收入，也就提高了企业的盈利能力。因为，在真正客户关系存在的情况下，决定客户满意度的因素中，产品和服务收取的价格可能是最不重要的。忠诚的客户对产品和服务的价格不敏感。

（2）降低成本。

①节约获取新顾客的成本。吸引顾客的成本是巨大的。在许多企业和组织中，广告、促销、折扣、检查信用记录和处理申请等是与吸引新客户相关的一次性成本。如果客户与企业的业务往来时间很短，或者只进行一次性交易，企业就无法收回这些成本，而且必须再次支出新的成本吸引新的客户。开发一个新顾客的成本包括：显性成本，如广告、促销费用、每次销售访问的费用、销售人员的管理费用（包括工资、佣金、津贴和其他开支）；隐性成本，如经理亲自制定销售建议的时间成本、请潜在客户吃饭等。如蜂窝电话的经营者每年为失去的 25% 的顾客而支付 20 亿～40 亿美元的成本。根据西恩·杜根的说法，获得一个在线顾客的成本依行业不同大致为 30～90 美元，因此让一个顾客访问企业的网站并且进行第一次购买的成本是非常高的。

②节约服务成本。由于员工不熟悉新的客户，需要花费时间成本去了解新的客户，而且由于新的客户不了解企业的产品和服务，需要企业提供更多的服务，从而增加企业的服务成本。而忠诚的客户已经被收录到了数据库中，员工很了解他们，熟悉他们的需求，甚至还可以预见他们的需求。企业更容易为他们提供服务，以至于与他们的交易可以形成惯例。另一方面，忠诚客户熟悉企业的各种产品和服务，客户不再过多地依靠企业员工了解情况、获得咨询，这样就节约了企业为顾客的服务成本。

③节约失误成本。没有建立忠诚关系的客户对失误非常敏感，甚至可能故意去寻找产品和服务的缺陷。企业为修复由于不熟悉这些客户的愿望和需求而产生的失误而增加失误成本。而对于忠诚客户，一方面，企业熟悉其需求甚至能预见其需求，产生失误的

可能性较小。另一方面,即使有失误,真正忠诚的客户更愿意在合理的范围内再给企业一次机会或者忽略掉一些失误,从而可以节约因失误造成的成本。

④节约营销成本。与专注于吸引新的客户群体的营销相比,对忠诚客户群体的营销效率更高。因为企业了解忠诚客户及其需求,营销活动有的放矢,且忠诚客户更善于做出反应,从而提高企业的营销效率,因而也能节约企业的营销成本。

表4-1为不同行业客户保持率每增加5%,其客户净现值增加的情况,说明了客户忠诚对企业利润的影响。

表4-1 客户保持率每增加5%对客户利润的影响

行业	客户净现值增长率(%)
广告业	95
人寿保险	90
银行	85
保险	84
汽车服务	81
信用卡	75
洗衣行业	45
FM	40
软件业	35

2) 非货币价值

忠诚客户的货币价值是显性的、巨大的,但代表的只是冰山一角。其无形的非货币价值,是隐性的,如同沉没在水底的冰山,价值更大。具体体现如下。

(1)口碑效应:已经与企业建立了真正关系的忠诚客户带给企业的不仅仅是直接的货币收益,这种货币收益通常以增加的销售收入和降低的成本来计算。在一些情况下这种忠诚的顾客是企业免费的广告资源,他们会进行正面的口头宣传,他们会对其朋友或家人推荐企业的产品和服务,是企业业余的营销人员,是企业的无价资产。并且这种广告宣传比起企业出资进行的宣传,更可信,更易被人接受。尤其是超值忠诚顾客或传道者,他们对其产品和服务不仅情有独钟,而且乐此不疲地宣传他们的好处,热心地向他人推荐其产品和服务,是最有经济价值的顾客。加拿大关于远程通信的调查显示,在远程通信中,与企业往来了15年甚至更长时间的客户中,有75%的人愿意把这家企业推荐给其他人。与之相比,与企业往来5年甚至更少的客户中,只有45%的人这样做。

(2)形象效应:顾客从购买到满意,再从满意到向自己的亲朋好友传播口碑,最后对企业超值忠诚,其中的每一过程都会给企业以利润。顾客满意带给企业的不仅仅是短期经济效益的提高,顾客会对该品牌留下较好的心理感受,进而会提高该企业在消费者心目中的形象,也即企业的商誉,从而有利于企业推出新产品和服务。

(3)综合效应:顾客忠诚具有两重性,它既是防守战略,又是进攻战略。作为防守战略,高的顾客忠诚度使其他厂商需要花费更大成本才能获得本厂的现有顾客。作为进攻战略,高的顾客忠诚度可以提高产品和服务在市场上的形象,增加在现有和潜在顾客中对企业有利的积极信息的口头传播,并使得企业的广告更有说服力,更有成效,从而更容易吸引竞争对手的现有顾客。总之,高的顾客满意度可以提高企业的综合竞争力。

顾客对企业越忠诚,与企业的关系就越长,单位顾客为企业盈利的能力也就越强。如图4-4所示。

图的横轴为时间,以年为单位,纵轴为顾客每年为企业提供的利润,没有度量单位,这是因为不同行业、不同企业和不同的顾客影响企业盈利能力的因素是不同的,因而其对企业盈利能力的影响程度也是有差异的。图中没有定量显示,只有定性衡量,用图描述一般的规律性。纵轴上位置的高低,表明这些因素的影响程度。图中也显示了随着时间的推移,每位顾客为企业提供的利润逐年上升的原因。长期客户对企业盈利的影响的构成包括:争取新顾客的成本、基本利润、收入增长、成本节约、顾客推荐以及溢价等。

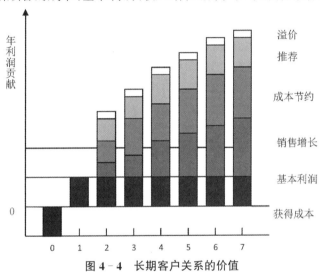

图4-4 长期客户关系的价值

资料来源:根据 Reichard,F.F. The Loyalty Effect.The Hidden Forces behind Growth,Profits,and Last Value[M].Boston,MA:Harvard Business School Press,1996 改编。

4.6 顾客忠诚与顾客满意的联系与区别

按照传统的管理和营销理论,建立顾客忠诚和盈利的模式及途径是相对固定的,即通过顾客满意建立顾客忠诚,通过顾客忠诚获取利润并实现企业长久的发展。然而现实的情况是:满意的顾客不一定忠诚,而不满意的顾客也不见得不会重复购买企业的产品或服务。一项研究发现,在流失的顾客中有90%的顾客表明对以前获得的服务表示满意。那么顾客满意和顾客忠诚之间到底有何关系? 顾客满意是如何影响顾客忠诚的? 什么因素影响顾客满意向顾客忠诚转化? 不同的行业两者的关系有何不同?

4.6.1 两者之间的区别

根据顾客满意和顾客忠诚的定义与内涵,我们可以看出顾客满意和顾客忠诚是两个层面的问题。如果说顾客满意是一种价值判断,是一种心理的感受,带有主观性,那么顾客忠诚则是顾客满意的行为化,是一种客观的标准。由于主观性的影响,作为顾客心理反应的顾客满意是非常难以衡量的,尽管企业可以采用大规模的市场调查和顾客询问等活动对顾客满意度进行调查,但对其准确性无法完全保证。相反,顾客忠诚是顾客的一种客观行为,其衡量的量化指标就是顾客的重复购买。而且满意是一种暂时的态度,而忠诚更关乎持久态度和行为。一个忠诚的顾客必然定时地进行再消费、交叉消费企业的其他产品或服务、向别人推荐购买同类产品或服务,同时不为竞争对手的蝇头小利所动心。

4.6.2 两者之间的联系

长期以来,人们普遍认为顾客满意与顾客忠诚之间的关系是简单的、近似线性的关系,即顾客忠诚的可能性随着其满意程度的提高而增大。如哈佛大学商学院服务管理信息小组James等总结的服务利润链理论模型,就揭示出了企业收入和利润的增长来自忠诚的客户,而忠诚的客户来自客户的满意度。顾客的满意度越高,顾客就越容易变得忠诚,从而为企业带来的收入和利润增长就越快。但近些年来,几项研究发现顾客满意对顾客忠诚的作用并不总是直接的,有很多因素成为这两者关系的中介。因此满意分值的高低并不一定直接导致忠诚度的高低,而只是提供了产品或服务的有效预警,满意顾客并不总是比不满意顾客购买更多产品。因此笔者认为,顾客满意与顾客忠诚的关系因其他影响因素如何发生作用而论。

1) 其他影响因素不发生作用的条件下

此种情况下,顾客忠诚是顾客满意的函数,两者有非常强的正相关关系。尤其是顾客感知效果超过其期望时,此时顾客会高度满意或欣喜。只有当顾客感知服务质量优异,并且顾客非常满意的情况下,顾客才能再次消费,并保持忠诚。

2) 其他影响因素发生作用的条件下

此种情况下,顾客满意与顾客忠诚的关系较为复杂。除了顾客满意度外还有如下因素影响顾客的忠诚度:

(1)竞争程度。若行业内没有竞争者,单个企业垄断了市场,顾客没有选择,被锁定在与企业的关系中,则顾客满意度对顾客忠诚度的影响不大,也即尽管顾客对其产品不满,甚至是很不满,但还是不得不重复购买其产品。此种情况下顾客对企业产品或服务的态度和行为不一致。影响顾客竞争状况的因素有:

第一,政府限制竞争的法律。如:法律规定,电信业务为指定公司专营。

第二,专有技术。企业采用专有技术提供某些独特的利益,顾客要获得这些利益,就必须购买该企业的产品和服务。

第三,市场上产品的供求关系。如供不应求,导致顾客对产品没有选择,行业内没有竞争,顾客不得不对企业的产品忠诚;供过于求,行业内竞争激烈,顾客选择多,企业为顾客提供的产品或服务不能满足顾客的期望或为顾客提供的感知利益小于顾客感知的成本,则顾客不满,从而导致顾客不忠。

(2)转换代价。如:患者在治疗过程中转院,或企业在广告协议未完成时更换广告公司。两者都要付出很大的转换代价。

(3)有效的常客奖励计划。如:航空公司推出常客旅行计划,给予常客奖励,刺激他们更多购买其机票。

(4)顾客对产品和服务质量的敏感状况。在顾客感知非常满意与顾客满意之间存在着所谓的"质量不敏感区域"。在质量不敏感区域,顾客满意水平尽管较高,但顾客并不一定再次购买企业的产品和服务,也没有向家人、朋友或他人推荐企业的产品和服务的愿望。只有当顾客满意水平非常高时,顾客忠诚现象才会出现,良好的口碑效应也才得以产生。美国贝恩公司的调查显示,在声称对公司产品满意甚至十分满意的顾客中,有65%~85%的顾客会转向其他公司产品。其中,汽车业85%~90%满意的顾客中,再次购买的比例只有30%~40%,而餐饮业中,品牌转换者的比例则是高达60%~65%。

美国学者琼斯(Thomas O. Jones)和赛塞运用数据反映顾客满意与重构产品或服务意愿的关系,研究了汽车、商用电脑、医院、航空和本地电话服务5个行业的顾客满意与顾客忠诚之间的关系。根据分析的数据绘成图4-5,向左上方弯曲的曲线所在的区为低度竞争区,向右下方弯曲的曲线所在的区为高度竞争区,曲线1和曲线5分别表示高度竞争的行业和低度竞争的行业中顾客满意程度与顾客忠诚度的关系。

如曲线5所示,在高度竞争的行业中,完全满意的顾客远比满意的顾客忠诚。在曲线右端(顾客满意程度评分5),只要顾客满意程度稍稍下降一点,顾客忠诚的可能性就会急剧下降。这表明,要培育顾客忠诚感,企业必须尽力使顾客完全满意。如果顾客未遇到产品和服务问题,接受调查时他们会感到很难做出不好的评价,而会表示满意。但是,如果企业的产品和服务过于一般,未让顾客感到获得了较高的感知价值,就不易吸引顾客再次购买。

在低度竞争的行业中,曲线1(本地电话)描述的情况似乎与人们传统的认识不吻合,即顾客满意程度对顾客忠诚感的影响较小。因为在低度竞争情况下,不满的顾客很难跳槽,他们不得不继续购买企业的产品和服务,但顾客心里并不喜欢这家企业的产品和服务。这种表面上的忠诚是虚假的忠诚,有一定的欺骗性。因此,处于低度竞争情况下的企业应居安思危,努力提高顾客满意程度,否则一旦竞争加剧,顾客大量跳槽,企业就会陷入困境。

琼斯和赛塞主要采用顾客再次购买意向来衡量顾客忠诚感。在市场竞争激烈,顾客改购容易的情况下,这种衡量方法可以较准确地反映顾客忠诚感,但在低度竞争情况下,它很难提示顾客内心的真正态度。这时顾客的再次购买意向主要是由外界因素决定的,一旦外界因素的影响减弱,顾客不忠诚的态度就会通过顾客大量跳槽表现出来。

根据图4-5所示的顾客满意与忠诚度(行为忠诚或态度忠诚,或两者兼而有之)的关系,可以将客户分类为如图4-6所示的四种类型:

(1)传道者,指那些不仅忠诚,而且对产品和服务非常满意的人,他们会向其他人推荐产品和服务。

(2)图利者,即那些为谋求低价格而转换服务提供商的人,尽管他们的满意度可能很高。

(3)因禁者,指那些对产品或服务极不满意,但却没有或很少有其他选择的人。

(4)破坏者,指有选择余地并利用每一次机会来表达对以前服务提供商的不满情绪,且转向其他供应商的人。

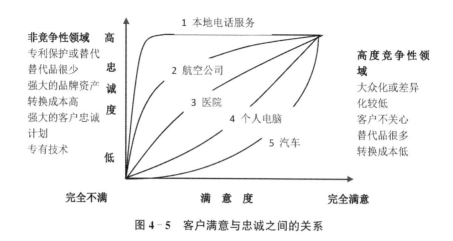

图 4-5　客户满意与忠诚之间的关系

图 4-6　按顾客满意与顾客忠诚之间的关系分类

综上所述,顾客满意与忠诚的关系虽然随不同的行业各有不同,但是两者的关系相关是毫无疑问的,且一般情况下,两者的关系为正相关关系。客户满意是使企业获利的必要因素,客户忠诚则是使企业获利的充分条件。顾客满意是顾客真正忠诚的前提,没有满意的顾客便不会有顾客对企业的绝对忠诚,满意的顾客不一定是忠诚的顾客,而绝对忠诚的顾客一定是满意的顾客。

顾客忠诚不单单是顾客的重复购买,真正的顾客忠诚必须以顾客满意的情感和积极的态度取向为前提,顾客忠诚是顾客的内在积极态度、情感、偏爱和外在重复购买行为的统一。

在顾客忠诚的诸驱动因素中,顾客价值和顾客满意作为全驱动因素同时在内在态度和外在行为两个维度上推动顾客忠诚,而其他如高转换成本、高认知风险、高投入等半驱动因素只推动顾客的重复购买行为。

4.7　顾客忠诚的培养

4.7.1　忠诚顾客的培养

如前所述,忠诚的顾客能给企业带来很多好处:如他们重复购买,为企业带来更多的收入;他们对价格不敏感,消费能力更强;他们为企业带来极好的口碑效应,节省了营销费用;他们更愿意购买企业推荐的新产品,为企业带来其他潜在的业务收入;他们愿意向企业提建议,使企业改进服务。如何培养顾客忠诚? 从顾客忠诚的驱动因素可知,培养顾客忠诚应从内外驱动力着手,即为顾客提供价值、提高顾客满意度、为顾客设置退出壁垒,这些途径或方法的前提是选择合适的目标顾客,并了解顾客的期望,笔者认为可从下列框架去思考:

(1)寻找正确的顾客。企业必须寻找与其定位相符的顾客,尽量避免接待与自身定位不相称的客源,从而更好地为目标市场客源提供规范的服务,提高顾客的满意度。如有一高档酒店宴会销售部为完成餐饮指标招徕了一个乡镇企业的订货宴会,那天碰巧下雨天,大批郊县农民脚穿雨鞋大声吵嚷地步入酒店,不仅弄脏了酒店光鉴照人的地面,还因为吸烟将地毯烧出了一个洞,引起了住店的日本旅游团客人的强烈不满,并遭到投诉。结果是,酒店因为接待了一个价值仅三万元的宴会,却失去了一个预计可以带来三十多万元的日本旅游团。

(2)管理顾客的期望,了解顾客的需求。顾客期望是影响顾客满意度很重要的因素,了解顾客需求是进行个性化营销的前提,两者皆是培养顾客忠诚的前提。

(3)定制个性化服务。个性化的服务主要体现在对细节的把握上,把服务过程当作个性的传递,融"个性"于服务中,让客人时刻感受个性,感受愉悦和惊喜。如酒店服务中为顾客提供的多种个性化的定制服务、服务员在为客人做夜床时,会放置天气预报卡和跑步路线图;VIP客人会在浴室里发现绣着他名字的浴袍;客人去餐厅用餐,服务员会及时提醒客人点菜的营养搭配和分量是否合适。酒店提倡并鼓励员工与客人多交流,主动向客人介绍周边的景点、好吃的东西,与客人结成一种亲切、友好的关系,让客人信任与他接触的服务人员。由于员工是发自内心地为客人所想、急客人所急、帮客人所需,这样的个性服务赢得了顾客的广泛赞誉。如布什夫妇访问中国时,下榻的北京国际俱乐部就为其提供绣有各自名字的真丝睡袍,两人非常喜爱。临走时,酒店特意送给他们作为纪念。

(4)倾听顾客的投诉,并迅速解决问题,这样可留住投诉的顾客,提高顾客的保留率。

(5)为顾客设置退出壁垒:如实施忠诚计划等。运用类似的顾客忠诚计划可以将服务、利益、沟通、情感等因素进行整合,为会员客户提供独一无二的具有较高认知价值的利益组合,从而与客户建立起基于情感和信任的长期关系。如:持有民生银行贵宾卡的客户,在乘机登记前可去专门的贵宾室喝咖啡、免费上网。登机手续的办理也有服务员为其代劳;客户还可以免费参加民生银行定期举办的高尔夫培训课程;享受免费的理财服务,以及大医院的名医预约挂号、专人导医、优先就诊等服务。

4.7.2　忠诚计划

忠诚计划被认为是现代营销的一种方式,是培养顾客忠诚行之有效的策略,已经存在了数十年,随着时间的推移,越来越多应用在各个与消费者相关的行业中,比如航空、酒店、零售、美容美发,等等。

1)忠诚计划的概念

忠诚计划,英文为 loyalty program,是指通过维持客户关系和培养客户忠诚度而建立客户长期需求,并降低其品牌转换率的客户计划,通常的形式包括客户分级会员制,累计消费奖励制度等。如:常旅客计划在国际上又称作旅客忠诚计划,是航空公司占据高价值公商务旅客市场、提高品牌效应和进入主流市场的一种强有力的营销手段。

2）忠诚计划的历程

（1）忠诚度计划在国外的发展历程。1981年,美国航空推出了忠诚度计划的新币种:里程。美国航空通常被视为现代第一个全面的忠诚度计划,该计划彻底改变了客户忠诚度在人们心中的传统印象。

美国航空Advantage计划拥有超过1亿会员,这些会员每年为美国航空带来数十亿美金的收入（2018年,美国航空的常旅客收益高达56亿美元）。

随着飞行常客和酒店联盟模式及其新货币（积分）的迅速扩展,银行和零售商很快就采用了这种方法。积分和里程忠诚度计划迅速成为全球主要的忠诚度计划货币,从而结束了90年的邮票统治。

1982年,美国航空通过引入会员等级来表彰他们最忠诚的会员,起初的目的是将未出售的座位免费奖励给常旅客,慢慢演变成搭乘飞机次数越多,奖励里程和会员权益越好。这无疑大大刺激会员重复购买,搭乘更多次美国航空的班机。

现在许多常旅客刷房、刷航段的目的就是为了获得更高等级的会员,run for miles（points）这个概念已经深入常旅客的内心。

在接下来的五年中,随之而来的是基于里程和积分的忠诚度计划的热潮,其中包括:假日酒店（第一个酒店计划,也有人说是被万豪收购的喜达屋）,日本航空,万豪酒店,阿拉斯加航空,加拿大航空,大韩航空,泛美航空,西北航空,大陆航空（与美国中部大陆银行联合推出了世界上第一个联名信用卡计划）,希尔顿酒店,凯悦酒店,国家汽车租赁,西南航空和澳洲航空。

1986年6月,喜来登集团创立了全球第一家酒店系统的顾客忠诚计划——"荣誉宾客奖励俱乐部"。在2018年喜达屋被万豪收购,该忠诚计划目前称之为:万豪旅享家,全球会员人数超过1.3亿人（2019年Q1数据）。

旅客搭乘飞机积累一定数量的里程,当里程累积到一定数量后就能兑换免费机票、商品和服务以及其他类似贵宾休息室或舱位升级等之类的特权。

纵观忠诚度计划的发展历史,作为全球最早专注于忠诚度计划的Carlson Marketing不得不说。

创建于1938年的Carlson集团（Carlson Marketing的母公司）之前做过邮票业务,后来公司慢慢转型,通过收购,成为国际化多元化集团。比较著名的收购发生在1972年,Carlson成功收购丽笙酒店Radisson。

Carlson集团旗下忠诚营销顾问咨询服务商Carlson Marketing在2009年被Aeroplan收购,比较有趣的是Aeroplan在2019年被加拿大航空以3.38亿美金收购。

其实,加航在收购之前,Aeroplan一直跟加拿大航空有合作,为其提供会员忠诚度计划的服务,只是业界没有想到这样一个专注于忠诚度计划的公司居然这么值钱（3.38亿美金）。

（2）忠诚度计划在中国的发展历程。

忠诚度计划在中国的发展历程大致如下:

▶1994 年,中国国际航空推出了国内第一个常旅客计划,2018 年会员超过 5000 万人。

▶1996 年,山姆会员商店在深圳开设了中国第一家付费会员制商店,锁定高端消费群体,平均客单价在 600～1000 元,远高于一般的超市或大卖场,会员忠诚度极高。截止到 2020 年 3 月,山姆会员商店在中国的会员超过 260 万。

▶1997 年,中国建设银行上海分行发行的龙卡率先导入点数积分奖励机制,建行累计发卡量在 2019 年年底突破 1.33 亿张。

▶2000 年 11 月,腾讯推出了名为"QQ 俱乐部"的会员服务,向付费会员提供免费用户享受不到的服务,包括具备网络收藏夹和好友列表保存等功能,还可以选到一个较好记忆的"靓号",会费为每月 10 元。

▶2002 年,中国移动为通信业开立先河,第一个推出了自己的积分计划。

▶2015 年 10 月,京东"PLUS 会员"正式上线,京东成为国内第一家推出付费会员制的电商平台,2020 年 10 月付费会员达到 2000 万。

▶2017 年,飞猪就与全球最大的酒店集团万豪国际实现了会员打通,飞猪会员能够直通万豪旅享家的各等级会员,最高可直接成为万豪白金会员,畅享免费早餐、行政酒廊等一系列万豪尊贵服务。

目前忠诚计划在业界运用很普遍,尤其是在零售、电商、服务业、航司、酒店等行业的运用上很普遍。

3) 忠诚计划的利与弊

(1)忠诚计划的利:忠诚计划可以带来如下利益:降低营销成本、增加销售概率、增加新顾客、保持老客户。

(2)忠诚计划的弊:忠诚计划也有如下弊端:计划本身需要巨额投入、优惠兑现、返还成本、市场营销和管理方面的成本、客服服务和 IT 系统支持等、出现错误,难以纠正、通常并不会增加顾客的忠诚度、实施到位难度很大。

以零售业为例,其成本具体表现在:超市连锁店的投入高达 1.5 亿美元。系统、配送支持等投资,往往又会高达数百万美元;即使优惠很低的忠诚计划也会对顾客造成根深蒂固的影响,任何变动或终止都必须通知他们;忠实计划一旦推出,即使顾客没有积极参与,也往往会因为被"剥夺"了某些实惠而产生反感情绪;计划的推出越成功,结束这项计划便越困难;消费者参与某项计划若有"不愉快"的经历,会对日后跟踪计划不信任,会丧失对这家零售商的整体信赖感;由于顾客人均销售欠旺,利润率偏低,使得零售商们无力以经济有效的手段提供有吸引力的购物优惠;销售额很大,即使只 1% 的折扣,绝对数也大;如果一家零售商为家庭年均消费达 500 美元的顾客提供 2% 的回扣,那么每年则需要提供 10 美元的回扣;此数绝对值不大,在现今价格驱动的零售市场环境中,每件商品的价格至少都标低了 20% 到 40% 左右,区区 10 美元根本不足挂齿。但是,利润率偏低使得商家实在无力提供更高的回扣额,欧(美)零售商每年用于返还给消费者折扣的投入将近 12 亿美元。

国内越来越多的企业开始重视会员忠诚度计划,作为营销学的重要组成部分,忠诚度计划有利有弊,完善、科学的忠诚度计划,科学管理忠诚计划,做好会员忠诚度计划利大于弊,会给企业带来意想不到的作用,也是企业的利润源泉之一。

4）忠诚计划的流通方式

忠诚计划的流通方式主要有：

（1）里程：里程积累，兑换免费机票，主要是航空公司使用。考虑到飞行属于旅行范畴，航空里程的主要获取方式有：

▶ 搭乘飞机获取，会员等级越高获取的里程也就越多。

▶ 航司为了节约成本也会推出类似绿色飞行的服务（放弃机上餐食获取几百里程奖励）。

▶ 航司活动，比如额外赠送航段或者里程。

▶ 银行联名卡消费或者银行积分转换成航空积分。

▶ 入住酒店获取，这要求客人在酒店官方渠道预订，选择累积到航空积分。

▶ 其他合作伙伴累积，比如航司跟美团之类的合作，通过在美团点餐也能累积亚洲万里通里程。

（2）积分：刷卡消费后获取积分，可兑换积分商城内实体物品，或者是酒店积分、航空里程等虚拟物品，酒店、航司、零售等使用。

积分获取有多种方式，最为普遍的就是消费后获取积分。以银行业为例：持卡人通过消费获取指定银行积分，再把这些银行积分转换成航空或者酒店积分，这样就能实现旅行度假的免费机票或者免费酒店入住权益。许多人在尝到使用积分的甜头后深深爱上了它，但是由于观念、学习时间成本等因素，合理使用积分的概念并没有飞入寻常百姓家，玩转积分还是少部分乐此不疲的日常行为。

（3）会员卡：付费后获得权益、优惠券等。如山姆会员卡、开市客会员卡。

付费会员这个概念在国内已经发展起来，山姆会员店算是开了付费会员的先河，国内的许多酒店集团通过售卖会员卡获利也是一种增强客户黏性的方式，目前国内最大的付费会员体系是拥有2000万的京东PLUS。

5）忠诚计划的类型

（1）独立积分计划。

独立积分计划指的是，某个企业仅为顾客对自己的产品和服务的消费行为以及推荐行为提供积分，在一定时间段内，根据顾客的积分额度，提供不同级别的奖励。这种模式比较适合于容易引起多次重复购买和延伸服务的企业。

在积分计划中，是否能够建立一个丰厚的、适合目标消费群体的奖励平台，成为计划成败的关键因素之一。很多超市和百货商店发放给顾客的各种优惠卡、折扣卡都属于这种独立积分计划。

独立积分计划的难度：对于那些产品价值不高、利润并不丰厚的企业来讲，有很多无法克服的弊端：首先是成本问题。自行开发软件，进行数据收集和分析。

其次，很多积分计划的进入门槛较高，奖励积分的额度过高，而且对积分有一定的时效要求。

这符合"80/20"法则，将更多的优惠服务于高价值的顾客，也有助于培养出一批长期忠实的顾客，但也流失了许多消费水平没有达到标准的准高价值顾客。另外，随着积分项目的广泛使用，顾客手持多张积分卡，却对每一家都谈不上忠诚。

（2）积分计划联盟模式。

联盟积分,指众多的合作伙伴使用同一个积分系统,这样顾客凭一张卡就可以在不同商家积分,并尽快获得奖励。相对于企业自己设立的积分计划的局限性,联盟积分则更有效、更经济、更具有吸引力。

如德国汉莎航空会员计划:汉莎积分卡/首次兑奖资格/7000积分;合作伙伴:银行:华夏银行;酒店:希尔顿、假日、皇冠等;租车:赫兹国际、安飞士等;餐饮:宝莱纳餐饮、贝可利咖啡面包店等;其他:携程旅行网等。

(3)联名卡。

联名卡是非金融界的盈利性公司与银行合作发行的信用卡,其主要目的是增加公司传统的销售业务量。如平安银行携手开市客发布联名信用卡,交通银行山姆优逸白金无界信用卡。国航积分卡/凤凰知音,首次兑奖资格/3000公里。

合作伙伴:银行有:中国银行、中国工商银行、中国农业银行等;酒店有:万豪、洲际、香格里拉、锦江之星、如家等;租车有:赫兹国际、至尊租车等;餐饮有:黑松白鹿、豆捞坊、大众点评网等;其他有:苏宁电器、慈铭体检、安利等。

(4)会员俱乐部。

会员俱乐部是忠诚计划的一种相对高级的形式,会员俱乐部首先是一个"客户关怀和客户活动中心",但现在已经朝着"客户价值创造中心"转化;而客户价值的创造,则反过来使客户对企业的忠诚度更高。

俱乐部计划和消费者进行更加深入的交流,这种忠诚计划比单纯的积分计划更加易于沟通,能赋予忠诚计划更多的情感因素。"会员俱乐部"可为企业带来综合性的效果。具体如下:

①链式销售。即客户向周围人群推荐所带来的销售。

②互动交流,改进产品。通过互动式的沟通和交流,可以发掘出客户的意见和建议,有效地帮助企业改进设计,完善产品。

③抵制竞争者。用俱乐部这种相对固定的形式将消费者组织起来,在一定程度上讲,就是一道阻止竞争者入侵的藩篱。

6)忠诚计划的有效性

尽管企业广泛使用忠诚度计划,并对其有效性进行了长达数十年的学术研究,但忠诚计划对客户忠诚度的影响仍有很大争议。Alex Belli,Anne-Maree O'Rourke 等(2022)对忠诚度计划进行了全面的元分析,跨越了不同的计划设计方式、行业、绩效指标,以确定忠诚度计划有效性的调节因素。基于涵盖429个效应值、时间跨度1990年至2020年的数据集,研究发现,强有力的证据表明,忠诚度计划可以提高顾客忠诚度。然而,虽然忠诚度计划能提高行为忠诚度,但要改变消费者的态度忠诚度则更具挑战性。此外,忠诚度计划的有效性因其设计特点(计划结构、奖励内容、交付方式)、行业特点而呈现出差异性。这些效果是由认知和情感的驱动力促成的,它们依次作为基本机制发挥作用。尽管忠诚度计划有效性的研究方法多种多样,但方法的选择对研究结果的影响不大。

加拿大航空升级版 Aeroplan 计划

加拿大航空公司是加拿大最大的国内和国际航空公司。作为加拿大的载旗航空公司,加航名列全球前 20 大航空公司之一,2019 年承运旅客 5100 万人次以上。加航是全球最完善的航空运输联盟——星空联盟的创始成员之一。加航获得国际权威服务评级机构 Skytrax 认证,成为北美地区唯一一家四星级国际航空公司。2019 年,加航荣膺北美地区最佳航空公司奖项。

加航收购 Aeroplan 忠诚度计划

2018 年 11 月加拿大航空以 3.45 亿美元回购 Aeroplan 忠诚计划,加航收购 Aeroplan 忠诚度计划后,将成为此一计划的唯一拥有者,不会与其他参与者在此计划上成立合资企业。

加拿大航空在收购时的合作伙伴包括多伦多道明银行、加拿大帝国商业银行和 Visa Canada。

此次交易是加拿大最大的航空公司推出 Aeroplan 近 25 年后将其购回。继加拿大航空破产重组后,其母公司 ACE Aviation Holdings 在 2005 年首次公开募股时剥离了 Aeroplan Income Fund,获得 2.5 亿加元。2011 年,该公司更名为 Aimia。

自从加拿大航空公司宣布将推出自己的忠诚度计划并与 Aeroplan 断绝关系以来,Aimia 持有的 Aeroplan 股份一直承受着压力。此外,Aimia 与 TD 和 CIBC 的信用卡合同将于 2024 年到期。

Aimia 拒绝了由加拿大航空团队对这一忠诚度计划的收购,其出价 4.5 亿加元并要求修改条款。持有 Aeroplan 约 17.6％ 的股份的 Mittleman Brothers LLC 估计,该计划的价值比其估值超出 10 亿美元。Mittleman 的代表没有立即对此发表评论。

新宣布的收购案将使 Aeroplan 忠诚度计划点数,可于 2020 年顺利转移至加航自己的新忠诚度计划。加航的忠诚度计划将完全接受现有的 Aeroplan 会员。加拿大航空公司团队同意以 4.5 亿加元(约合 3.45 亿美元)现金收购 Aimia 的 Aeroplan,结束了对加拿大最受欢迎的忠诚度计划之一的收购战。

搭乘加拿大航空航班的旅客,无论舱位等级均可使用 Aeroplan 积分兑换奖励机票,无现金附加费。加拿大航空公司首次为家庭推出的 Aeroplan Loyalty 计划,家人间可共享积分和福利。

加航全新升级 Aeroplan Loyalty 计划

加航总裁兼首席执行官 Calin Rovinescu 表示:加拿大航空公司承诺推出一项可与全球一流旅行忠诚度计划比肩的全新 Aeroplan Loyalty 计划,希望留住忠诚客户并推动公司持续转型。

自从加拿大航空公司宣布将要推出升级版 Aeroplan 计划以来,公司收集并参考了来自 36 000 多名旅客的反馈意见,对标全球深受客户欢迎的忠诚度和常旅客计划,并全面重建该计划的数字基础设施,确保其可迅速响应且惠及广大旅客。加航会员计划、电子商务副总裁 Mark Nasr 先生表示。

自 2020 年 11 月 8 日起,现有的 Aeroplan 会员账户将自动切换至升级版的 Aeroplan 计划,包括现有 Aeroplan 会员号。Aeroplan 里程将转换为 Aeroplan 积分,现有里程余额将兑换成等额的积分。此外,所有 Aeroplan 信用卡也可继续赚取 Aeroplan 积分。

升级版 Aeroplan 计划,将为会员提供令人心动的专属会员福利系列,包括 Aeroplan 信用卡的全新功能等福利。以下是部分专属福利:

1) 提升积分价值

Aeroplan 针对全球数百个目的地的加航及其合作伙伴航班提供兑换奖励机票服务。升级版 Aeroplan 计划可为会员提供更全面的服务体验,会员可以通过加航官网 aircanada.com 或加航应用程序搜索并兑换奖励机票。升级功能还包括:

▶加航航班的所有座位均适用:会员可以通过兑换 Aeroplan 积分购买任何在售的加航座位,不受限制。

▶加航航班不收取现金附加费:加航所有奖励机票将取消额外的航空公司附加费(包括燃油附加费)。会员只需现金支付税费和第三方费用(甚至可使用 Aeroplan 积分支付)。

▶积分兑换机票,可提前预估计算:兑换加航 Aeroplan 奖励机票所需的积分将根据实际市价计算。使用积分预测程序计算会员兑换奖励机票所需的大概积分。此程序还可显示会员兑换航司合作伙伴奖励机票所需的固定积分数额,让旅客更轻松地规划旅程。

▶遍布全球的强大网络:作为北美地区最具全球意义的忠诚度会员计划,Aeroplan 会员可通过超过 35 家的航空公司赚取或兑换更多积分。目前,全球网络覆盖的航空公司无论在品质和服务方面都位列前茅,可支持会员兑换超过 1,300 个目的地的航班。最近新加入的合作伙伴包括阿提哈德航空公司和巴西阿苏尔航空公司。

▶积分 + 现金:会员可以灵活选择,保留 Aeroplan 积分,用现金支付部分奖励机票。

▶Aeroplan 家庭共享积分:会员可免费与家人合并 Aeroplan 积分,方便他们更快兑换机票去旅行。

▶搭乘航班随时都可赚取积分:通过加航官网或应用程序付款购买的所有加航航班均可获得 Aeroplan 积分,现在包含基础经济舱机票。

▶升舱:只要准备兑换的机舱内有空位,会员就可通过兑换 Aeroplan 积分升舱至加航豪华经济舱或商务舱。会员也可通过我们最新的竞价升舱功能自行出价升舱。

▶随心享受更多福利:会员可以使用 Aeroplan 积分兑换热门增值服务,例如机上 Wifi 或加航枫叶休息室服务。

▶其他旅行奖励:会员在整个旅程中都可继续兑换积分,包括租车、酒店住宿及度假套餐。

2）多重商品奖励

会员可享受更丰富的奖励选项，包括电子产品、家居用品等。此外，会员还可发放电子礼品卡，更加方便快捷。

3）升级 Aeroplan Elite 会员等级

升级版 Aeroplan 计划仍然保留 6 个会员等级，即入门级 Aeroplan Debut 和 5 个 Elite 会员等级：Aeroplan 25K、Aeroplan 35K、Aeroplan 50K、Aeroplan 75K 和 Aeroplan Super Elite。所有广受好评的 Elite 会员等级福利仍将保留。

（资料来源：根据旅行社咨询以及其他网上资料整理）

案例思考题

（1）你所在或者熟悉的公司（组织）是如何进行顾客忠诚管理的？

（2）何谓忠诚计划？试举例说明一般忠诚计划的原理，并分析忠诚计划的利与弊。

（3）加航为何回购 Aeroplan 忠诚计划？

（4）加航如何全新升级 Aeroplan Loyalty 计划？

（5）你若被指定为一家公司忠诚计划的负责人，你将如何系统思考你们的忠诚计划？

本章复习思考题

（1）何谓顾客忠诚？顾客忠诚对企业的意义何在？

（2）顾客满意与顾客忠诚有何联系和区别？

（3）企业应如何培养顾客的忠诚？

第5章 顾客价值及其管理

保险"内卷"加剧：高净值群体争夺战

作为全球第二大财富管理市场，中国超高净值家族客群体量增长迅速、需求日益多元，推动家族办公室行业迎来腾飞窗口。麦肯锡最新预测，未来5年，中国超高净值人群个人金融资产总和将以13%的速度高速增长，管理资产规模将从2020年的21万亿元人民币，增至2025年的38万亿元人民币。超高净值家庭数量也将在未来5年内从2020年的3.1万个提升到2025年的6万个。

《中国经营报》记者注意到，面对万亿级的时代蓝海，金融机构都在抢先布局财富管理行业中"金字塔顶尖"——家族办公室。而围绕财富管理、家族治理、企业经营等提供产品、服务等解决方案的家族办公室，如雨后春笋般涌现，这当中，一支活跃的力量就是保险公司家族办公室平台。

险企布局提速

公开资料显示，太平人寿今年年初已经在全国各地推出了"太平1929家族办公室"，其核心模式是充分发挥自身的全球化布局优势，为高净值客户提供高品质的管家式服务，提供多项专属化、定制化服务项目，主要涵盖财富传承、精致生活、精英教育、家族家风四大支撑体系，提供家庭资产配置、境内外子女教育、代际传承安排等11项服务权益。

"太平人寿创办'太平1929家族办公室'的初衷与目标是为高端客户提供更好的服务体验，不过分追求短期的保费目标。太平人寿将对'太平1929家族办公室'持续打造，长期经营，继而让公司成为高端客户的首选。"太平人寿方面表示。

实际上，已有多家险企对家族办公室陆续进行了布局。

公开资料显示，2014年，中信保诚人寿推出了高净值客户专属高端子品牌"传家"，面向高净值人士，提供以财富保全、累积和传承为主的全面定制化保险金融服务。2016年，中信保诚康达家族办公室正式成立。

2017年5月，中宏人寿启动全新高净值产品和服务平台"宏运世家"家族办公室。

2019年，平安人寿北京分公司创立瀚景家族办公室团队。

2020年9月，友邦保险正式推出了"传世"家族办公室服务平台。

2021年8月，阳光人寿推出"阳光·臻传"高客服务品牌，并宣布成立"阳光·臻传"家族办公室，为高净值客户提供涵盖人力资本、金融资本、知识资本、组织资本的四大资本服务方案。

据了解,保险公司经常与财富管理经验丰富的律师、税务师举办高端客户沙龙等,对最新法律政策做风险解读提供一些对策,其间会穿插一些金融工具的运用,向客户做家族办公室财富管理普及。随着各项税务机制的完善,通过保险的功能来实现家族财产分配与传承的观念也越来越被高净值人群接受,保险公司也累积了一批存量和增量的高端客户。

大额保单的连接价值

对于超高净值人士和家庭而言,通过终身寿险或者终身两全保险产品做遗产规划,是较为常见的选择。保单指定受益人,可以毫无争议地将理赔金交给指定的人,避免遗产纠纷;同时寿险产品具有一定的杠杆作用,传承的资产不仅安全保值,还可以有效增值。

《2020年中国家族办公室白皮书》显示,在中国家族办公室的主要服务内容及客户满意度方面,通过调研发现,目前参与者优先使用的家族财富传承工具是家族信托(53.7%)、保险计划(47.8%)和保险金信托(32.8%)。作为一家为客户提供一揽子财富管理、资产保全与传承服务的家族办公室,大额保单(记者注:业界称为万用寿险)无疑是其重要的服务工具之一。

记者查阅平安人寿官方微信号平台获悉,在平安人寿2021年的高额投保案例中,高净值人群利用保险进行资产配置和财富传承的特征较为明显。

数据显示,2021年,平安人寿人身险十大承保案例中,有5位客户投保"颐享世家"终身寿险为主险的相关保险产品组合,年度累计保额超过2亿元,另外5位为客户年度保额均超过1亿元。而上述投保大额寿险保单的人士也表示,主要满足对财富传承的需求。

2021年度中信保诚人寿十大承保案例中,有三个投保终身寿险业务,承保保额在2500万元~5000万元,承保产品为中信保诚"托富未来"终身寿险与中信保诚"基石恒利"终身寿险;另七个案例投保年金保险,承保保额从2500万元~4000万元,承保产品主要为中信保诚"智尚人生"年金保险E款(投资连结型)、中信保诚"筑福未来"年金保险B款(分红型)、中信保诚"基石稳利"年金保险。

完全以客户需求为核心

据了解,前述"太平1929家族办公室"产品整合了总分、渠道和公司内外部资源。针对会员客户的财富管理需求,借助中国太平集团旗下资管公司、公募基金、私募股权基金等境内外资产配置渠道和专业化投资平台,让会员在中国太平有更多的财富管理选择;携手国内知名会计师事务所与头部律师事务所提供专业的法税咨询服务;另外,还链接了公司在医养领域布局的"圆和医疗""养老社区"等精品资源,通过这一系列的专属定制服务,为客户打造一个产生深度链接、共享商机、合作共赢的平台。

"实际上,超高净值人群在选择家族办公室时,第一件事就是要了解机构独立性。家办平台是否真正以客户为核心挑选和推荐适合的产品与服务,与客户利益高度一致,而非销售。"一位家族办公室成员王先生(化名)表示。

由于家族办公室完全以客户为核心,独立提供财富传承、另类投资、保险、税务筹划、法律咨询等全方位、一站式专业管家服务,这就要求保险公司除了通过自建核心能力,还需要广泛地嫁接和组织多种外界资源,提供超越财富管理的高度定制化的全方位服务。

(资料来源:陈晶晶,《中国经营报》,2022.4.9)

客户关系管理的真正内涵就是首先找到并获得价值客户,然后为客户提供价值,从而提高顾客的满意度,进而培养客户的忠诚度,提升客户的价值,达到企业的经营目标,这是一个双赢的过程。因此,客户关系管理就是价值创造与交换的过程,这一过程使企业与客户双方追求得到的价值最大化,双赢是 CRM 实施的最佳结果,也是使这样的过程循环往复的源泉和动力。所以企业对顾客的价值管理就分为两个方面:一是企业如何为顾客带来价值;二是如何让顾客为企业带来价值。

5.1　价值的定义与内涵

近年来,不论是学者还是企业家都对研究价值和价值创造表现了极大的兴趣。

什么是价值?对此众说纷纭。大多数文献、词典对价值的定义,一般是引用马克思政治经济学中的观点。如《辞海》对"价值"做了如下解释:"凝结在商品中的一般的、无差异的人类劳动……价值通过商品交换的量的比例即交换价值表现出来。"[①]这种定义主要在政治经济学领域,针对商品在其形成和交换中所体现的价值,对于在政治经济学理论的研究方面,揭示商品价值的本质具有重要意义。然而对于一般意义上的"价值"概念、现代市场经济及社会环境和企业市场经营的一些实际现象,或许通过上述定义的延伸能够得到一定的解释,但缺乏广泛的实用性。《中国大百科全书·哲学卷》对价值的解释为:"价值的一般本质在于:它是现实的人同满足其某种需要的客体的属性之间的一种关系。"[②]这种定义实际上把价值认同为满足人的某种需要的能力,明确价值是某个主体和某个客体属性之间的某种关系,价值具有相对性。但是这种解释仍然过于概念化,缺乏对企业经营等社会现实活动的具体指导意义。

国外管理与营销专家学者对价值给出了现实的定义。杰姆·G.巴诺斯认为价值判断完全是个人化的事情。对一个人来说意味着有价值的东西对另一个人来说并不一定也意味着有价值。瓦拉瑞尔·泽斯曼尔和玛丽·乔·比特通过研究证实了消费者价值观念的多样性。他们发现价值的形成具有高度的个人色彩和习惯性特征。他们的价值观念与价格及支付货币后得到的东西密切相关。他们发现客户会从四个角度定义价值:低廉的价格;对产品和服务的需求;在支付的价格上得到的质量;付出与所得的比较。

莫里斯·霍尔布鲁克认为价值是一种相对的(可比较的、个人化的、条件性的)偏好,用来刻画主体与一些客体之间进行互动的经历。价值包含着偏好——一种偏爱的倾向,一种喜好,良好的影响,或者是好的判断。它也包括了主体与客体之间的互动,这里主体是客户,客体是产品或者公司。价值还有三方面的相对性——它是可比较的(可将一种选择和另一种选择进行排序),个人化的(在不同的客户之间有差别),和条件性的(随着条件的不同而改变)。霍尔布鲁克最终得出非常重要的结论,认为价值与经历有关,因为与它有关的不只是客体的取得,还包括消费和使用客体的服务。Anderson 给出的价值定义:价值是客户在交易中通过为供应商提供的产品付费后收到的一系列经济、技术、

---

① 辞海(缩印本)[M].上海:上海辞书出版社,1999:787.
② 中国大百科全书·哲学卷[M].北京:中国大百科全书出版社,1987:345.

服务与社会利益的可感知的货币单位。Prabakar Kothandaraman 与 David T.Wilson 认为价值是一种介于竞争市场提供物和其价格之间的关系,价值必须由客户来定义。

综合多种观点,且考虑企业经营管理的实际,笔者将价值理解为:

1)价值概念的主体与客体

认识价值概念的主体(承受者)和客体(对象)是研究价值问题的前提。价值概念的主体或客体均可以是人或组织或事物。对同一价值问题,主、客体不同,其含义可能会完全不同。

企业实施 CRM 给顾客带来价值,这时顾客是价值的主体,而企业则是价值的客体,由于顾客得到了较高的价值,因而对企业或其产品与服务满意、忠诚,则重复购买企业产品与服务,企业因而获得较高的顾客盈利,此时企业是价值的主体,而顾客则为价值的客体。如在企业为顾客创造价值的过程中,顾客是价值的承受者,企业一定要明确顾客的需求,了解其对产品和服务的价值取向,从而提供给他们个性化的产品与服务,从而为其创造价值。

2)价值具有相对性、主观性和动态性

价值对应的主体和客体可以是多样的,因此价值也就是相对的。对于有用性的判断,判断者的立场、角度、动机、追求、知觉、经验、信念、态度等不同,其结果也不相同,也就是说不同人对同一事物的价值的认识是不同的。此外,即使是同样的主体和客体,随着时间场景的变化,事物的价值也会随之改变。

3)研究价值必须从分析价值主体的需要入手

价值表现在对主体的有用性上是由客体满足主体需要的属性决定的。因此,研究事物的价值就必须首先站在价值主体的角度,分析主体需要什么? 如对企业而言,在明确目标顾客的前提下,站在顾客的角度充分认识目标顾客真正的需求,获得产品信息和产品本身的可能途径,以及掌握产品的使用方法的程度,才可能充分有效地为顾客创造和传递价值。

5.2　顾客价值理论

关于顾客价值,应从两个角度考虑:一是企业为顾客创造的价值;二是顾客为企业创造的价值。在当今市场竞争日趋激烈的情况下,只有企业首先为顾客提供价值,才会有可能让顾客满意,进而使顾客忠诚,顾客重复购买,或(和)交叉购买,或(和)增量购买,或(和)口碑传诵,或(和)为企业推荐新的顾客,从而使企业增加货币或非货币收益。如果企业没有给顾客提供他们所期望的价值,就不可能让顾客满意,不可能让顾客忠诚,从而也不太可能为企业带来收益,即使由于市场垄断等情况发生,企业短期有收益,但也不可能持续下去。

早在 1954 年,Drucker 就指出,顾客购买和消费的绝不是产品,而是价值。菲利普·科特勒说:营销并不只是向客户兜售产品或者服务,而是一门真正为顾客创造价值的艺术。以后学者们都使用了顾客价值这一概念,并对其进行了详细的描述与解释,形成了顾客价值的理论。

载瑟摩尔(Zaithaml)在 1988 年首先从顾客角度提出了顾客感知价值理论。她将顾客感知价值定义为：顾客所能感知到的利得与其在获取产品或服务中所付出的成本进行权衡后对产品或服务效用的整体评价。

在此后的顾客价值研究中，不同的学者从不同的角度对顾客价值进行了定义：①从单个情景的角度，Anderson、Jain、Chintagunta、Monroe 都认为，顾客价值是基于感知利得与感知利失的权衡或对产品效用的综合评价。②从关系角度出发，Ravald、Gronroos 重点强调关系对顾客价值的影响，将顾客价值定义为：整个过程的价值＝（单个情景的利得＋关系的利得）/（单个情景的利失＋关系的利失），认为利得和利失之间的权衡不能仅仅局限在单个情景（episode）上，而应该扩展到对整个关系持续过程的价值（total episode value）衡量。此外，Butz 等也强调顾客价值的产生来源于购买和使用产品后发现产品的额外价值，从而与供应商之间建立起感情纽带。

在众多的顾客价值定义中，大多数学者都比较认同 Woodruff 对顾客价值的定义，并在其定义基础上进行了很多相关研究。Woodruff 通过对顾客如何看待价值的实证研究，提出顾客价值是顾客对在特定使用情景下有助于（有碍于）实现自己目标和目的的产品属性、这些属性的实效以及使用的结果所感知的偏好与评价。该定义强调顾客价值来源于顾客通过学习得到的感知、偏好和评价，并将产品、使用情景和目标导向的顾客读经历相联系。

1）载瑟摩尔的顾客感知价值理论

载瑟摩尔关于顾客感知价值理论得到了学术界广泛的认可，该理论认为顾客价值是由顾客而不是供应商决定的，顾客价值实际上是顾客感知价值（Customer Perceived Value，CPV），企业在为顾客设计、创造、提供价值时应该从顾客导向出发，把顾客对价值的感知作为决定因素。载瑟摩尔（1988）[①]根据顾客调查提炼出顾客感知价值的四种含义：

（1）价值就是低廉的价格。一些顾客将价值等同于低廉的价格，表明在其价值感受中所要付出的货币是最重要的。

（2）价值就是顾客想从产品中所获取的东西。与有些顾客关注付出的货币量不同，一些顾客把从产品或服务中所得到的利益看作最重要的价值因素。这类似于经济学中的效用，是对从消费产品或服务中获得满意程度的主观衡量。

（3）价值就是我付钱买回的质量。有的顾客将价值概念化为"付出的金钱"与获得的"质量"之间的权衡。

（4）价值就是用我付出的全部所能得到的全部。一些顾客描述价值时考虑的既有其付出的因素（时间、金钱、努力），还有其得到的利益。

大部分顾客对价值的理解大体是以上定义的一种或几种，所有这些定义能总结成一个定义：即价值就是顾客根据他所付出的和所获得的感受而对品牌的主观评价。

另外，载瑟摩尔通过大量的实证研究得出如下结论：

（1）顾客感知价值中感知所得成分既来自显著的内部特性，又得益于外部特性和其他相关的高层次的抽象概念。如许多顾客既将产品和服务的质量（内部特性）作为价值

---

① Zeithaml，V. A.（1988）. Consumer Perceptions of Price，Quality and Value：a Means — End Model and Synthesis of Evidence[J]. Journal of Marketing，Vol . 52，July，p . 2－22.

收益中的主要部分,总体上又对诸如包装、颜色等外部特性和产品或企业的信誉、便利、形象等更高层次的抽象的利益十分关注。而且,产品的内部属性本身可能并不直接与顾客所感知到的价值相关,相反,它们往往要透过产品的外部特性甚至顾客个人所感知的抽象利益才能得到体现。

(2)顾客感知的付出既包括货币成本又包括非货币成本。顾客付出货币和其他资源(例如时间、精力、努力)以获得产品或服务带来的利益。不同的顾客对这些付出的关注是不一样的。如对于价格敏感程度高的顾客而言,货币方面的付出是关键性的因素,减少货币上的支出对提高其感知价值显著;对于价格敏感程度低而对时间、精力、心理风险等因素特别关注的顾客,增加其购买或消费的便利性、减少时间、精力方面支出、品牌的形象等对其增加感知价值。

其实,在实际购买决策中,顾客往往依赖"价值信号"来简化其购买决策过程,因为"价值信号"如品牌、形象、信誉等能够在一定程度上取代顾客在收益与成本之间进行的费神的权衡。在评价顾客感知价值时,顾客对各种要素的认知能力有限,大多数顾客并不也不可能精确计算其感知的所得与所失,而是依赖于一些信号——经常是外来的暗示——"不经意"地形成自己对价值的印象,他们只对已获取的信息进行少量加工便实施购买行为。他们重复购买一个信任的品牌,利用外部价值暗示来简化其购买决策过程,从而节约时间、精力和心理成本。

2) 格隆罗斯的顾客价值过程理论

格隆罗斯(Gronroos)是资深的服务管理与营销专家,他从关系营销的角度阐述了顾客价值。由于关系是一个长期的过程,因此顾客价值需要在一个较长的时间内体现出来,他将此称之为价值过程。他认为,价值创造是关系营销的起点和终点,关系营销应该为顾客和其他各方创造出比单纯交易营销更大的价值。顾客必须感知和欣赏持续关系中所创造的价值。在紧密的关系中,顾客可能会将重点从独立的提供物转向评价整体的关系。如果关系被认为有足够价值的话,即使产品或服务不是最好的,参与交换的各方可能仍然会达成协议。所以价值是关系营销中的一个重要概念,企业提供给顾客超级价值的能力被认为是 20 世纪 90 年代最成功的战略之一。这种能力已经成为差别化的工具和建立持久竞争优势的关键。因此他认为将顾客感知价值定义为顾客根据付出了什么和得到了什么的感知而对产品的效用做出总的评价的观点,没有考虑到企业与顾客之间的关系因素,这是不够的,因为实际上关系本身对顾客总的感知价值有重要影响。

从关系营销的角度看,顾客感知价值可由以下等式[①]说明:

$$顾客感知价值 = \frac{交易利益 + 关系利益}{交易成本 + 关系成本} \tag{5-1}$$

等式(5-1)表明,价值既受交易的利益与成本影响,又受感知的关系利益与成本影响,也就是说,关系本身既创造价值,又产生成本,包含在整个顾客关系生命周期中,会对整个可感知的顾客价值做出贡献。

另外,1996 年格隆罗斯和拉伍德(Ravald)从关系营销的视角提出了全情景价值的概

---

① Christian Gronroos. The Relationship Marketing Process: Communication, Interaction, Dialogue, Value [J]. Journal of Business & Industrial Marketing, Volume 19, Number2, 2004.

念。他们认为顾客在感知价值时,除了关注企业供应物以外,还关注相互间的整体关系,顾客价值不仅来源于核心产品和附加服务,还应包括维持关系的努力,企业可通过发展良好而持续的关系来创造价值。传统的营销视角中的扩展产品概念所考虑的关系增值只是与顾客交易互动的一个"情景片段",而在长期买卖关系中,需要关注全情景价值,全情景价值的公式表示为:

$$全情景价值 = \frac{情景所得 + 关系利益}{情景所失 + 关系成本} \qquad (5-2)$$

顾客感知价值不仅取决于某个服务情节的服务状况,而且取决于顾客对关系的认同和感知状况。强化顾客感知价值的要素存在于顾客关系发展过程中。这种关系收益也许只是顾客对供应商或服务提供者的一种信任感,或者是某些技术或某些社会因素对双方的关系所形成的某种约束。同样关系付出也是在顾客与服务提供者关系发展过程中形成的,要想与某个服务提供者建立起某种关系顾客知道自己必须要付出一些东西。顾客从每一次的服务接触中都会得到某种收益,即情节收益,同时也要有所付出,即情节付出。这种付出的一般形式就是价格,但在情节层次的价值感知是无法定量衡量的。

格隆罗斯和拉伍德对于顾客感知价值的解释突出了长期关系的作用,为企业寻找顾客价值提升的途径指明了方向。

$$顾客感知价值(CPV) = 核心价值 \pm 附加价值 \qquad (5-3)$$

等式(5-3)是另外一种研究顾客感知价值的方法。在此,价值被分解为核心价值和附加价值两部分。核心价值是顾客通过核心产品所获得的收益与顾客获得核心产品所支付的价格之比,而附加价值是由附加服务所得的收益与关系成本相比较的结果。附加价值可为正也可为负。服务态度好、送货迅速、服务有技巧等,则会促进顾客感知价值的提高;相反若服务体系过于繁琐复杂、服务技术令顾客不满、态度不友好、反应迟钝、送货不及时、技术不熟练等则会削弱或者是破坏顾客感知价值。即使企业的核心产品价值再大,对顾客感知价值而言也是负面影响。

3) 服务营销顾客价值理论

从服务营销的角度看,顾客感知价值可由下式表示:

$$顾客感知价值 = \frac{效用}{成本} = \frac{为顾客创造的服务效用 + 服务过程质量}{服务的价格(货币) + 获得服务的成本(非货币)} \qquad (5-4)$$

等式(5-4)显示:客户感知价值取决于得到的效用和所付出的成本的比较。效用的大小既取决于有形的产品部分,又取决于产品的服务过程。许多人对产品的生产过程并不在意,但对服务的过程质量却十分关心。服务的让渡方式与服务的效用同等重要。研究表明,在所有的医疗事故诉讼案中,有80%不是因为医生疏忽而导致病人受到伤害引起的,而是因为病人的期望与医院提供的实际值之间存在的巨大差异,是由于病人对医疗服务的让渡方式有所不满,而并不涉及结果是否有害。

至于成本,很多企业习惯于只用货币价格来衡量成本,但顾客却非常看重非货币成本。在一些情景下,购买服务的成本要高于产品的价格,便利性要花费一些成本,且它对许多顾客都有价值,营销界将此定义为"地点、时间和形式等方面的效用"。对于不同的顾客便利性具有不同的价值量,这就要求服务供应商必须时刻注意不同顾客的需要。

因此等式(5-4)的意义在于:要提高客户感知价值,必须充分考虑到每一个重要的影响因素,要对客户获得的有形产品、无形的服务、服务效用、服务的过程质量、付出的货币与非货币成本等方面进行全面衡量。然而,实际上顾客评价成本减少甚于利益的增加,如果公司能根据降低顾客感知的代价而提供价值,将会大大提高顾客感知价值。

4) 盖尔的顾客感知价值理论

盖尔(Gale)在其著作《管理顾客价值》一书中,借助质量来定义顾客价值[①]。他认为,市场感知质量(market-perceived quality)是顾客将企业的产品或服务与竞争者的产品或服务相比较得出的评价。而顾客价值则是对企业产品的相对价格进行调整后的市场感知质量。

企业和顾客对同样的产品和服务所提供的价值的知觉是不一样的,这种现象的存在对于在营销过程中区分顾客价值和顾客感知价值是非常必要的。顾客感知价值是顾客所认知的购买或消费某种产品或服务为其带来的相对利益。

盖尔用价格和感知质量之间的比率来计算感知价值。

图 5-1 中的两个轴分别代表感知价格和感知质量,中间的对角线代表公允的市场价值(一分钱一分货)。随着市场的进步,各企业努力提高自身实力,能为顾客提供具有较高性价比的产品和服务,这条对角线会向右偏移。位于对角线以上表示价值较低。相反,如果一个公司的产品或服务位于对角线以下就代表有较高的价值。比如在图中 A 与 B 两个企业,此种类型的分析能够从顾客那里了解到对竞争对手的评价。

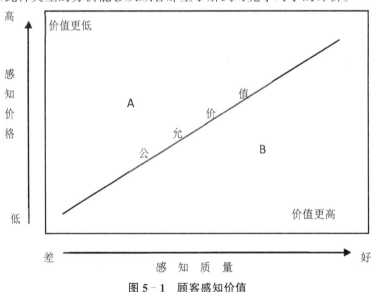

图 5-1 顾客感知价值

资料来源:德里克·艾伦(Derek Allen),莫里斯·威尔伯恩(Morris Wilburn).满意度的价值[M].武永红,王妙,译.大连:东北财经大学出版社,2005:13.

5) Kotler 的顾客让渡价值理论

此外,还有 Philip Kotler 的顾客让渡价值理论。他认为,消费者在选择卖主时价格只是考虑的因素之一,消费者真正看中的是"顾客让渡价值",它是顾客"感知"的总价值与顾客"感知"的总成本之间的差额。

---

① Bradley T. Gale. Managing Customer Value, Preface[M]. The Free Press, 1994.

尽管上述有关顾客感知价值的表述不同,但本质上是一致的,即顾客感知价值是顾客感知利益与感知成本之间的比率。顾客感知的总成本为所有付出的成本:产品价格、获取成本、交通成本、安装、预定、维修、失败的风险、差的功能、时间成本、体力成本;顾客感知的总利益为所有得到的利益:产品的物理属性、服务属性、技术支持(与产品特别用途有关),也包括购买时的优惠价格部分及较之竞争对手价格的差额部分、其他感知质量的指示器。顾客是价值最大化的追求者,在购买产品时,总希望用最低的成本获得最大的收益,以使自己的需要得到最大限度的满足。

与此同时,很多学者从不同角度对顾客价值进行了分类。Sheth 等人把客户价值分为五类:功能性价值、社会性价值、情感性价值、认知价值(epistemic)和条件价值。Burns 结合客户评价过程,把客户价值分为产品价值、使用价值、占有价值和全部价值。Woodruff、Flint 则将其分为实受价值和期望价值。通过以上分析不难看出,虽然学者们对顾客价值的理解有很多,但都是从交换的角度来看待价值,并认同感知价值的核心是感知所得与感知所失之间的权衡。

从以上各学者对顾客价值的界定中,我们总结出顾客价值具有如下几个基本特征:

(1)顾客价值是顾客对产品或服务的一种感知,是与产品和服务相挂钩的,它基于顾客的个人主观判断。

(2)顾客感知价值的核心是顾客所获得的感知利益与因获得和享用该产品或服务而付出的感知代价之间的权衡,即所得与所失之间的权衡。

(3)顾客价值是从产品属性、属性效用到期望的结果,再到客户所期望的目标,具有层次性。

5.3 顾客价值的驱动因素

从顾客角度和从企业角度看,顾客价值有完全不同的内涵。那么驱动顾客价值的因素以及这些因素在其价值构成中的权重就完全不同,而且不同的顾客其价值驱动因素也不同。

从顾客角度看,企业给顾客的价值大小取决于顾客感知所得减去顾客感知所失的差。顾客感知所得包括顾客从企业得到的任何对其有益的产品和服务。而感知所失就是顾客为得到企业所给予的任何利益必须付出的代价,如货币成本、时间成本、精力成本、心理成本、各种风险等。

在大多数文献中,对价值增值战略的讨论主要集中在如何增加核心产品的价值。诚然,为顾客提供更多的所得无疑可以增加顾客价值,但是,如果在顾客感知所得不变的情况下,降低顾客的感知所失无疑也是增加顾客价值的一条绝好途径。为了减少顾客的感知所失,企业必须全面了解顾客的价值链及构成价值链的活动,掌握有关顾客需求和偏好的知识。实际上,购买价格和在时间和空间上的方便程度也是影响顾客感知所失的主要因素。同时,因延迟交货而发生的成本、因错误的订货处理而发生的成本和因担心供应商是否能履行承诺而耗费的精力或增加的心理负担等间接关系成本和心理关系成本也是十分重要的因素。在各项与感知所失相关的因素中,非货币因素往往处于举足轻重的地位,如许多顾客把时间等看作是比金钱更重要的资产。

Wolfgang Ulaga 等人对德国流体食品制造产品的顾客价值主要驱动因素进行了研

究,并调研了各主要驱动因素的重要性[①],其结果见表 5-1。从表中可知:

(1)他们把顾客感知价值的驱动因素分成两大类:感知所得(产品质量)和感知所失(价格),而在产品质量中又将其驱动因素分成三类:一是产品相关特性,如产品的一致性、产品特征、产品范围、产品使用的方便性;二是服务相关特性,如供应的可靠性与敏捷性、技术支持、快速响应、产品创新、技术信息;三是与促销相关的特性,如形象、个人关系、公司的可靠性、公共关系、上游整合等。

(2)供应商和顾客对感知价值的认知不同,在顾客感知所得和感知所失上,从供应商角度看,其产品质量(所得)与价格(所失)的比重各为 50%,而从顾客角度看,前者是63.3%,后者为 36.7%,其他次一级的指标也大不相同。

(3)影响顾客感知价值的因素很多,各因素对顾客价值的重要性大不相同,如从企业角度看,其主导因素有技术特征(20%)、产品范围(14%)、技术支持(13%)、快速服务与响应(10%)、交货的速度与可靠性(8%)。从顾客角度看,主要驱动因素为:产品相关中有产品一致性(19.8%)、技术特性(18.4%),服务相关中有交货的速度与可靠性(7.8%)、技术支持与运用(6.8%)、快速服务与响应(6.5%),促销相关中有公司的可靠性(6.9%)。

表 5-1 德国流体食品制造产品顾客价值主要驱动因素及其重要程度

主要驱动因素				其中主导因素: 技术特征 20% 产品范围 14% 技术支持 13% 快速服务与响应 10% 交货的速度与可靠性 8% ……
从供应商角度看100%	质量50%		产品相关因素51%	
			服务相关因素34%	
			促销相关因素15%	
		总计 50% [(51+34+15)%×50%]		
	价格50%	50%		
从顾客角度看100%	质量63.3%	产品相关	产品一致性 产品的技术特性 使用方便性 产品范围	19.8% 18.4% 4.9% 3.0%
		服务相关	交货的速度与可靠性技术 支持与运用、 快速服务与响应、 产品创新 技术信息提供	7.8% 6.8% 6.5% 3.7% 2.3%
		促销相关	公司的可靠性 个人关系 ISO9001 认证	6.9% 4.1% 2.9%
	价格36.7%	36.7%		

资料来源:杨龙,王永贵.顾客价值及其驱动因素剖析[J].管理世界,2002(6).

---

① 杨龙,王永贵.顾客价值及其驱动因素剖析[J].管理世界,2002(6).

因此,从根本上讲,顾客价值创造的途径有两大类:提高顾客的感知收益和降低顾客的感知付出。图 5-2 说明了增加顾客感知价值的途径,也即顾客感知价值的指标体系。

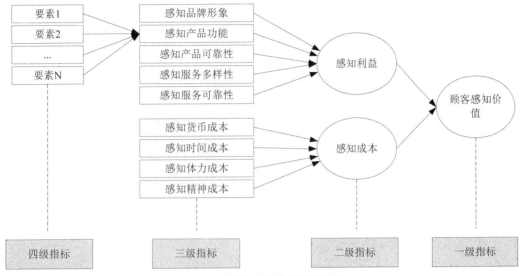

图 5-2　顾客感知价值指标体系

5.4　顾客细分(按价值细分)

传统的细分变量包括地理变量、人文变量、心理变量和行为变量。客户对企业的价值是不尽相同的,很多公司或企业 80% 的盈利,只来自 20% 的客户。因此细分顾客的另一变量为顾客价值变量。按照顾客价值细分顾客,形成一个"金字塔"式的客户结构,我们将此法称为顾客金字塔法。如图 5-3 所示。此法将顾客细分为如下 4 类。

VIP 客户——这种类型的客户数量不多,但消费额在企业的销售额中占有的比例很大,对企业贡献的价值最大,他们位于金字塔的顶层,一般情况下占企业客户总量的 1%左右。

主要客户——指的是除 VIP 客户外,消费金额所占比例较多,能够为企业提供较高利润的客户。这种类型的客户约占企业客户总量的 4%。

普通客户——这些客户的消费额所占比例一般能够为企业提供一定的利润,占企业客户总量的 15% 左右。

小客户——这类客户人数众多,但是能为企业提供的盈利却不多,甚至企业不盈利或亏损,他们位于金字塔的底层。

另有将顾客细分为黄金、钢铁 2 层的方法,也有在其基础上将其分为铂金、黄金、钢铁与重铅 4 种类型的分法,分别如图 5-4、图 5-5 所示。各层含义如下:

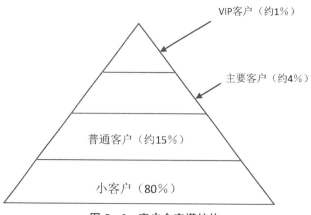

图 5-3　客户金字塔结构

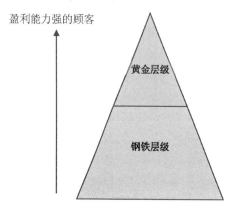

图 5-4　80/20 分布的顾客金字塔模型

铂金层级:铂金层级代表那些盈利能力最强的顾客,典型的是产品的重度用户,他们对价格并不十分敏感,愿意花钱购买,愿意试用新产品,和对企业比较忠诚。

黄金层级:黄金层级和铂金层级不同,这个层级的顾客希望价格折扣,没有铂金层级顾客那么忠诚,所以他们的盈利能力没有铂金层级顾客那么高。他们也许是重度用户,他们往往与多家企业而不是一家企业做生意,以降低他们自身的风险。

钢铁层级:钢铁层级包含的顾客数量很大,能消化企业的产能,但他们的消费支出水平、忠诚度、盈利能力不值得企业去特殊对待。

重铅层级:重铅层级不能给企业带来盈利。他们的要求很多,超过了他们的消费支出水平和盈利能力对应的要求,有时他们是问题顾客,向他人抱怨,消耗企业的资源。

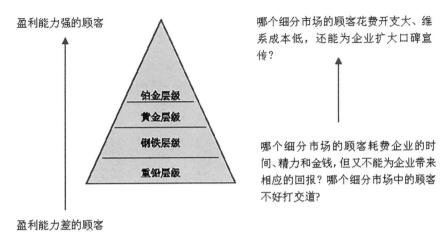

图5-5 扩大的顾客金字塔模型

并不是任何情况下按顾客价值细分顾客皆有用。顾客金字塔模型在下列情形下有用：

▶当顾客需要不同或需要不同水平的服务时；
▶当顾客愿意为不同水平的服务付费时；
▶当服务资源（包括雇员时间）有限时；
▶当顾客以不同方式来定义价值时；
▶当顾客能彼此区别开来时；
▶当差别服务能使顾客升级到另一层级时。

5.5 顾客价值分析

以下是关于顾客价值的一些说法：

▶公司收入的80%来自顶端20%的客户；
▶顶端20%的客户其利润率超过100%；
▶大部分的营销预算经常被用在非现有客户上；
▶5%～30%的客户在客户金字塔中具有升级潜力；
▶客户满意度是客户升级的根本所在；
▶勉强满意的客户会经常转向你的竞争对手。

尽管企业想向所有顾客提供优质服务，但他们发现：满足（当然不可能超出）所有顾客的愿望既不现实，也不经济。另外，大多数情况下企业应该疏远甚至"远离"某些顾客（这也许会受到质量信奉者的反对）。

5.5.1 顾客盈利能力分析

1）顾客价值的衡量指标——顾客终生价值

顾客盈利率（customer profitability，或称顾客盈利能力）在学术期刊上有许多其他的代名词，如：生命周期价值（lifetime value，Keane and Wang，1995），顾客生命周期价值(customer lifetime value，Berger and Nasr，1998)，顾客评价(customer valuation，Wyner，1996)，顾客生命周期评价(customer lifetime valuation，Dwyer，1989)，顾客关系价值(customer relationship value，Wayland and Cole，1997)以及顾客资产(customer equity，Blattberg 和 Deighton，1996)。顾客盈利率的概念是 Storbacka(1998)提出来的。一般用顾客生命周期价值来度量。它是指在企业与顾客关系生命周期内顾客为企业所带来的盈利多少。

2）企业的顾客盈利率分析(80/20 原则)

(1)80/20 原则。

不同的行业，甚至同一行业不同的企业，以及同一企业中不同的顾客，其顾客盈利水平是不同的。通过顾客盈利能力的研究，发现企业大都依从帕累托规律：20%的顾客创造公司80%的利润，而其利润的一半又被处于底端的顾客(不盈利的)顾客消耗，也即企业少数顾客创造了公司大多数利润。企业的利润和损失在顾客分布中的不平衡性，已经成为影响企业生存和发展的战略性问题。如图 5-6 所示。该图是 Sheth 和 Sisodia (1999)描绘的公司客户的典型利润曲线。当营销者采用大众化，甚至以市场细分为基础的营销手段时，一小部分顾客却占据了大部分营业额和利润。这一小部分顾客创造的利润却要对大部分不盈利的顾客进行补贴。花费在不盈利的顾客身上的成本与花费在这一小部分顾客身上的成本相当，甚至前者还超过后者。

因此企业应识别具有不同盈利能力的顾客，从而使企业有限的资源集中于小部分最盈利的顾客身上，从而增强竞争力，使其价值最大化(利润最大化)。

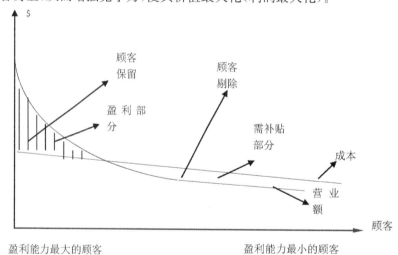

图 5-6 顾客盈利率

资料来源：Arun Sharma R. Krishnan. Value Creation in Markets［J］. Industrial Marketing Management，30.p.391－402，2001.

(2)顾客盈利率案例分析。

顾客研究公司(CRI，Customer Research Inc.)通过分析其顾客的不同盈利能力来分析顾客、筛选顾客，从而将公司资源合理分配给具有不同盈利能力的顾客。该公司于1974 年成立，并选择为财富 500 强中的一群公司提供营销研究、顾客满意测量和数据分析服务。起初,该公司集中于新获取的顾客身上,但从这些客户身上获得的利润与所付出的成本并不相称。该公司对其 157 个客户根据收入和边际贡献进行分类研究。分类结果如下:

CRI 的 157 个客户,根据收入、利润的高低组合有四类客户如下:①高额、低利润客户 11 个;②高额、高利润客户 10 个;③低额、低利润客户 101 个;④低额、高利润客户 35 个。

将上述四类顾客分为 A、B 两类客户,其中 A 类指第 3 类顾客,共 101 个,B 类指第 1、2、4 三类顾客,共 56 个。根据分析发现,两类顾客的盈利能力相差甚远,具体分析见表 5-2。

表 5-2　CRI 顾客盈利率分析

	顾客 A	顾客 B
营业额	$ 203 320	$ 156 000
直接成本	$ 174 856	$ 113 162
销售成本	$ 14 232	$ 3 120
毛利	$ 14 232	$ 39 718
毛利占营业额百分比	7%	25%

研究发现,该公司对资源的利用没有效率,太多的资源分配在 A 类顾客上,这类顾客平均收入低,平均成本高。因此其毛利占销售收入的百分比也低。对此,CRI 公司进行战略决策调整,与有限数量的客户建立一对一的长期客户关系,并将更多的资源分配在精选的顾客身上。结果表明公司的净收益提高,成为其所选客户的偏爱的研究伙伴。该公司 1996 年获得了 Malcolm Baldrige 国家质量奖,成为唯一获得该奖的服务公司。

5.5.2　顾客盈利率度量

1) 度量顾客盈利率(顾客终生价值)

通常企业用顾客盈利率来定量分析进行 CRM 为企业带来的货币价值。从理论逻辑上看顾客盈利率取决于企业与顾客的关系期间关系收益与关系成本之间的差值。具体而言计算顾客盈利率绝大多数用顾客终生价值表示,它是指在与一个客户关系的整个生命周期中所能给企业带来的净收益,即企业能从一个客户那里获得的收益减去与该客户相关的成本支出后的收益净值。不同的客户获利能力是不同的,因为日新月异的市场和个性化的消费追求,决定了客户对企业所提供的产品或服务必然存在着差别化要求。

CLV 用数学公式表达为:$CLV = (RR - TRC)T - AC$　　　　　　　(5-5)

$$TP = CLV \times N \qquad\qquad (5-6)$$

$$TP = [(RR - TRC)T - AC] \times N \qquad (5-7)$$

其中:CLV—单个顾客终生价值(顾客盈利率),RR—获得的收入,TRC—单个顾客总的关系成本(包括发展成本 DC 与保留成本 RC),T—顾客寿命,TP—总的利润,AC—获取成本,N—总的顾客数。

2）影响顾客盈利率（顾客终生价值）的因素

从上述计算顾客终生价值的公式可知，影响顾客盈利率的因素有：关系成本和关系收入。关系成本项目包括：客户获取成本、维持成本与营销成本；关系收入项目包括：客户重复购买、交叉购买和增量购买、客户推荐、价格涨价部分。收入和成本决定了特定时期企业赚取利润的多少。随着客户与企业交往时间的增加，双方的关系更密切，这种良好的关系使得企业的成本不断减少，收入不断增加。因此，企业与客户之间关系的持续期也是影响顾客终生价值大小的重要因素。随着企业与客户关系时间的延长，客户为企业带来的年利润贡献将逐年增加。关系收入的大小可归结为顾客关系维度：即关系广度、深度和长度。如图 5-7 所示。

（1）关系广度：即顾客关系的数量（新顾客、老顾客以及赢返的流失顾客），即总的顾客数—N，在其他因素不变的情况下顾客关系收入与关系广度为正相关关系。

（2）关系深度：它直接影响顾客关系的收入：如重复购买的收入、交叉购买收入、增量购买的收入以及推荐与口碑带来的收入。关系收入 TR 与关系深度为正相关关系。

（3）关系长度：即顾客寿命 T，也即顾客与企业保持交易关系的时间长度。顾客关系收入与关系长度为正相关关系。

以上客户关系广度、深度与长度组成了客户关系立方图，立方体的大小决定了客户关系收入的大小（见图 5-7）。

（4）关系成本 TC：企业与顾客发生关系的所有成本，既包括获取顾客的成本 AC，又包括发生关系的成本 RC，顾客终生价值与关系成本成反方向变化。

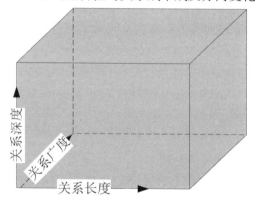

图 5-7　客户关系立体图

3）成本的计算

企业为客户的投入成本包括：获取成本、交易成本、价格优惠部分、推荐破坏成本等。具体的成本估算和分配一般用作业成本法——activity-based cost，简称 ABC 法，即以作业为对象来归集、分配和计算成本。所谓作业是指企业为达到其生产经营目标所进行的各项活动，作业链则是指企业为最终满足顾客需要而完成的一系列作业。运用这一方法分析客户获利能力，首先需要分析每一客户的具体需求及相应产品或服务的"作业链"，其次需要分析这种"一对一"产品按作业链归集的成本，以及该客户给企业提供的收入。

4）企业客户生命周期的计算

（单个）客户生命周期是指当一个客户开始对企业进行了解或企业欲对某一客户进

行开发开始,直到客户与企业的业务关系完全终止且与之相关的事宜完全处理完毕的这段时间。

企业客户群体生命周期的计算是建立在单个客户生命周期的基础之上,它与单一客户生命周期不同的是,它计算出的是企业整个客户群体的平均生命周期。先算出客户流失率,即企业客户单位时间内流失的数量占总客户量的比率,然后算出其客户群体的生命周期。如某企业的年客户流失率为10%,10年这群客户流失掉,则其客户群体生命周期为10年。

5) 客户生命周期利润的计算

将客户为企业带来的收入减去企业为开发、维系、发展客户的成本,即是客户生命周期利润。客户终生价值就是指客户在其整个生命周期过程中,为企业所做贡献的总和。由于在客户生命周期的不同时间内,对企业所做的贡献亦有所不同,同时由于时间价值的存在,所以计算客户终生价值时,必须要对不同时期的贡献进行贴现,计算出客户的终生价值的现值。

6) 顾客或客户终生价值的度量模型

根据顾客终生价值的定义可知,顾客终生价值是为企业带来预期收益的客户资源中进行资产化处理的部分。可见,通过对顾客终生价值的量化计算,可以评估出客户能够给企业带来的预期经济效益,即为企业所作贡献的大小。评估顾客终生价值主要是计算客户终生价值。客户在其整个生命周期内给企业带来的所有贡献称为客户终生价值。由于国内外学者对顾客终生价值概念内涵理解的不同,以及对客户终生价值、企业运作成本的细分办法的差异,他们从不同的角度探讨了顾客终生价值计算的方法。归纳起来,顾客终生价值计算方法大致分为两大类:一类是根据顾客终生价值的概念而形成的关于客户终生价值的计算方法;另一类是将顾客终生价值分为获取资产和维系资产两部分分别进行计算。本书就第一种方法进行探讨。

(1)模型变量。

由上所述,模型变量除了考虑上述顾客终生价值的影响因素外,还得考虑税收、贴现率等因素。故设:关系的持续期为 t;各期的购买概率为 P_t;各期的购买量为 Q_t;每次购买的税后收入为 I_t;企业的资金成本率,即贴现率为 i。企业为开发并保持客户关系而必要的成本为:获取成本 AC_t,指对企业进行投资,用于产品设计、市场营销等以吸引客户并使之满意的支出。这一成本发生在期初,是沉没成本,在获取客户之后不再发生;发展成本为 DC_t(简称 D_t),指企业用来加强和维持现有关系价值的支出,如:进一步了解客户需求,提高客户购买率等;保持成本为 RC_t(简称 R_t),指为延长关系持续的时间、降低客户不满意程度或重新激活客户等发生的支出,客户在期间 t 内产生利润为 m_t,顾客保留率为 r。

(2)度量的数学模型。

严格来讲,客户群体终生价值的计算,应该是先算出企业每个客户的终生价值,然后求和。但由于企业的客户数量较多,分别计算难度较大。就顾客终生价值的概念而言,公司客户基础的价值是其当前和未来客户终生价值之和。下面以一个客户群的客户终身价值为基础建立数学模型,考虑当前和未来客户群的终身价值,通过计算客户关系产生的现金净流量,建立顾客终生价值的计算模型。

若客户保持率为100%,则客户终身价值简单表示为未来收入流的当前价值:

$$CLV = \sum_{t=0}^{\infty} \frac{m_t}{(1+i)^t} = \sum_{t=0}^{\infty} \frac{(P_t \times Q_t \times I_t - D_t - R_t)}{(1+i)^t} \quad (5-8)$$

若公司的客户保持率为 r,则上述模型修改为如下:

$$CLV = \sum_{t=0}^{\infty} m_t \frac{r^t}{(1+i)^t} = \sum_{t=0}^{\infty} (P_t \times Q_t \times I_t - D_t - R_t) \frac{r^t}{(1+i)^t} \quad (5-9)$$

上述模型以无限时间计算(简化计算)。

由于公司会在各阶段内获得新客户,因此各客户群的流失和边际利润模式见表 5-3。从表 5-3 中可见,公司在时间 0 内以每个客户 c_0 的获取成本获得了 n_0 个客户,边际利润为 m_0,随着时间的推移,客户的流失使该客户群在期间 1 最后所留存的客户数为 $n_0 r$,在期间 2 最后留存 $n_0 r^2$ 个客户,相应的边际利润为 m_1, m_2。以此类推其他期间如期间 3,…的最后留存客户数为 $n_0 r^3$,…,边际利润为 m_3,…。对于客户群 1、2 的情况也以此类推。

表 5-3　客户数量和每一客户群的边际利润

时间	客户群 0		客户群 1		客户群 2	
	客户	边际利润	客户	边际利润	客户	边际利润
0	n_0	m_0				
1	$n_0 r$	m_1	n_1	m_0		
2	$n_0 r^2$	m_2	$n_1 r$	m_1	n_2	m_0
3	$n_0 r^3$	m_3	$n_1 r^2$	m_2	$n_2 r$	m_1
…	…	…	$n_1 r^3$	m_3	$n_2 r^2$	m_2
…	…	…	…	…	$n_2 r^3$	m_3
…	…	…	…	…	…	…

注:假设各客户群遵从同样的利润模式($m_0, m_1, m_2, …, m_n$)。

因此,客户群 0 从时间 0 始的终身价值为:

$$CLV_0 = n_0 \sum_{t=0}^{\infty} (P_t \times Q_t \times I_t - D_t - R_t) \frac{r^t}{(1+i)^t} - n_0 c_0 \quad (5-10)$$

这里 $n_0 c_0$ 为客户群 0 的获取成本。

客户群 1 的情况与客户群 0 的情况相似,但每个期间都有变化,因此,客户群 1 从时间 1 始的客户终身价值为:

$$CLV_1 = n_1 \sum_{t=1}^{\infty} (P_{t-1} \times Q_{t-1} \times I_{t-1} - D_{t-1} - R_{t-1}) \frac{r^{t-1}}{(1+i)^{t-1}} - n_1 c_1 \quad (5-11)$$

这里 $n_1 c_1$ 为客户群 1 的获取成本;很容易通过贴现率计算其在时间 0 的价值,换句话说,客户群 1 在时间 0 时的终身价值为:

$$CLV_1 = \frac{n_1}{1+i} \sum_{t=1}^{\infty} (P_{t-1} \times Q_{t-1} \times I_{t-1} - D_{t-1} - R_{t-1}) \frac{r^{t-1}}{(1+i)^{t-1}} - \frac{n_1 c_1}{1+i} \quad (5-12)$$

此处 $\dfrac{n_1 c_1}{1+i}$ 为客户群 1 在时间 1 时的获取成本在时间 0 时的折现值。

总之,客户群 k 在时间 0 时的终身价值为:

$$CLV_k = \frac{n_k}{(1+i)^k} \sum_{t=k}^{\infty} (P_{t-k} \times Q_{t-k} \times I_{t-k} - D_{t-k} - R_{t-k}) \frac{r^{t-k}}{(1+i)^{t-k}} - \frac{n_k c_k}{(1+i)^k}$$

$$(5-13)$$

这里 $\dfrac{n_k c_k}{(1+i)^k}$ 为客户群 k 在时间 $t-k$ 时的获取成本在时间 0 时的折现值。

故企业总的客户终身价值就是所有客户群终身价值之和:

$$CLV_{总} = \sum_{k=0}^{\infty} \frac{n_k}{(1+i)^k} \sum_{t=k}^{\infty} (P_{t-k} \times Q_{t-k} \times I_{t-k} - D_{t-k} - R_{t-k}) \frac{r^{t-k}}{(1+i)^{t-k}} - \sum_{k=0}^{\infty} \frac{n_k c_k}{(1+i)^k}$$

$$(5-14)$$

本模型对预期的顾客终生价值均采用了折现的方法。需要说明的是由于顾客终生价值是一个较新的概念,其计算过程中涉及的许多指标在现行财务报表中并未全部反映出来,使得实际操作较为困难。目前根据顾客终生价值计算公式所得出的计算结果只是概念性的,与实际运作的结果存在一定的差距,而且短期内,企业财务报表上也难以反映顾客终生价值的有关数据。然而对顾客终生价值的概念及其计算方法的探讨,是一种非常有益的尝试,它为企业的运作提供了颇具价值的决策依据。

5.6 提升顾客价值的途径

顾客是最大效用的追求者,企业是最大利润的探寻者,企业提升顾客价值,在增加顾客的效用,提高顾客满意度的前提下,提高顾客的忠诚度,增加企业价值,使企业获利。

1) 根据顾客让渡价值理论,提高顾客让渡价值的途径

(1)增加总顾客价值。总顾客价值包括:产品价值、服务价值、形象价值与人员价值,企业增加其中一种获同时增加几种价值皆能增加总顾客价值。

(2)减少总顾客成本。总顾客成本包括:货币成本、时间成本、体力成本、精神成本,企业减少其中一项或同时减少几项成本皆能增加顾客价值。

(3)既增加总顾客价值,又降低总顾客成本。也即企业即增加上述任何一种或几种价值,同时减少其中一种或几种成本皆能增加顾客价值。

2) 根据 Banwari Mittal Jagdish N. Shesh 的观点,企业给顾客创造价值空间的途径

(1)效用价值空间。

效用价值空间有三个动力来源:质量、创新、量身打造。

质量是指产品或服务要能持续可靠地发挥作用,而且终其一生都能保有相同的水准。定义简单,但却非常重要。如隔夜包裹必须准时送达,通信网络要通畅。对质量的要求有不同的层面。最基本的层面是指减少生产制品的欠缺,使产品或服务符合设计规格。对汽车而言,它就是指零件、组装等没有次品,没有错误。在第二个层次:质量能满足客户对产品和服务的所有要求。就汽车而言,它不仅要可靠有用,而且还要让驾驶与乘客觉得舒适;在第三个层次上,质量的观点更扩大到不只包括产品,还包括其他会影响

客户的东西,如产品的交付、账务、技术支援等。在质量的最后一个层次上,质量成了公司的生活方式。公司会改善所有的作业流程,并接纳"内部客户"概念,使每个流程与活动都获得改善,进而满足服务对象的要求,全面质量管理则是这个转型阶段的主要工具。

坚持质量可以确保产品或服务符合客户对品牌的期望,给顾客创造效用价值,但要扩大这个价值空间的范围,就必须创新。创新的目标是要提高产品或服务的功能水准,以便为顾客创造出更大的效用价值空间。

量身打造是指产品与服务针对个人的需要来设计,使其带给顾客超越质量与创新的效用价值。

(2)价格价值空间。

要素有目标成本、需精益运营。

目标成本是指把成本控制在固定的范围内,使公司制定出对客户有吸引力的产品价格,从而使公司得到预定的利润。目标成本最适合在首次设计产品时使用,以便让设计与制造符合目标成本的规定。精益运营则更进一步,连后续的产品与流程都在应用范围内。由于设计与制造的规定不变,因此生产流程的效率便得以提高。生产流程包括所有的流程,不仅包括工厂流程,也包括办公室流程和管理流程。所有的流程和作业都必须消除浪费,工厂本身必须现代化并符合成本效益,员工的工作必须靠必要的电脑与科技辅助设计,以发挥最大的生产力,管理成本必须削减,一般销售与行政支出必须加以控制。

(3)个人化价值空间。

个人化价值空间有三个构成要素:容易接近、迅速回应、培养关系。

容易接近是指客户要以简单的方式与公司接近,也即客户要求与公司随时随地以任何方式来做生意。企业可以靠建立多种渠道与顾客接近。

但是如果客户的交易需求得不到回应,或是回应得过于迟缓或十分粗糙,即使是容易接近也无济于事。如安装有线电视,过去由于经营者不能确定安装人员何时到现场,只能在家等待一天,如若现在改善了本身的作业,使客户能把等待维修人员到达的时间控制在 2 小时以内则会大大提高给客户的价值。再如在中国银行的客户无不要求能缩短排队等待的时间,如需花很长时间排队才能办理,这大大降低了银行带给客户的价值。这也是近期上海各银行致力要解决的问题,目前中央银行要求各大银行开办各银行间通存通兑的业务,从而减少业务量,为客户提供方便,增加客户价值。企业要做到迅速回应,必须具备多项基本资源,如:与客户联系的人员要有专业能力和才干,充分了解产品,并有能力解决问题;要有适当的 CRM 系统,使客户服务人员可以靠桌上的终端机查询相关的客户与产品信息,且有权采取行动,电话或邮件便能迅速解决问题。

培养关系是指公司与客户建立关系。关系的核心要素是信任。公司若能取得客户的信任,就比较容易获得客户的忠诚。此外尊重、重视客户、同理心、人情味等皆是培养与客户良好关系的要素。

不论是菲利普·科特勒的价值让渡理论,还是 Banwari Mittal Jagdish N. Shesh 的再造价值空间的观点,都是从不同的角度提供了公司增加顾客价值的途径。

3)本书观点

上述企业提高顾客价值的途径皆是从公司为客户提供的价值入手来获得企业的价

值的。笔者认为还应结合企业按顾客价值细分市场,选择盈利客户,了解客户的期望与需求,在此基础上以创新的方式为客户提供价值。因此笔者认为企业提升顾客价值的要点如下:

(1)按顾客价值细分市场,精心筛选盈利顾客。

(2)了解顾客的期望,重视目标市场顾客的需求,尤其是其最重视的需求。

(3)以创新的方式为顾客创造价值,给顾客提供满足其需求的产品和服务。

因此企业必须对顾客进行价值细分,选取盈利客户,了解顾客的价值偏好,然后在顾客看重的"价值"领域里,集中提供一流的产品和服务,消除或尽量减少顾客成本和冲突。最后,要把企业的注意力从单纯关注产品价格转移到企业的总成本上来,力争比对手为顾客带来更大的价值。

沃尔玛就是为顾客带来卓越价值的公司。沃尔玛长期以来围绕着价廉、方便、满意的顾客价值范畴,充分运用科技进步带来的可能性,压缩供应链上游的成本,持续地改进流程,改善组织领导方式,对内过站式物流管理技术、员工持股和参与分红,对外"天天低价",从而使得公司以顾客价值为导向建立起核心能力,赢得了竞争优势。

再如宜家,依靠前卫的设计风格,设计出让人耳目一新、实用而简单,且体现品质和品位的产品,以科技照顾生活的每个细节,创造独特的产品展示方式,营造独特的体验式购物环境,把"简洁、美观而价格合理"的商品带到全球市场,成就了人们的美好生活,从而给顾客全新的价值体验,从而赢得了顾客的忠诚,进而也获得了丰厚的回报。

主题案例

宜家:"家居生活服务专家"的应变与坚守

2020年8月26日,宜家中国召开了2021财年的发布会,秉承上年宜家中国在北京宣布"未来+"战略,将继续加大在中国的投资力度。同时系统阐述了其坚守与图变的策略。"未来+"战略中最重要的组成部分是在中国投资100亿人民币,面对变化,宜家从大型标志性实体店开始转向全渠道布局。过去12个月内开了7家新店,创下宜家全球密集开店的历史纪录。同时,旨在不断拓展渠道,实现渠道多元化的官方购物App上线和天猫旗舰店也在今年3月正式上线,并实现了线上增加67%的销售业绩。

在全渠道的应变之外,宜家对疫情后趋势的把握,以及在不断变化中对自身定位的坚守,对很多企业来说同样有着重要的借鉴意义。比如资深媒体人陈序就表示,"在未来不断变化的世界中,仅有极少数能够独立决策的KDL(Key Decision Leader,决策领袖)才能在危机世界中幸存。"

事实上,正是这种决策性,让宜家在中国的业绩远远超过了大多数的外资零售企业。回望在中国市场经营22年的宜家,他们对未来不断变化的世界有着清晰的判断,体现在其商品的价格策略、设计理念、家居核心、会员体系、品牌调性等等多个方面。

举例来说,宜家认为疫情得到有效防控后,人们会更看重性价比和精神层面的追求,进而其品牌调性会特别强调可负担、可持续。再比如,当智能家居的进入者都在讨论

IOT,认为 AI 未来会变成流量入口。宜家则特别强调自身要致力于家居产品,并不希望通过智能家居来打造流量,认为这是两个不一样的概念。

本案例关注宜家在新机会和新变化面前的应变和坚守,比如在数字化和全渠道变革的机会面前,宜家如何应变? 如何推进其数字化变革过程的战略布局? 在消费者更追求性价比的时代,企业如何从全产业链的角度来控制减少成本,以推出更低价格的产品? 包括在智能家居引发的机会面前,宜家对自身定位的坚守以及对竞争边界的理解。

应变之一 ——数字化与全渠道

尽管在外界看来,宜家的数字化转型可谓姗姗来迟,但是,如果你了解其两年前去世的创始人英瓦尔·坎普拉德(Ingvar Kamprad)及其家族的行事风格的话,你甚至一定会相信宜家在数字化转型上的战略布局会自有章法,且严谨缜密。

来看一下宜家数字化转型的全部历程。

在宜家看来,数字化转型绝非是简单的线上购物的场景,所以,当 2014 年前后,国内零售企业已经在大谈 O2O 模式的时候,宜家全球总部才决定从只有线下门店生意变成多渠道零售商。之后,宜家在各国家市场又经历了漫长的线上试点,直到 2016 年,宜家才在世界上最发达的电商市场中国,启动在线购买服务,但仅限于试点上海区域。看似动作慢,其实宜家一直在紧锣密鼓地低调布局,比如电商后台的数字化系统,对于线上线下的协同管理等。直到 2018 年 10 月,伴随着物流配送中心的建成,宜家中国才将配送范围扩大至 35 个城市,在 2019 年 6 月扩大至 227 个城市。

2019 年 5 月,是宜家进行数字化变革的关键节点,就在这个月,宜家公布了一个新版本的 logo,名为"窗口",将人们最熟悉的黄蓝色宜家标识变成了白色,开启了线上营销的时代。

2018 年年底,宜家在全球范围内启动了其史上最大规模的战略转型,这场转型将以数字化升级为核心,将用为期 4 年的时间彻底改变宜家。2019 年 8 月,宜家中国在北京宣布了其全新的"未来+"战略,致力于通过渠道拓展、数字化、积极探索新的业务模式,以成为消费者的"家居生活服务专家",来进一步深耕中国市场。

2019 年,宜家在中国上海正式启动了数字创新中心。宜家中国副总裁 Francois Brenti 告诉《中国经营报》记者,"数字创新中心主要专注于中国市场,深入了解中国市场发展趋势,专门为中国市场提供满足中国市场客户需求的解决方案,所以我们也是在认真倾听客户反馈,把他们的反馈融入我们的解决方案和产品当中。300 名同事在从事相关的研发工作,包括技术的研发。"

事实上,由于中国是宜家全球重点关注的市场之一,所以,目前中国是除瑞典以外唯一一个拥有完整宜家价值链的市场,涉及产品设计、测试、生产、采购、仓储及配送、零售、购物中心、数字创新等各个领域。

进入 2020 年,宜家加速了线上布局,宜家动作频频,推出购物 App、天猫旗舰店。此外线下开始推出不同形态门店。根据宜家反馈的数据显示,天猫平台消费者对宜家的认可度达到 4.9 分(5 分满分),一周之内积累了 100 万粉丝。同时,作为其电商策略执行重要支撑之一的购物 App 日活跃用户也达到了 15 万。

正如 Francois 所说,"过去 20 个月当中,我们做了很大努力推进渠道转型和多元化。

过去宜家是以庞大的实体店为主，我们线下门店比较大，这是大家耳熟能详的形式。但是现在我们开始发展不同类型的渠道，包括线上和线下。"

截至目前，宜家中国在中国大陆开设了31家商场、1家小型商场、1家城市店、2个体验店和3家荟聚购物中心。

但以上这些动作并不是宜家数字化转型的全部。宜家中国副总裁张丽娜表示，"通过全渠道扩张，宜家有机会触达那些之前没有感受过宜家产品的新的顾客群体。"由此，可触达、深入理解用户需求，成为宜家数字化转型向更深处探索的方向。

首先，通过跨界合作辐射更多的用户群，比如宜家与乐高跨界推出BYGGLEK比格列克系列，让家变成游乐场，让收纳更有趣的居家生活理念更是吸引了一票用户群。

其次，通过洞悉并理解用户需求，然后提出数字化解决方案。比如改变《宜家杂志》的设计，2018年，宜家将纸质版的"家居指南"搬到了微信小程序上，变身为"宜家家居指南"，该指南保留了左右滑动像翻书一样切换页面的模式，实现添加书签，同时还可以实现"搜索"的功能，将喜欢的商品添加至"想要"，然后可以直接购买。

面对线下用户，宜家同样引入了数字化解决方案来解决用户的痛点问题，比如在实体门店中将导航系统投入使用后。消费者可以从手机上获取门店内部的众多信息，如卧室用品的位置、门店的出口等等。

同样的，图像识别技术使消费者可以通过手机拍照，来获取展示中的产品信息，并知道可以在哪里找到这些产品；人工智能技术可以检测消费者在展厅里或货架前的行为，包括停留时间长短、是否触摸产品等等，并通过这些数据，将产品的布局摆放效果量化，以此提升门店的运营效率和效果。而AR技术在安装说明书中的引入，则解决了众多用户在安装过程中的困扰。

公开数据显示：这些举措都通过了试点的测试，不少产品的销量得到50％~100％的提升。

应变之二——打造更低价格、更可持续的商品

在张丽娜看来，"疫情对于宜家的机会，主要有两点，一是我们看到，疫情带来的不确定性使大家很关注自己的预算是否更具性价比。宜家产品一直坚持低价、高品质，也给了我们很大的空间。二是后疫情时代大家对于家居生活深入思考，对于精神层面需求超过物质层面。精神层面的需求包括对可持续发展的关注，这对一直坚持绿色发展的宜家来说也是一个很好的机遇。"

正是在这样的背景下，在2021财年媒体发布会上，宜家宣布250款以上产品进行降价，占整个SKU接近5％左右。其高管同时也直言，"虽然品类占比不高，但销售额占比却远大于这个数字。"事实上，宜家每年都在致力于推出更低价格的商品，这种更低价格不是短时促销，而是长期可持续的价格，而降价的根源在于从全产业链的角度来控制减少成本。

比如宜家一款代表性商品BILLY书柜，该产品2008年的售价为1399元，到2020年，它的新定价为999元，调低价格的原因之一，是采用了竹子作为新原料后成本更低。由此，通过全产业链优化和技术的改进，降低一些商品的生产、包装等成本，从而降低售价，提高对消费者的吸引力，成为宜家针对最新消费趋势做出的应变。

"上年我们推出了 100 款以上更低价格的商品,今年推出 250 款以上,相比上年来说,今年整个比例翻了一倍以上,我们也持续不断提高在低价产品方面的大幅度投入。"张丽娜表示。

在消费者端,正是看到用户需求的变化,宜家推出了 2021 财年针对后疫情时代的品牌重点——可持续和可负担。宜家观察到,突如其来席卷全球的新冠疫情,让人们重新思考家居生活的意义,以及人类与自然和地球的关系。

在这一背景之下,宜家新财年 2000 多个新品中 700 多个新品体现了这一可持续的发展战略。比如宜家全新推出的素肉丸子,以植物性食材取代肉类原料,为宜家肉丸爱好者提供更可持续的环保选择;在可再生能源利用方面,宜家致力于在 2021 年初,将电动车送货服务所覆盖的顾客配送订单比例,从目前的 70% 提升到 90%,100% 电动车配送城市数量从 5 个提升到 17 个。

坚守与平衡——家居生活服务专家

面对技术和市场的双重变化,很多企业都在寻找捕获新的市场机会,宜家也不例外。在面对智能家居引爆的市场机会面前,宜家显然是一个平衡高手。无论有多少跨界与技术巨头展开产品合作,宜家都没有偏离其原本的家居生活服务专家的定位。

"举例来说,宜家做的智能灯光,最大的不同是基于对家居的理解。我们在智能家居领域会跟很多不同的 IOT 技术公司合作,例如,我们的智能灯泡可以用小米,也可以用谷歌 Home Hub 来控制,这对于宜家来说是开放的。但是对灯光的把握、对灯泡带来的照明效果的把握,是宜家的专长。"张丽娜告诉记者。

在张丽娜看来,"智能家居虽然是很热门的话题,但无论是什么样的新技术,更多是在用不同的技术手段让家居生活更便捷。对于宜家来说,专注在家居,我们会坚定不移走这条路,会用科技手段让我们的产品更贴近新兴消费群体。我们的产品和新产品是搭建在 IOT 物联网上面的,这是我们的核心。"

事实上,宜家的理性并不仅仅体现在对未来技术发展趋势和自身优势的把握,还体现在其面对智能家居引爆的流量时代的冷静。而这种冷静和坚守,或者只有拥有更长历史的企业才会具备。

"宜家是家居品牌,我们还致力于如何提高家庭生活环境、解决顾客生活痛点。在宜家看来,智能家居中的灯具、音响还有未来计划中的空气净化产品等等,它们仍是一种家居产品,我们最终是希望用智能手段让顾客更容易享受自己的家,而不是用某一个智能手段把某些人绑在流量入口上面。"张丽娜表示。

除了面对智能家居的清醒之外,对于全屋设计,宜家也提出了有区隔的竞争原则,比如他们认为全屋设计,应该更强调设计,而不是定制。

这一观点同样体现在其对家居生活服务专家的定位上。面对更多家居品牌对定制概念的推崇,宜家简洁地提出了定制与设计之间的最大差异——定制本身缺乏设计概念,宜家不仅仅可以按照你的需求定制产品,更重要的是宜家的设计风格会让你的家感觉不一样。

宜家的"小店"模式

2020 年,宜家在上海最核心的商圈静安寺开设了城市店,这是宜家前所未有的尝试,目前静安城市店每天访客达到了 10000 名,其最终目标是 15 分钟可及,从而更好地了解消费者的行为和需求。

与此同时,宜家还正在计划将这种城市店模式向广州和大湾区进一步复制推广,宜家中国副总裁 Francois 表示,"我们一直希望提高宜家的可及性,静安店是一次尝试,也是全球第一家(城市店),我们希望从中总结出一些最好的解决方案,从而更好地服务客户。我们希望把这种新的形态推广到其他城市,也会循序渐进在一线城市,比如上海和大湾区以及中国其他城市推广。"

从 10000 平方米的大店,到现在开设 3000 平方米的城市店;从布局郊区位置到走进城市中心区域,再到开发"社区实验室",全球家居巨头宜家也开始在"可触达"策略背后看上社区热土,开设"小店"模式。

事实上,不仅仅是宜家,回顾 2020 年上半年,小店模式正成为各类零售巨头布局的新领域。先是盒马 mini、永辉 mini 带动了一众生鲜电商大佬的尝试。紧接着,在家电家居领域,很多企业也开始尝试更小的店铺,更靠近用户的社区布局。

那么,社区化、小店化到底能为零售业带来哪些好处呢? 从一些公开的评论就可以看出,首先,小店产品更易于被用户分享和传播,带来更多流量或者推荐。其次,小店颗粒度更小,投入更少,但其盈利能力更强,可以为企业在疫情后带来生机。再次,考虑到便利性和可触达,疫情后用户对长距离采购的减少,城市小店可以满足用户更多的需求,使用户在应用的停留时间更长,用户黏性更强。最后,社区化运营可以更好地打造需求生态,让用户沉浸其中,或产生更多互动。以宜家为例,全屋设计的理念需要更加靠近用户的居住地,用户才会更多地产生安全感和亲切感。

(资料来源:屈丽丽,中国经营网,2020.9.9)

案例思考题

(1)什么是体验营销? 宜家的体验设计中有很多令顾客"痛苦"的环节,为何顾客对宜家的品牌体验"痛并快乐着"? 有何理论根据?

(2)相对于竞争对手,宜家给顾客的价值创新何在? 宜家是如何与时俱进地为顾客提供价值?

(3)在众多线下实体零售身陷"关门潮"之际,宜家为什么能逆势宣布加速开店。纵观宜家的布局,在大力推进电商业务的同时,并没有放慢布局线下门店的步伐,反而呈现线上线下并驾齐驱的态势,为什么?

(4)本案例对你的启示何在?

本章复习思考题

(1)企业是否要按顾客价值进行顾客细分和管理? 为什么?

(2)要想在竞争中获胜,企业就必须对给顾客的价值进行价值创新。请联系企业管理实践,谈谈"价值创新"的途径有哪些。

(3)你所在的或是你熟悉的企业是如何按顾客价值细分并对细分顾客进行管理的?

中篇　CRM 技术系统

第6章 CRM 技术系统概述

SAP 云产品赢得中国客户

以下是 SAP 发布的 2022 年第二季度财报的关键数据:

▶云收入增长 34% 和 24%(恒定汇率),成为最大收入来源。

▶当前云待交付业务超过 100 亿欧元,增长 34% 和 25%(恒定汇率)。

▶SAP S/4HANA 当前云待交付业务增长趋势上升,提升 100% 和 87%(恒定汇率)。

▶云业务毛利润增长分别为 39%(IFRS)、38%(非 IFRS)和 28%(非 IFRS 恒定汇率),带来强劲的云毛利率增长。

▶SAP 重申 2022 年在收入和自由现金流方面的展望,更新了运营利润预期范围。

对于上述数据,SAP CEO 柯睿安(Christian Klein)表示:"我们第二季度的业绩表现,充分说明了 SAP 的解决方案比以往任何时候,都更能满足客户需求。我们的云转型速度比预计的更快,云收入超出预期,并已成为 SAP 最大的收入来源。我们拥有强劲的商机,随着 S/4HANA 当前云待交付业务增长达到 100%,SAP 的市场份额正在稳步攀升。"

本季度有超过 650 家客户选择了 SAP S/4HANA,其中 60% 以上是全新客户。截至目前,采纳 S/4HANA 的客户总数已有 20 000 家左右,年同比增长 15%,其中上线客户超过 14 500 家。

第二季度,全球数量众多的客户选择了 RISE with SAP(乘云而上——SAP 一站式数字化转型加速包),以驱动端到端的业务转型。这一标志性云产品,本季度也赢得多家中国客户。

经过三十多年的创新发展,中联重科已从中国工程机械技术发源地,成长为一家全球化企业。为整合海外资源,中联重科海外公司选择了 RISE with SAP,希望通过快速部署,将规范管理搬上云端,支持海外分支机构,满足当地法规要求。同时,ERP 云较低的 IT 运维成本,敏捷的拓展优势,也为公司实现业务快速扩张打下基础。

作为山东民营炼化领军企业,京博控股为支撑集团高质量发展策略,满足"双碳"背景下的监管需求,决定将管理搬上云端,并选择采用 RISE with SAP,通过快速的 ERP 云全覆盖,优化流程和内控,实现财务标准化。京博控股希望借助 ERP 云安全可靠、前期投入低的优势,提升集团的管理水平,并为业务的快速拓展奠定数字化基础。

百济神州是一家全球领先的生物医药公司,致力于抗癌治疗药物的研发与商业创新。百济神州选择了 SAP Ariba,希望在云端快速搭建统一的采购管理平台,打造从采购、合同、到支付的一体化方案,帮助公司遍布 5 大洲的办事机构,实现基于不同语言、不同法规的采购协同,提高创新药研发和生产效率。

百得利是顶尖的超豪华汽车经销商集团之一,代理多种高端汽车品牌,在业内以精细化管理著称。它选择了 SAP iRPA 和 CAS,用自动化的手段,准确、实时、低成本地获取信息,更高效地与代理汽车品牌进行协同。并在 SAP 云服务支持下,更好地利用智能机器人,为企业的智慧转型,带来更大业务价值。

老娘舅是中式快餐领军品牌,拥有近 400 家中式快餐厅,强调以米饭为代表的高品质食材、标准化运营。老娘舅此次续签了 SAP Commerce Cloud,并对数据库进行了扩容,期待夯实菜单管理中心和订单中台建设,打通多渠道、线上线下订单数据,实现统一的数据采集管理,从而提升业务管理效率,在"云端"为消费者烹饪更高品质的中式快餐。

理士国际是国内领先的蓄电池制造商和出口商,产品销往 130 多个国家和地区。为了完善管理遍布全球的销售公司、仓库和生产基地,理士国际选择了 RISE with SAP、BTP 和 SAP Process Automation 解决方案,希望实现全面协同的企业运营,打造成本、报价、订单、生产系统全链条的可视化、自动化管理,平衡全球多个工厂产能水平,使全球运营更加健康、高效,增强企业国际化竞争力。

(资料来源:根据中国经营网整理,2022.7)

从上述案例资料中可知,SAP 2022 年第二季度的业绩表现,充分说明了 SAP 的解决方案比以往任何时候,都更能满足客户需求。也说明 SAP 助力上述中国客户,凭借 CRM 系统为这些公司赋能。

本章从 CRM 的系统特点出发,首先从宏观上描述 CRM 系统结构模型,然后分析 CRM 的软件系统,最后在此基础上分析 CRM 软件系统的技术功能模块和 CRM 系统分类、国内外领先的 CRM 软件企业,以帮助读者全面了解和掌握 CRM 的技术系统和模块。

6.1 CRM 系统特点

CRM 是基于管理理念和信息技术的软硬件系统与解决方案的集成,旨在借助信息技术及互联网技术协调企业与顾客间的交互关系,吸引新客户、保留老客户并提高客户黏性。CRM 的本质是连接企业内部业务及外部的终端客户、经销商、服务商及设备,打通内外部信息壁垒,实现业务的全面化管理。所以 CRM 不仅是一种管理理念,也是一种管理技术。此外,CRM 技术系统以数据收集、存储、分析等功能驱动营销、销售和客服三大板块,支撑客户全生命周期管理,为客户打通完整的价值链条,并通过 PC、移动等端口实现系统接入及与客户的双向互动,赋能企业数字化运营,助力产业互联时代下业绩的规模化增长。

现代的 CRM 是一种以客户为中心的业务模式,由多种技术手段支持、通过以客户为中心达到增强企业竞争力的目的。其本质上是以客户关系为导向的一套计算机化的网络软件系统,其目的是为了有效地收集、汇总、分析和共享各种顾客数据,积累顾客知识,有效地支持客户关系策略。对顾客数据的收集、分析、处理和共享手段决定了 CRM 的功效,因此 CRM 系统是确保企业成功实施 CRM 战略的技术保证,是 CRM 战略的使能者(enabler)。好的 CRM 系统应该能够很好地处理客户的数据,具有平台、接触、运营和商业智能四大层面的功能,实现企业市场营销、销售和服务等各个系统的无缝连接。在数据仓库技术、数据挖掘技术和 Web 技术下实现企业快速、正确的决策和经营。

主流的 CRM 系统具有以下特点:

(1)综合性。完整意义上的 CRM 系统不仅使企业拥有灵活有效的客户交流平台,而且使企业具备综合处理客户业务的基本能力,从而实现基于因特网和电子商务应用的新型客户管理模式。它能综合企业客户服务、销售和营销行为优化的自动化要求,在统一的信息库下开展有效的顾客交流管理,使得交易流程成为综合性的业务操作方式。

(2)集成性。在电子商务背景下,CRM 系统具有与其他企业级应用系统(ERP—企业资源规划、SCM—供应链管理)的集成能力。对于企业而言,只有实现了前后端应用系统的完全整合,才能真正实现客户价值的创造,如 CRM 与 ERP 的集成。ERP 的实施给企业带来内部资源的优化配置;CRM 则从根本上改革企业的管理方式和业务流程,因其具备的强大工作引擎,其解决方案可以确保各部门各系统的任务都能动态协调和无缝完成。如 CRM 系统中的销售自动化系统,能够及时向 ERP 系统传送产品数量和交货日期等信息,营销自动化和在线销售组件,可使 ERP 订单与配置功能发挥到最大,客户可以真正实现按需要配置产品,并现场进行订购。

(3)智能化。成熟的 CRM 系统不仅能完全实现商业流程的自动化,而且还能为管理者的决策提供强大的支持。因为 CRM 获得并深化了大量客户的信息,通过成功的数据仓库建设和数据挖掘对市场和客户需求展开了完善的智能分析,为管理决策提供参考信息,从而提高管理者经营决策的有效性。此外,CRM 的商业智能还可以改善产品的定价方式、发现市场机会,从而提高市场占有率。

(4)高技术含量。CRM 系统涉及种类繁多的信息技术,如数据仓库、网络、语音、多媒体等多种先进技术,同时,为了实现与客户的全方位交流,在方案布置中要求呼叫中心、销售平台、远端销售、移动设备以及基于因特网的电子商务站点的有机结合,这些不同技术和不同规则的功能模块和方案要被结合成为一个统一的 CRM 环境,就要求不同类型的资源和专门的先进技术的支持。CRM 为企业提供的数据知识的全面解决方案中,要通过数据仓库、数据挖掘和决策分析工具的技术支持,才能使企业理解统计数据和客户关系模式、购买行为等的关系,在整合不同来源的数据并以相关的形式提供给企业管理者或客户方面,IT 技术的影响是巨大的,当然也是最终的。

6.2 CRM 的系统结构

6.2.1 CRM 的体系结构和系统功能

CRM 的体系结构与系统功能,可概括为:三个层面、三种类型与四个分系统,见图6-1、图6-2。

1) 三个层面

从逻辑模型的角度来讲,一个完整的 CRM 系统可以分为三个层次:界面层、功能层与支持层。

(1)界面层。界面层是 CRM 系统同用户或客户进行交互、获取或输出信息的接口。通过提供直观的、简便易用的界面,用户或客户可以方便地提出要求,得到所需要的信息。这一层的模块有呼叫中心和电子商务两部分。

(2)功能层。功能层由执行 CRM 基本功能的各个系统构成,主要包含销售自动化、营销自动化和客户服务与支持自动化。

(3)支持层。支持层则是指 CRM 系统所用到的数据库管理系统、操作系统、网络通信协议等,是保证整个 CRM 系统正常运作的基础。

2) 三种类型的 CRM

与上述三个层次相对应,可将 CRM 系统大致分为如下三个模块,在小型的 CRM 系统中也可将其当作三类系统:

操作型 CRM:对应功能层,对销售、营销和客户服务三部分业务流程的信息化处理。

协作型 CRM:对应界面层,与客户进行沟通所需要的手段(如电话,传真,网络,Email 等)的集成和自动化处理。

分析型 CRM:对应支持层,对前面两个部分功能所积累下的信息进行加工处理,产生客户智能,为企业的战略战术决策作支持。

下面详细分析这三个模块。

(1)操作型 CRM。

应用此模块的目的是为了让这些部门的业务人员在日常的工作中能够共享客户资源、减少信息滞留、从而力争把一个企业变成单一的"虚拟个人"呈现在客户印象中,它是 CRM 软件中最基本的应用模块。它通过基于角色的关系管理工作平台实现员工的授权和个性化,使前台交互系统和后台的订单执行可以无缝集成链接,并同步所有客户的交互活动,以此使相关部门的业务人员在日常的工作中能够共享客户资源,减少信息流动的滞留点,从而使企业作为一个统一的信息平台面对客户,大大减少客户在与企业的接触过程中产生的种种不协调。主要包括:销售自动化、营销自动化、服务自动化。

这种系统的使用人员主要有以下几类:

▶销售人员。使销售自动化,包括订单处理、发票处理及销售机会管理。

▶营销人员。使营销自动化,如促销活动管理工具,用于计划、设计并执行各种营销活动,寻找潜在客户,并将他们自动集中到数据库中,通过自动分配工具派给销售人员。

▶现场服务人员。使服务自动化,包括自动派给工具、设备管理、服务合同及保质期管理等。

(2)协作型 CRM。

协作型 CRM 一般有呼叫中心、客户多渠道联络中心、帮助台以及自助服务帮助导航,具有多媒体多渠道整合能力的客户联络中心是其主要发展趋势。它将市场、销售和服务三个部门紧密地结合在一起,支持他们之间的协作,使企业各个部门之间协作畅通,数据一致,从而使 CRM 为企业发挥更大的作用。它能够让企业客户服务人员同客户一起完成某项活动,比如支持中心人员通过电话指导客户修理设备,因为这个修理活动要

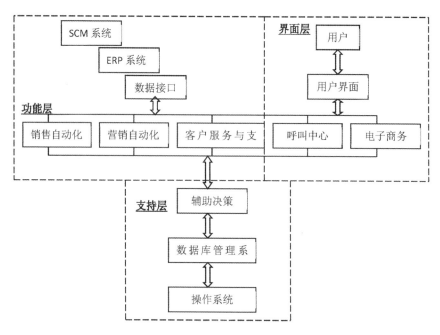

图 6-1　CRM 的逻辑体系结构

有员工和客户共同参与,因此是协同的。

（3）分析型 CRM。

分析型 CRM 以数据仓库和数据挖掘为基础,支持、发掘和理解顾客行为。主要原理是将交易操作所积累的大量数据进行过滤,然后存贮到数据仓库中去,再利用数据挖掘技术建立各种行为预测模型,最后利用图标、曲线等对企业各种关键运行指标以及客户市场分割情况向操作型模块发布,达到成功决策的目的。应用此模块的人员不同客户直接打交道,而是从运营型系统所产生的大量数据中提取有价值的各种信息。如销售情况分析和对将来的趋势做出的必要预测,是一种企业决策支持工具。

这三大功能统一于 CRM 总体系统结构图中,如图 6-2 所示。

3）四个分系统

从全局角度看,在完整的 CRM 系统中包含以下四个分系统:

（1）客户协作管理分系统。客户协作管理分系统主要实现了客户信息的获取、传递、共享和应用;支持电话中心、Web 服务、电子邮件服务、传真等多种联系渠道的紧密集成;支持客户与企业的互动。

（2）业务管理分系统。业务管理分系统主要实现了市场营销、销售、客户服务与支持等三种基本商务活动的优化和自动化,包括市场营销自动化(MA),销售自动化(SFA)和客户服务自动化(CSS)等三个功能模块。随着移动技术的快速发展,销售自动化可进一步实现移动销售(MS),客户服务自动化则将实现对现场服务(FS/D)的支持。

（3）分析管理分系统。分析管理分系统将实现客户数据仓库、数据集市、数据挖掘等工作,在此基础上实现商业智能和决策分析,实现分析管理分系统的核心技术数据仓库和数据挖掘技术。

(4)应用集成管理分系统。应用集成管理分系统将实现与企业资源计划(ERP)、供应链管理(SCM)等系统的紧密集成,直至实现整个的企业应用集成。

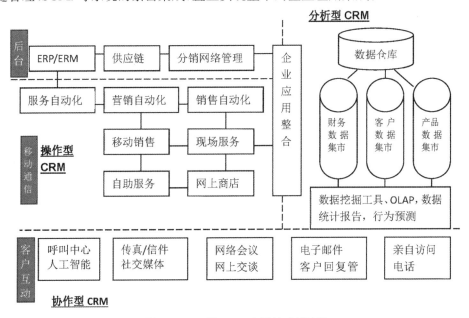

图 6-2　三类 CRM 应用的功能定位

CRM 系统在这四个分系统的支持下,实现与客户的多渠道紧密联系、客户订单的流程追踪、客户市场的划分和趋势研究、在线数据联机分析和支持智能决策,以及实现与企业其他系统的集成。

6.2.2　呼叫中心

1) 呼叫中心概念

呼叫中心(Call Center,又称客户服务中心)起源于发达国家对服务质量的需求,其主旨是通过电话、传真等形式为客户提供迅速、准确的咨询信息以及业务受理和投诉等服务,通过程控交换机的智能呼叫分配、计算机电话集成、自动应答系统等高效的手段和有经验的人工座席,最大限度地提高客户的满意度,同时自然也使企业与客户的关系更加紧密,是提高企业竞争力的重要手段。

随着近年来通信和计算机技术的发展和融合,呼叫中心已被赋予了新的内容:分布式技术的引入使人工座席代表不必再集中于一个地方工作;自动语音应答设备的出现不仅在很大程度上替代了人工座席代表的工作,而且使呼叫中心能 24 小时不间断运行;Internet 和通信方式的革命更使呼叫中心不仅能处理电话,还能处理传真、电子函件、Web 访问,甚至是基于 Internet 的电话和视频会议。因此,现在的呼叫中心已远远超出了过去的定义范围,成为以信息技术为核心,通过多种现代通信手段为客户提供交互式服务的组织。

呼叫中心就是在一个相对集中的场所,由一批服务人员组成的服务机构,通常利用计算机通信技术,处理来自企业、顾客的电话垂询,尤其具备同时处理大量来话的能力,还具备主叫号码显示,可将来电自动分配给具备相应技能的人员处理,并能记录和储存所有来话信息。一个典型的以客户服务为主的呼叫中心可以兼具呼入与呼出功能,当处理顾客的信息查询、咨询、投诉等业务的同时,可以进行顾客回访、满意度调查等呼出业务。

从管理方面,呼叫中心是一个促进企业营销、市场开拓并为客户提供友好的交互式服务的管理与服务系统。它作为企业面向客户的前台,面对的是客户,强调的是服务,注重的是管理。充当企业理顺与客户之间的关系并加强客户资源管理和企业经营管理的渠道。它可以提高客户满意度、完善客户服务,为企业创造更多的利润。

从技术方面,呼叫中心是围绕客户采用 CTI 计算机电话集成技术建立起来的客户关照中心;对外提供话音、数据、传真、视频、因特网、移动等多种接入手段,对内通过计算机和电话网络联系客户数据库和各部门的资源。

2)呼叫中心的类型

呼叫中心根据不同的角度可以分为不同的类型,如表 6-1 所示。

表 6-1 呼叫中心的类型

类型	相关产品	相关情况
按接入技术分类	基于交换机的呼叫中心	由交换机将用户呼叫接入到后台坐席人员
	板卡式呼叫中心	由计算机通过语音处理板卡完成对用户拨入呼叫的控制
按呼叫类型分类	呼出型呼叫中心	呼出的主动发起方,其主要应用是市场营销、市场调查、客户满意度等
	呼入型呼叫中心	不主动发起呼叫,其主要应用是应答客户发出的呼叫,主要应用为技术支持、产品咨询
	呼入/呼出混合型呼叫中心	单纯的呼入型和呼出型呼叫中心都比较少,大量的呼叫中心既处理客户发出的呼叫,也主动发起呼叫
按规模分类	大型呼叫中心	超过 100 个人工坐席,有足够容量的大型交换机,自动呼叫分配设备、自动语音应答系统、呼叫管理系统或数据库
	中型呼叫中心	人工坐席在 50～100 个
	小型呼叫中心	坐席数目在 50 个以下
按技术功能分类	Internet 呼叫中心、多媒体呼叫中心、视屏呼叫中心、分布式呼叫中心、Ipns 呼叫中心、电话呼叫中心、统一消息处理中心等	
按使用性质分类	自建自用型呼叫中心、外包服务型呼叫中心、应用服务商型呼叫中心	
按分布地点分类	单址呼叫中心、多址呼叫中心	

资料来源:网上资料整理。

3)呼叫中心的功能和作用

(1)呼叫中心的功能。

一个完整的呼叫中心系统一般包括智能网络、前端和后端系统。前端部分一般由自动呼叫分配系统、交互式语音应答系统和计算机集成系统等组成;后端部分则由各类数据库系统、来话呼叫管理系统、去话呼叫管理系统以及业务代表等组成。

呼叫中心平台有如下主要功能：CTI 智能中间件、IVR 语音导航、ACD 智能排队、REC 录音功能、系统运营监控、电话报表统计、坐席软电话等。

（2）呼叫中心的作用。

呼叫中心系统的作用主要体现在提高客户服务水平、获取客户信息、改善内部管理和创造利润四个方面。

①提高客户服务水平。呼叫中心向客户提供了一个交互式、专业化、集成式的服务窗口，不但能缩短客户请求的响应时间，而且由于信息技术的应用，后台数据库的支持，使客户的问题基本上都能得到满意的解决，从而可以极大地提高了客户满意度。同时不仅能给客户提供全天候的服务，而且主动与客户联系，了解存在的问题与理解他们的需求。

②获取客户信息。在互动的过程中，系统可以收集客户方方面面的信息，如客户消费偏好、产品和服务的使用情况等，对这些信息加以加工整理，将对企业的新产品研发和营销活动等产生极为重要的影响。

③改善企业内部管理。由于呼叫中心是建立在全局的服务，把企业的生产、研发、销售、配送和售后服务等各个环节整合在一起，可以及时发现不同部门出现的问题，也能对各种资源的管理和利用做出更科学的评估。

④创造利润。呼叫中心虽然需要企业投入不少成本，但在提高客户忠诚度和改善企业内部管理的许多方面将有深远的影响，从长远来看，将给企业带来丰厚的利润回报。

电话呼入型呼叫中心的特点是接听顾客来电，为顾客提供一系列的服务系统图片与支持，例如在 IT 行业中的技术支持中心，保险行业中的电话理赔中心等。而电话呼出型呼叫中心一般说来，以从事市场营销和电话销售活动为主，是企业的利润中心。

4）呼叫中心的发展

1956 年美国泛美航空公司建成了世界上第一家呼叫中心，在 20 世纪 80 年代，呼叫中心在欧美等发达国家的电信企业、航空公司、商业银行等领域得到了广泛的应用。20世纪 90 年代中后期，随着中国经济的发展，呼叫中心概念被引入国内。如今，呼叫中心在家电企业、邮电、银行、航空、铁路、保险、股票、房地产、旅游、公共安全等众多的行业间搭建起了企业与客户、政府与百姓之间的一座桥梁，与百姓的日常生活息息相关。呼叫中心技术的发展可以分为以下几个阶段：

（1）第一代呼叫中心。

第一代呼叫中心最早出现在民航服务领域，用于接受旅客的机票预订业务。第一代呼叫中心的系统主要在早期 PBX 的基础上增加了电话排队功能，那时甚至不能称为呼叫中心，而称为热线电话，其全部服务由人工完成。

（2）第二代呼叫中心。

IVR（Interactive Voice Responce，交互式语音应答）系统的出现，标志着第二代呼叫中心的开始。在呼叫中心中利用 IVR 系统可以将大部分常见问题交由系统设备通过语音播放、DTMF（双音多频，电话机上面的数字按键所发出的频率）按键交互解决。例如我们在日常生活中常用的 121121 天气预报、117 报时电话，通过电话银行进行余额查询、转账等业务都是通过 IVR 系统自动实现的。在第二代呼叫中心中，IVR 系统的大量使用,可以大大减少人工业务的受理数量和人工座席的工作强度,同时可以为客户提供 7×24 小时全天候、不间断的服务。

（3）第三代呼叫中心。

随着计算机技术的发展,CTI（Computer Telephony Integration,计算机电话集成）技术的诞生与应用,标志着第三代呼叫中心时代的开始。CTI 技术实现了电话交换机系统与计算机系统的集成,即实现了语音与数据的同步。客户信息与资料采用数据库方式存储,座席代表可以在处理电话服务的同时可以从计算机系统中调取和修改客户信息数据,为客户提供个性化的服务。CTI 技术的使用,推动了呼叫中心更大范围地使用。与此同时,呼叫中心中出现了专门用于电话录音的录音设备,对座席代表与客户的通话进行录音、存储和查询。

相比之前的呼叫中心系统,CTI 技术的使用使得呼叫中心大部分功能实现了自动化。从客户电话接入到最终问题的解决,整个过程被完整地记录了下来。

（4）第四代呼叫中心。

前三代呼叫中心均是以电话为主要的服务渠道。在 2000 年,伴随着互联网以及移动通信的发展与普及,将电子邮件、互联网、手机短信等渠道接入呼叫中心,成为第四代呼叫中心的标志。第四代呼叫中心也称为多媒体呼叫中心或联络中心（Contact Center）。它相对传统呼叫中心来说接入渠道丰富,同时引入了多渠道接入与多渠道统一排队等概念。

（5）第五代呼叫中心。

第五代呼叫中心是在第四代多媒体呼叫中心的基础上,更多地融入了依托于互联网技术的媒体渠道与沟通渠道。例如:社交网络、社交媒体（如微博、微信等媒体渠道）,依托于互联网的文本交谈、网上音频、网上视频等沟通渠道。

根据前瞻产业学院 2021 年的报告,全球呼叫中心呈现如下五大发展趋势:技术模式:转向云呼叫中心;系统规模:从大型化向小型化发展;体系结构:从传统型向融合型发展;应用模式:从集中型向分布式发展;系统地位:从成本中心向利润中心发展。

5）CRM 与呼叫中心

广义而言,呼叫中心为 CRM 的一部分,由于其突出的作用和功能,呼叫中心常常独立于 CRM 模块发挥自身的作用,市场上也有专门经营呼叫中心的企业,经营外包呼叫中心的业务。

CRM 技术的引入将使呼叫中心的价值得以大幅提升。呼叫中心系统与 CRM 系统的整合,主要应该实现两个系统后台业务数据的整合,即客户资源信息以及联络过程中产生的新的信息。CRM 系统通过统计分析,得出待访问的客户群,利用呼叫中心系统联络,呼叫中心系统再将相应的联络信息反馈回 CRM 系统分析。这仅仅是两个系统结合的一个简单应用。通过客户资源信息的整合,应该可以挖掘更加深入的信息,从而产生信息的价值,帮助企业由"以产品为中心"的商业模式逐渐转变为"以客户为中心"的商业模式。

CRM 与呼叫中心的关系非常密切,呼叫中心主要用于提供客户服务或电话营销,而良好的客户关系是呼叫中心成功的关键。CRM 技术通过建立客户数据库,对信息的统计分析、处理、采掘和提炼,使呼叫中心业务代表可以得到每个客户的详细信息、过去交往记录、客户爱好等信息,因此,可以为客户提供个性化的服务,节省通话时间,既可以提高业务代表的工作效率,也提高了客户满意度。

CRM 是呼叫中心和企业后端数据库的联系纽带。呼叫中心对外面向用户,对内与整个企业相连,与企业的管理、服务、调度、生产、维修结为一体,它还可以把从用户那里获得的各种信息全部贮存在企业的数据仓库(data warehouse)中,供企业领导者做分析和决策之用。如果要让呼叫中心发挥出应有的效力,就必须与 CRM 技术系统有机地结合起来。

6) 呼叫中心的应用

呼叫中心的应用行业非常广泛。我国呼叫中心行业分布如下:电信运营商、金融机构(银行、保险、证券、基金)、电视购物、互联网、IT、消费电子、政府及相关事业单位、邮政、物流、民航、零售业、交通旅游(航空、订房订票、城市交通)、传媒、公共事业(电力、自来水和燃气)、烟草、石化、制造业、医疗卫生、统计调查、外包、咨询服务(数据调研、客户访谈)等行业。

随着中国呼叫中心产业的逐步发展,国内越来越多的企业加入呼叫中心队列,与此同时,国际企业也在中国市场巨大的潜力和利润空间的诱惑下,纷纷进入中国市场,中国呼叫中心企业数量迅速上升。据统计,2019 年中国呼叫中心行业企业数量达到 7904 家,2020 年受到新冠疫情的影响,企业数量下降 6.59%,为 7383 家。从呼叫中心市场结构来看,在电信领域占比最高,到 26.4%;其次为金融领域,占比为 20.5%;IT 和电子商务占比为 12.4%,政府及公共事业占比 6.2%,制造业占比 3.1%,零售和物流占比 5.2%,外包 9.8%,其他占比 16.4%。且全国近 77% 的呼叫中心属于自建,19% 属于外包模式,托管模式的呼叫中心很少。

根据华经产业研究院数据,呼叫中心成功地将通信服务功能、客户关系管理和金融机构实际业务有机融合,使金融服务的内容更广泛、方式 更灵活。

6.2.3 CRM 的网络结构

随着 Internet 与电子商务的蓬勃发展,企业的商务运作环境和信息技术应用环境都发生了巨大的变化。企业在规划 CRM 应用系统时也越来越注重 Internet 对 CRM 的重要意义,开始在 Internet 和 Intranet 等 Web 技术基础上建立 CRM 系统。成功的 CRM 系统必须应用基于 Internet/Intranet 网络的技术来实现客户数据、信息、知识同步化,使每一次与客户的互动都能从客户的全面了解开始,并且当客户转向网上渠道时,CRM 不会因为出现信息缺陷而无法应对。

根据客户关系数据的特征(分散性、动态性、复杂性),从企业的实际环境(生产集中、市场分散)出发,目前主要建立在基于 Internet 和 Intranet 等 Web 技术基础上的 CRM 系统必须选择适合自己的网络结构。当前,CRM 系统可以采用的网络体系结构有客户机/服务器(Client/Server,C/S)模式和浏览器/服务器(Browser/Server,B/S)模式。

1) C/S 结构

早期的软件大多采取主机/终端体系结构,直到 20 世纪 90 年代大都变为两层的 C/S 结构。它将复杂的网络应用的用户交互界面 GUI 和业务应用处理与数据库访问以及处理相分离,服务器与客户段之间通过消息传递机制送回客户端。但由于应用处理留在客户端,限制了对业务处理逻辑变化适应和扩展的能力。为了解决这类问题,出现了采用三层式程序架构(3 Tire Client/Server),的趋势,如图 6-3 所示。它使用户直接通过应用程序向客户机提出数据请求,客户机通过网络将用户的数据请求提交给服务器,服务器的数据库管理系统执行数据处理任务,然后把经过处理的用户需要的那部分数据传输到客户机上,最后由客户机对其所需数据加工。

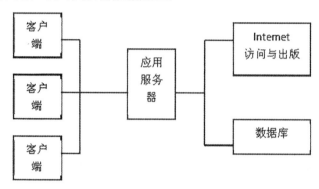

图 6-3 三层式程序架构

2)B/S 结构

相对于 C/S 结构而言,B/S 体系结构大大简化了客户端,它把 C/S 结构中的服务器分解为数据服务器和应用服务器(Web 服务器),把所有的开发、维护等工作都集中到服务器端,同时将原来在客户机一侧的应用程序模块与显示功能分开,将应用序模块放到 Web 服务器上单独组成一层,客户机上只需安装单一的浏览器即可实现显示功能。当企业对网络应用进行升级时,只需要更新服务器端的软件,而不必更新客户端的软件,减轻了系统维护与升级的成本与工作量,使用户成本大大降低。

B/S 结构分为如下的四层结构:客户端、表示层、应用层和数据层。这四层分别由浏览器、WWW 服务器、应用服务器和数据库服务器构成。各层负责自己的任务,层间具有成熟的协议,形成一个完整的有机整体。其结构如图 6-4 所示。

在实际运行过程中,CRM 的内部用户需要处理的数据量大,而且处理频繁,需要建立交互的并且使用者单一的系统管理模块,此时可以采用 C/S 模式。同时,即使是企业内部用户,也要保证不同地域的用户处理的是相同的信息,即保证数据的一致性和同步性,此时就需要 B/S 的支持。对于外部客户而言,B/S 模式能大大降低他们所在客户端的要求,便于 CRM 系统与客户交互以获得更多的客户数据。同时 CRM 系统往往需要同其他局域网或 ERP、SCM 等系统实现无缝连接,此时依然需要 B/S 的支持。因此,现实应用中 CRM 系统的网络体系结构可以采用 B/S 和 C/S 相结合的模式。

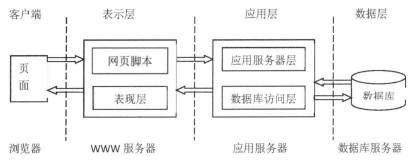

图 6-4 CRM 的 B/S 系统

6.3 CRM 的软件系统

6.3.1 CRM 软件系统的一般模型

CRM 软件系统的一般模型反映了 CRM 最重要的一些特性,见图 6-5。

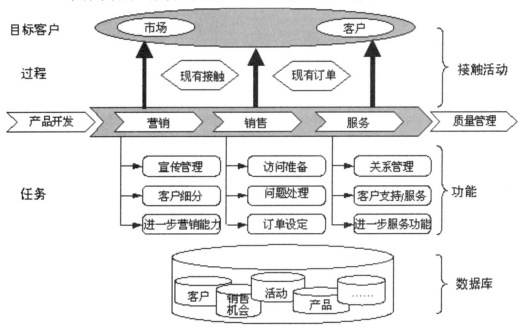

图 6-5 CRM 软件系统的一般模型

这一模型阐明了目标顾客、主要过程以及功能之间的相互关系。CRM 的主要过程由市场、销售和客户服务这三部分业务流程的信息化构成。首先,在市场营销过程中,通过对客户和市场的细分,确定目标客户群,制定营销战略和营销计划。而销售的任务是执行营销计划,包括发现潜在客户、信息沟通、推销产品和服务、收集信息等,目标是建立销售订单,实现销售额。最后,在客户购买了企业提供的产品和服务后,还需对客户提供进一步的服务与支持,这主要是客户服务部门的工作。产品开发和质量管理过程分别处于 CRM 过程的两端,由 CRM 提供必要的支持。

在 CRM 软件系统中,各种渠道的集成是非常重要的。CRM 的管理思想要求企业真正以客户为导向,满足客户多样化和个性化的需求。而要充分了解客户不断变化的需求,必然要求企业与客户之间要有双向的沟通,因此拥有丰富多样的营销渠道是实现良好沟通的必要条件。

CRM 改变了企业前台业务运作方式,使得各部门间信息共享,密切合作。位于模型中央的共享数据库作为所有 CRM 过程的转换接口,可以全方位地提供客户和市场信息。过去,前台各部门从自身角度去掌握企业数据,业务割裂。而对于 CRM 模型来说,建立一个相互之间联系紧密的数据库是最基本的条件。这个共享的数据库也被称为所有重要信息的"闭环"(closed-loop)。由于 CRM 系统不仅要使相关流程实现优化和自动化,而且必须在各流程中建立统一的规则,以保证所有活动在完全相同的理解下进行。这一全方位的视角和"闭环"形成了一个关于客户以及企业组织本身的一体化蓝图,其透明性更有利于与客户之间的有效沟通。这一模型直接指出了面向客户的目标,可作为构建CRM 系统核心功能的指导。

6.3.2　CRM 软件系统的组成

根据 CRM 系统的一般模型,可以将 CRM 软件系统划分为接触活动、业务功能及数据库三个组成部分。下面主要介绍各个部分功能及其技术功能。

1) 接触活动

CRM 软件应当能使客户以各种方式与企业接触,典型的方式有 Call Center、面对面的沟通、传真、移动销售(mobile sales)、电子邮件、Internet 以及其他营销渠道,如金融中介或经纪人等,CRM 软件应当能够或多或少地支持各种各样的接触活动。如图 6-6 所示。企业必须协调这些沟通渠道,保证客户能够采取其方便或偏好的形式随时与企业交流,并且保证来自不同渠道的信息完整、准确和一致。今天,Internet 已经成为企业与外界沟通的重要工具,特别是电子商务的迅速发展,促使 CRM 软件与 Internet 进一步紧密结合,发展成为基于 Internet 的应用模式。

在与客户接触阶段,CRM 软件系统主要包含以下内容:

(1)营销分析。包含市场调查、营销计划、领导分析以及活动计划和最优化,并提供市场洞察力和客户特征,使营销过程更具有计划性,达到最佳化。

(2)活动管理。保证完整营销活动的传送,包括计划、内容发展、客户界定、市场分工和联络。

(3)电话营销。通过该渠道推动潜在客户的产生,包含名单目录管理,最好一个企业多个联系人。

(4)电子营销。保证互联网上大量的个性化的营销活动的实施。开始于确切、有吸引力的目标组,通过为顾客定制的内容和产品进行进一步交互。

(5)潜在客户管理。通过潜在客户资格以及从销售机会到机会管理的跟踪和传递中对潜在客户的发展。

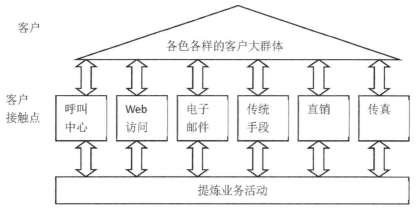

图 6-6 不同层次的接触活动

2）业务功能

企业中每个部门必须能够通过上述接触方式与客户进行沟通,其中市场营销、销售和服务部门与客户的接触和交流最为频繁,因此,CRM 软件主要应对这些部门予以支持。

然而,并不是所有的 CRM 软件产品都能覆盖所有的功能范围。一般地,一个软件最多能够支持两至三种功能,如市场营销和销售。因此,在软件评价中,功能范围可以作为决定性的评判依据。

CRM 软件系统的业务功能通常包括市场管理、销售管理、客户服务和支持三个组成部分。市场管理的主要任务是:通过对市场和客户信息的统计和分析,发现市场机会,确定目标客户群和营销组合,科学地制定出市场和产品策略;为市场人员提供制定预算、计划、执行和控制的工具,不断完善市场计划;同时,还可管理各类市场活动(如广告、会议、展览、促销等),对市场活动进行跟踪、分析和总结以便改进工作。

销售管理部分则使销售人员通过各种销售工具,如电话销售、移动销售、远程销售、电子商务等,方便及时地获得有关生产、库存、定价和订单处理的信息。所有与销售有关的信息都存储在共享数据库中,销售人员可随时补充或及时获取,企业也不会由于某位销售人员的离去而使销售活动受阻。另外,借助信息技术,销售部门还能自动跟踪多个复杂的销售线路,提高工作效率。

客户服务和支持部分具有两大功能,即服务和支持。一方面,通过计算机电话集成技术(CTI)支持的呼叫中心,为客户提供每周 7×24 小时不间断服务,并将客户的各种信息存入共享的数据库以及时满足客户需求。另一方面,技术人员对客户的使用情况进行跟踪,为客户提供个性化服务,并且对服务合同进行管理。其实,上述三组业务功能之间是相互合作的关系,如图 6-7 所示。

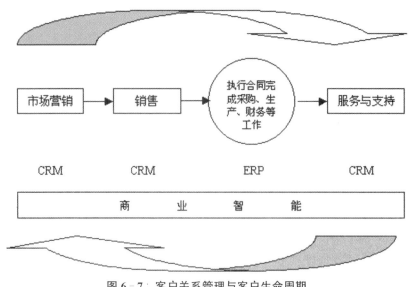

图 6-7 客户关系管理与客户生命周期

3）数据库

一个富有逻辑的客户信息数据库管理系统是 CRM 系统的重要组成部分,是企业前台各部门进行各种业务活动的基础。从某种角度上讲,它甚至比各种业务功能更为重要。其重要作用体现在帮助企业根据客户生命周期价值来区分各类现有客户;帮助企业准确地找到目标客户群;帮助企业在最合适的时机以最合适的产品满足客户需求,降低成本,提高效率;帮助企业结合最新信息制定出新策略,塑造客户忠诚。运用数据库这一强大的工具,可以与客户进行高效的、可衡量的、双向的沟通,真正体现了以客户为导向的管理思想;可以与客户维持长久的、甚至是终身的关系来保持和提升企业短期和长期的利润。可以这样说,数据库是 CRM 管理思想和信息技术的有机结合。

一个高质量的数据库包含的数据应当能全面、准确、详尽和及时地反映客户、市场及销售信息。数据可以按照市场、销售和服务部门的不同用途分成三类:客户数据、销售数据、服务数据。客户数据包括客户的基本信息、联系人信息、相关业务信息和客户分类信息等,它不但包括客户的基本信息,还包括潜在客户、合伙伙伴和代理商的信息等。销售数据主要包括销售过程中相关业务的跟踪情况,如与客户的所有联系活动、客户询价和相应报价、每笔业务的竞争对手以及销售订单的有关信息等。服务数据可放在同一个数据库中实现信息共享,以提高企业前台业务的运作效率和工作质量。目前,飞速发展的数据仓库技术(如 OLAP、数据挖掘等)能按照企业管理的需要对数据元进行再加工,为企业提供了强大的分析数据的工具和手段。

4）技术功能

对 CRM 的技术要求主要是六个方面,一般包括分析信息的能力、对客户互动渠道进行集成的能力、支持网络应用的能力、建设集中的客户信息仓库的能力、对工作流进行集成的能力、与 ERP 进行无缝连接的能力。Hurwitz Group 给出了 CRM 的六个主要功能和技术要求,如图 6-8 所示。

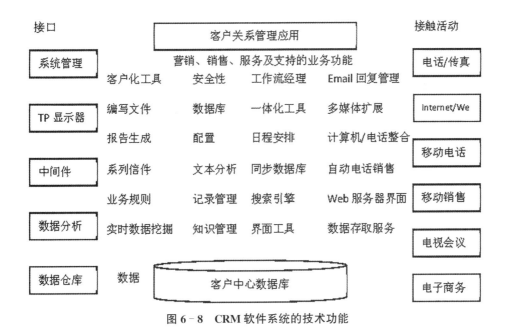

图 6-8　CRM 软件系统的技术功能

（1）信息分析能力。尽管 CRM 的主要目标是提高同客户打交道的自动化程度，并改进与客户打交道的业务流程，但强有力的商业情报和分析能力对 CRM 也是很重要的。CRM 有大量关于客户和潜在客户的信息，企业应该充分利用这些信息，对其进行分析，使得决策者所掌握的信息更完全，从而能更及时地做出决策。良好的商业情报解决方案应能使 CRM 和 ERP 协同工作，这样企业就能把利润创造过程和费用联系起来。

（2）对客户互动渠道进行集成的能力。对多渠道进行集成与 CRM 解决方案的功能部件的集成是同等重要的。不管客户是通过 Web 与企业联系，还是与携带有 SFA 功能的便携电脑的销售人员联系和与呼叫中心代理联系，与客户的互动都应该是无缝的、统一的、高效的。如前所述，统一的渠道还能带来内外效率的提高。

（3）支持网络应用的能力。在支持企业内外的互动和业务处理方面，Web 的作用越来越大，这使 CRM 的网络功能越来越重要。为了使客户和企业雇员都能方便地应用 CRM，需要提高标准化的网络浏览器，使用户只需很少的训练或不需训练就能使用系统。另外，业务逻辑和数据维护的集中化，减少了系统的配置以及维持和更新的工作量。

（4）建设集中的客户信息仓库的能力。CRM 解决方案采用集中化的信息库，这样所有与客户接触的雇员都可获得实时的客户信息，而且能使各业务部门和功能模块间的信息统一起来。

（5）对工作流进行集成的能力。工作流是指把相关文档和工作规则自动化的（不需人的干预）安排给负责特定业务流程中的特定步骤的人。CRM 的解决方案具有很强的功能，为跨部门的工作提供支持，使这些工作都能动态地无缝完成。

（6）与 ERP 功能的集成。CRM 要与 ERP 在财务、制造、库存、分销、物流和人力资源等连接起来，从而提供一个闭环的客户互动循环。这种集成不仅包括低水平的数据同步，而且还应包括业务数据的集成，在各系统间维持业务规则的完整性，这样工作流才能在系统间流动。这两者的集成还使企业能在系统间收集商业情报。

CRM 的主要目的就在于在适当的时间，通过适当的渠道，将合适的产品提供给合适的客户。通过 CRM 软件系统的应用，企业提高了前台业务的运作效率。客户信息可以从中央数据库完整的获取，而不依赖于销售渠道；产品及客户分析结果，以及产品销售、地区销售等的预测能够非常容易且实时地得到利用；企业可以通过 CRM 软件系统来对销售进行管理，使得能在有很多决策部门的大型组织中实现复杂的销售过程；能简化识别目标客户的工作，加强与目标客户的联系；能更为合理地分配营销资源，提高反馈率，并加强宣传的作用，从而减少市场营销成本。

6.4　CRM 系统的模块

CRM 是一套先进的管理思想及技术手段，它通过将人力资源、业务流程与专业技术进行有效的整合，最终为企业涉及客户或消费者的各个领域提供完美的集成，使得企业可以以更低的成本、更高效率来满足客户的要求，并与客户建立起基于学习型关系基础上的一对一营销模式，从而让企业可以最大限度地提高客户满意度及忠诚度，保留现有的客户，不断发展新的客户，发掘并牢牢地把握住能给企业带来最大价值的客户群。CRM 将先进的思想与最佳的实践具体化，通过使用当前多种先进的技术手段最终帮助企业来实现以上的目标。

CRM 软件系统的几个主要模块分别是：销售自动化、营销自动化、客户服务与支持和商业智能。

6.4.1　销售自动化

CRM 系统中的销售自动化（Sales Automation，SA）是指在所有的销售渠道（现场/移动销售、内部销售/电话销售、销售伙伴、在线销售）中，运用相应的销售技术来达到提升销售和实现过程自动化的目的，其目标是把技术和优化的流程整合起来，实现销售队伍绩效的不断提高，同时平衡和最优化每一个销售渠道。

销售自动化是 CRM 应用中最为困难的一个过程，这不仅因为销售能力关系到企业发展的速度、质量等方面的问题，还因为销售过程本身具有动态性，如不断变化的销售模型、地理位置及产品配置等，对其进行流程优化和自动化，较之客户服务等相对静态的业务流程要困难得多。而且销售部门已习惯了一些传统的观念和运行方式，面对突如其来的变革，往往会竭力抵制这些外部强制性的变化，阻碍销售过程的自动化进程。

作为 CRM 系统的一个重要组成部分，SA 并不意味着只是一个独立的解决方案。企业为最大限度地实现销售自动化，要特别注意营销过程自动化和客户服务与支持系统的集成，以实现一个协同级的，甚至企业级的 CRM 解决方案，只有这样才能帮助企业顺利推行销售过程的自动化。

1）销售自动化的作用

销售自动化的优势有：灵活、实用的销售过程管理；实用的过程绩效考核目标设定与排名；简单配置、符合销售人员操作习惯；预置提供合同审批流程与账款统计和应收提醒可快速定制实施各种费用审批控制类需求模块。

（1）销售自动化对销售经理的作用。

①实时获得信息：即时了解评估企业主要销售活动标准，例如：销售渠道、销售预测和销售代表工作表现。迅速察看团队成员的活动、工作进度表、任务完成和沟通情况。

②合作与协调：通过客户数据共享来促进销售、市场销售和支持部门的合作。

③预测和报告：只需点击几下就可以获得销售预测，相关数据生成报告。

④有效沟通：销售代表使用统一、强大的销售工具与客户进行沟通。通过给客户留下相同的公司印象来增加客户的满意度和忠诚度。无论员工如何流动，公司都能与客户进行统一的、前后相继的沟通。

（2）销售自动化对销售团队的作用。

①增加销售：销售自动化的销售机会管理能够根据定制的业务规则分配、管理销售机会，让销售代表集中精力完成交易。

②完成交易：通过了解、学习成功的销售经验加快销售进程。另外，企业内各部门小组还可以使用销售自动化管理销售机会、建立工作日程表、分配任务、协调会议、标识新机会并更新每个客户的文件（包括新客户和老客户），更好地促成交易。

③提高工作效率：销售自动化易于使用，有效提高销售代表的工作效率。

④了解你的客户：销售自动化提供重要客户相关信息，让销售小组使用专业技能更好地为客户服务。

2）销售自动化的主要功能

（1）账户管理。这里的账户一般指企业的单位客户或个人客户，也可以是合作伙伴，甚至是竞争企业。销售人员不仅要管理企业的直接客户（包括现实客户和潜在客户），也要管理一些合作伙伴和竞争者，而这些都必须在系统里建账才能管理，也就是说账户更贴近于数据库里的一个记录。账户管理主要记录单位或个人的地址、电话、传真、网页、所属行业和组织结构等一个组织层面的各种信息，是客户数据中的第一类。

（2）联系人管理。一般情况下，一个联系人可以有多个客户，而一个客户一般只属于一个联系人。联系人管理信息主要是一些个人的诸如姓名、地址、电话、电子邮件和公司职位等信息，也可以将它当作"电子地址本"来看待，联系人数据也是客户数据中很重要的一项。

（3）销售机会管理。销售机会是指潜在的、能为公司带来营业收入的事件，它可以同系统里某一个客户的账户有关，对于在系统里尚未建立的客户账户，它也可以是指一个单纯的生意机会。销售机会信息主要包括机会名称、潜在的生意额、获得机会的可能性大小、机会有效期、机会负责人和计划采取的销售方法等。在数据库的业务实体上它与系统账户是多对一的关系，即一个账户可以有多个销售机会，而一个销售机会只对应于一个系统账户。

（4）活动管理。活动管理是销售人员计划、执行及存储各个日常销售活动的主要工具。每个活动都可以同某个账户、某个销售机会、某个联系人或某个售后服务相关。活动信息包括活动名称、活动类型、活动起始日、活动负责人和活动优先级别等内容。账户、售后服务和销售机会同联系人都可以对应于多次活动，所以他们与活动的关系都是一对多的关系。从图6-9可以看出，销售人员可以利用SA系统的活动管理追踪对于某个客户的所有发生过或将要发生的活动细节，不论这个活动是由销售人员自己输入的，还是由其他人，例如已离职的销售人员或呼叫中心人员输入的，这些数据都集中存储在统一的关系数据库里。由于企业各部门人员之间互不通气导致的信息块被很好地整合起来，使得用户对发生的事情一目了然。

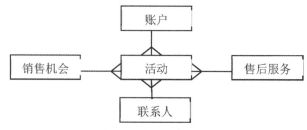

图 6 - 9　实体关系：活动—账户、机会、联系人和服务

除上述四大功能外，SA 还有日历管理、报价管理、销售预测管理、佣金管理、竞争管理、报表管理、开支报销管理和数据同步功能等。

6.4.2　营销自动化

CRM 系统中的营销自动化（Marketing Automation，简称 MA），也称作辅助式营销（Technology-enabled Marketing），其着眼点在于通过设计、执行和评估市场营销行动和相关活动的全面框架，赋予市场营销人员更强的工作能力，使其能够对直接市场营销活动的有效性加以计划、执行、监视和分析，并可以应用工作流技术，优化营销流程，使一些共同的任务和过程自动化。其最终目的是企业可以在活动、渠道和媒体间合理分配营销资源，以达到收入最大化和客户关系最优化的效果。

1）营销自动化的作用

营销自动化的优势有：

▶增强市场营销部门执行和管理通过多种渠道进行的多个市场营销活动的能力，包括基于 Web 的和传统市场的营销宣传、策划和执行。

▶可对活动的有效性进行实时跟踪，并对活动效果做出分析和评估。

▶帮助市场营销机构管理、调度其市场营销材料等库存宣传品及其他物资。

▶实现对有需求客户的跟踪、分配和管理。

▶把市场营销集成到销售和服务项目中去，以实现个性化营销。

销售自动化对营销人员的作用：

▶定位最佳客户：帮助营销人员通过促销、电话访谈以及电子邮件联系等方式来轻松定位最佳客户。

▶实施有效营销活动：帮助营销人员在各个销售渠道中确定、执行以及开展重复有效的营销活动，使相关人员可以分配、安排并跟踪营销活动，进而衡量活动绩效。

▶发起公司营销活动：可以帮助营销人员更有效地将销售、营销和服务流程相集成，从而在客户面前树立专业的公司形象。

2）营销自动化的主要功能

（1）促销项目管理。促销项目管理包括促销项目的目标制定、项目的起始日期、定义促销对象、制定销售建议、选用促销渠道、促销预算的报批、促销活动人员分工等管理内容，是整个促销过程的第一个环节。

（2）促销活动管理。促销项目计划得到批准以后，营销人员要计划安排促销活动的整个工作流程。促销活动管理提供工作流程设计软件，对各个促销实施环节的活动进行协调与分工。

（3）市场分块管理。市场分块管理可以对企业产品的用户群通过各种标准进行细分，如按用户年龄、地域、教育程度、公司大小和所属行业等进行定量分析，在进行促销活动时，就可以做到有的放矢，最大限度地减少营销预算的浪费。

此外还有促销评估管理、营销文本资料管理、潜在客户管理、销售建议管理、客户来源管理和竞争管理等。

6.4.3 客户服务与支持（服务自动化）

CRM 系统的客户服务与支持（Customer Service and Support，简称 CS&S）子系统可以帮助企业以更快的速度和更高的效率来满足客户的独特需求，以进一步保持和发展客户关系。它可以向客户服务人员提供完备的工具和信息，以帮助客户服务人员更有效、更快捷、更准确地解决用户的服务咨询。同时，它可以支持多种与客户交流的方式，并根据客户的背景资料和可能的需求向用户提供合适的产品和服务建议。其主要功能包括现场服务与分配管理和呼叫管理。

1）现场服务与分配管理

现场服务与分派管理也称作"服务传递链管理"，是指用以配置、派遣、调度和管理服务部门、人员和相关资源，负责完成高效率的服务与支持活动。现场服务与分配管理的应用必须与呼叫中心管理系统整合起来，同时在一定程度上与销售和营销系统整合起来。现场服务与分配管理根据服务方式的不同可以分为两种模式。

（1）现场服务管理模式。这是现场服务与分配管理系统的核心，包括：

①服务合同管理。针对不同的客户和不同的产品，企业可以设计不同的服务标准。例如：是否包含非工作日服务，最低反应时间多长，是否包含免费配件等。服务合同的主要属性包括服务合同号、所定合同的客户、合同所规定的服务标准等。

②预防维护管理。对于需要定期维修和保养的产品或设备，预防维护管理将有效管理资产维护历史记录，并制定资产定期维护计划，规定何时由谁进行维护工作，以批处理或自动触发的方式向系统提交维修工作请求。

③服务请求管理。服务请求管理即有效管理从客户向公司提出服务请求开始，系统记录和追踪请求从产生到结束的整个生命周期的各个状态。包括故障描述、产品序列号请求时间等。

④维修管理。对于简单的故障通过电话在线就可以指导客户解决，严重的则需要更换产品。将每一个维修记录同资产、服务请求、维修地点和复制维修的技术人员挂钩。

⑤产品质量管理。现场服务管理的另一个好处是可以对产品的质量进行有效跟踪，通过各种服务请求以及维修记录，企业可以收集产品在设计、安全和易故障点等方面的有用信息，为以后产品设计进一步满足客户的需求、减少故障等提供了基本的依据。

此外，还有订单和发票管理、技术人员管理和知识管理等。

（2）移动现场服务管理。

这种模式可以支持移动计算、网络计算和数据信息同步，利用无线设备可使在现场的服务技师或工程师实时访问服务、产品和客户信息,同时,企业 CS&S 部门还能通过此系统与他们保持联系。

2）呼叫管理

呼叫管理是 CS&S 子系统的应用功能的核心,它的作用是处理所有登记客户的接触信息和交易信息。呼叫管理是基于企业呼叫中心的功能。呼叫管理在呼叫中心的联络环境下处理所有有关销售、客户服务、营销、电话营销以及其他功能等方面的信息。

主要功能有:

(1)电子邮件管理。客户利用电子邮件与企业联系日益成为一个主要的手段,电子邮件管理就是为了帮助企业对电子邮件进行有效的处理。主要业务功能有:邮件信箱监控;邮件处理;邮件模版设计与管理;来件自动确认。

(2)客户抱怨管理。处理好客户的抱怨对企业有着重要的意义,而如果抱怨得到有效的解决,会极大地影响着企业的利润。CRM 的抱怨管理就是为了实现妥善解决客户抱怨而设计的。由于抱怨管理具有本身的特点,往往无法利用"非人化"的计算机数据很好的解决。针对其特点有以下特定功能:多渠道抱怨;抱怨级别管理;抱怨补偿。

(3)网络自助服务。网络自助服务是企业利用互联网技术向客户提供的一个全天候的"自己动手"的服务形式。自助服务应用于企业的业务领域可以是售前、售中和售后服务。售前服务是企业为帮助客户做出购买决定提供的各种信息和资源;售中自助服务可以让客户自己跟踪产品的订购进展,随时掌握产品递交情况;售后自助服务则为客户提供售后网上服务与支持。

网上自助服务具有服务内容常规性、服务时间不受限制和服务费用低廉的特点,在如今人们生活节奏加快、网络得到普及应用的情况下,网络自助服务会有更大的发展空间。同时对于企业来说,网络自助服务不但可以大幅度降低服务费用,还可以利用自助网站的数据捕获功能获得大量的原始数据,对这些数据进行分析和处理可以提高企业对客户服务经验及知识的积累能力,为进一步拓宽自助服务的范围、提高自助服务的成功率打下基础。

6.4.4 商业智能

在企业的信息技术基础设施中,以数据仓库为核心的商务智能可以将大量信息转换为可利用的数据,并允许决策者从企业过去的经验记录中查找适用于当前情况的模式,通过这一方法可使决策者更好的预测未来。

商务智能是指利用数据挖掘、知识发现等技术分析和挖掘结构化的、面向特定领域的、存储在数据仓库内的信息,它可以帮助企业认清发展趋势、识别数据模式、获取智能决策支持、得出结论。商务智能的范围包括客户、产品、服务和竞争者等。在 CRM 系统中,商务智能主要是指客户智能。利用客户智能可以收集和分析市场、销售、服务和整个企业的各类信息,对客户进行全方位的了解,从而理顺企业资源与客户需求之间的关系,增强客户的满意度和忠诚度,实现获取新客户、支持交叉销售、保持和挽留老客户、发现重点客户、支持面向特定客户的个性化服务等目标,提高盈利能力。

6.5 CRM 系统的分类

CRM 涵盖了直销、间接销售以及互联网等所有的销售渠道,能帮助企业改善包括营销、销售、客户服务和支持在内的有关客户关系的整个生命周期。在新技术和新应用的推动下,全球 CRM 市场正以每年 50% 的速度增长,逐渐成为一个价值数十亿美元的软件和服务大市场。

随着 CRM 市场不断发展,新公司的加入和现有公司以合并、联合以及推出新产品的方式重新定位,这一领域可谓日新月异,CRM 解决方案呈现出多样化的发展。下面从几个角度对 CRM 分类进行分析。

1) 按目标客户分类

并非所有的企业,都能够执行相似的 CRM 策略,这又相应地意味着,当同一公司的不同部门或地区机构在考虑 CRM 实施时,可能事实上有着不同的商务需要。同时另一个经常出现的因素是不同的技术基础设施。因此,根据客户的行业特征和企业规模来划分目标客户群,是大多数 CRM 的基本分类方式。在企业应用中,越是高端应用,行业差异越大,客户对行业化的要求也越高,因而,有一些专门的行业解决方案,比如,银行、电讯、大型零售等 CRM 应用解决方案。而对中低端应用,一般采用基于不同应用模型的标准产品来满足不同客户群的需求。

一般将 CRM 分为三类:

(1)以全球企业或者大型企业为目标客户的企业级 CRM。

(2)以 200 人以上、跨地区经营的企业为目标客户的中端 CRM。

(3)以 200 人以下企业为目标客户的中小企业 CRM。

在 CRM 应用方面,大型企业与中小企业相比有很大的区别。大型企业在业务方面有明确的分工,各业务系统有自己跨地区的垂直机构,形成了企业纵横交错的庞大而复杂的组织体系,不同业务、不同部门、不同地区间实现信息的交流与共享极其困难;同时,大型企业的业务规模远大于中小企业,致使其信息量巨大;其次,大型企业在业务运作上很强调严格的流程管理。而中小企业在组织机构方面要轻型简洁很多,业务分工不一定明确,运作上更具有弹性。因此,大型企业所用的 CRM 软件比中小企业的 CRM 软件要复杂、庞大得多。而一直以来,国内许多介绍 CRM 的报道和资料往往是以大型企业的 CRM 解决方案为依据的。这就导致一种错觉:好像 CRM 都是很复杂、庞大的。其实,价值几千美元的面向中小企业的 CRM 软件也不少,其中不乏简洁易用的。

不过,有关公司规模方面的要求现在越来越随意,因为越来越多的 CRM 供应商是依据不同情况来提供不同产品。主要的 CRM 提供商一直以企业级客户为目标,并逐渐向中型市场转移,因为后者的成长潜力更大。以企业级客户为目标的公司包括 Siebel,Oracle 等。另外一些公司,如 Onyx,Pivotal,用友 iCRM 等则与中型市场相联系,并试图夺取部分企业级市场。MyCRM,Goldmine,Multiactive 和 SalesLogix 等公司瞄准的是中小企业,他们提供的综合软件包虽不具有大型软件包的深度功能,但功能丰富实用。

2) 按应用集成度分类

CRM 涵盖整个客户生命周期,涉及众多的企业业务如销售,支持服务,市场营销,订单管理等等。CRM 既要完成单一业务的处理,又要实现不同业务间的协同。同时,作为整个企业应用中的一个组成部分,CRM 还要充分考虑与企业的其他应用,如与财务、库存、ERP、SCM 等进行集成应用。

但是,不同的企业或同一企业处于不同的发展阶段时,对 CRM 整合应用和企业集成应用有不同的要求。为满足不同企业的不同要求,CRM 在集成度方面也有不同的分类。从应用集成度方面可以将 CRM 分为:CRM 专项应用、CRM 整合应用、CRM 企业集成应用。

(1)CRM 专项应用。

以销售人员主导的企业与以店面交易为主的企业,在核心能力上是不同的,销售能力自动化(SFA)是以销售人员主导的企业的 CRM 应用关键,而客户分析与数据库营销则是以店面交易为主的企业的核心。

在专项应用方面,还有著名的 call center(呼叫中心)。随着客户对服务要求的提高和企业服务规模的扩大,呼叫中心在 80 年代得到迅速发展,与 SFA 和数据库营销一起成为 CRM 的早期应用。到目前为止,这些专项应用仍然具有广阔的市场,并处于不断的发展之中。代表厂商有 AVAYA(call center)、Goldmine(SFA)等。

对于中国企业特别是对于中小企业而言,CRM 的应用处于初期阶段,根据企业的销售与服务特点,选择不同的专项应用启动 CRM 的实施不失为一条现实的发展之路。当然,在启动专项应用的同时,应当考虑后续的发展并选择适当的解决方案,其中特别是业务组件的扩展性和基础信息的共享。

(2)CRM 整合应用。

由于 CRM 涵盖整个客户生命周期,涉及众多的企业业务,因此,对于很多企业而言,必须实现多渠道、多部门、多业务的整合与协同,必须实现信息的同步与共享,这就是CRM 整合应用。CRM 业务的完整性和软件产品的组件化及可扩展性是衡量 CRM 整合应用能力的关键。这方面的代表厂商有,Siebel(企业级 CRM)、Pivotal(中端 CRM)、MyCRM(中小企业 CRM)。

(3)CRM 企业集成应用。

对于信息化程度较高的企业而言,CRM 与财务、ERP、SCM 以及群件产品如Exchange/MS-Outlook 和 Lotus Notes 等的集成应用是很重要的。这方面的代表厂商有Oracle,SAP 等。

3)根据服务器来划分

可分为产品型 CRM 和租用型 CRM。

产品型 CRM:服务器架设在企业内部,CRM 系统安装在企业内部的服务器上,数据由自己来保管。一般是一次性购买终身使用,每年只需要少量的服务费。代表品牌:用友 TurboCRM,知客 CRM,微软 CRM。

租用型(托管型)CRM:CRM 系统和服务器都由软件供应商提供,采取月付费或是年付费方式,数据保存在软件供应商处。对于短期内预算较少的企业比较好,不过在软件使用 2~3 年后,总计的价格可以买一套比较好的产品型 CRM 了。代表品牌:八百客CRM,Xtools,Salesforce。

这种分类方式,也称之为按照部署方式分类。按此方式 CRM 可以分为传统部署型、

SaaS 型及 PaaS 型。

传统部署型：是最早诞生的 CRM 形态，为买断型，但企业需购买物理服务器或租用云服务器等自行搭建 IT 基础架构，因此前期投入成本占比较大。

SaaS 型：则属于租用型，企业无须自备服务器，只需按期订阅，因此交付周期较短，部署门槛较低，但在数据安全和灵活性方面有所折损。

PaaS 型同样属于租用型，但在集成度和扩展性方面更胜一筹。综合来看，在 CRM 软件供应商品牌稳定，企业业务方向明确情况下，使用年限愈久，传统部署型 CRM 的价值愈显。

4）按照产品功能划分

可分为应用型 CRM 和分析型 CRM。

应用型 CRM：也有人称之为管理型 CRM，功能比较简单，基础的 CRM 功能：客户资料管理、行动记录管理、销售数据管理和订单合同管理等。相比之下，应用型 CRM 价格较低，只是企业用来统一掌控客户资源和管理员工日常工作的工具。

分析型 CRM：除了 CRM 的基础功能外，更侧重于对企业数据的综合分析，找出重点客户的特征，销售波动周期，畅销的产品等。帮助管理者分析重点，制定出相应的市场规划和战略决策，真正的抓住客户，抓住市场，抓住效益。目前国内最好的分析型 CRM 应该是知客 CRM，自主开发的分析功能如："二八分析""同比环比""企业诊断""企业标尺""战略地图"等，都是独有的，并得到客户的高度评价。

5）按照系统架构分类

可分为 B/S 架构和 C/S 架构。

目前国际上主流的系统架构都是采用 B/S 架构，国内也是如此。但很多特定的情况下是必须使用 C/S 架构的。

6）按照业务模式分类

可分为 B2B 及 B2C CRM。

B2B CRM：其客户主体为企业，客户数据量较少，支持复杂且长周期的销售阶段管理，支持定制开发和与其他企业级办公软件整合及对接。B2B CRM 允许多端口接入，打通市场部、销售部、客服部等部门之间及对接人、决策人之间的信息壁垒。

B2C CRM：则连接个体消费者与企业各部门对接人，需存储、处理大量数据流，其核心功能为引流潜在客户、增强客户黏度。

7）按照业务的匹配广度与深度不同

可分为通用型与垂直型 CRM。

通用型 CRM：我国中小企业数量庞大，且行业覆盖面广，一款通用型的 CRM 产品能尽可能多地覆盖大多数行业企业加强营销、销售、服务管理的需求，因此早期大部分 CRM 供应商纷纷选择泛场景通用型 CRM 作为入局方向。对买方而言，相比于垂直型 CRM，通用型行业属性较弱，客单价较低，对适应业务方向调整的灵活性较高。

垂直型 CRM：有些供应商则将垂直型 CRM 视为树立自身核心优势并大施拳脚的竞争赛道。对卖方而言，在通用型赛道被各大平台型厂商占领之际，选择垂直型的确是另辟蹊径，但垂直型需要结合对特定行业业务的理解和认知，在开发难度上较高，且与特定领域捆绑的属性使其经营风险与行业动态挂钩，所承担的风险较大。

除了这些分类外,还有按照企业所在行业分类等。无论采用何种方式分类,最终要达到的目的只有一个,就是帮助企业寻找设计一个真正适合它的 CRM 系统,使企业能够在 CRM 系统的帮助下,切实改善客户关系,走上以客户需求为导向的生产运营模式,最终实现利润和品牌的共同发展。

6.6 CRM 系统的价值

总体来说,CRM 技术系统的价值体现在开源节流,增收降耗上。

1) 增加收入

CRM 的一大价值为增收:通过赋能售前服务专业化、水准化、精细化,售后服务及时、主动、周到、家庭化,提高客户转化率,缩短销售周期,增强用户黏性,延长客户生命周期。

2) 降低成本

CRM 的另一价值是降低业务运行成本:通过数据挖掘技术使企业能够及时并准确地捕捉市场信息,发现客户的潜在需求,将顾客的喜好作为产品生产销售的指向标,从而避免产品销路偏差带来的仓库、人才成本等方面的损失,并且大大降低在销售和营销环节的低效无效支出;通过流程化管理及信息互联互通,削减内部管理成本。

6.7 CRM 软件供应商

目前没有哪个 CRM 软件包可提供有关客户关系整个生命周期的全部主要功能。即使是功能最强的软件包,也仍然需要通过量身定制和/或整合才能提供一套完整的 CRM 功能。通常一个公司实施各种 CRM 解决方案的能力将依赖于该公司的规模。公司规模越大,就越容易找到功能齐全的软件。另一方面,公司规模越大,其整合的程度越深,在实施方面下的功夫也越大。

大多数的 CRM 软件包以三种类型的公司为目标:一是企业或员工人数超过 500 的组织;二是员工人数为 100 到 500 的中型市场;三是员工人数少于 100 的商业机构。有关公司规模方面的要求现在越来越随意,因为越来越多的 CRM 供应商是依据不同情况来提供不同产品。主要的提供商一直以企业为目标,并逐渐向中型市场转移,因为后者的成长潜力更大。以企业为目标的公司包括 Siebel、Vantive、Clarify、Oracle 和 Peoplesoft。另外一些公司,如 Servicesoft、Onyx、Pivotal、Remedy 和 Applix 则一直与中型市场相联系,并试图夺取部分企业市场。最后,Goldmine、Multiactive 和 SalesLogix 等公司瞄准的是小型商业机构,他们提供的综合软件包不具有大型软件包的深度功能,但内容包罗万象。下面主要介绍几个大型的软件供应商。

6.7.1 国外知名 CRM 软件供应商

1) Salesforce

Salesforce 又译作赛富时、软件营销部队或软营,是全球按需 CRM 解决方案的领导者,被业界广泛认为是世界顶级 CRM 公司。Salesforce 是一个基于 SaaS 的 CRM 平台。

SaaS 指的是通过 Web 浏览器或 App 交付的服务。耳熟能详的 Netflix、Spotify、Dropbox 以及 Gmail,这些服务都属于 SaaS。

Salesforce 创建于 1999 年 3 月,总部设于美国旧金山,可提供随需应用的客户关系管理平台,2019《财富》500 强榜单中总排名 240,软件行业中位列第三,仅次于微软及甲骨文。在英国品牌评估机构"品牌金融"发布的 2022"全球软件品牌价值 15 强"排行榜,微软、甲骨文、思爱普名列前三,Salesforce 排名第四,品牌价值及其增长量分别为:微软 1842.45 亿美元/＋31.2%;甲骨文 291.21 亿美元/＋11.3%,思爱普 183.09 亿美元/＋2%,赛富时(Salesforce)179.17 亿美元/＋36%,增长幅度最大。2022 年 5 月 3 日,CRM 的全球领导者 Salesforce 宣布,在最新的全球半年度软件跟踪报告中,Salesforce 连续第 9 年被国际数据公司(IDC)评为全球第一大 CRM 提供商。

Salesforce 为了解和支持客户的创新工具提供现收现付的方法,几乎适用于所有企业。该公司购买了 Slack,以帮助销售团队使用内置的协作工具。

借助 Salesforce,公司可以充分利用基于云的生态系统来跟踪任何团队的客户关系和销售周期。有可用的营销自动化工具和最先进的 AI 见解可帮助跟踪 CX 领域的关键趋势。

Salesforce 拥有业界无可比拟的客户成功率。当前,全球有 29 800 多家公司和 646 000 名注册用户正使用 Salesforce 的强大功能分享客户信息,以及开发具有更高收益的客户关系。

Salesforce 能提供比别人更多的成功机会,原因如下:

(1)强大的功能:当今业界技术最先进的产品——第 20 代产品具有 1 000 多种功能,因此具有统领全球业务的能力。

(2)灵活的定制:这是业界灵活度最高的 CRM 解决方案,独有的自定义选项卡和全新设计的 Customforce 令自定义灵活度显著提高,用户可深度扩展,因此能满足各种规模的企业的需求。

(3)最佳的用户体验:方便易用,简洁的界面一目了然,多语言支持:支持 14 种语言。

(4)按需应用、按需付费。

(5)快速实施:多数公司在 30 天之内把 Salesforce 成功融合于企业运转之中。

(6)快速回报:通常在实施后的几个月之内,客户即可获得可观的回报。没有安装费:软件托管于 Salesforce 公司的强大数据中心,用户只需登录即可使用,免除软硬件购买、安装、调试过程高度安全:系统和数据处于层层保护之中。

(7)免费版本更新,免费用户支持。Salesforce CRM 价格分别有 5 美元、17 美元、65 美元、125 美元和 250 美元/每户每月的不同版本,当然功能也不相同。Salesforce CRM 根据客户定制需求而分不同价格区间,用户可以根据需要在线免费试用 30 天。

2) Oracle

Oracle,甲骨文公司,是全球最大的信息管理软件及服务供应商,成立于 1977 年,总部位于美国加州 Redwood Shore,也是全球最大的企业级软件公司。1989 年正式进入中国市场。2013 年,甲骨文已超越 IBM,成为继 Microsoft 后全球第二大软件公司。Oracle 旗下推出的企业管理软件在全面集成性和完整性方面均具有一定优势,能够使得企业经营的各方面全面自动化,对于对集成性要求较高的企业,其软件无疑是最好的选择。2018 年 12 月,世界品牌实验室编制的《2018 世界品牌 500 强》揭晓,该公司排名第31。在"品牌金融"发布的 2022"全球软件品牌价值 15 强"排行榜上名列第二。

世界上的所有行业几乎都在应用 Oracle 技术,《财富》100 强中的 98 家公司都采用 Oracle 技术。Oracle 是第一个跨整个产品线(数据库、业务应用软件和应用软件开发与决策支持工具)开发和部署 100%基于互联网的企业软件的公司。Oracle 是世界领先的信息管理软件供应商和世界第二大独立软件公司。帮助中国软件企业在快速增长的经济大潮中取得成功,促进中国软件业的发展,同时也为中国的广大用户提供性价比高、可靠、安全的企业软件,为他们的业务增长作出贡献。

甲骨文公司产品主要有以下几类:

(1)服务器及工具(主要竞争对手:IBM、微软)。

▶数据库服务器:2013 年最新版本 Oracle 12C。

▶应用服务器:Oracle Application Server。

▶开发工具:Oracle Designer,Oracle Developer,等等。

(2)企业应用软件(主要竞争对手:德国 SAP 公司)。

▶企业资源计划软件。已有 10 年以上的历史。2005 年,并购了开发企业软件的仁科软件公司(PeopleSoft)以增强在这方面的竞争力。

▶客户关系管理软件。自 1998 年开始研发这种软件。2005 年,并购了开发客户关系管理软件的希柏软件公司(Siebel)。

(3)Oracle 职业发展力计划(Oracle WDP)。

Oracle WDP 全称为 Oracle Workforce Development Program,是 Oracle 公司专门面向学生、个人、在职人员等群体开设的职业发展力课程。

Oracle 的优势是客户支持、销售、营销和分析。Oracle 希望为所有的人提供所有的产品。Oracle 过去一年来加强了在 CRM 方面的努力,并在相对较短的时间内开发了相当有冲击力的产品。Oracle 的工具箱十分完整,其中包括客户服务、交互管理、销售自动化与管理以及目标营销等产品。除此以外,还拥有用于数据分析的商业智能以及具有世界水平的数据库引擎,Oracle 对互联网的关注使其应用软件都具有上网功能,可通过以浏览器为基础的界面接入,减少了部署成本。另外,通过与思科合作,为思科的交互管理产品线提供直接界面,从而扩大了其交互管理能力。对这样的实施而言,成本是个值得考虑的重要问题,但在企业类的 CRM 软件市场,Oracle 绝对是榜上有名。同时,Oracle 自己也在积极实践 CRM,目前认为效果不错。

3)Siebel

Siebel 公司于 1993 年,由 Tomas M.Siebel 和 Patricia House 两人在美国加利福尼亚的 East Pale Alto 成立。公司总部设在加利福尼亚的 San Mateo。2005 年年底被甲骨文公司收购。

Siebel 的优势在客户支持、销售和营销上。Siebel 在六条以上的商业线上提供几十种产品,业务重点包括营销、销售、客户服务、产品配置,可谓包罗万象,服务对象也涵盖了中型公司和企业。作为市场上最著名的 CRM 供应商,Siebel 占据了大部分市场份额。然而,由于所谓 CRM 领域委实太大,在各种分析师组织看来,即使是 Seibel,所拥有的整个 CRM 市场份额也不到 15%。Siebel 的优势在于销售自动化与管理,但分支太多,几乎涉足了除数据分析外的所有 CRM 主要领域。正是因为拥有的产品多种多样，任何公司几乎都可从中找到可利用的东西。Siebel 在 CRM 领域的目标十分广泛，包括呼叫中心、远程销售与服务、营销、渠道管理、网络公司，以及金融、能源和电信等领域内的小型垂直网站。Siebel 已将自己从私有的客户服务器结构转化为与多层互联网更为接近的结构，但要真正被人们承认为开放式的，还需继续努力。

Oracle 能够提供全面、端到端的客户生命周期解决方案。Siebel CRM 将事务处理、分析和协作功能集成在一起来管理所有面向客户的运营。借助针对 20 多个行业量身定制的解决方案，Siebel CRM 提供了全面的内部部署型和托管型 CRM 解决方案。这些解决方案按照行业要求量身定制，可提供基于角色的客户智能和预先集成。

4）SAP

SAP，为 System Applications and Products 的简称，既是公司名，又是该公司的产品——企业管理解决方案的软件名称。SAP 公司成立于 1972 年，总部位于德国沃尔多夫市，在全球拥有 6 万多名员工，遍布全球 130 个国家，并拥有覆盖全球 11 500 家企业的合作伙伴网络。作为全球领先的企业管理软件解决方案提供商，SAP 帮助各行业不同规模的企业实现卓越运营。在"品牌金融"发布的 2022"全球软件品牌价值 15 强"排行榜上名列第三。SAP 是除 Oracle 和 Microsoft 外的全球市值排名第三的独立软件制造商，也是专为企业提供有效、标准且全面 ERP 软件，可让企业实现标准化管理的全球知名 ERP 软件公司，虽然功能强大，却价格偏高，但仍有全球超过 232 000 家用户运行着 SAP 软件。

SAP CRM 既能帮助客户解决迫在眉睫的问题（即降低成本和提高决策能力），又能帮助其实现差异化，以便获得长期的竞争优势。SAP CRM 提供完整的、以客户为中心的、电子商务解决方案。这项解决方案旨在为客户提供满意、忠诚的服务。它有助于提高竞争优势，带来更高利润。

SAP 的优势则是产品成熟、系统化。其优势不在于界面和易用性，而在于系统架构及流程驱动下的后台配置、简单易用的二次开发。这是因为 ABAP 语言对技术人员来说比较简单，而且最重要的是 SAP 的流程完全开放。在经过近 30 年与全球大企业用户的合作，SAP 系统积累了大量先进企业的业务管理流程。对于用户来说，只需根据在系统中挑选适当的业务流程，在软件中进行配置，而对软件的二次开发工作量极少。这就保证了用户能够把主要的精力都花在企业业务流程的优化上，真正起到上一套系统，管理提高一个层次的作用。同时 SAP 秉承德国企业严谨的文化，所有发布的产品都是经过严格的测试和质量认证，只有在软件产品真正完备后才向用户推出。

5）微软

微软（Microsoft）是一家美国跨国科技企业，以研发、制造、授权和提供广泛的电脑软件服务业务为主。由比尔·盖茨和保罗·艾伦于 1975 年 4 月 4 日创立，凭借 Windows 操作系统和 Office 系列软件而著称于业内的全球最大的电脑软件提供商，2021 年 6 月 23 日，微软市值突破 2 万亿美元，是继苹果之后美国第二家市值突破 2 万亿美元的企业。

除了这两个系统外还为企业提供资源计划的解决方案，在 2016 年还发布了 ERP 与 CRM 的结合体 Microsoft Dynamics365。在"品牌金融"发布的 2022"全球软件品牌价值 15 强"排行榜上名列第一。

微软进入 CRM 领域的时间较晚,大概是在 2002 年。不过微软的 Dynamics CRM 系列软件却一炮打响,迅速获得了用户的认可。2016 年微软在 CRM 的市场占有率已是前四大供应商。微软的 Dynamics CRM 产品在中小企业中有一个"非常庞大"的用户群,但是在大型企业中,Dynamics CRM 不如甲骨文和 SAP 的企业软件。不过,微软正在利用其强大的中小企业和桌面操作系统的优势试图扭转这一局面,挑战传统的大型企业软件厂商。

通过微软的 CRM 管理,企业的业务部可以通过对销售环节的管控,全面掌握与客户的销售过程,对未来的销售收入进行预估,从而不断调整销售过程中的相关策略,直至赢得客户,形成订单;同时通过跟进转换,了解客户的应收账款的情况,进而对客户进行全面的评估。

微软是目前许多行业中最具创新力的公司之一,这要归功于它对不断创新和发现的承诺。如果企业已经投资于 Microsoft 生态系统,Microsoft Dynamics 365 环境可能是管理客户关系的完美空间。企业可以获得一系列强大的工具来跟踪销售和服务,还可以获得针对现场服务团队和营销专业人员的专用功能。Dynamics 环境还可以轻松地与 Microsoft 环境的其他部分(包括 Teams)集成,以便企业可以将 UC 和 CCaaS 解决方案组合在同一个多合一的云中。

6.7.2 国内知名 CRM 软件供应商

虽然国内 CRM 软件排名没有一个公认的榜单,但有许多 CRM 软件供应商,供企业选择 CRM 软件的空间很大。不同 CRM 品牌目标客户群不同,其功能、提供的服务也不一样,各有优劣势,每个企业可找到适合自身的 CRM 系统。

在上述国外这些大牌的软件商面前,国内的软件供应商也在各方面不断改进,同时由于熟悉中国国内市场运作模式,在一定程度上更有优势,如 TurboCRM 等国内软件商,不断改进版本,细化各个模块的功能。同时因为价格具有竞争优势,在国内中小企业 CRM 实施中得到了大量应用。

1)纷享销客

纷享销客创立于 2011 年 12 月,总部位于北京市海淀区中关村。先后获得 IDG 资本、北极光创投、DCM、高瓴资本、中信产业基金、金蝶国际、鼎晖百孚和中软国际等优秀投资机构投资,为神州数码、金山云、中国常柴、3M、振德医疗、欧普照明、好丽友、牧原股份、元气森林等超 5000 家大中型企业提供数字化增长服务。以 SaaS 模式为主,2020 年 8 月 4 日,胡润研究院发布《2020 胡润全球独角兽榜》,纷享销客排名第 351 位,是中国 SaaS 行业先锋。

纷享销客是专业的移动 CRM 服务商,以"连接型 CRM"为独特定位,以开放的企业级通信为基础构架,以连接人、连接业务、连接客户为使命,将 CRM、PRM 及 SCRM 融为一体,为企业提供内部销售管理、伙伴销售管理及终端客户管理一体化解决方案。开放的通信架构与交互的业务逻辑,帮助企业实现与外部伙伴、终端用户在业务与通信上的互联互通,帮助企业构建完整的业务价值网络。

纷享销客自成立以来,为满足企业组织与业务的敏捷变化需求,通过 SaaS + PaaS 的平台化战略,为企业个性化需求提供友好的业务自由配置能力,为中国中小 SaaS 开发厂商提供生态级能力支持平台。纷享销客开放平台，可实现 CRM 与 ERP、财务等其他 IT 系统的对接需求，让业务畅通无阻。

2）用友

用友软件成立于 1988 年，2001 年正式上市，是亚洲本土第二大 ERP 软件产品供应商，是中国最大的管理软件、ERP 软件、财务软件供应商，是中国最大的独立软件供应商。

用友 CRM 指用友体系内的客户关系管理系统，于 2008 年用友收购 Tubro CRM 软件之后，用友体系内的 CRM 产品开始完善丰富；到今天，用友 CRM 产品在用友体系内已经成为重要的组成模块。

现在，用友 CRM 产品主要分为三个产品线：

用友 Tubro CRM 系统——具有战略高度的全盘 CRM 系统，其下拥有标准 CRM 产品及各行业插件。

用友 U8V11 下的 CRM 模块——与 ERP 集成的 CRM 系统。

用友 T 系列 CRM——简单版本的客户资源管理系统。

用友 CRM 是一套基于 B/S 架构、互联网模式应用普及的信息化趋势，专为中小企业提供包括客户管理、销售管理、项目管理等应用的在线 CRM。通过整合多种网络化、低成本营销手段和沟通方式，帮助企业建立与客户之间通畅的交流平台，全方位管理客户资源、提升客户价值、制定科学销售指标、监控项目进程、评估业务员绩效，以增强内部协同，合理调配企业资源。连续 8 年受到中小企业一致好评和认可。具有保存资料、快速查询资料、管理联系记录、统计分析、寻找销售机会、行程管理、提升销售成交率、降低客户流失率、权限设置等多种功能。产品极具人性化的管理风格，在中国众多的 CRM 软件中，以严谨的管理思路而著称，是一款不可多得的针对中小型企业设计的软件。用友 CRM 软件的宗旨是以信息化服务帮助中小企业盈利、做大、做强。

用友 CRM 的第一需求就是对客户信息的集中管理和共享利用，即客户资源的企业化管理，避免因业务调整或人员变动造成的客户资源流失和客户管理盲区的产生；更重要的是可以通过完善的客户信息来支持不同业务角色面向客户的工作，实现客户信息在企业内部充分共享利用，提高面向客户的工作有效性和效率，从而全面提升客户的满意度。

3）金蝶

金蝶国际始创于 1993 年，是香港联交所主板上市公司，总部位于中国深圳。中国软件产业领导厂商，亚太地区管理软件龙头企业，全球领先的中间件软件、在线管理及全程电子商务服务商。

金蝶在中国大陆设有深圳、上海、北京三个软件园。金蝶附属公司有专注于企业管理软件及互联网服务市场的金蝶软件（中国）有限公司，专注于中间件业务的深圳市金蝶中间件有限公司，专注于医疗卫生行业信息化的金蝶医疗软件科技有限公司，以及专注于除中国大陆以外的亚太地区及海外市场的金蝶国际软件集团（香港）有限公司等。

金蝶通过管理软件与云服务，已为世界范围内 680 万家企业、政府提供服务。

金蝶服务秉承公司"帮助顾客成功"的商业理念，以"Anytime、Anywhere、Anyway（在任何时间、任何地点、用任何方式获取服务）"的 3A 服务战略作为自己不断追求的目标，以"金蝶服务，一切为您"的服务理念为客户提供优质高效的信息化服务。

金蝶辅助品牌标识中的"云管理",指运用社交网络、移动互联、云计算等新兴技术所催生的创新型管理模式。金蝶通过云计算时代的新兴技术与 CRM 系统有机融合,形成具有云时代特征的社交化 CRM,真正实现让云管理触手可及。

4) 销售易

销售易隶属于北京仁科互动网络技术有限公司,是融合新型互联网技术的企业级 CRM 领导品牌。销售易致力于打造符合数字化时代下企业需求的 CRM 产品,将企业同客户互动的全过程数字化、智能化,帮助企业提升客户满意度,实现可持续的业绩增长。2021 年 8 月,销售易已连续五年成为唯一入选 Gartner 销售自动化魔力象限的中国 CRM 厂商。2021 年 9 月,发布了基于企业微信构建的两款垂直 SCRM 产品:智慧门店数字化平台——易店、"营销服"一体化 SCRM 平台——易客,以及企业级电商平台——电商云。

销售易 CRM 支持企业从营销、销售到服务的全流程自动化业务场景。除内部业务流程自动化外,销售易 CRM 创新性地利用社交、移动、AI 和物联网技术打造双中台型 CRM 产品。赋能企业真正转型为以客户为中心的数字化运营组织,实现产业互联时代下的业绩规模化增长。

销售易 CRM 既可以支持 toB 企业连接外部经销商、服务商、产品以及最终用户,构建 360°全生命周期的客户关系管理体系;也支持 toC 企业实现品牌与消费者的连接,构建私域流量池,实现精准的营销获客和精细化的客户运营。

销售易 CRM 具有多语言、多地域、多币种的国际化能力以及海外服务器集群,可以支撑企业的全球化业务需求,帮助企业出海拓展。

销售易的 CRM 是 SaaS 模式,从免费走向企业级 CRM 软件,尝试打造 PaaS 平台,打破 SaaS CRM 功能的局限性。

销售易利用先进的移动互联网(Mobile)、社交网络(Social)以及云计算(Cloud)技术彻底重构了 CRM。一改传统 CRM 流程和表单的设计与体验,销售易首次以"人"(销售人员)为中心,完美融合销售流程,销售知识库,团队协作以及日常办公等核心功能于一体,通过便捷易用的移动端,让 CRM 系统真正成为销售人员移动办公和打单利器,而非效率的枷锁,从而全面提升销售团队效率和业绩。

5) 八百客

八百客是老牌 CRM 厂商,以 SaaS 模式为主,功能较多,成立于 2004 年 6 月,是全球领先的下一代企业管理软件供应商,致力于向客户提供以 PaaS 管理自动化平台为核心的产品、服务和解决方案,为客户创造长期的价值和潜在的增长。社交企业,它实现了企业内部、企业与客户,客户与客户间的交流与沟通,把企业、组织、个人的资源高效整合,构建了全新的管理模式和商业运营手段,为企业提供了全新的协作平台。

主题案例

讯鸟软件正式推出微信呼叫中心

近日,讯鸟软件正式推出微信呼叫中心,讯鸟智能产品体系迎来重磅升级。讯鸟微信呼叫中心结合微信生态和多渠道客户互动产品的强大优势,将帮助企业打造自动化且个性化的私域流量运营平台,为现代客户关系发展提供新模式和新思路。

新经济时代,客户消费模式千变万化,通过私域流量来发展长线客户关系已经成为促进增长的必然路径,没有私域流量的企业就如"无源之水"。讯鸟微信呼叫中心将企业微信引入讯鸟多渠道客户互动平台,通过引客、留客、养客、管理四步为企业建立专属私域流量生态圈,助力企业持续不断地挖掘客户价值。

多渠道引客:聚"八方"来客,沉淀客户资产

企业微信私域流量运营的基础是获客引流,那么客户从哪里来?从社交、电商、搜索、电话等公域流量平台引进客户依然是目前的主流获客方式,将这些平台上的客户"圈进"私域流量池是第一步。讯鸟微信呼叫中心可以设置分渠道、分产品的微信活码,不同渠道的客户轻松一扫就可以进入企业微信私域流量池。同时,企业可以精准识别客户来源,自动分配合适员工,并可以衡量每个渠道的获客效果,精准找到最优的广告投放渠道,让企业少花"冤枉钱"。

当然,很多企业已经有了大批的客户,但是散落分布在 CRM、公众号、App 端等不同平台,可各个平台上的客户不过是数据孤岛,管理难,挖掘价值更难。讯鸟微信呼叫中心可以跨渠道主动批量添加客户,快速将各渠道客户添加到企业微信中并永久存留,员工离职一键转移和交接,帮助企业集中客户资产,打通渠道壁垒,防止客户资源流失。

自动化高效留客:让客户来了就不会走

企业在运营客户的过程中,往往面对这样的问题:辛辛苦苦拉进来的客户,服务跟不上,客户说走就走! 现在的客户选择性非常多,即时、快速、共享、个性化是新消费时代的主流趋势,引流看策略,留住客户看的却是服务。讯鸟微信呼叫中心将企业微信、电话、短信、网页、App 端等多个渠道的客户服务统一到一个平台,多渠道瞬间响应,多渠道信息共享,能够有效保证客户体验的连续性和一致性。

特别值得一提的是,讯鸟微信呼叫中心实现了企业微信沟通按并发分配服务。当用户通过企业微信咨询时,系统可以根据客服的服务状态、技能值以及客户的特点智能分配服务人员,既能够让客户获得贴心的服务体验,也能够帮助企业降低人力成本。同时,讯鸟微信呼叫中心支持智能机器人功能,可以提供全天 24h 不间断服务,满足客户随时随地的服务需求。

个性化主动养客:持续激发客户价值

有求必应是私域流量运营的基本要求,更多维度地主动挖掘客户价值才是私域流量运营的核心目的。很多客户初次服务后就沉睡下来,需要企业与客户持续互动,强化客户对品牌的认知,培养客户的消费习惯,才能让客户持续不断地消费。讯鸟微信呼叫中心集多渠道服务于一体,能够将不同维度的数据进行整合,形成用户画像,企业可以根据用户的个性特征主动推送关怀信息以及营销活动,通过"投其所好"唤醒客户的消费潜能。

而且,讯鸟微信呼叫中心可按客户标签分群,企业可以根据业务需求选择分类群体,

在主动服务和营销时根据标签进行批量 1V1 服务,让服务和营销更有针对性,让客户获得 VIP 式极致体验,更愿意为品牌和服务"买单"。

智能化管理:全面提高服务质量

私域流量运营是围绕"客户"展开的,但其背后离不开强大的客服和营销团队支撑。因此,如何强化企业微信服务和营销人员管理是不可忽视的环节。讯鸟微信呼叫中心可融合讯鸟智能质检系统,自动将企业微信沟通记录存储于云端,对所有沟通数据进行高效质检和分析,360 度全方位检测服务过程,发现服务过程中的不足,帮助企业避免风险问题,对员工开展针对性培训,有效提升服务质量和管理效能。

从建立私域流量池,到激活流量实现客户增值,讯鸟微信呼叫中心以企业微信为桥梁,以讯鸟云呼叫中心为抓手,实现自动化、个性化和主动化的客户运营,让企业离客户更近,让客户消费体验越来越好。基于讯鸟软件全栈全链服务能力,讯鸟微信呼叫中心将成为企业运营私域流量的超级引擎和工具。

(资料来源:搜狐,2021.7.28)

案例思考题

(1)讯鸟软件的微信呼叫中心有何功能? 给企业的价值如何?

(2)该微信呼叫中心如何为企业"获客""留客"与"养客"?

本章复习思考题

(1)CRM 系统结构主要分为哪几层?

(2)CRM 软件系统分为哪三部分,各部分的功能是什么?

(3)分析 CRM 系统四个具体模块在企业运作中的具体应用。

第7章　CRM技术系统中的数据管理

个性化推荐

"个性化推荐"是近年来新兴的管理科学技术名词,其定义简单明了:根据用户的兴趣特点,通过人工智能的大数据和算法,推荐其感兴趣的商品、内容等各类信息。而推荐似乎也已经成为国内互联网行业发展用户、挖掘用户价值的一大利器,尤其是图文、短视频、电商、外卖、在线旅游等诸多领域,个性化推荐无处不在,人人都被包裹在算法系统之中。

个性化推荐最早起源于美国电商平台亚马逊。亚马逊在1998年推出了基于项目的协同过滤算法,使推荐系统能够基于上亿的商品目录为数百万用户提供推荐服务。当用户进入亚马逊的商品浏览页面,就如同走进了亚马逊为其在网上量身打造的商店,那些自己感兴趣的商品会被自动移动到前面,而不太感兴趣的商品则被移动到远处。

而国内不少互联网平台则通过学习、模仿,将个性化推荐功能进一步推广到更多领域,从而为用户打造了"个性化推荐的一天":早上,你从睡梦中醒来,想起下周就要休年假,准备和家人选一个景区放松身心,打开在线旅游App,上面立即推送了一堆你"感兴趣"的旅游景区信息,这些景区信息都是根据你之前的浏览历史、点击记录,经过算法系统筛选后推荐的。到公司工作了一上午,又到了午餐时间,你赶紧打开外卖App,外卖App根据你之前的点餐记录,立即推送了一堆同类餐食的价格优惠信息。下午5点多临近下班,你想着回家要准备做饭,马上点开送菜App,系统推荐了你昨天浏览过的当季最新蔬果,今天刚好有8折优惠。晚上8点多,你觉得衣柜里的冬装要换春装了,点开电商App,App所推荐的最新春装信息都是系统根据你过往浏览及下单记录所"定制"的。买好春装,放松的时刻到了,你打开短视频App,一条又一条你最喜爱的网红热舞短视频扑面而来,让你直到深夜还在刷刷刷。

(资料来源:毕舸,《中国经营报》,2022.3.6)

从上述案例资料可知,数据会说话,数据有价值,企业将收集的用户数据通过人工智能的大数据和算法,就能精准营销,一则能满足用户个性化需求,二则能挖掘用户价值,创造出更多的商业价值。

CRM运用得成功要靠数据,科学地分析数据往往会带来不可预测的商机。企业通过对数据进行初级处理完成基本业务过程,对数据进行高级处理(如数据挖掘)提供企业决策的商业智能,寻找商业机会,精准营销、一对一营销,从而开发新客户,保持老客户、提升顾客价值,促进销售,保持稳定地消费群体,提高顾客的购买频率、购买量。

7.1 数据的概念和重要性

7.1.1 数据的概念

人类已经进入信息化社会,人们的活动离不开反映客观世界的数据的收集、存储、处理和使用。开篇案例中,沃尔玛通过对客户数据的整合与分析,形成其独特的竞争力。商业数据的收集、存储、处理和使用,是形成企业未来竞争力的关键。

日常的商贸活动,产生大量的具有潜在价值的商业数据。看似简单的超市购物过程,就可产生大量的数据。顾客们前往超市购买一些商品,这个交易过程就可生成许多原始数据,比如:

▶顾客们购买的时间、交易的金额及每天不同时段顾客购买的频率。

▶顾客所购买物品的种类及其各种商品间的搭配情况。

▶顾客的付款方式。

办理了"开市客"会员卡的用户,会在购物过程中产生更多数据,如:

▶消费者的性别、年龄、收入水平等个人特征方面的数据,和顾客最近一次购买的时间、平时购买的频率以及通常购买的金额等交易数据。

▶客户投诉、有奖建议等活动向商家提供更多可用于改进运营的数据和信息。

其他类型的企业也会在日常的交易中产生大量的有关客户的描述、促销活动和交易活动等方面的数据。在面向企业客户的 B2B 市场,企业可以通过记录与客户的开发和交易过程,来获取大量的数据。比如说客户企业采购物品的种类、价格、采购的数量、客户企业习惯的供货的批量、交货地点等数据信息。同时,通过收集目前客户的一些特征信息,应用数据挖掘等信息技术,可以促使企业发现潜在的客户群体,发觉目前客户尚未满足的需求,从而为企业的产品开拓出一片新的蓝海。那么,究竟什么是数据呢?

数据(data)是为反映客观世界中的某一事件而记录的可以鉴别的数字或符号,如数字、文字、图形、图像、声音等。在 CRM 系统中,数据可以通过诸如电话语音、网络语音、电子邮件等多种途径收集。这些数据结构化地记录了企业有关事件离散的、互不关联的客观事实,其可用某种记录方式加以描述。围绕着数据建立企业 CRM 活动,其核心价值在于通过 CRM 系统对数据的分析、合成,并把这些离散的、单个存储的数据转化为使用者可以理解和使用的信息和知识。

消费者的购买过程产生的数据,可为商家的客户研究工作提供大量可供分析的第一手资料。所有这些数据,通过商家的分析整理形成有意义的信息,并促使商家更加有效地为消费者提供良好的服务。通过分析大部分消费者的购买时间,可以合理安排超市的收银员的工作时间,在消费者人流量大的时候多安排一些收银员,在消费者人流量小的时候少安排一些收银员;通过研究顾客所购买的产品,可以区分货架上最受欢迎和最不受欢迎的产品,通过多采购、多陈列最受欢迎的产品,减少,甚至淘汰最不受欢迎的产品,可使得商家更为有效地使用有限的陈列货架,提高货架的利用率,从而获得更好的效益;通过研究顾客所采购商品间的搭配,找到顾客通常所习惯的购物方式,用以改善超市各种物品彼此搭配的陈列位置,更加方便顾客采购,例如沃尔玛中的尿布与啤酒的摆放等。研究客户投诉相关的数据,调查产生消费者不满的原因,促使企业改进客户服务,提供更方便的购物环境,有效调动消费者的潜在需求,形成良好的商家与消费者的互动,消费者可以体验更加愉悦的购物过程,商家获取更好的经济效益,实现双赢。

7.1.2 数据的重要性

数据是 CRM 系统的灵魂。CRM 最关键、最基本的支柱是客户数据。客户关系管理通过数据仓库、数据挖掘、商务智能等技术处理大量的客户属性、交易记录、购买行为、习性偏好等数据,从中提炼出有用信息,为企业销售、营销、客户服务等工作提供全面支持。在美国 70% 的杂志是订阅的,因此订阅非常重要。即便《Time》这样大牌的杂志,也必须不厌其烦地制定基于读者数据库的十分精细的订阅策略。提高杂志发行和订阅率的工作之基础就是建立和开发读者数据库。

很多公司都缺乏可用、准确、实时的客户数据,要不就是大多数企业的数据应用程序很差。数据仓库研究所(The Data Warehousing Institute)指出,2001 年由于数据质量低给美国公司造成了大约 6000 万美金的损失。Gartner 的调查发现,75% 的企业还没有能力形成对顾客的统一认识。

企业为了获得好的效益,不仅要重视对客户数据的收集,还要重视对客户数据的维护。组织绩效方面的许多问题也都是由客户数据应用不当引起的:没有数据获取渠道,存储与管理不善,低效的数据共享与使用等等,不胜枚举。仅仅安装了管理数据的系统还远远不够,公司必须关注数据并以客户为中心。著名数据库软件提供商 Oracle 在其报告《大胆假设,合理求证——Oracle 建言亚洲银行的 CRM 建设》一文中指出:"客户数据是银行实施 CRM 过程中最薄弱的环节。不准确、不完整和未能很好协调的客户数据在过去一度是 CRM 项目失败的主要原因。缺乏高质量的数据使银行无法了解他们的客户,难以向市场推出新的产品和服务,不能合理的简化银行运营和优化客户关系。不准确的客户数据也使银行不能很好地遵守行业标准和一些法规要求。"

7.2 数据的分类、收集及质量

7.2.1 数据的分类

企业在同消费者、企业客户的交易过程中可以产生大量的数据。这些数据信息可以通过不同的方式进行归纳分类。

1)通过数据的来源分类

CRM 数据仓库中数据的来源主要来自企业内部已经登记的用户信息、用户销售记录、与用户互动的活动中获得的用户信息。这些数据主要可分为四个方面的来源:客户信息、客户行为、生产系统和其他相关数据。也可以将数据分为内部来源数据和外部来源数据两类。

(1)内部来源数据。

内部来源的数据比较容易理解,就是商业企业在实际经营过程中产生、记录的数据。

很多企业也有经验地组织一些活动来收集一些反映用户基本特征的数据,比如经常采用的有奖登记活动,以各种方式对自愿登记的客户进行奖励,能够在短时间内收集到较多的数据。收集用户数据的方法还包括:有奖登记卡和折扣券、会员俱乐部、零售点收集、利用电子邮件或网站来收集等等。世界零售业巨头沃尔玛通过记录、整理、分析其全球各个卖场销售数据,形成了举世无双的庞大信息系统。

(2)外部来源数据。

本企业之外所产生的数据称为外部来源数据,它们是通过别的信息渠道产生的数据信息。其中最重要的外部数据信息来源是政府的各种机构、各类商务团体和专业协会、许多的行业期刊和业务通信。例如国家旅游局每年都在固定的时间发布关于中国每年、每月的出入境游客人数的统计,各地旅游局和旅游行业协会也会发布各个地区或各个行业的一些旅游人数、旅游收入等情况的统计数据。这些关于旅游情况的数据,构成了旅游企业制定其各种发展规划、预计市场情况、制定销售计划最重要的数据依据。

一些私人机构对总的经济状况或具体的市场情况消息灵通,它们也从事这方面的数据搜集出版业务,如 A.C.尼尔森、邓白氏等市场研究公司。邓白氏拥有全球最为庞大,覆盖超过 1 亿企业信息的海量数据库,它收集来自全球多达 214 个国家、95 种语种或方言、181 种货币单位的商业信息。同时,为确保信息的精确性、完整性、及时性和跨领域的一致性,它的数据库对数据更新高达每日 150 万次。

2)按照数据采集渠道分类

以 CRM 系统中重要的 Call Center 为例,企业可以通过多种渠道采集的所需要的和具有潜在价值的数据。这些采集渠道主要包括如下几类:

(1)电子邮件:客户既可以通过自己的免费邮箱给呼叫中心发邮件,也可以通过网上留言的方式将信息发给呼叫中心。客户发送的信息通过公司的智能分析,按照相应的系统要求加以记录。

(2)电话语音:电话语音既包括传统的电话语音,也包括基于网络的互联网电话。客户可以通过拨打电话直接与呼叫中心联系。业务员也可以主动联系客户。如果客户选择要求呼叫中心的业务代表立即或在约定的时间主动拨打电话或发送邮件回复客户,客户在输入其联系方式及回复时间后,呼叫中心将在指定时间主动打电话或发邮件联系客户。这些联系活动中,可以产生大量对企业有价值的数据。

(3)文字交谈:客户可以利用呼叫中心提供的文字交谈功能代替语音同业务代表进行实时的文字交流。文字交谈的内容经业务员整理,可以形成相关数据并加以记录。

(4)多媒体数据:多媒体呼叫中心将语音、数据和视频集成,不再局限于语音和数据的传输,使得交换系统和语音资源之间不仅可以传输电话,而且还可以快速而准确地传输数据、图像等丰富的多媒体信息。

3)按照企业不同部门的用途分类

数据可以按照市场、销售和服务部门的不同用途分成三类:客户数据、销售数据、服务数据。客户数据包括客户的基本状况数据、联系人信息、相关业务记录数据和客户类别记录数据等,其不但包括现有客户的基本信息,还包括各类潜在客户、其他合作伙伴,以及代理商等的特征数据等。销售数据主要通过业务员,记录了销售过程中对相关业务的跟踪情况,如与客户的所有前期接触活动、客户的信息征询情况、客户询价和相应报价、每个类型业务的竞争对手以及销售订单的有关信息等。服务数据，主要是企业对产品售后进行相关服务的数据记录。可以包含产品的销售时间、使用状况、上次维修时间、客户所购买产品的剩余的服务期限等。这几类数据，需与其他类型数据放在同一个数据库中实现信息共享，以提高企业前台业务的运作效率和工作质量。

4）根据 CRM 系统的特殊需要对数据分类

在 CRM 系统挖掘和分析系统中，主要用到三种类型的数据。它们是：

（1）描述性数据。

这一类数据描述了客户的基本情况，可用于判定谁是我们的客户。描述性数据，可以通过对记录以往交易情况的数据进行分析和定性调研的方法获取。针对消费者市场顾客最基本情况的数据，包括顾客的姓名、地址、联系电话、电子邮件、信用情况、性别、出生年月、职业状况、收入水平、婚姻状况、家庭成员数量等情况。其中，消费者的各种联系方式与信用情况尤其重要。缺乏联系方式的客户数据对企业日后的客户发展计划而言，没有什么现实意义，这样的数据是对企业没有意义的伪数据。对企业而言，客户的信用状况包括信用卡号和信贷限额、忠诚度指数（顾客与公司交易占其总花费的比例）、潜在消费指数、客户类型（现有客户、潜在客户、流失客户）等等，这也是公司需要着重考虑的关键数据。随着消费者行为学研究的深入，越来越多的研究表明，顾客的生活方式、特殊爱好、对企业产品和服务的偏好、对问卷和促销活动的反应、其他产品偏好、使用新产品的倾向等特征，对消费者市场上的顾客细分、企业的市场定位等具有重要的意义，因而成为目前市场研究的重点。

针对 B2B 的企业市场，客户的描述性数据可以分为三个子类。首先是企业的基本情况，包括企业名称、行业标准分类代码及所处行业、注册资本、员工数、年销售额、收入及利润等。这些数据描述了我们的客户与潜在客户的基本状况，勾勒了客户的大致轮廓。其次是客户的联系方式数据。客户企业的总部及相应机构营业地址、联系电话、FAX；主要联系人姓名、头衔及联系方式；关键决策人姓名、头衔及联系方式；客户企业其他相关部门和办公室的基本情况与联系方式。客户企业的其他情况，以及公司的一些其他特征，包括客户类型（分销商、咨询者、产品协作者等）；信用状况、购买情况等。

（2）促销活动数据。

促销活动数据描述对客户所进行的针对性的营销或者促销活动。这些数据详尽描述了企业所采取的促销活动，从内容上讲，这些数据涵盖了一次促销活动的各个方面。具体来说，可能包括如下几个方面：

首先，促销活动的类型，直接描述了促销活动最基本的目的。这类数据需要简要说明市场促销活动的意图，即对该活动的目标客户的简单说明，以及为什么采取这样的促销活动，这些目的可能是降价销售、电话促销、业务推广活动，或者是单纯的纸媒广告、广播型广告和 Web 广告等。

其次，是对特定促销活动的描述。这方面的题材很多，依据厂家促销活动组织形式，如电子邮件的内容、活动参与人员及业务推广人员的基本情况、促销样品发放的基本情况等。这些数据基本上描述促销活动的内容、执行时间、执行地点、执行人员、执行方式等方面的状况。对企业日后的促销活动与对促销活动效果的检验具有重要的价值。

其中，在对特定的促销活动的描述中，促销媒体的选择（可以是电视、报纸杂志、广播、互联网、楼宇广告、移动平面广告或者其他类型的户外广告等)、促销时间(进行促销活动的日期,包括年、月、日,有时甚至要细致到时刻)、促销执行人员(谁负责、谁参与、所有参与者的职位级别、具体的职责分类等)以及促销活动的成本信息(包括促销活动的固定成本和变动成本)等信息尤其重要。

(3)交易数据。

这一类数据描述客户对企业各种促销活动的反应,即他们与企业的交易情况。消费品市场的交易数据是比较常见且容易理解的一类交易数据。此外,在如银行、保险等服务性机构中,交易过程中产生的交易数据也是非常庞大的。例如中国的证券交易是以营业部为核心,遍布全国各地的大大小小的证券营业部将近有 3000 个左右,参加交易的股民将近有 6000 多万,几乎所有股民都是自己直接参与股票交易。所有这些股民,都是证券公司这些服务性机构的消费者,他们通过证券公司所提供的服务来进行投资活动。这些投资者可以注册享用某一证券公司的服务,也可能更改账号去其他收费较低,或提供更好服务的证券公司。对于工业品企业而言,其与客户企业的交易情况记录构成最重要的基本数据。其他数据的记录类似于消费品的记录情况。企业与客户的交易数据,也可以用于客户描述。如在客户描述数据中,尤其是针对企业客户的数据中,有许多数据是在交易过程中形成。例如客户企业的银行账号、信贷限额及付款情况;购买过程;与其他竞争对手的联系情况;忠诚度指数、潜在消费指数;对新产品的倾向等。在交易过程中形成的可用于企业描述客户的数据,能够为企业有效地识别客户、从潜在客户中挖掘客户提供良好的信息。

7.2.2 数据的收集

早在 2007 年 8 月,全球连锁巨头沃尔玛就宣布建立了一个全新的数据中心,它的存储能力简直令人窒息,竟然高达 4PB 以上!这已经超过了 4096TB,是一个真正的天文数字。其中,1TB 存储空间能够存储 12500 部 DVD 电影,161500 张 CD,超过 5 本维基百科全书。作为世界第一大国际化零售连锁集团,商品信息和交易记录是必须进行存储的内容,但庞大的信息量会对企业的数据中心提出更高的挑战。到目前为止,这家拥有高达 3450 亿美元价值的连锁集团,其供应链包含了超过 6000 家门店,大多数门店都几乎拥有 50 万件 SKU(Stock Keeping Unit)。针对如此庞大的企业客户信息,企业必须制定相应的数据采集规划。

CRM 中数据采集的基本步骤是:定义商业问题、建立营销数据仓库、通过研究数据仓库为建模准备数据、最后建立模型。其中,数据的收集是建立数据仓库,进而构建CRM 系统的一个关键步骤。数据的收集、存储和处理系统已成为现代企业控制商品及其物流的强大武器。

针对不同的数据,根据企业 CRM 系统数据仓库对数据的具体要求,企业可以采取不同的收集方法。例如所反映数据的详细程度和级别的粒度划分不同,企业需要采取的数据收集方式就存在差别。针对内部数据,企业需要加强员工的数据意识,增强对企业日常业务的记录。这些记录可以形成大量的内部数据,并建立企业内部数据库等存储方式。对于外部数据,企业可以通过图书馆、国家机构、互联网和市场调研公司(如 A.C.尼尔森)等以免费或者付费的方式获得。针对 CRM 系统所进行的数据分类,即客户的描述性数据、促销性数据和交易型数据,主要是通过企业加强对各个阶段活动的数据采集、记录和有效保存来实现。包括明确所需要采集数据的类型、确定所有活动的参与者的数据采集和保存的职责、企业提供有效的数据存储设备等。

对企业来说,在和消费者或企业客户进行交易的过程中所形成的数据构成了最基本和重要的数据。企业可以通过各种方式获取、记录、存储和使用这些宝贵的数据。对于连锁超市来讲,商品信息和交易记录是必须进行存储的内容。沃尔玛的核心竞争力是显而易见的,其领先高效的信息系统备受业界推崇。沃尔玛要求所购买的商品必须带有UPC条形码,卡车从工厂运货回来后可以停在配送中心收货处的数十个门口处,货箱在高速运转的传送带上传送的过程中经过一系列的激光扫描,被读取货箱上的条形码信息。而门店需求的商品被传送到配送中心的另一端,那里有几十辆货车在等着送货。其十多公里长的传送带作业就这样完成了复杂的商品组合。其高效的电脑控制系统,使整个配送中心用人极少。借助自己的商用卫星,沃尔玛便捷地实现了信息系统的全球联网。通过这个网络,全球4000多家门店可在一小时之内对每种商品的库存、上架、销售量全部盘点一遍,实现实时监控。内外部信息系统的紧密联系使沃尔玛能与供应商每日交换商品销售、运输和订货信息,实现商店的销售、订货与配送保持同步。沃尔玛配送中心运用的交叉作业和电子数据交换系统保证了补货时间仅为2天,而美国同行业的平均水平是5天。在沃尔玛总部轻点鼠标,就能马上知道深圳或是巴西超市中奶酪的价格,这在沃尔玛并不是神话。

除了交易记录之外,常见的用于描述客户的原始数据收集方法有如下几种:

(1)定性调研。定性调研是在较小的样本范围内,对某一特殊群体进行探测性的调研活动。

(2)询问法。询问法是普及率最高的调研方法。在美国,大约1.3亿的人口在他们的生活中曾经接受过访谈,超过总人口比重的40%。其中每年有超过7000万的人被访问。向人们提问题是调研的最基本方法。传统的询问调研方法有入户访谈(消费品)、经理访谈(工业品)、街上拦截法、中心控制电话访谈、电脑直接访问、自我管理问卷调查、单程邮寄调研、固定样本邮寄调研等。新型的询问式调研方法包括触屏法、传真调研、因特网调研、E-mail调研、自动语音调研和邮寄磁盘调研等。

(3)观察法。观察调研法指不通过提问或交流而系统地记录人、物和事件的行为模式的过程。当事件发生时,一位运用观察技巧的市场调研员见证并记录信息,或者根据以前的记录编辑整理证据。更进一步,观察法既包括观察人又包括观察现象,既可由人员来进行,又可由机器来进行。

(4)实验法。另外,需要指出的是,在社会科学和商务研究中还引入了一些自然科学的数据收集方法和研究方法,例如实验法(experimentation)。实验法已经超出了仅对某个变量进行测度的范围,它允许研究者在某个环境下控制某个变量(自变量),并观察该变量对所研究的事物(人或者物体,为因变量)如何产生影响。实验法的优点是可控性,而且针对不同的事物群体和条件可以重复相同的方法,因此可以发现自变量在人、环境和时间等方面的影响效果。

以实验为基础的调研与以询问或观察为基础的调研相比有着根本的区别。从本质上讲,在询问和观察的情况下,调研员是一个被动的数据收集者。调研人员询问人们一些问题或者观察他们在干什么。而在实验条件下,调研人员成了研究过程中的积极参与者。

一次成功的商业数据收集过程一般不会局限于某一种方法,而是有赖于良好的组织规划和各种数据收集方法的有效的组合运用。

7.2.3　数据的质量

在 CRM 系统的实施过程中,数据就是整个系统的核心,采集数据的质量关系到整个系统的成败,也是实施过程中工作量最大、最难保证的环节。如何保证数据质量,使得数据准确可信,是 CRM 数据仓库系统建设的难点之一。受到数据收集系统现状的影响,如数据源的数据不完整、不一致、数据抽取时间点不能同步、行业之间存在市场竞争及业务规则的差异、各专业之间统计口径的不一致等,导致数据质量问题客观存在。因而数据质量问题的管控工作必须贯穿数据仓库系统建设的整个过程。

高质量的数据可为使用者提供准确的信息报告,同时降低企业与低质量数据相关的潜在成本。比如冗余成本(在不止一个数据库中存储相同的数据)和基础设备成本(用于存储数据的硬件的成本)。

什么是符合数据质量标准的高质量数据?针对不同的用途和用户需求,每一个参与数据处理工作的人都可能形成自己的定义。可以说,数据质量标准是按照用户自身的要求设定的。因此,适合使用的数据就是高质量的数据。数据的质量标准,需要根据实际使用情况和用户需求来确定,而不可能形成一个放之四海而皆准的标准。

数据仓库向用户提供了集成的、一致的、综合的、高质量的信息以支持管理决策,但是数据仓库的数据来自各种不同的操作性数据源,并且经过了各种各样的传输、转换和处理,要确保数据仓库的质量并非易事。

但是数据质量是数据仓库的生命,如果数据仓库中的数据毫无质量可言,那么该数据仓库就没有任何的价值。

总体上来说,数据仓库对数据质量的要求可归纳为:

(1)数据的准确性。准确的数据首先必须是正确的,是否正确体现在可证实的数据源上。其次,准确的数据必须是完整的,数据的完整性指数据仓库中数据之间的参照完整性是否存在或一致。

(2)数据的有效性。数据必须是有效的,即数据是否在企业定义的可接受的范围之内。有效的数据必须具有时效性,即数据在需要的时候是否有效。数据信息的有效期一般较短,超过了一定的时间,再准确和完整的数据,都可能毫无价值。但数据的实效性不能以牺牲数据的完备性为代价。数据的完备性,是指所需要的数据是否都存在,并且数据要易于获取、易于理解和易于使用。

(3)数据既要符合逻辑,又不能冗余。逻辑性主要从业务逻辑的角度判断数据是否正确。数据仓库中不需要不必要的数据冗余。

为了在数据采集过程中保证数据质量的可靠,需要建立一套完善的审查机制。

首先,审核数据的标准化。标准化是现代商业发展的必经之路,数据标准化也不例外。数据的标准化有利于企业的统计、分析、管理,同时也关系到 CRM 系统的成败。不同业务员记录的数据长度不一,信息侧重点不一致,则难以形成能用于系统处理的数据。

在对各种数据按照企业制定的标准进行审核时,有必要采用强制性标准审查程序,以减少后期数据处理的隐患。

其次,审查数据采集的各环节。根据企业实际操作,一般需设置多级数据审查。在产生数据的源头、数据采集阶段、数据入库之前等各个阶段,都需要对数据的质量进行审查。通过多级审查,从根本上减少人为错误,保证数据的准确性和有效性。

再次,系统审查。系统审查指通过数据采集入库,由 CRM 系统的数据仓库对所有进入数据仓库的数据进行再次审查,发现不合格的数据及时通报,根据通报对数据进行溯源分析,查找出错原因并及时调整,避免造成系统错误,减少企业的潜在损失。

7.3 数据仓库和数据挖掘

7.3.1 数据仓库及其特征

数据仓库的概念产生于 20 世纪 80 年代,"数据仓库之父"W.H.Inmon 在"记录系统""原子数据(atomic data)"和"决策支持系统"等专题报告中,提出了数据仓库或信息仓库的概念并给出了其基本框架描述,并在其著作《Building the Data Warehouse》中给出了数据仓库的定义:数据仓库是支持管理决策过程的、面向主题的(subject-oriented)、集成的(integrated)、反映历史变化(time-variant)、相对稳定的(non-volatile)数据集合,用以支持经营管理中的决策制定过程。

我国数据库专家王珊将其定义为:数据仓库是一个用以更好地支持企业或组织的决策分析处理的、面向主题的、集成的、不可更新的、随时间不断变化的数据集合。

企业发展战略的唯一目标是培养优势。持续的竞争优势是一种资源、能力、资产、流程等。总之,具有特殊的属性,给客户一种特殊的吸引力。但如何发现优势产生的地方?需要将过去、现在与未来整合而动态地思考的战略思维。"数据仓库是众多战略思维的结果,是一个战略武器",这是数据仓库和客户关系管理专家罗纳德·S.史威福特在其《客户管理》一书中强调的。

这些简短而又全面的定义指出了数据仓库四个主要特征,即面向主题的、集成的、时变的、非易失的,从而将数据仓库与其他数据存储系统(如关系数据库系统、事务处理系统和文件系统)相区别。传统的数据库技术是以单一的数据资源,即数据库为中心,进行事务处理、批处理、决策分析等各种数据处理工作,主要分为两大类:操作型处理和分析型处理(或信息型处理)。操作型处理也叫事务处理,是指数据库联机的日常操作,通常是对一个或一组纪录的查询和修改,主要为企业特定的应用业务服务。注重响应时间、数据的安全性和完整性;分析型处理则用于管理人员的决策分析,经常要访问大量的历史数据。

根据数据仓库概念的含义,数据仓库有以下四个特征:

(1)面向主题:操作型数据库的数据组织面向事务处理任务,各个业务系统之间各自分离,而数据仓库中的数据是按照一定的主题域进行组织。主题是一个抽象的概念,是指用户使用数据仓库进行决策时所关心的重点方面,一个主题通常与多个操作型信息系统相关。

（2）集成：面向事务处理的操作型数据库通常与某些特定的应用相关，数据库之间相互独立，并且往往是异构的。而数据仓库中的数据是在对原有分散的数据库数据抽取、清理的基础上经过加工、加总和整理得到的，必须消除源数据中的不一致性，以保证数据仓库内的信息是关于整个企业的一致的全局信息。

（3）相对稳定：操作型数据库中的数据通常实时更新，数据根据需要及时发生变化。数据仓库的数据主要供企业决策分析之用，所涉及的数据操作主要是数据查询，一旦某个数据进入数据仓库以后，一般情况下将被长期保留，也就是数据仓库中一般有大量的查询操作，但修改和删除操作很少，通常只需要定期的加载、刷新。

（4）反映历史变化：操作型数据库主要关心当前某一个时间段内的数据，而数据仓库中的数据通常包含历史信息，系统记录了企业从过去某一时点（如开始应用数据仓库的时点）到目前的各个阶段的信息，通过这些信息，可以对企业的发展历程和未来趋势做出定量分析和预测。

目前，数据仓库已经在商业中得到广泛的应用。根据 Winter 公司的调查报告，Oracle 公司在数据仓库市场上具有巨大优势。目前全球最大的商务数据库就运行在 Oracle 公司的软件中。全球顶级数据调查公司通过数据仓库技术建立其自己的"数据工厂"。丰田美国公司每年要运输数以百万计的车辆、并进行配件递送。庞大的营销数量对后勤部门来说，简直就是一场噩梦。不仅错误不断发生，而且很多情况下，出了错全然不知。但是通过数据仓库等系统优化了流程之后，情况完全变了。不仅让丰田近 100 万辆整车和零部件实现了有序管理，而且能管理到咖啡机这类微小的费用支出，更加强了业务部门与 IT 部门的深度合作。丰田公司 2500 名中层经理能从数据仓库智能报表中发现问题、找到新的思考视角，提升了管理水平。丰田的盈利曾经超过了福特和大众的总和，其数据管理能力功不可没。以 2003 年为例，丰田的收入是 1320 亿美元，而大众是 1840 亿美元。但是丰田的利润是 136 亿美元，而大众只有 28 亿美元。

为了能够将已有的数据源提取出来，并组织成可用于决策分析所需的综合数据的形式，一个数据仓库的基本体系结构中应有以下几个基本组成部分（见图 7-1）。

数据源：指为数据仓库提供最底层数据的运作数据库系统及外部数据。

监视器：负责感知数据源发生的变化，并按数据仓库的需求提取数据。

集成器：将从运作数据库中提取的数据经过转换、计算、综合等操作，并集成到数据仓库中。

数据仓库：存贮已经按企业级视图转换的数据，供分析处理用。根据不同的分析要求，数据按不同的综合程度存储。数据仓库中还应存储元数据，其中记录了数据的结构和数据仓库的任何变化，以支持数据仓库的开发和使用。

客户应用：供用户对数据仓库中的数据进行访问查询，并以直观的方法表示分析结果的工具。

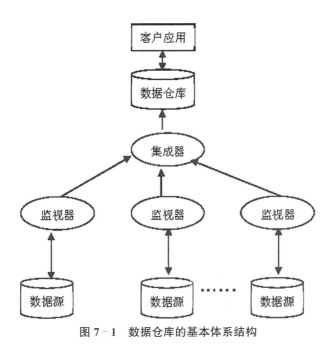

图 7-1　数据仓库的基本体系结构

在数据仓库基本体系结构的基础上,可以衍生得到数据仓库的一般结构(见图 7-2)。

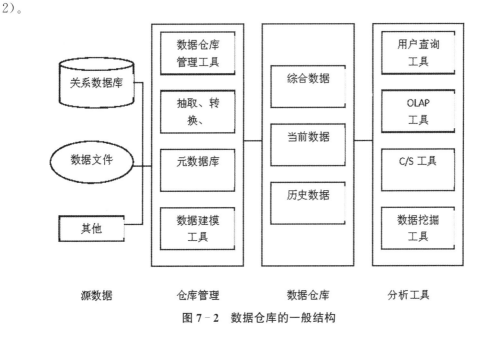

图 7-2　数据仓库的一般结构

如果使用数据仓库,必须要有相关技术的支持。联机分析处理(On-Line-Analytical-Processing,OLAP)技术和数据挖掘(Data Mining)技术是数据仓库系统中应用的主要数据处理技术。

关系数据库专家 E.F.Codd 于 1993 年在文章《Providing OLAP to User Analysis》中首次提出了 OLAP 的概念。OLAP 是针对特定问题的联机数据访问和分析,通过对信息的多种可能的观察形式进行快速、稳定、一致和交互性的存取，允许管理决策人员对数据进行深入的观察。OLAP 理事会给出的概念是：OLAP 是一种软件技术，它使分析员、经理和行政人员能够迅速、一致、交互地从各个方面观察信息，以达到深入理解数据的目的。这些信息是从原始数据转换过来的，按照用户的理解，它反映了企业真实的方方面面。微软公司的定义是：OLAP 是一种决策支持系统，使管理人员能从多个侧面观察问题。同时，E.F.Codd 也提出了评价 OLAP 产品的十二条准则：OLAP 模型必须提供多维概念视图；透明性准则；存取能力准则；稳定的报表性能；客户/服务器体系结构；维的等同性准则；动态的稀疏矩阵处理准则；多用户支持能力准则；非受限的跨维操作；直观的数据操纵；灵活的报表生成；不受限维与聚集层次。

数据仓库系统中的另一种技术是数据挖掘技术。

7.3.2 数据挖掘

"知识就是力量。"这是人工智能领域的至理名言。然而在现实世界中，各种领域相关知识却非常匮乏，与数据爆炸性增长形成鲜明对比。

随着信息技术应用的深入，特别是条码技术的普遍使用，人们产生和收集数据的能力迅速增长。成千上万的数据库已被广泛应用到政府、企业、银行、科研机构等各个领域，数据量出现了爆炸性的增长，然而人们处理与分析数据的能力相当有限，互联网的兴起更加剧了"数据爆炸、知识匮乏"的趋势。数据挖掘正是在这一背景下，兴起于 20 世纪 80 年代末并在 90 年代取得重大进展的一个全新研究领域。数据挖掘的前景被人们普遍看好。如今，数据挖掘被广泛运用于各行各业，如电商平台力求挖掘店铺数据背后的价值。

有调研显示，目前为止，约有 60% 以上的亚马逊卖家已经开始用数据化的方式对店铺进行运营管理。而数据化运营之所以如此吸引他们，除了品牌化的影响之外，另外一个重要的原因是：不同维度的数据从不同场景内被汇集在一起之后，他们可以通过高效、准确、全面的数据分析模型，让数据支撑精准的运营管理决策。

数据挖掘是从大量的、不完全的、有噪声的、模糊的、随机的数据中，提取隐含其中的、人们事先不知道的、具有潜在利用价值的信息和知识的过程。与之相似的概念称为知识发现。

知识发现（knowledge discovery in databases）是用数据库管理系统来存储数据，用机器学习的方法来分析数据，挖掘大量数据背后隐藏的知识，称为数据库中的知识发现。

可以认为数据挖掘、知识发现是同义词。早期，KDD 是指知识发现，现在则统称知识发现和数据挖掘（knowledge discovery and data mining）。

数据挖掘是一个多学科交叉的领域，涉及数据库技术、人工智能、机器学习、人工神经网络、统计、模式识别、知识库工程、信息检索、高性能计算技术、可视化等领域。数据挖掘的意义不言而喻，我们相信在 21 世纪，数据挖掘的研究与应用必将有更大的发展。

数据挖掘对象可以来自任何数据源，在进行适当的格式转换等预处理后，根据应用要求选择相应算法进行挖掘。最常见的数据源类型有以下几种：关系型数据库、数据仓库、事务数据库、面向对象数据库、空间数据库、时序数据库、文本数据库、多媒体数据库、混合型数据库、历史数据库、互联网信息。

数据挖掘通过关联性分析、分类分析、聚类分析、异常性分析、趋势分析等知识发现活动,寻找频繁模式、关联规则、分类规则、聚类模式、异常模式、周期性规律等主要类型的知识。从知识发现的整个过程看,数据挖掘有以下步骤:

(1)数据整理:删除噪声、不一致的数据。

(2)数据集成:将多源数据综合起来(可以采用数据仓库技术)。

(3)数据筛选:抽取与分析任务相关的数据。

(4)数据转换:数据转换或合并成适当的形式,以利于挖掘。

(5)数据挖掘:采用智能化的方法来抽取数据中隐藏着的模式与知识。

(6)模式评估:根据一定价值标准对挖掘的结果进行评估。

(7)知识表达:采用可视化和知识表达技术,表示挖掘结果。

数据挖掘技术在现实世界中具有广阔应用前景,据不完全统计,已经在银行业、生物与基因工程、电子商务与互联网应用、欺诈预防、保险业、证券投资、医药、零售业与市场营销、科学数据处理、通信等领域得到了应用。例如,在市场营销中,经常通过分析分销渠道的情况和分销渠道的容量建立利润评测模型,来控制风险。

7.3.3 数据仓库与数据挖掘在 CRM 中的应用

1) 数据仓库技术用于 CRM

数据仓库是 CRM 系统实现的重要技术基础,在 CRM 的生命周期中的数据集成、客户分析、面向客户的战略决策三个阶段无不以数据仓库技术为前提。几乎所有的 CRM 厂商都有数据仓库方面的考虑。另一方面,国际著名的顾问公司,如 Gartner Group 等,在其有关 CRM 的分析报告中,都重点突出了数据仓库的作用。由此可见,数据仓库在 CRM 中的重要地位。

CRM 的很多工作都是以数据仓库为基础展开的。利用数据仓库,企业可以制定准确的市场策略与促销活动。同时 CRM 是提高数据仓库项目投资回报率的一个途径。CRM 充分利用数据仓库的分析结果来制定市场策略、产生市场机会,并通过销售和服务等部门与客户交流,从而提高企业的利润。

首先,数据仓库将客户行为数据和其他相关的客户数据集中起来,为市场分析提供依据。

其次,数据仓库将对客户行为的分析以 OLAP、报表等形式传递给市场专家。市场专家利用这些分析结果,制定准确、有效的市场策略。同时利用数据仓库的数据,采用数据挖掘技术,发现交叉销售、增量销售的机会,实现客户保持和发展潜在客户,并将这些信息作为市场准入的基础。

CRM 项目中的数据分析以数据仓库为基础,通过数据仓库的分析可以发现不同类型的市场机会。针对这些不同类型的市场机会,企业分别确定客户关照业务流程。依照这些客户关照业务流程,销售或服务部门通过与客户交流,达到关照客户、提高利润的目的。最后,数据仓库将客户的市场机会的反应行为,集中到数据仓库中,作为评价市场策略的依据。

从以上分析可知,数据仓库在 CRM 中有以下三个方面的作用:客户行为分析、重点客户发现和市场性能评估。

（1）CRM客户行为分析。

客户的行为可以划分为两个方面：整体行为分析和群体行为分析。整体行为分析用来发现企业的所有客户的行为规律。如，在电信企业里，发现客户的忙时等。然而，只有整体行为分析是不够的。企业的客户千差万别，众多的客户在行为上可以划分为不同的群体。这些群体有着明显的行为特征，在CRM中行为分组（behavior segmentation）也就成为CRM的一个重要组成部分。

行为分组是按照客户的不同种类的行为，将客户划分成不同的群体。通过行为分组，CRM用户可以更好地理解客户，发现群体客户的行为规律。在这些理解和规律的基础上，市场专家可以制定相应的市场策略。同时对不同客户的组之间的交叉分析，可以使CRM用户发现客户群体间的变化规律。因此，行为分组只是分析的开始。在行为分组完成后，要进行客户理解、客户行为规律发现和客户组之间的交叉分析等过程。

①客户理解：又可以被称为群体特征分析。通过行为分组，将客户划分成不同的组，这些客户组在行为上有着许多的共同特征。这些行为特征，必须和已知的资料结合在一起，才能被CRM用户所利用。因此，需要对这些不同的行为分组客户的特征进行分析。特征分析可以使企业了解以下内容：

▶哪些人具有这样的行为？是年轻人，还是老年人？

▶哪里人具有这样的行为？是北京的，还是上海的？

▶具有这样行为的人，给企业带来的利润有多大？

▶具有这样行为的人，对于企业来说是忠诚的吗？

这样通过对不同群体客户的特征分析，使企业更加了解客户。

②行为规律分析：即发现群体客户的行为规律。行为规律分析可以帮助企业了解：

▶这些客户都拥有企业的哪些产品？

▶这些客户的购买高峰是什么时候？是在节假日，还是在工作日？

▶这些客户通常的购买行为是在哪些地方发生？是在合作商户，还是在营业厅等？

通过对这些客户的行为分析，能够对企业在确定市场活动的时间、地点与合作商等方面提供确凿的依据。

③组间交叉分析：通过对群体客户的特征分析、行为规律分析使企业在一定程度上了解自己的客户。但是客户的组间交叉分析，对企业来说有着非常重要的作用。例如，一些客户在两个不同的行为分组中，且这两个分组对企业的价值相差又较大，但这些客户在基本资料等其他方面非常相似。这时，我们就要充分分析客户发生这种现象的原因，这就是组间交叉分析的重要内容。通过组间交叉分析，企业可以了解以下内容：

▶哪些客户能够从一个行为分组跃进到另一个行为分组中？

▶行为分组之间的主要差别在哪里？

▶客户从一个对企业价值较小的组，升到对企业有较大价值组的条件是什么？原因是什么？

通过这些分析使企业能够准确地制定市场策略和市场活动，从而为企业带来较大的利润。

（2）重点客户发现。

重点客户的发现主要是发现能为企业带来潜在效益的重要客户。这些重点客户主要特点有:潜在客户:有价值的新客户;交叉销售:同一客户有更多次的消费;增量销售:同一客户更多地使用同一种产品或服务。

根据客户的这些属性特点就可以挖掘出这些重点客户,然后做好保持和提高这些重点客户的忠诚度的工作。

在"客户经济学"中,有很多关于这些重点客户的理论。如开发新客户的费用是保留一个老客户的费用的 5 倍,成功地保留老客户能够使企业的利润翻番等。正是基于这样的思想,使重点客户的发现对企业来说非常重要。

通过数据仓库的数据清洗与集中过程,可以将客户对市场的反馈自动地输入数据仓库中。这个获得客户反馈的过程,被称为客户行为跟踪。

(3)性能评估。

根据客户行为分析,企业可以准确地制定市场策略和市场活动。然而,这些市场活动是否能够达到预定的目标是改进市场策略和评价客户行为分组性能的重要指标。因此,CRM 中必须对行为分析和市场策略进行评估。同样重点客户发现过程也需要对其性能进行分析,在此基础上修改重点客户发现过程。这些性能评估都是建立在客户对市场反馈的基础上的。

CRM 在实际应用中产生的数据是海量的,并且这些数据是相对独立的如销售自动化、营销自动化、客户服务与支持所产生的数据。将这些数据进行集成处理是很必要的,对这些数据的有效利用也是企业所希望的。因此在 CRM 中应用数据仓库与数据挖掘技术,是成功实施 CRM 必不可少的环节。将数据仓库技术应用于 CRM 将会产生巨大的效应,并会得到更为广泛的应用。

2) 数据挖掘技术用于 CRM

数据挖掘可以从海量数据中自动获取潜在的、对决策有价值的信息、模型和规则,并能够根据已有的信息对未发生的行为做出预测,从而为企业在经营决策、市场策划等方面提供依据和辅助支持。在 CRM 中,数据仓库将海量的、杂乱的客户历史行为数据集中起来,建立一个整合的、结构化的数据模型,在此基础上进行数据挖掘。数据挖掘按照其功能和应用来分,主要有关联、聚类、序列模型、分类、预测等。它们可以应用到以客户为中心的企业决策分析及管理的不同领域和阶段。在 CRM 中,它可以应用在以下几个方面:

(1)客户特征多维分析。挖掘客户个性需求,客户属性描述要包括地址、年龄、性别、收入、职业、受教育程度等多个字段,可以进行多维的组合型分析,并快速给出符合条件的客户名单和数量。

(2)客户行为分析。结合客户信息对某一客户群体的消费行为进行分析。针对不同的消费行为及其变化,制定个性化营销策略,并从中筛选出"潜在客户"。

(3)客户流失分析。挽留一个老客户比争取一个新客户付出的代价要小得多。对客户持久性、牢固性以及稳定性的分析可以及时发现问题并及时地采取补救措施。

(4)销售分析与销售预期。包括按产品、促销效果、销售渠道、销售方式等进行的分析。同时,分析不同客户对企业效益的不同影响,分析客户行为对企业收益的影响,使企业与客户的关系及企业利润得到最优化。

同时,根据一些影响消费情况的因素,对未来某段时间的销售水平做出预测,或对销售走势做出预测。影响将来销售水平的因素是多方面的,且与具体情况密切相关的,一般的因素有:上一个相同间隔的时间段的销售情况、上年同期的销售情况、季节变化情况等。

(5)交叉销售。在商品促销活动中,企业利用数据挖掘技术可以通过从销售记录中挖掘关联信息,了解某些商品具有关联销售的可能性,进而可以向已经购买相关商品的客户推销关联商品,提高商品促销的成功率。在交叉营销活动中,数据挖掘可以帮助企业寻找影响客户购买行为的因素,帮助营销人员了解哪些客户最有可能购买新产品以及哪些产品通常被一起购买,进而在一对一营销活动中,企业可以利用数据挖掘中的分类与聚类技术把大量的客户分成不同的类,使每个类里的客户拥有相似的属性,进而使企业给每种不同类型的客户提供完全不同的服务,最终提高客户的满意程度。

(6)在客户细分中的应用。客户细分可以让管理者在较高的层次上查看整个数据库中的数据,也可以使经营管理者使用不同的方法处理不同细分的群体客户。数据挖掘可以根据客户的预测行为来定义客户细分群。例如,决策树的叶子节点可视为一个独立的客户细分群,每个叶节点由某些特定的客户特征来定义,对所有符合这些特征的客户存在一些预测行为。

(7)在客户获取中的应用。在开发新客户的过程中,可利用数据挖掘建立一个预测性分析模型。但是,企业对当前不属于自己的客户的了解程度,远没有对现有客户的了解程度高,关键在于寻找那些已知信息和想要得到的行为模型之间的关系。

在这个过程中,企业必须获得一些潜在客户的名单,在潜在客户名单中列出可能对企业产品和服务感兴趣的消费者信息。接下来,企业要做的就是通过一些小规模的实验活动,收集、分析有用的数据。当有了实验活动中取得的反馈数据后,企业就可以对客户的反应模式进行实际分析。在这个阶段中,挑选一些需要预测且对企业感兴趣的行为模式,并决定在什么样的粒度上进行分析。一旦原始数据准备好,就可以在上面进行数据挖掘。数据挖掘软件将依据所选择的反应模式的类型来预测一些指标变量。通过这些指标变量,就可以找出那些对企业所提供的服务感兴趣的客户,进而达到获取客户的目的。

(8)在客户盈利能力分析中的应用。数据挖掘技术可以用来预测在不同的市场活动情况下客户盈利能力的变化。在客户的盈利能力分析中,需要做的是基于市场营销策略预测盈利能力。为此,首先需要设定一些优化目标。设定优化目标的意图就是企业必须确定一种计算客户盈利能力的方法。这种方法可以是一种简单的计算公式,如从每个客户身上获取的收入减去提供产品、服务、市场活动、促销活动的成本,再减去通常由客户所负担的那些固定费用。也可以是一种更复杂的计算公式。然后利用数据挖掘工具从客户的交易记录中发现一些行为模式,且用这些行为模式来预测客户盈利能力的高低,进而帮助分析和提高客户盈利能力,使企业在市场竞争中获取优势。

(9)在风险评估和防止诈骗中的应用。风险评估与欺诈行为几乎在每个行业中都会遇到,尤其是在客户关系管理中。利用数据挖掘中的神经网络分析模型可以探察具有诈骗倾向的客户,这就有可能使企业对这些客户加强监控,防止诈骗的发生。数据挖掘中的孤立点分析也可识别那些具有诈骗倾向的客户。例如,一个邮购零售商可以区分来自同一地址不同客户的付款模式。当同一客户使用不同的名字时,可以识别潜在的诈骗行为。银行在贷款给公司之前，可以查明这家公司是否处于财政危机之中。

7.4 CRM数据仓库的建立

数据仓库与CRM密不可分。CRM除了市场分析之外，还有销售和服务等方面的功能。但对于客户量巨大、市场策略对企业影响较大的企业，CRM要以数据仓库为核心。

数据仓库的建设不是一蹴而就的而是一项复杂而艰巨的工作。构建数据仓库时，必须根据企业的具体情况，按以下步骤进行：

（1）需求的收集和分析：与传统业务系统不同，数据仓库是面向管理决策层应用的，必须有系统自身的最终用户——企业决策层的参与。构建数据仓库前，先对各相关部门的主营和有关决策、分析人员进行访谈，收集并分析其需求从而确定每一主题的主题域。

（2）启动CRM数据仓库工程，建立技术环境：确定开发数据仓库的目标并制定工程计划。系统的实施需要明确的计划和时间表。适时地选择实现数据仓库的软硬件资源。CRM数据仓库可以选择适当的操作系统作为网络操作系统，选取合适的数据库管理系统、Web服务器，以及数据仓库与Web服务器继承的实现技术。由于数据仓库的访问和查询往往能够通过工具来提供，因此数据仓库的功能取决于系统的规划和设计。新的技术和产品可以分阶段加入，但要避免无休止的测试和选型。

（3）确定主题进行数据建模：确定主题是进行仓库结构设计的基础。CRM数据仓库面向客户关系的建立、保持和维护，因此其主题可以分别确定为客户关系的建立、客户关系的保持和客户关系的维护。

（4）选择数据源：数据仓库将客户行为数据和其他相关的客户数据集中起来，为市场分析提供依据。CRM数据仓库的数据主要有四个方面的来源：客户信息、客户行为、生产系统和其他相关数据。

（5）设计数据仓库中的数据结构：数据仓库中的数据结构是在现有业务系统数据结构基础上，针对管理信息的特征——时间特性和汇总特性，对数据的名称、类型描述及关联等进行重新定义。主要包括统一数据类型、调整数据长度和增加时间属性。

▶统一数据类型，同一数据有不同数据类型时必须统一为同一数据类型。例如日期字段，有的系统定义为日期型数据，有的定义为字符型数据。可以统一将其定义为字符型数据。

▶调整数据长度。当同一数据的长度不一致时调整为统一数据长度。

▶增加时间属性。时间性是数据仓库的重要特性之一。为此，我们在数据仓库的表中设置日期字段。这样使得变量都带上了时间属性实现了数据的长期存放和信息的历史分析并可按时间维度进行不同程度的汇总。

（6）粒度划分：粒度反映了数据的详细程度和级别，直接影响数据仓库的数据量以及所适合的查询类型。不同粒度级别的数据用于不同类型的分析处理。如CRM数据仓库中有关销售主题的数据在产品维上按产品小类和大类汇总，在客户维上按客户代码汇总，在时间维上按周、月季、年进行汇总。为了提高查询速度，可按产品维、客户维和时间维综合汇总生成导出数据以满足某些经常性的查询。

（7）数据的抽取和加载：数据的抽取、转换和装载是一项技术含量不高但却非常繁琐的工作。

（8）管理元数据：元数据是关于数据的数据。它描述了数据仓库的数据和环境，在整个数据仓库中起着核心作用。

通过以上八个步骤，就可以初步建立企业的数据仓库。同时，企业的数据仓库需要根据不同时期、不同阶段的需求进行更新、重建等。对八个步骤的循环往复，形成企业构建CRM数据仓库的整体过程。

主题案例

深度解析:精准医疗

什么是精准医疗

精准医疗（Precision Medicine）是近几年兴起的疾病治疗方案，它强调在治疗时考虑个人的基因变化、环境影响、生活方式等。基于患者的遗传信息的诊断测试结合其他分子或细胞的分析结果，再针对性地选择适当和最佳疗法。

1）从个性化治疗到精准治疗

21世纪初人类基因组计划完成时提出了个性化治疗（Personalized Medicine）。

这个理念，主要旨在希望用测序得到的遗传标记来判断病人是否对药物有应答，以便针对每个病人进行治疗，然而，疾病往往是多基因的，很难从一个简单的角度判断。2011年，美国国家科学院的研究人员出版了一本题为《走向精密医学：建立和知识网络的生物医学研究疾病的新分类》的报告，首次提出精准医疗的概念，提出"新分类学"，将在传统的疾病症候之外通过潜在的分子以及其他因素来区分疾病，并提出建立新的数据网络，将治疗过程中的患者临床数据和生物医学研究结合起来。

据美国国家研究委员会的一份报告，精密医学指根据每个患者的个体特征定制医疗，并不是像字面上意味着为每个病人创建特有的药物或医疗设备，而是指将患者根据对疾病的易感性，疾病的生物机制和预后，对治疗的反应等等分类成不同亚群。这样再针对性地进行预防或治疗，减少费用和副作用。尽管术语"个性化医学"也用于传达这个意思，但有时被误解为暗示独特的治疗可以被设计为每个病人单独地从制药行业（比如著名制药公司辉瑞的网页）来看，这两个词有着不同的定义，概括来说，精准治疗这个概念比个性化治疗更为广泛和全面。

这几年得益于大规模生物数据库的建立，高通量组学的发展，以及各种检测手段的兴起，还有计算和分析大规模数据的发展，精准治疗飞速发展。目前精准医疗的主要进展集中在癌症治疗领域（病人存活率得到了显著提升）。

2）癌症的精准治疗理念

癌症精准医疗需要基因检测和大数据分析来进行治疗用药指导。首先通过基因检测获得患者基因变异的信息，如通过高通量测序方法（Next-Generation Sequencing,

NGS)获得肿瘤 DNA 的突变、基因拷贝数变异、基因移位和融合基因等海量基因变异信息,这个环节的关键是检测技术的精确性及所检测标本所反映信息的全面性。

相关统计数据显示:目前约有 2500 多种疾病已经有了对应的基因检测方法,并在美国临床合法应用,甚至基因检测已成为美国疾病预防的常规手段之一,美国癌症基因组图谱(TCGA,The Cancer Genome Atlas)收集了原发性肿瘤手术中切除的肿瘤组织进行 NGS 测序,已经建立 30 个最常见的癌症类型的资料。在我国,华大基因等也积极地开发相应的测序仪器和服务,其单细胞测序技术刚刚获得 FDA 专利。除了 DNA 测序,RNA 测序也是未来重要方向:最新有研究表明前列腺癌患者的 RNA 测序可以帮助诊断和预测哪种治疗方式更适合患者。

测序分析的结果可以用于用药指导:可以测药物反应分子标志,比如药物耐药性、药物代谢等的分子标志,从而预测病人反应,精确指导用药(下文将详细介绍靶向药物和其他疗法)。

总之,测序技术的突破,极大地提升了我们发现肿瘤相关基因突变的能力。大规模的基因突变信息与肿瘤临床表现(如药物敏感性)的相关性分析,可以发现指导抗肿瘤用药的新分子标志,帮助发现哪些特定药物可以用于特定的 DNA 突变组合,从而大大提高用药的效率与效益。

疗法和药物发展

1) 靶向药物的发展

靶向药物以肿瘤细胞分子机制为基础,针对特异性的分子靶点研发药物,可以针对变异基因、蛋白或者特定的受体和通路,比起传统的化疗药物疗效好,副作用大大减少。主要都有信号转导抑制剂,诱导细胞凋亡的靶向药物,血管生成抑制剂,免疫系统类药物等。常见的是针对癌细胞信号通路的酶或者生长因子受体,有单克隆抗体(后缀为-mab)和酪氨酸激酶抑制剂(后缀为-nib,替尼)。第一个真正意义的特异靶向药物是 2001 年上市的药物伊马替尼(imatinib),是酪氨酸激酶抑制剂(TKI),针对慢性粒白血病患者的融合基因变异,极大地提高了患者生存率。针对癌症类型和亚型基因开发的有效的治疗药物已经有很多,不少药物在批准上市后还逐渐开发出更多的适应证。

2) 免疫疗法的突破

目前癌症预防的疫苗有宫颈癌疫苗。首个 FDA 批准的癌症治疗的疫苗是前列腺癌疫苗 sipuleucel-T(Provenge,普罗文奇),它利用自体免疫细胞,呈递重组前列腺酸性磷酸酶(PAP)抗原蛋白。

癌症免疫疗法是近些年的热点,第一个真正的癌症免疫药物易普利姆玛 Ipilimumab (Yervoy),针对 CTLA - 4,激活杀伤性 T 细胞,用于治疗晚期黑色素瘤。PD - 1 抗体药物 Opdivo(Nivolumab)激活癌细胞凋亡途径,对于晚期黑色素瘤还有非小细胞肺癌这些以往无法治愈的疾病有很好的疗效。Pembrolizumab(Keytruda)和 Gefitinib 针对 PD-L1。

3) 精准放疗和化疗

近距离精准放疗:比如在成像技术进步的辅助下,实现精确定位,比如通过 CT 确定肿瘤和周边组织位置,进行立体三维的放射治疗。

精准化疗药物释放：最新的进展如"智能纳米载药"，在荧光图像的引导下通过近红外激光定点，定时，定量的控制肿瘤部位的药物浓度和局部温度，精确控制化疗药物的释放。

精准治疗海内外动向

美国：2015 年 1 月奥巴马宣布了精准医疗计划（PMI，Precision Medicine Initiative），2016 年度财政预算中将有 $2.16 亿的科研经费用于积极推进精准医疗，并为精准医疗确定了短期和长期的目标。短期目标包括在癌症研究领域不断扩大应用。NIH（美国国立癌症研究所）希望基于疾病的基因和生物学知识，来寻找新的更有效的癌症治疗方法。长期目标则集中在大规模引进精密医药卫生和医疗保健的各个领域。美国国立卫生研究院计划收集包括美国各地的 1 万多名志愿者的基因数据、生物样品和其他健康信息。分析大范围数据来更好的预测疾病风险，了解疾病是如何发生的，并改进诊断和治疗策略。

英国：政府创新中心将推出一个"精密医学弹射器"计划，一旨在加快精密医学的发展，2015 年 10 月 26 日宣布将建立六个中心，每个中心将作为英国的整体网络内的区域精密医学活动枢纽，在剑桥总部进行统筹，以更精确地了解疾病，以及有更可预测的、更安全、成本效益高的治疗方法。

中国：2015 年 3 月，科技部召开了国家首次精准医学战略专家会议，计划在 2030 年前，中国精准医疗将投入 600 亿元，其中中央财政支付 200 亿元，企业和地方财政配套 400 亿元。最近精准医疗计划已经完成了论证，"十三五"期间启动"精准医疗重点科技研发计划"，并选择性地在全国各个具备条件和优势的区域中的医院和社区内建设示范中心。

精准医疗的挑战和困难

在精密医学的时代，有了一些对关键的致癌驱动因子的抗癌药物。开发研究靶向药物可以说是今天癌症医学最重要的挑战。

现在很多靶点还没有可用的药物，罕见的分子亚群需要开发高选择的靶向药物，这是制药的重大挑战。药物的研发是非常漫长和昂贵的过程，这也就相应增加了患者的治疗费用，目前靶向肿瘤治疗的费用现已普遍超过 10 万元/年，大部分却只延长患者几个月的生命。那么这就有一个成本效益的问题，在患者的突变只存在 10% 的人群的情况下，如果药物只延长患者 3 个月的生命，针对这种突变的药物应该被开发吗？只要药物能够使患者延长至少一年的生命，就应该支持吗？美国自 1982 年开始针对一些罕见疾病鼓励研发药物（通过经费支持，快速审批，缩小临床规模等方式），这几年有不少药物公司研发了 Orphan Drug（孤儿药），但这些药物都十分昂贵。这些药物的费用应该由谁来买单？欧洲医保拒绝了一些昂贵的丙肝药物，并促使药物定价打折，美国保险公司对昂贵药物临床使用的费用和报销审批也十分谨慎。

还有一个挑战是评估病人肿瘤的成本，这不仅包括测序费用，还包括其他的相关过程的费用，如简历基因数据库、管理分享数据等。

数据库的建立同时也提出了隐私和伦理方面的问题。如何在录入中央数据库的过程中保证病人数据的匿名？病人应该对自身的健康数据享有哪些权利？这种数据是否应该被国际共享呢？进一步确定规范，征得病人同意，确定分享的内容范围都是需要做到的。在伦理方面，人们通过检测得到基因信息有助于更好地预防疾病，但同时是否会造成心理压力？如何保护病人隐私，会不会体检结果造成保险公司或者是用人单位的歧视？

（资料来源：朱寒青，搜狐，医学界智库，2016.5.1）

案例思考题

(1)何谓精准营销？何谓精准医疗？精准医疗的前景和挑战如何？

(2)精准医疗的前提是什么？对精准医疗你有何看法？

本章复习思考题

(1)CRM 系统中数据的质量要求主要体现在哪几个方面？

(2)在 CRM 系统数据仓库中，数据挖掘技术主要有哪些作用？

第8章　大数据及其管理

导入案例

依据大数据精准赋码，助力疫情防控

镇平县大数据和经济技术协作中心充分发挥大数据应用在疫情防控中的关键作用，加强健康码动态管理，降低疫情传播风险。

精准赋码，快速精准管理重点人员。及时掌握信息核查专班和乡镇推送的重点人员信息，赋红黄码精准管理，做到风险人员应赋尽赋。同时，利用大数据比对，精准排查不按要求参与全员核酸人员，发送短信提醒。据悉，截至目前，累计赋码42113人次，其中红码13574人次，黄码28539人次，累计发送提醒信息4万余条。

及时解码，高效尽心回应群众诉求。通过设立24小时转码解答电话，及时回应群众关切，妥善解决转码疑难问题。

快速预警，科学准确预警红黄码风险人员。结合健康码和场所码，开发上线了红黄码重点管控人员出入公共场所预警系统，第一时间将预警信息推送给属地乡镇进行核查，确保赋码人员管理到位，快速预警吹哨。据了解，截至目前，预警排查人员256人次。

（资料来源：腾讯网，2022.10.20）

早在20世纪80年代，托夫勒便在《第三次浪潮》中提出了"大数据"概念，而最早提出"大数据"时代已经到来的机构是咨询公司麦肯锡。麦肯锡称："数据，已经渗透到当今每一个行业和业务职能领域，成为重要的生产因素。人们对于海量数据的挖掘和运用，预示着新一波生产率增长和消费者盈余浪潮的到来。"大数据在物理学、生物学、环境生态学等领域以及军事、金融、通信等行业存在已有时日，却因为近年来互联网和信息行业的发展而引起人们关注。

8.1　大数据时代的来临

进入2012年，"大数据"一词越来越多地被提及，人们用它来描述和定义信息爆炸时代产生的海量数据，并命名与之相关的技术发展与创新。随着云时代的来临，大数据也吸引了越来越多的关注。正如《纽约时报》2012年2月的一篇专栏中所称，大数据时代已经降临，在商业、经济及其他领域中，决策将日益基于数据和分析而做出，而并非基于经验和直觉。

哈佛大学社会学教授加里·金说："这是一场革命，庞大的数据资源使得各个领域开始了量化进程,无论学术界、商界还是政府,所有领域都将开始这种进程。"

2013 年被一些专家称为"大数据元年"。对大数据时代的乐观和忧虑,在这一年充分展示。

随着工业革命的推进,产生了更大量和更多类型的数据处理需求,导致了信息采集、保存和处理作为独立的一个行业——信息产业的出现和繁荣。电力革命后,整个社会经济活动的重点,从材料的使用转移到了对大数据的使用,企业也在纷纷取消内部动力生产部门的同时增加了信息处理部门。而近年来随着智能手机、平板电脑、个人电脑、数码相机、数字摄像机、POS 机以及各种各样的传感器等终端逐步接入互联网,气候、天文、地质、生物、基因、军事、商业和医疗等行业数据的普遍数字化和网络化,以及博客、播客、微博、社会化网络等的爆发式增长,数据越来越"大",人类又一次遭遇了大数据时代。与此同时,随着移动互联网和社交网络的飞速发展,单位信息的价值快速下降,人类被淹没在了"信息垃圾"之中。

IDC(国际数据公司)估计,全球 2012 年产生数据总量约 2.8 ZB。有人计算,这相当于 3000 多亿部时长 2 小时的高清电影,连着看 7000 多万年也看不完。随着物联网、电子商务、社会化网络的快速发展,全球大数据储量迅猛增长,成为大数据产业发展的基础。根据国际数据公司(IDC)的监测数据显示,2013 年全球大数据储量为 4.3ZB(相当于 47.24 亿个 1TB 容量的移动硬盘),2014 年和 2015 年全球大数据储量分别为 6.6ZB 和 8.6ZB。近几年全球大数据储量的增速每年都保持在 40%,2016 年甚至达到了 87.21% 的增长率。2016 年和 2017 年全球大数据储量分别为 16.1ZB 和 21.6ZB,2018 年全球大数据储量达到 33.0ZB。2020 年全球需要被标注的数据量达 433EB,数据标注市场规模为 13.1 亿美元。

大数据是推动这场大变革的重要动力,将成为促进经济社会转型新的关键资源。搜集、分析和运用指数级增长的庞大数据,将催生创新,为各行各业提供新的发展机遇,给人们日常生活带来改变。

业内人士认为,大数据的本质还不在于"大",而是以崭新的思维和技术去分析海量数据,揭示其中隐藏的人类行为等模式,由此创造新产品和服务,或是预测未来趋势。

畅销书《大数据时代》的作者、英国牛津大学数据科学家舍恩伯格认为,大数据是一种新的价值观和方法论,人们面对的不再是随机样本而是全体数据,不是精确性而是混杂性,不是因果关系而是相关关系。"现有的认知和体系是建立在稀缺数据上的成果,人们思维和工作方式必须发生变革以适应大数据时代的到来。"舍恩伯格在其书中写道。

随之而来的是各种商业力量对大数据研究加大投入并视之为市场竞争的新法宝。其中,最为激动的莫过于广告业,其逻辑为:"社交网络产生了海量用户和实时、完整的数据,同时也记录了用户群体的情绪,通过深入挖掘这些数据来了解用户,然后将这些分析后的数据信息推送给需要的品牌商家或是微博营销公司。"《环球时报》也曾发文认为:"不少人可能会奇怪地发现,自己在购物网站大量浏览过鞋子后,转去另一个门户网站看新闻,新闻旁边的广告播放的正是他感兴趣的鞋子!'这正是大数据的一个商业应用'——对消费者实施精准化营销。"中国主流媒体对大数据的报道和评论都认为,这是信息时代的新挑战,带来无限商机的同时,也裹挟着挑战,中国只有加大研发。

业内人士都达成了共识:现在已经是一个大数据大行其道的世界。

中国工程院院士邬贺铨说，随着社交网络的逐渐成熟、移动带宽迅速提升，更多的传感设备、移动终端接入网络，产生的数据及其增长速度比历史上任何时期都要多，互联网上的数据流量正在迅猛增长。邬贺铨认为，在云计算、物联网等技术的带动下，中国的移动互联网已经步入大数据时代。

8.2 大数据解构

有人认为，大数据就是互联网、移动互联网等发展到现今阶段的一种表象或特征而已，没有必要神话它或对它保持敬畏之心，在以云计算为代表的技术创新大幕的衬托下，这些原本很难收集和使用的数据开始容易被利用起来了，通过各行各业的不断创新，大数据会逐步为人类创造更多的价值。

其次，想要系统的认知大数据，必须要全面而细致地分解它，可从三个层面来展开，见图8-1。

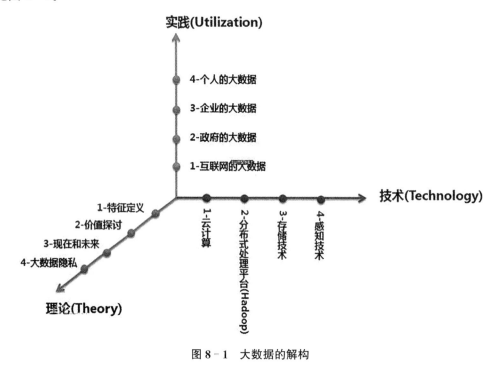

图8-1　大数据的解构

第一层面是理论，理论是认知的必经途径，也是被广泛认同和传播的基线。人们可从大数据的特征、定义来理解行业对大数据的整体描绘和定性；从对大数据价值的探讨来深入解析大数据的珍贵所在；从对大数据的现在和未来去洞悉大数据的发展趋势；从大数据隐私这个特别而重要的视角审视人和数据之间的长久博弈。

第二层面是技术，技术是大数据价值体现的手段和前进的基石。可分别从云计算、分布式处理技术、存储技术和感知技术的发展来说明大数据从采集、处理、存储到形成结果的整个过程。

第三层面是实践，实践是大数据的最终价值体现。可分别从互联网的大数据，政府的大数据,企业的大数据和个人的大数据四个方面来描绘大数据已经展现的美好景象及即将实现的蓝图。

8.3 大数据概述

8.3.1 大数据基本概念

关于大数据的定义,目前尚无统一说法。有学者从数据规模的量级上进行度量,认为仅当数据累加量值在 10 TB 至 1 PB(P 为 T 的千倍)以上方可称为"大数据"。"大数据"在互联网行业指的是这样一种现象:互联网公司在日常运营中生成、累积的用户网络行为数据。这些数据的规模是如此庞大,以至于不能用 G 或 T 来衡量。

大数据到底有多大?一组名为"互联网上一天"的数据告诉我们,一天之中,互联网产生的全部内容可以刻满 1.68 亿张 DVD;发出的邮件有 2940 亿封之多(相当于美国两年的纸质信件数量);发出的社区帖子达 200 万个(相当于《时代》杂志 770 年的文字量);卖出的手机为 37.8 万台,高于全球每天出生的婴儿数量 37.1 万……

麦肯锡对大数据的定义是:一种规模大到在获取、存储、管理、分析方面大大超出了传统数据库软件工具能力范围的数据集合,具有海量的数据规模、快速的数据流转、多样的数据类型和价值密度低四大特征。

移动信息化研究中心对大数据的定义:大数据是帮助企业利用海量数据资产,实时、精确地洞察未知逻辑领域的动态变化,并快速重塑业务流程、组织和行业的新兴数据管理技术。

根据维基百科的定义,"'大数据'是指巨量资料,所涉及的资料量规模巨大到无法透过目前主流软件工具,在合理时间内达到撷取、管理、处理、并整理成为帮助企业经营决策更积极目的的资讯。"著云台的分析师团队认为,大数据通常用来形容一个公司创造的大量非结构化和半结构化数据,这些数据在下载到关系型数据库用于分析时会花费过多时间和金钱。大数据分析常和云计算联系到一起,因为实时的大型数据集分析需要像 Map Reduce 一样的框架来向数十、数百或甚至数千的电脑分配工作。

在 IT 业界,有人把大数据产业定义为:"建立在对互联网、物联网等渠道广泛大量数据资源收集基础上的数据存储、价值提炼、智能处理和分发的信息服务业",或者如 IT 巨头概括大数据战略为:"致力于让所有用户能够从几乎任何数据中获得可转换为业务执行的洞察力,包括之前隐藏在非结构化数据中的洞察力。"

"总之是对大量、动态、能持续的数据,通过运用新系统、新工具、新模型的挖掘,从而获得具有洞察力和新价值的东西。"微软公司全球资深副总裁、微软亚太研发集团主席张亚勤博士接受记者采访时说。

8.3.2 特点

对于大数据的特点虽然有多种解读,但业界一般认为,大数据有四个"V"字开头的特征:Volume(容量),Variety(种类),Velocity(速度)和最重要的 Value(价值)。

1）数据量大

Volume 是指大数据巨大的数据量与数据完整性。大数据首先是必须具有海量数据，但是究竟多大体量才叫海量，人们并没有一个确定的数字。在实际应用中，很多用户把多个数据集放在一起，已经形成了 PB 级的数据量。

目前，医疗卫生、地理信息、电子商务、影视娱乐每天都有大量数据产生。截止到2012 年，数据量已经从 TB（1024GB＝1TB）级别跃升到 PB（1024TB＝1PB）、EB（1024PB＝1EB）乃至 ZB（1024EB＝1ZB）级别。国际数据公司（IDC）的研究结果表明，2008 年全球产生的数据量为 0.49ZB，2009 年的数据量为 0.8ZB，2010 年增长为 1.2ZB，2011 年的数量更是高达 1.82ZB，相当于全球每人产生 200GB 以上的数据。而到 2012 年为止，人类生产的所有印刷材料的数据量是 200PB，全人类历史上说过的所有话的数据量大约是5EB。IBM 的研究称，整个人类文明所获得的全部数据中，有 90% 是过去两年内产生的。根据 Statista 2022 的数据，2022 年全球生成、获取、复制、消费数据量为 97ZB，2025 年这一数据将达到 181ZB，见图 8－2。

2）类型繁多

第二个特征是数据类型繁多。Variety 则意味着要在海量、种类繁多的数据间发现其内在关联。互联网时代，各种设备通过网络连成了一个整体。进入以互动为特征的Web2.0 时代，个人计算机用户不仅可以通过网络获取信息，还成为信息的制造者和传播者。这个阶段，不仅是数据量开始了爆炸式增长，数据种类也开始变得繁多。包括网络日志、音频、视频、图片、地理位置信息等等，多类型的数据对数据的处理能力提出了更高的要求。这是大数据概念区别于从前有关数据管理的一个重要特征。传统的数据管理主要是针对结构化数据分析利用，其应用技术，而大数据则更加强调对于半结构化和非结构化数据的分析和应用。

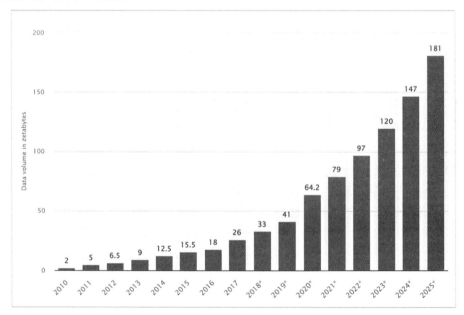

图 8－2　全球生成、获取、复制、消费数据量（单位 ZB）

资料来源：Statista，2022。

3) 价值密度低

第三个特征是数据价值密度相对较低。"但比其他 3 个'V'更重要的,就是 Value,它是大数据的最终意义——获得洞察力和价值。"大数据的崛起,正是在人工智能、机器学习和数据挖掘等技术的迅速发展驱动下,呈现这么一个过程:将信号转化为数据,将数据分析为信息,将信息提炼为知识,以知识促成决策和行动。

百度相关专家认为,就大数据的价值而言,就像沙子淘金,大数据规模越大,真正有价值的数据相对越少。

"所以真正好的大数据系统,重要的不是越多越好,其实越少越好。"开始数据要多,最后还是要少,把 ZB、PB 最终变成一个比特,也就是最后的决策。这才是最关键的。

如随着物联网的广泛应用,信息感知无处不在,信息海量,但价值密度较低,如何通过强大的机器算法更迅速地完成数据的价值"提纯",是大数据时代亟待解决的难题。数据是物理世界的数字反映,价值上数据不同于数字,数据背后是有对象的,而这些对象是有立场的,有价值归属的。主观的大数据的体量很大,所蕴含的价值总量也会是客观的,但是平均到单条信息的价值却很低,即价值密度很低。

4) 速度快时效高

第四个特征是处理速度快,时效性要求高。Velocity 可以理解为更快地满足实时性需求,数据的实时化需求正越来越清晰。对普通人而言,开车去吃饭,会先用移动终端中的地图查询餐厅的位置,预计行车路线的拥堵情况,了解停车场信息甚至是其他用户对餐厅的评论。吃饭时,会用手机拍摄食物的照片,编辑简短评论发布到微博或者微信上,还可以用 LBS(基于位置的服务)应用查找在同一间餐厅吃饭的人,看有没有好友在附近……

如今,通过各种有线和无线网络,人和人、人和各种机器、机器和机器之间产生无处不在的连接,这些连接不可避免地带来数据交换。而数据交换的关键是降低延迟,以近乎实时——这意味着小于 250 毫秒——的方式呈献给用户。

这是大数据区分于传统数据挖掘最显著的特征。既有的技术架构和路线,已经无法高效处理如此海量的数据,而对于相关组织来说,如果投入巨大采集的信息无法通过及时处理反馈有效信息,那将是得不偿失的。可以说,大数据时代对人类的数据驾驭能力提出了新的挑战,也为人们获得更为深刻、全面的洞察能力提供了前所未有的空间与潜力。

在当前常规的信息安全产品中,特别是具有代表性的检测响应类产品技术中,大量采用实时监测,而实时就意味着快速,在当前带宽越来越大,系统越来越复杂,采集的数据越来越多的同时,安全检测对于事件响应的及时性要求并没有减弱。如果对于汹涌而来的数据不能及时处理,就将被数据淹没。另外,"实时"还包含着一种内在的含义:主要根据当前的数据做出分析判断。

也有人将大数据特点总结为七个"V",也即除了上述四个特征外,还包括 Vast(广度)、Visualize(可视)、Veracity(真实)。

在大数据的各个特征中,最重要的是要获得 Value,即从大数据中获得洞察力和价值。

8.3.3 大数据类型

通常情况下，大数据包括(或分成)三种类型：

(1)结构化数据，即行数据，存储在数据库里，可以用二维表结构来逻辑表达实现的数据。甲骨文、微软都有这样的数据库管理，用以分析和研究。如数字、符号等信息。

(2)半结构化数据。所谓半结构化数据，就是介于完全结构化数据(如关系型数据库、面向对象数据库中的数据)和完全无结构的数据(如声音、图像文件等)之间的数据，HTML 文档就属于半结构化数据。它一般是自描述的，数据的结构和内容混在一起，没有明显的区分。这种数据包括电子邮件、办公处理文档，以及许多存储在 Web 上的信息，半结构化数据是基于内容的，可以被搜索。

(3)非结构化数据，相对于结构化数据而言，不方便用数据库二维逻辑表来表现的数据即称为非结构化数据，包括所有格式的办公文档、文本、图片、标准通用标记语言下的子集、各类报表、图像和音频/视频信息等，包括图像音频和视频等可以被感知的信息。非结构化数据，顾名思义，是存储在文件系统的信息，而不是数据库。

据统计，企业中 20% 的数据是结构化的，80% 是非结构化或半结构化的。结构化数据的增长率大概是 32%，而非结构化数据增长则是 63%。因此，今后非结构化数据占有比例还将继续增加。

这些非结构化数据的产生往往伴随着社交网络、移动计算和传感器等新的渠道和技术的不断涌现和应用，企业用以分析的数据越全面，分析的结果就越接近于真实。大数据分析意味着企业能够从这些新的数据中获取新的洞察力，并将其与已知业务的各个细节相融合。

8.4 大数据的重要性

信息革命深入发展，如潮的数据澎湃而至，数量之巨，种类之杂，来势之快，前所未有。大数据不单单是"数据的工业革命"，而是一场更深刻的科技和产业大变革的组成部分，是对未来大趋势、时代新特征的一种描述。

1) 大数据价值

大数据所能带来的巨大商业价值，被认为将引领一场足以与 20 世纪计算机革命匹敌的巨大变革。大数据正在对每个领域造成影响，在商业、经济和其他领域中，决策行为将日益基于数据分析，而不再是凭借经验和直觉。数据是新时代重要的生产要素，是大数据应用的基础，数据与应用的相互促进推动了大数据产业更快地发展。多维度的数据接入是大数据应用提升效能的根本保证，而应用的丰富则能更快地提升数据的获取和积累。大数据正在成为政府和企业竞争的新焦点，各大企业也纷纷投向大数据促生的新蓝海。

在大数据时代，商业生态环境在不经意间发生了巨大变化：无处不在的智能终端、随时在线的网络传输、互动频繁的社交网络，让以往只是网页浏览者的网民的面孔从模糊变得清晰，企业也有机会进行大规模的精准化的消费者行为研究。大数据蓝海将成为未来竞争的制高点。

众所周知,企业数据本身就蕴藏着价值,但是将有用的数据与没有价值的数据进行区分看起来可能是一个棘手的问题。

一段记录人们如何在商店浏览购物的视频、人们在购买服务前后的所作所为、如何通过社交网络联系企业客户、是什么吸引合作伙伴加盟、客户如何付款以及供应商喜欢的收款方式……所有这些场景都提供了很多指向,将它们抽丝剥茧,透过特殊的棱镜观察,将其与其他数据集对照,或者以与众不同的方式分析解剖,就能让人们的行事方式发生天翻地覆的转变。

但是屡见不鲜的是,很多公司仍然只是将信息简单堆在一起,仅将其当作为满足公司治理规则而必须要保存的信息加以处理,而不是将它们作为战略转变的工具。

所以,数据若随时要为决策提供依据,就必须对数据进行分析与挖掘。

企业需要向创造和取得数据方面的投入索取回报。有效管理来自新旧来源的数据以及获取能够破解庞大数据集含义的工具只是等式的一部分,但是这种挑战不容低估。产生的数据在数量上持续膨胀;音频、视频和图像等富媒体需要新的方法来发现;电子邮件、IM 和社交网络等合作和交流系统以非结构化文本的形式保存数据,必须用一种智能的方式来解读。

有些人会说,数据中蕴含的价值只能由专业人员来解读。但是字节经济并不只是数据科学家和高级开发员的天下。数据的价值在于将正确的信息在正确的时间交付到正确的人手中。未来将属于那些能够驾驭所拥有数据的公司,这些数据与公司自身的业务和客户相关,通过对数据的利用,发现新的洞见,帮助他们找出竞争优势。

大数据分析是大数据产业的重要组成部分,核心的价值就是从海量的数据中找出隐藏的模式、相关性和其他规律,为业务决策提供依据。

2) 大数据是一种新型战略资源

大数据已成为国家和企业的核心资产。早在 2012 年瑞士达沃斯论坛上发布的《大数据大影响》报告就宣称,数据已成为一种新的经济资产类别,就像货币或黄金一样。奥巴马时代美国政府就已把"大数据"上升到国家战略层面,早在 2012 年 3 月,美国就宣布投资 2 亿美元启动"大数据研究和发展计划",借以增强收集海量数据、分析萃取信息的能力。美国政府认为,大数据是"未来的新石油",一个国家拥有数据的规模、活性及解释运用的能力将成为综合国力的重要组成部分,未来对数据的占有和控制甚至将成为继陆权、海权、空权之外国家的另一个核心资产。

对企业来说,数据正在取代人才成为企业的核心竞争力。在大数据时代,数据资产取代人才成为企业智商最重要的载体。这些能够被企业随时获取的数据,可以帮助和指导企业对全业务流程进行有效运营和优化,帮助企业做出最明智的决策。此时,企业智商的基础就是形形色色的数据。

有学者把大数据形象地比喻为推动人类社会发展的"新石油"。在大数据时代,拥有大数据是一种幸福和特权,也是一种战略、世界观和习惯。根据 Gartner 的研究数据显示 2009—2011 年间,Facebook 共收集了 2.1 万亿条"有用信息",根据 2012 年其 IPO 时的溢价估值计算,每条信息价值 4 美分,相当于每个用户为其提供了价值 100 美元的有用数据。用户在免费使用网站服务的同时也在为网站免费提供有用数据。谷歌利用街景地图可能已经收集了足够的地图数据,世界在谷歌眼里是透明的。谷歌声称可以利用街景地图助力自动驾驶,但是,街景地图在无人智能系统部署等行动中也可能会发挥关键作用,它也可能为窃贼选择疏于防范的目标提供方便。这无疑是事关国家和社会安全的战略资源,一些国家已经开始与谷歌交涉街景地图可能引起的社会安全问题,但这可能已为时已晚。目前还没有办法阻止它继续获得它感兴趣的数据,即便关闭它在某个地区的门户网站的情况下,它也可以通过反相关数据处理或购买直接相关的数据来补充其大数据库。因此,大数据时代的信息安全已很难采用现有的信息安全技术来解决。

3)各国政府、国际组织将大数据战略稳步推进

大数据被视为创新和生产力提升的下一个前沿,正成为国家竞争力的要素之一,在世界范围内日益受到重视。

多国政府加大了对大数据发展的扶持力度,甚至上升到国家战略的高度,围绕大数据的国际竞争将会更加激烈。国际组织也在积极推进大数据战略。

(1)国外各国政府、国际组织推进大数据战略。

①国际组织重视互联互通,构建和谐的国际数据生态。

在数字化转型的时代背景下,各国际组织十分重视数据在全球化发展中的作用。在2021年8月召开的G20数字经济部长会议以及9月召开的联合国大会中,数据治理和数据流通成为重点议题之一,各国强烈呼吁国际社会加强数据互联互通,弥合数据流通分歧。

国际组织在弥合数据治理理念分歧方面发挥了积极作用。当前,数据治理正在成为网络空间治理领域博弈的核心话题,美欧之间的观念分歧凸显。一方面,美国积极推动跨境数据自由,力图建立以美国为中心的国际数字生态系统。美国战略与国际问题研究中心(CSIS)于2021年4月发布《亚太地区的数据治理》报告,并建议拜登政府发挥世界最大经济体的主导地位,形成具有全球共识的数据治理,布雷顿森林体系。另一方面,欧盟方倾向在保持高度隐私、安全和道德标准的前提下,推动单一数据市场的构建。自2016年颁布《通用数据保护条例》(GDPR)到如今发布一揽子数据战略,欧盟始终将促进成员国内部的数据自由流动放在首位。2021年10月,七国集团(G7)贸易部长会议就管理跨境数据使用和数字贸易原则达成一致,提出将在美欧制度之间找到中间立场,美欧之间在数字治理领域的冲突有望得到一定程度的缓解。

②美国:强化机构协同,深挖数据资源价值。

美国作为数据强国,率先施行,开放政府数据行动,旨在通过开放公共领域数据增强政府与公众间的互动,激发数据经济在社会经济增长中的引擎作用。在美国,大数据早已由热点词汇变成重点项目。早在2012年3月,美国政府就已公布2亿美元的《大数据研究发展计划》,以提高对大数据的收集与分析能力,增强国家竞争力。2013年6月,斯诺登的41张幻灯片,让美国大数据监控项目"棱镜"浮出水面,令人不寒而栗。2013年11月美国再度公布涉及各级政府、私企、科研机构的多个大数据研究项目。美国国家卫生研究院、国家科学基金会等都参与其中,有评论称之为美国大数据战略2.0版。

2019年12月,美国发布国家级战略规划《联邦数据战略与2020年行动计划》,《战略》中明确提出将数据作为战略资源,并以2020年为起点,勾勒联邦政府未来十年的数据愿景。

2021年10月,美国管理和预算办公室(OMB)发布2021年的行动计划,鼓励各机构

继续实行联邦数据战略。在吸收了 2020 年行动计划经验的基础上,2021 年行动计划进一步强化了在数据治理、规划和基础设施方面的活动。计划主要分为三个方向:一是构建重视数据和促进公众使用数据的文化;二是强化数据的治理、管理和保护;三是促进高效恰当地使用数据资源。可以看出,美国在数据领域的政策越来越强调发挥机构间的协同作用,促进数据的跨部门流通与再利用,充分发掘数据资产价值,从而巩固美国数据领域的优势地位。

③英国:细化国家数据战略,强调数据应用。

英国也把大数据提升到国家战略层面,认为未来国家层面的竞争力将部分体现为一国拥有数据的规模及运用数据的能力。虽然经济不景气、财政紧缩,但英国政府依然为大数据一掷千金。早在 2013 年初,英国商业、创新和技能部就宣布将注资 8 亿英镑发展8 类高新技术,其中 1.89 亿英镑(约 3 亿美元)用于大数据项目。

英国政府为促进数据在政府、社会和企业间的流动,于 2020 年 9 月发布《国家数据战略》。《战略》中明确指出了政府须优先执行的五项任务以促进英国社会各界对数据的应用:一是充分释放数据价值;二是加强对可信数据体系的保护;三是改善政府的数据应用现状,提高公共服务效率;四是确保数据所依赖的基础架构的安全性和韧性;五是推动数据的国际流动。五项任务发布以来,英国政府采取了一系列行动促进数据的高效合规应用,如颁布《政府数据质量框架》,助力公共部门提升数据管理效率以及建立数据市场部门等。

2021 年 5 月,英国政府在官方渠道上发布《政府对于国家数据战略咨询的回应》,强调 2021 年的工作重心是,深入执行《国家数据战略》,并表明将通过建立更细化的行动方案,全力确保战略的有效实施,由此可以看出英国政府利用数据资源激发经济新活力的决心。

④欧盟:稳步执行欧盟数据战略,打造单一数据市场。

2020 年 2 月 19 日欧盟委员会推出《欧盟数据战略》,该战略勾画出欧盟未来十年的数据战略行动纲要。区别于一般实体国家,欧盟作为一个经济政治共同体,其数据战略更加注重加强成员国之间的数据共享,平衡数据的流通与使用,以打造欧洲共同数据空间、构建单一数据市场。

为保障战略目标的顺利实现,欧盟实施了一系列重要举措。如《欧盟数据治理法案》于 2021 年 10 月获得成员国表决通过,该《法案》旨在,为欧洲共同数据空间的管理提出立法框架,其中主要对三个数据共享制度进行构架,分别为公共部门的数据再利用制度、数据中介及通知制度和数据利他主义制度,以此确保在符合欧洲公共利益和数据提供者合法权益的条件下,实现数据更广泛的国际共享。

(2)我国大数据战略深入落实。

大数据在中国也已启动并驶入"快车道",政府、企业和科研院所正多方位布局。尤其是党中央、国务院围绕数字经济、数据要素市场、国家一体化大数据中心布局等做出了一系列战略部署,建立促进大数据发展部际联席会议制度。有关部委出台了 20 余份大数据政策文件,各地方出台了 300 余项相关政策,23 个省区市、14 个计划单列市和副省级城市设立了大数据管理机构,央地协同、区域联动的大数据发展推进体系逐步形成。

自 2014 年大数据首次写入政府工作报告起,我国就不断出台大数据相关政策。政策出台的思路也反映了各阶段大数据发展的特征以及面临的关键问题。2015 年 8 月印发的《促进大数据发展行动纲要》明确提出,数据已成为国家基础性战略资源,并对大数据整体发展进行了顶层设计和统筹布局,产业发展开始起步。2016 年 3 月,"十三五"规划纲要正式提出实施国家大数据战略,这一时期,政策制定者看到了数据对于推动我国经济发展的重要作用,大数据与包括实体经济在内的各行各业的融合成为政策热点。2017 年 10 月,党的十九大报告中提出推动大数据与实体经济深度融合,2020 年 4 月 9日,中共中央、国务院发布《关于构建更加完善的要素市场化配置体制机制的意见》,将数据与土地、劳动力、资本、技术并称为五种要素,提出,加快培育"数据要素市场",而"十四五"规划对于大数据发展的布局,可以概括为突出数据在数字经济中的关键作用、加强数据要素市场规则建设、重视大数据相关基础设施建设,将大数据作为数字经济的重要"原料",加强供给能力。针对数据要素市场目前面临的问题,提出加强规则,还提出了要完善数据资源汇聚与流动的关键支撑底座,建设新型基础设施。

"十四五"规划为今后五年大数据的发展作出了总体部署,为各部门各地方进行大数据专项规划提供了重要依据。2021 年 11 月底,工信部印发《"十四五"大数据产业发展规划》,在响应国家,十四五规划的基础上,围绕,价值引领、基础先行、系统推进、融合创新、安全发展、开放合作 6 大基本原则,针对,十四五期间大数据产业的发展制定了 5 个发展目标,6 大主要任务,6 项具体行动以及 6 个方面的保障措施,同时指出在当前我国迈入数字经济的关键时期,大数据产业将步入,集成创新、快速发展、深度应用、结构优化的高质量发展新阶段。

8.5 大数据应用及其产业链

大数据可分成大数据技术、大数据工程、大数据科学和大数据应用等领域。目前人们谈论最多的是大数据技术和大数据应用。工程和科学问题尚未被重视。大数据工程指大数据的规划建设运营管理的系统工程;大数据科学关注大数据网络发展和运营过程中发现和验证大数据的规律及其与自然和社会活动之间的关系。

大数据可以从数据分析的层面上揭示各个变量之间可能的关联,但是数据层面上的关联如何具象到行业实践中? 如何制定可执行方案? 应用大数据的结论的这些问题要求执行者不但能够解读大数据,同时还需深谙行业发展各个要素之间的关联。这一环节基于大数据技术的发展,但又涉及管理和执行等各方面因素。

8.5.1 大数据应用

大数据应用,是建立在大数据基础设施之上,综合运用大数据分析和人工智能工具,结合应用场景和垂直行业需求的应用实践。经过 20 多年的发展,大数据应用已经深入社会的各个领域,水平场景应用涉的领域有:销售、客户体验/服务、企业市场营销、消费市场营销、人力资本、法律、合规、财务、自动化和机器人流程自动化 RPA、安全、广告等,垂直行业应用涉的领域有:互联网(电商、社交、生活服务等)、金融(借贷、投资、保险等)、电信、政府、卫生健康、工业、交通、教育、房地产、商务、生命科学、农业等。

大数据应用的蓬勃发展是社会进步的必然结果,互联网普及之后,数据的生成、获取、复制、消费呈现出指数级发展的趋势，这些数据来自气象卫星、交通摄像头、车联网、电力/能源/工业/环保行业的数控设备和传感器、社交媒体动态、音频视频消费习惯、移动应用的用户使用行为、购物平台的浏览和购买记录、服务器的事务记录及安全日志等等，企业和政府利用这些数据制定决策，完善流程和政策，并打造以用户为中心的产品、服务和体验。通过挖掘和分析这些数据，企业能够提高自身的竞争力和抗风险能力，把握新机遇，革新业务模式；政府能够洞察趋势、制定出更科学的决策和政策。在现代社会环境下，不进行大数据分析，就会"耳聋眼瞎"。

对于互联网企业而言，其行业挑战是：业务场景复杂，数据来源多；业务快速变化，时效性要求高；数据量巨大但数据价值低。大数据可应用于用户行为分析、转化分析、留存分析、活跃分析、渠道分析、个性化推荐、精准营销、广告投放，大数据的应用价值体现在提升客户满意度、快速获客/留客、提升收入、指导产品开发/迭代。

据工业和信息化部 2021 年 11 月发布的《"十四五"大数据产业发展规划》，我国的数据资源极大丰富，总量位居全球前列。这其中，政府拥有大量高质量的数据，这些数据资产的整合和安全地开放，是正在持续开展的重要工作。政府大数据可应用于行程大数据辅助防疫，气象大数据服务于救灾，工商企业大数据检测企业异常等，大数据应用的价值在于：数据多跑路群众少跑腿，更高效的社会化服务，更卓越的营商环境等。然而政府面临的挑战是：政府数据资产的整合、管理和开放，政府部门及附属机构之间数据的互联互通。

8.5.2 大数据应用领域

就整体而言，目前大数据的应用领域具体体现在如下方面。

（1）商业智能。在商业领域，大数据意味着激动人心的业务与服务创新机会。零售连锁企业、电商业巨头都已在大数据挖掘与营销创新方面有着很多的成功案例，它们都是商业嗅觉极其敏锐、敢于投资未来的公司，也因此获得了丰厚的回报。

IT 产业链分工、主导权也因为大数据产生了巨大影响。以往，移动运营商和互联网服务运营商等拥有着大量的用户行为习惯的各种数据，在 IT 产业链中具有举足轻重的地位。而在大数据时代，移动运营商如果不能挖掘出数据的价值，可能彻彻底底被管道化。运营商和更懂用户需求的第三方开发者互利共赢的模式，已取得一定共识。

例如：用户行为分析，即结合用户资料、产品、服务、计费、财务等信息进行综合分析，得出细致、精确的结果，实现对用户个性化的策略控制，这在营销网络的流量分析中占有越来越举足轻重的地位。个性化推荐，即在各类增值业务中，根据用户喜好推荐各类业务或应用，这已成为运营商和门户提供商服务用户的一个最有效方式之一，比如应用商店的软件推荐、IP-TV 视频节目的点播推荐、购物或旅游网站的猜你喜欢等。

（2）公共服务。一方面，公共机构可以利用大数据技术把积累的海量历史数据进行挖掘利用，从而提供更为广泛和深度的公共服务，如实时路况和交通引导；另一方面，公共机构也可以通过对某些领域的大数据实时分析，提高危机的预判能力，如疾病预防、环境保护等，为实现更好、更科学的危机响应提供技术基础。

（3）政府决策。通过对数据的挖掘，从而有效提高政府决策的科学性和时效性。例如：日本大地震发生后仅仅 9 分钟，美国国家海洋和大气管理局（NOAA）就发布了详细的海啸预警。并且随即 NOAA 通过对海洋传感器获得的实时数据进行了计算机模拟，制定出详细的应急方案,并将制作的海啸影响模型实时发布在了 YouTube 等网站上。

8.5.3 大数据产业链

从广义来讲,大数据产业贯穿了整个数据生命周期,从产生、采集和存储,这和整个链条是有点相似的,从狭义来看,大数据的产业链主要涵盖数据的管理分析、呈现和应用的环节。

大数据产业链覆盖范围广,上游是基础支撑层,主要包括网络设备、计算机设备、存储设备等硬件供应,此外,相关云计算资源管理平台、大数据平台建设也属于产业链上游;大数据产业中游立足海量数据资源,围绕各类应用和市场需求,提供辅助性的服务,包括数据交易、数据资产管理、数据采集、数据加工分析、数据安全,以及基于数据的 IT 运维等;大数据产业下游则是大数据应用市场,随着我国大数据研究技术水平的不断提升,目前,我国大数据已广泛应用于政务、工业、金融、交通、电信和空间地理等行业,如图8-3所示。

大数据产业上游基础设施具体包括 IT 设备、电源设备、基础运营商及其他设备,相关代表企业华为、中兴通信、艾默生、三大运营商等。

中游大数据服务领域可以细分为数据中心、大数据分析、大数据交易与大数据安全等子行业,相关代表企业包括宝信软件、数据港、久其软件、拓尔思、上海数据交易中心、贵阳大数据交易所与华云数据等。

在下游应用市场,我国大数据应用范围正在快速向各行各业延伸,除发展较早的政务大数据、交通大数据外,在工业、金融、健康医疗等众多领域大数据应用均初见成效。

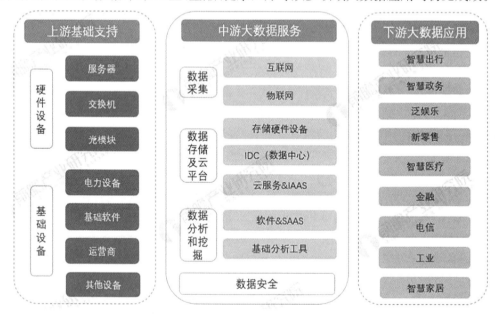

图 8-3 大数据产业链

资料来源:前瞻产业研究院。

伴随着社交媒体物联网和电子商务的蓬勃发展,各类数据海量涌现,特别是其中的结构化数据和非结构化数据并存，以及由此产生的复杂的交互关系，使得现今的传统技术无法对其进行高效的分析。因此，捕获、存储、管理和分析大数据的工作变得极其艰巨。

而按照信息处理环节，大数据可以分为数据采集、数据清理、数据存储及管理、数据分析、数据解读及产业应用等六个环节。由于尚属发展初期，其中的每个产业环节都包含着不少的企业，其市场发展情况如下：

(1)数据采集。Google、CISCO 这些传统的 IT 公司早已经开始部署数据收集的工作。在中国，淘宝、腾讯、百度等公司已经收集并存储大量的用户习惯及用户消费行为数据。德勤预计，在未来，会有更为专业的数据收集公司针对各行业的特定需求，专门设计行业数据收集系统。

(2)数据清理。当大量庞杂无序的数据收集之后，如何将有用的数据筛选出来，完成数据的清理工作并传递到下一环节，这是随着大数据产业分工的不断细化而需求越来越高的环节。除了 Intel 等老牌 IT 企业，Teradata、Informatica 等专业的数据处理公司呈现了更大的活力。在中国，华傲数据等类似厂商也开始不断涌现。德勤预计，在未来，将会有大量的公司专注于数据清理。

(3)数据存储及管理。数据的存储、管理是数据处理的两个细分环节。这两个细分环节之间的关系极为紧密，而数据如何存储又限制了数据分析的深度和广度。由于相关性极高，通常由一个厂商统筹设计这两个细分环节将更为有效。从厂商占位角度来分析，IBM、Oracle 等老牌的数据存储提供商有明显的既有优势，他们在原有的存储业务之上进行相应的深度拓展，轻松占据了较大的市场份额。而 Apache Software Foundation 等新生公司，以开源的战略汇集了行业专精的智慧，成为大数据发展的领军企业。

(4)数据分析。传统的数据处理公司 SAS 及 SPS 在数据分析方面有明显的优势。然而，基于开源软件基础构架 Hadop 的数据分析公司最近几年呈现爆发性增长。例如，成立于 2008 年的 Cloudera 公司，帮助企业管理和分析基于开源 Hadop 产品的数据。由于能够帮助客户完成定制化的数据分析需求，Cloudera 拥有了如 Expedia、摩根大通等大批的知名企业用户，仅仅五年时间，其市值估值已达到 7 亿美元。

(5)解读。将大数据的分析结果还原为具体的行业问题。SAP、SAS 数据分析公司在其已有的业务之上加入行业知识，成为此环节竞争的佼佼者。同时，因大数据的发展而应运而生的 wibidata 等专业的数据还原公司也开始蓬勃发展。

(6)展示。通过对数据的分析和具象化，将大数据能够推导出的结论量化计算，同时应用到行业中去。这一环节需要行业专精人员，通过大数据给出的推论，结合行业的具体实践制定出真正能够改变行业现状的计划。

8.6 大数据面临的挑战和发展趋势

8.6.1 大数据面临的挑战

1) 信息安全问题

信息安全问题是大数据应用面临的突出挑战。"棱镜门"事件是最大的信息安全事件,"棱镜门"2013年曝光后,让人们看到大数据时代维护国家信息安全、保护个人隐私所面临的严峻挑战。"棱镜门"让各国政府意识到"数据主权"的重要性,以及在网络和电信核心技术上依赖个别国家的恶果。必须加快自主创新以保护"数据主权",已成为一些国家的共识。

如何在大数据来袭中保持清醒和理性、有所创新和创造,对国家和个人来说同样是挑战。

据德国《明镜》周刊网站2014年3月22日披露者斯诺登曝光的文件显示,美国国安局(NSA)2009年启动一项针对华为的入侵计划,NSA一个特别行动小组侵入华为深圳总部服务器,并复制超过1400个客户资料和工程师内部培训文件。3月22日18时18分,漏洞报告平台乌云(WooYun)曝光携程支付日志存在安全漏洞。据报道,该漏洞泄露客户银行卡信息,有可能导致客户银行卡被盗刷。"棱镜门"以来,陆续曝光的信息安全事件不断刺激着人们的神经。随着大数据时代到来,如何保障用户隐私、个人金融资产安全、信息安全显得尤为重要。

某些特殊行业的应用,比如金融数据、医疗信息以及政府情报等都有自己的安全标准和保密性需求。

从信息安全的角度,围绕关键问题的大数据往往分为以下五个方面。

(1)网络安全:随着越来越多的交易、对话、互动和数据在网上进行,这种刺激使得网络犯罪分子比以往任何时候都要猖獗。据2012年1月信息安全论坛的题为《网络安全策略:实现网络弹性》的报告显示,"今天的网络犯罪分子都组织得更好、更专业,并具备有力的工具和能力,以针对确定的目标进行攻击。这不是一次性的数据破坏或黑客攻击而成为报纸头条新闻的故事,而却具有深远的后果,这对企业可能意味着声誉受损,法律责任,甚至财政破产。网络弹性和防备战略对于企业大数据是至关重要的。"

(2)云中的数据:企业必须迅速采用和实施新技术的压力,比如云服务。经常面临大数据的具有挑战性的存储和处理的需求。而这其中包含了不可预见的风险和意想不到的后果。在云中的大数据对于网络犯罪分子来说,是一个极具吸引力的攻击目标。这对企业来说提出了更多的需求,他们必须采购战略正确的安全的云。

(3)个人设备安全管理:携手大数据增长的是新的移动设备使用范围的扩大,用于收集、存储、访问和数据传输。企业现在面临的企业员工在工作场所使用个人设备的安全管理挑战,必须平衡安全与生产力的需要。员工智能分析和浏览网页详情是安全恶梦,尤其是当这些混合了家庭和工作数据。企业应当确保其雇员接受相关的个人设备使用政策,并继续在符合其既定的安全政策下管理移动设备。

(4)相互关联的供应链:企业往往是复杂的、全球性的和相互依存的供应链的一部分,而这一部分往往可能是最薄弱的环节。信息是通过简单平凡的数据供应链结合起来的,包括从贸易或商业秘密到知识产权的一系列信息,如果损失可能导致企业声誉受损,受到财务或法律的惩罚。信息安全协调在业务关系中起着相当重要的作用,这其中包括外包,离岸供应链和云服务提供商。

(5)数据保密:大量的数据产生、存储和分析,使数据保密问题将在未来几年内成为一个更大的问题,企业必须尽快开始规划新的数据保护。

大数据信息的安全问题重要性凸显,各国高度重视,许多国家已纳入国家战略,中国亦如此。2014年2月27日,中央网络安全和信息化领导小组成立,由习近平担任组长,李克强、刘云山任副组长。由国家领导人亲自挂帅表明,信息安全已经纳入国家战略,从国家战略的层面进行推进。信息安全部门调查显示,我国在信息安全设备、技术开发投入远低于日韩、欧美,信息安全投入占比不到网络建设资金总额的1%。未来信息安全投资将长期进行高投入,信息安全行业发展将进入快车道。

企业非法爬取用户数据、违规交易客户隐私信息、金融机构"内鬼"倒卖客户信息、金融App违规过度收集个人信息……大数据时代,金融机构积极利用数据赋能的同时,也面临着由数据行业乱象带来的新的考验,客户及金融机构对保护金融信息与数据安全的诉求越来越强烈。在此背景下,自2021年9月1日起,《中华人民共和国数据安全法》(简称《数据安全法》)正式施行。这部法律分别从监管体系、数据安全与发展、数据安全制度、数据安全保护义务、政务数据安全与开放、法律责任等方面,对数据处理活动进行规制。

2) 个人隐私问题

英国《自然》杂志2013年3月刊登的研究发现,只要有4个时间点和位置的数据就能确定一个人身份,准确率高达95%。这表明,大数据足以将一个人"描画"清晰,现有法律手段和核心技术对个人隐私的保护正在逐渐失效。

毫无疑问大数据给我们带来了空前便利。但在大数据时代,人们对网络的依赖日益增强,互联网上到处印刻着生活的痕迹,个人隐私泄露的危险大大增加。网民的网络痕迹,从前也许只是占据缓存的"垃圾",而现在正变成大数据金矿。人们的搜索痕迹可以让服装公司计算出流行色;你的网络社交圈可以让网贷公司评估出信用……一个数据金矿的淘金时代开启了。随着互联网、移动互联网对各个领域的渗透越来越深,大数据席卷人们生活的速度会越来越快。正如狄更斯那句经典名言,"这是一个最好的时代,也是一个最坏的时代。"我们泛舟在大数据时代,可风暴随时都有可能来临,大数据社会也是大风险社会。如《大数据时代》这本书里所说,"我们所冒的风险比想象中的还要大。"

大数据时代,大数据体系丝毫不会考虑个体,乃至群体是否愿意分享,而是自动自发地吸纳着任何可以吸纳的数据,成为无处不在的"第三只眼",而手机就像一个"移动间谍",我们的隐私很容易变成别人手里的利益。

丹尼尔在《隐私不保的年代》一书中讲:"网络并不像我们希望的那么美好,它如同一个十来岁的小孩,呈现出青春期特有的狂野特质:莽撞、任性、无畏、不受约束、不计后果……"大数据时代,信息就是利益,信息愈大,利益愈大,而风险与之成正比。大数据这座金矿极大地刺激了一些人或组织进一步采集、存储、利用我们个人数据的野心。随着存储成本的持续降低,分析工具越来越先进,采集和存储数据的数量和规模将爆发式地增长。当前,我国对大数据的保护能力还十分有限,保护意识也比较薄弱。数据被恶意使用的现象仍然难以掌控,隐私问题在未来亦更加凸显。

可喜的是,2022 年 1 月《互联网信息服务算法推荐管理规定》出台,明确了算法推荐服务提供者应当以显著方式告知用户其提供算法推荐服务的情况;向用户提供不针对其个人特征的选项,或者向用户提供便捷的关闭算法推荐服务的选项。该规定自当年 3 月 1 日起施行。

近年来"个性化推荐"在互联网平台非常流行,如电商、视频平台,这些平台将其作为加强用户体验、粘住用户的杀手锏。然而"个性化推荐"大一统时代随着上述新规定的出台而即将终结。

如今,越来越多的用户也厌倦了清一色"个性化推荐"的互联网信息获取模式。根据北京大学互联网发展研究中心发布的《中国大安全感知报告(2021)》显示,受访者中,70%担心个人喜好、兴趣被算法"算计",50%表示在算法束缚下想要逃离网络、远离手机。

在监管部门和公众的双重压力下,部分互联网平台已经陆续开始向用户提供个性化推荐功能的自由选择权。据不完全统计,截至 3 月 15 日,不少短视频、电商、社交类 App 均已上线算法关闭键,允许用户在后台一键关闭"个性化推荐"。

不过,部分平台把"个人信息收集清单"和"个性化推荐"关闭键埋得比较深,一般是在隐私、广告相关的设置选项中找到。这暴露出相关平台仍然抱持半推半就的态度,不希望过多用户以便捷方式一键关闭。毕竟,"个性化推荐"能够让平台深度了解用户的喜好和习惯,为用户定制内容、信息和服务,用户的每一次点击,都会在后台算法系统中产生一个新的用户标签,点击次数越多,算法系统能够为用户勾勒的标签也就越全面,最终算法系统会成为"比你还了解你自己的影子",从此提供更加精准的推荐,如此又会激发用户更多的兴趣,进行主动点击。最终,用户将大量时间、精力、金钱都用在该平台上,平台从单个用户身上所攫取的收益成倍增加。

就此,有关部门对于国内互联网平台"个性化推荐"强化约束,也就成为对算法主宰用户行为的限权。各大互联网平台也要明白,没有边界的算法及"个性化推荐",最终会让平台信息内容走向低劣,也会在民意反弹及政府监管中走向没落。

3)人才问题

在大数据的应用中,人的因素成为制胜关键。从技术角度看,执行人需要理解大数据技术,能够解读大数据分析的结论;从行业角度看,执行人要非常了解行业各个生产环节的流程及关系、各要素之间的可能关联,并且将大数据得到的结论和行业的具体执行环节一一对应起来;从管理的角度看,执行人需要制定出可执行的解决问题的方案,并且确保这一方案和管理流程没有冲突,在解决问题的同时,没有制造出新的问题。这些需求,不但要求执行人深谙技术,同时应当是一个卓越的管理者,有系统论的思维,能够从复杂系统的角度关联地看待大数据与行业的关系。此类人才的稀缺性将制约大数据的发展。

4)管理难点

对大数据的管理其难点体现在如下方面:

(1)元数据:大数据治理需要创建可靠的元数据,避免出现窘境,例如,一家企业重复购买了相同的数据集两次,而原因仅仅是该数据集在两个不同的存储库内使用了不同的名称。

(2)数据质量:考虑到大数据的庞大数量和超快速度,组织需要确定哪种级别的数据质量属于"足够好"的质量。

(3)信息生命周期管理:大数据治理计划需要制定存档策略,确保存储成本不会超出控制。除此之外,组织需要设定保留计划,以便按照法规要求合理处置数据。

(4)大数据发挥协同效应需要产业链各个环节的企业达成竞争与合作的平衡,大数据对基于其生态圈中的企业提出了更多的合作要求。如果没有对整体产业链的宏观把握,单个企业仅仅基于自己掌握的独立数据,无法了解产业链各个环节数据之间的关系,对消费者做出的判断和影响也十分有限。

(5)在一些信息不对称比较明显的行业,例如银行业以及保险业,企业之间数据共享的需求更为迫切。例如,银行业和保险业通常都需要建立一个行业共享的数据库,让其成员能够了解到单个用户的信用记录,消除担保方和消费者之间的信息不对称,让交易进行得更为顺利。然而,在很多情况下,这些需要共享信息的企业之间竞争和合作的关系同时存在,企业在共享数据之前,需要权衡利弊,避免在共享数据的同时丧失了其竞争优势。此外,当很多商家合作起来,很容易形成卖家同盟而导致消费者利益受到损失,影响到竞争的公平性。

(6)大数据最具有想象力的发展方向是将不同行业的数据整合起来,提供全方位立体的数据绘图,力图从系统的角度了解并重塑用户需求。然而,交叉行业数据共享需要平衡太多企业的利益关系,如果没有中立的第三方机构出面,协调所有参与企业之间的关系、制定数据共性及应用的规则,将大大限制大数据的用武之地。权威第三方中立机构的缺乏,将制约大数据发挥出其最大的潜力。

5)存储难点

大数据的存储难点体现在如下方面:

(1)容量问题:海量数据存储系统也一定要有相应等级的扩展能力。"大数据"应用还存在实时性的问题,特别是涉及与网上交易或者金融类相关的应用。

(2)安全问题:某些特殊行业的应用,比如金融数据、医疗信息以及政府情报等都有自己的安全标准和保密性需求。大数据存储带来新的安全问题。数据大集中的后果是复杂多样的数据存储在一起,很可能会出现将某些生产数据放在经营数据存储位置的情况,致使企业安全管理不合规。大数据的大小也影响到安全控制措施能否正确运行。安全防护手段的更新升级速度无法跟上数据量非线性增长的步伐,就会暴露大数据安全防护的漏洞。

(3)成本问题:对于那些正在使用大数据环境的企业来说,成本控制是关键的问题。想控制成本,就意味着我们要让每一台设备都实现更高的"效率",同时还要减少那些昂贵的部件。当今,数据中心使用的传统引导驱动器不仅故障率高,而且具有较高的维修和更换成本。

(4)数据的积累:要实现长期的数据保存,就要求存储厂商开发出能够持续进行数据一致性检测的功能以及其他保证长期高可用的特性。同时还要实现数据直接在原位更新的功能需求。

(5)灵活性:大数据存储系统的基础设施规模通常都很大,因此必须经过仔细设计,才能保证存储系统的灵活性,使其能够随着应用分析软件一起扩容及扩展。

(6)应用感知:最早一批使用大数据的用户已经开发出了一些针对应用的定制的基础设施,比如针对政府项目开发的系统,还有大型互联网服务商创造的专用服务器等。

(7)针对小用户:依赖大数据的不仅仅是那些特殊的大型用户群体,作为一种商业需求,小型企业未来也一定会应用到大数据。

8.6.2 大数据管理的发展趋势

利用好数据要素是驱动数字经济创新发展的重要抓手,挖掘大数据的价值是大数据管理的根本目的。未来大数据管理的前景在于数据价值能够得到进一步挖掘和释放,数据治理和数据流通能蓬勃发展,大数据产业链不断发展壮大。

1)释放数据价值将成为全球竞争战略的重要组成部分

提升政府和公共部门对数据的应用效能,促进公共服务的数字化和智能化发展;以新一代数字化技术为依托,为数字经济的快速发展提供高质量的新型数字基础设施;加速企业的数字化转型,用数字化、信息化手段重新塑造企业的竞争优势;建立可信、高效的数据流通机制,实现端到端的数据流通全生命周期管理;建立公允、规范的数据资产价值评估、计量机制,为数据价值的充分挖掘和释放打好坚实的基础。

2)发挥大数据技术在数据价值挖掘方面的效用

提升大数据技术在不同场景、不同行业的适配能力,在保障数据合规、保护数据安全的前提下促进数据价值的释放;在保障平稳运行、满足业务需求的同时控制整体成本,提升技术应用效率;进一步提升大数据技术的自动化、智能化水平,有效支撑各种复杂业务场景下的即时、大规模决策;发展去标识化、加密技术,平衡价值挖掘中的性能、合规和业务可用性。

3)数据治理制度体系与技术工具双轨并进

结合行业的实际,借鉴成熟的数据治理经验提升数据治理的专业性,以创新的管理经验助力数据价值的释放;进一步推进平台工具建设,搭建数智化运营体系,提升企业业务决策能力、缩减运营成本、降低运营风险、保障安全合规,增强数据的应用效能;建立用"数据决策、数据管理、数据服务"的服务机制,提升政府公共管理能力和国家治理能力,促进国民经济社会的快速健康发展。

4)新数据流通业态与政策制度协同创新

地方立法逐步探索数据确权与数据流通机制,为新技术手段和新流通模式的探索和发展提供良好的政策环境。发挥数据跨境流动试点作为特殊经济功能区先行先试的优势,探索构建与我国数字经济创新发展相适应、与我国数字经济国际地位相匹配的数字营商环境。

5)数据合规法律体系将进一步完善成熟

2021年我国数据立法取得突飞猛进的进展,备受关注的《数据安全法》和《个人信息保护法》先后出台,与《网络安全法》共同形成了数据合规领域的"三驾马车",标志着数据合规的法律架构已初步搭建完成。在此基础上,重点行业、新兴技术的法律和司法解释在2022年密集出台,地方性立法成果丰硕,为国家安全提供了有力的支撑,为产业、技术的发展提供了清晰的合规指引,也为人民提供了更全面的权益保障。

脸书 5 亿用户数据遭泄露 个人隐私"裸奔"何解

据外媒报道,在一家黑客论坛上,有人免费发布了 5.33 亿脸书(Facebook)用户的个人隐私信息,包括用户的电话号码、脸书登录 ID、姓名全称、家庭住址、出生日期、个人简历以及电子邮件地址等。

被泄露的这些个人隐私信息数据涉及来自 106 个国家的 5.33 亿脸书用户,其中包括 3200 万美国用户、1100 万英国用户和 600 万印度用户。

对此,脸书方面表示,遭窃的数据不包括用户的财务、健康和密码信息。然而,这些数据可为黑客及其他侵权行为提供有价值的信息。

《中国经营报》记者注意到,脸书此前曾多次发生用户隐私数据泄露事件。2019 年 9 月,存储了超 4 亿条与脸书账户关联的电话号码数据库被曝光。2019 年 12 月,一个包含超过 2.67 亿脸书用户 ID、姓名以及电话号码等信息的网络数据库被公开。

财经评论员谭浩俊接受本报记者采访时表示,脸书的用户信息泄露,首先可能是脸书没有重视这方面的工作,没有对用户的信息保护建立完整严密的制度,因此容易造成数据泄露。同时,在发生数据泄露以后,脸书没有很好地总结问题,如何修补漏洞,防止新的问题出现。所以说,脸书在这方面的工作做的是比较差的,经常出现用户数据泄露问题。

脸书用户数据频遭泄露

与此同时,欧盟司法专员 Didier Reynders 和数十名欧盟官员都被卷入了脸书的数据泄露事件,比利时和卢森堡受害者的数据集还包含数十名欧盟官员的电话号码,包括欧盟委员会内阁成员、欧盟外交官和工作人员。

据悉,是一家名为哈德逊·洛克的网络犯罪情报公司的首席技术官阿隆·盖尔首先发现了这一情况,并将其公布在了自己的推特账号上。他说,不法者很有可能利用这些泄露的用户信息进一步从事网络攻击或黑客行为。

不过脸书方面解释称,这些数据泄露并非由黑客入侵系统引起,而是在 2019 年脸书同步联系人工具中的漏洞被恶意破坏者利用造成,脸书随后发现了漏洞并进行了修复,同时脸书也强调未来这些窃取行为不会再次发生。

脸书产品管理总监 Mike Clark 在公司新闻中心发布的一篇博客文章中解释了这一情况,试图淡化这一大规模泄露事件影响。

脸书曾多次发生用户隐私数据泄露事件。2019 年 9 月,脸书方面证实,存储了超 4 亿条与脸书账户关联的电话号码数据库被曝光。2019 年 12 月,一个包含超过 2.67 亿脸书用户 ID、姓名以及电话号码等信息的网络数据库被公开,也曾被发布在黑客论坛上。其后脸书方面表示,数据库已被摧毁。

2019年，针对滥用用户数据的指控，脸书与美国联邦贸易委员会(FTC)达成了一项里程碑式的和解协议。根据2019年7月达成的FTC和解协议，当500名以上的用户信息遭到非法窃取后，脸书需要在30天内报告。

爱尔兰数据保护委员会近期表示，已就用户数据泄露一事联系了脸书。该委员会表示，脸书没有就此事进行主动沟通，但目前双方正在联系中。

通过以往的情况来看，关于脸书用户信息数据被泄露的问题，似乎很难得到充分的解决，有必要好好进行自我反省。毕竟对比其他的社交软件来看，民众对于脸书的依赖程度还很高。若一再泄露，只怕很容易造成难以挽回的损失及糟糕后果。

中招的不仅是脸书

一位业内人士告诉本报记者，"其他互联网公司也存在数据泄露问题，但是不像脸书这么严重。目前看，不仅仅是某一方面的软件出现问题造成的，以后应该及时发现并进行纠正，修补漏洞。"

比如，今年央视3·15晚会，就曝光了多个企业非法获取消费者人脸信息的情况，涉及企业包括了科勒卫浴、宝马、MaxMara商店等。这些企业在全国各地都拥有数量庞大的分店，根据相关法律规定，收集个人信息，应向个人主体告知收集，并获得个人信息主体的授权同意。

然而，这些企业并没有向任何消费者征询许可意见，利用店内广布的摄像头，在消费者不知情的情况下，收集了大量的人脸等相关数据。他们将人脸数据输入到后台数据库，利用大数据工具可以辨别客户是首次到店，还是第N次到店，进而分析出该消费者是了解产品还是前来"比价"等，来辅助店员进行有效转化。

2018年，万豪发公告称旗下酒店喜达屋5亿房客信息被泄露；社交平台陌陌3000万用户数据在"暗网"被销售；问答网站鼻祖Quora遭恶意攻击，1亿用户数据被窃；谷歌还曾因可能出现的数据泄露问题关闭旗下产品。

目前看，大部分数据泄露是由黑客攻击导致。根据IBM公司(国际商业机器公司)发布的研究报告(《2018 Cost of a Data Breach Study：Global Overview》)显示，数据泄露的主要原因是恶意和犯罪攻击(48％)。除了攻击漏洞、使用病毒外，黑客会利用人们在不同平台账户使用同一账号和密码的习惯，通过"撞库"(通过已泄露的账户和密码去登录其他网站)的手段来侵入更多网站。而很多掌握大量用户数据的企业从未建立有效的安全管理系统，这让泄露事件难以被阻止。

用户数据的重要性对企业来说不言而喻，然而，大部分公司并没有保护应对经验和有效的反应机制，甚至都不能快速察觉数据遭遇泄露。IBM的研究报告调查了全球477家公司过去一年2200多起数据泄露事件，发现大型数据泄露的代价十分高昂。平均来看，泄露百万条记录会导致损失2.8亿元人民币，而泄露5000万条记录的损失高达24.1亿元人民币。

"如何保护用户数据，首先应该是在硬件上提高水平，提高技术防护能力，遇到问题能够及时通过软件修复；第二，互联网公司应该更重视这项工作，对用户信息保护起到非常重要的监护作用；第三，有关方面对互联网公司出现用户数据泄露问题，要采取严厉打击措施，因为现在黑客非常厉害，一旦被黑客攻破，用户数据就很容易泄露，所以应该从多方面入手确保用户数据安全。"谭俊浩说。

（资料来源：李晟晟、李正豪，贝壳财经，2021.4.18）

案例思考题

（1）企业知道客户的信息越多越好，客户希望自己的信息越少泄露越好？你认为应该如何解决这一对矛盾？

（2）在大数据时代，如何解决数据安全问题？

（3）思考你所在的企业有何措施来保护顾客的隐私、做到数据安全的。

本章复习思考题

（1）什么是大数据？其特点如何？

（2）从大数据的发展趋势中思考你所在的公司有何机遇。

（3）举例说明利用大数据给企业带来的利益。

下篇 CRM 实施与管理

第9章 CRM 项目的实施

用泛微 OA 系统强化客户管理过程，提高签单率

泛微通过整合数字化营销 OA 系统，帮助企业实现从获客渠道、销售打单、客户签单、售后服务、决策分析的全生命周期客户管理。

图 9-1 泛微客户管理系统功能架构

泛微 OA 客户管理方案实施亮点

1）泛微 CRM 打通营销系统，帮助企业获客

企业对营销有着天然的精准性要求，想知道哪些渠道最有效、哪些渠道成本最低。目前，由于企业内的 CRM 和营销管理系统的数据相互分散割裂，容易形成信息孤岛，营销人员很难做好决策。

泛微 CRM 通过集成各家数字营销系统，将企业的内部数据打通。从线索的获取（来源）、线索进入到 CRM 之后对销售行为进行记录（过程）、到合同签订后的数据统计（分析），实现销售线索的全生命周期管理。

OA 系统能够实时监测从各个营销渠道来的线索，分析哪个渠道转化率好，哪个差。数据的实时更新，能帮助调整渠道、节省广告成本。

2）建立客户资源库，资料统一管

泛微将客户信息统一在 OA 系统中储存和管理，所有相关的数据自动归集到相应的客户卡片，业务人员不用再为信息海洋所困扰。

（1）创建客户基本信息。OA 系统通过建立客户卡片，客户信息可以手动输入，也可以通过集成其他业务系统、名片系统自动导入。客户专员只需要点击批量导入按钮，通过批量扫描名片设备，批量扫描并识别名片信息，导入到客户库中，形成客户卡片。

客户卡片完整的记录和管理了所有客户相关信息。包括客户的基本概况、联系方式、往来授信、产品信息、资产信息等。

数据唯一、正确性：为了避免客户重复录入，在导入客户库的过程中，OA 系统能有效识别重复客户，排除冗余数据。

移动端快速录入：为方便销售人员快速存储客户信息，在泛微 e-mobile 中可以使用名片扫描功能，识别后保存名片信息。零输入即可将客户信息录入系统，建立客户卡片。如果客户已经存在，自动将新联系人同步到联系人列表中，方便销售后续联系。

（2）分类管理客户信息。公司业务繁多，如何将众多的客户信息分类、有序地进行管理？一旦业务繁多，记录内容容易杂乱不规范，而且客户信息无法共享。

泛微 OA 系统按照客户的跟单情况、产品交易数量频率等维度进行销售漏斗管理，有助于销售人员制定销售策略。销售人员可以清晰地区分哪些客户是可以签单的，哪些客户是需要再进一步跟踪的，进一步提高业务跟进效率。

3）销售全周期管理，内外协同

泛微 OA 系统客户管理功能覆盖了从售前、售中到售后的所有销售活动，包括客户联系记录、客户跟踪、客户价值评估、销售机会评估、合同管理、相关报表等。

（1）客户联系人管理。销售可在客户卡片中创建多个客户联系人，卡片信息可根据需求自由定义，例如可添加客户的兴趣爱好、工作经历等。泛微客户管理 OA 系统与短信平台、邮件系统等集成，在发手机短信和邮件时，可直接选中客户联系人进行群发。

以流程驱动客户分配和调整：部门负责人发起客户分配流程，并可以批量选择待调整客户并提交审核。审核通过之后，这批客户便自动分配给了指定销售进行跟进。

（2）客户跟进情况管理。销售在反馈联系记录时，可附加相关文件和任务，使联系记录更加全面。根据跟进情况变更客户状态，若是该客户可以进一步跟进，可在客户卡片中将该客户升级。

对于能转为商机的客户，泛微 OA 系统设置了提醒计划和预警提示，在关键时刻做好客户的跟进。销售可在与该客户相关的工作流中，点击客户名称可获取该客户的所有信息，不再需要信息的二次搜索。

销售可以将客户管理关联工作计划、相关工作流、合同等，根据拜访情况变更客户状态。

（3）客户公海。为了更好地滚动现有客户管理系统中的客户商机，泛微 OA 系统最新推出了客户公海功能。客户资源库中长期未联系的客户，将自动放入客户公海中让他人跟进。通过设置规则释放没有跟进的卡片。

（4）客户门户搭建。OA 系统建立客户门户，可以与客户在同一门户上数据共享、互动交流，及时提供服务支持。改变传统邮件、电话联系效率低，反馈慢的缺点，提高服务质量和效率。

（5）销售经验分享。不少销售或许会对跟单情况做一个复盘，无论成功还是失败的经验，都可以分享，形成企业的知识文档。销售可在 OA 系统中导出客户联系记录，自动形成文档，一条条打单记录形象复刻了打单场景。日积月累下来，OA 系统里积累了丰富的客户管理方法和打单经验分享可供参考。

4）移动端——客户拜访贴心助手

若是客户信息都存在电脑中，销售在外查询客户相关信息很不方便，也无法实时跟踪客户拜访的情况。通过手机端应用可以随时查询客户、填写拜访记录，外勤人员可随时随地移动办公，提高工作效率。

（1）日程安排。梳理手头的客户，确定拜访的优先顺序，再联系客户预约时间。时间确定后，通过新建日程录入即将拜访的行程安排，并且实时提醒日程。销售在外也可以用手机签到、签退，考勤信息直接同步到日程，改变了原先外勤管理难等问题。

（2）智能路线规划。一家客户拜访完毕，打开手机可查看附近的客户，若是时间允许，不妨一并拜访，有效利用时间。查看完客户位置，泛微 OA 系统手机端导航规划最优路线之后就可以出发了，大大提高了拜访效率。

（3）随时记录拜访过程。每次拜访后要及时填写拜访联络意图，仔细揣摩客户的意图，记录推动进展。此外，方便销售经理跟踪反馈，必要时可提供业务指导。

为了帮助销售和客服在后续客户维护过程更加轻松和便捷，销售在 OA 系统移动端上新建联系记录可使用图片上传及语音识别转换文字功能。

5）客户统计报表，综合分析

（1）销售业绩报表：将销售的目标和绩效情况、外出情况、费用情况、绩效排名形成报表，多维度进行销售管理，能对公司的开支进行把控。

（2）客户分析报表：把客户的行业数据自动生成报表，快速统计出想要的数据；根据数据分析客户的行业、产品、使用功能、获取途径、客户类型、规模等情况。

OA 系统智能化地展现了客户上下游关系、客户分布地图，为管理层的分析决策提供了强大的数据支撑。

泛微 OA 客户管理方案实施价值

泛微 OA 系统客户管理系统打通营销系统，销售全生命周期管理协助企业获客；强大的平台协同性，可打破与客户之间的信息孤岛；客户信息统一保存在系统，不因为销售离职而流失；移动客户管理，商机追踪及时，随时记录销售过程；灵活配置，适用多种对象，例如代理商、合作伙伴。

由于不同企业的销售模式不同，泛微 CRM 并不能适用于所有的企业，在实际应用中需要有大量的适配工作，来满足不同企业的需求。

（资料来源：根据大众新闻等网上资料整理）

CRM 的选择和实施是一项极为复杂的系统工程，从公司总体角度考虑，CRM 软件系统反映了公司的战略，牵涉公司各个层面和各个部门，将涉及整体规划、创意、技术集成、内容管理等多个方面的工作。从管理层面上，企业需要运用 CRM 中所体现的思想来推行管理机制、管理模式和业务流程的变革；从技术层面上，企业通过部署 CRM 应用系统来实现新的管理模式和管理方法。这两个层面相辅相成，相互作用。管理的变革是 CRM 系统发挥作用的基础，而 CRM 系统的建立则是支撑管理模式和管理方法变革的利器。因此，企业要想真正让 CRM 应用到实处，这两个方面缺一不可。

9.1　CRM 软件系统的实施过程

CRM 实施过程是一个十分复杂的过程，需要分阶段、按步骤来实施。

1）阶段1：项目准备

这一阶段主要是为 CRM 项目立项做准备，目标是取得高层领导的支持和确定整个项目的实施范围。企业在实施 CRM 系统前必须取得决策权及管理层的鼎力支持。由于客户关系管理导入是企业经营理念转变的策略性计划，其导入必将会对企业传统的工作方式、部门架构、人员岗位和工作流程带来一定的冲击和变革；同时为配合客户关系管理推广的各种业务规范、业务流程，企业必须要有健全的行政和规章管理制度，以保证各项制度的顺利实施，因此，这就需要企业高层管理者予以大力支持，如果缺乏高层管理者的长期一贯的、强有力的支持，导入客户关系管理只能是心有余而力不足。

同时，企业在导入客户关系管理之前，必须事先拟定整体的客户关系管理蓝图，预测客户关系管理的短期、中期的商业效益。切不可一次性盲目追求大而全的系统、或听从 CRM 厂商一味的承诺，毕竟 CRM 不是万能的，应更多地借鉴国内外其他企业，尤其是同行业企业的应用成效，并从本企业的实际情况出发客观地制定合理的商业目标。

在项目的准备阶段，主要任务包括确定项目目标、界定项目范围、建立项目组织、制定阶段性的项目计划和培训计划（其中包括每个阶段的交付成果。从某种意义上说，全面实施 CRM 系统其实是一种战略决策，它意味着一场深刻的组织变革。虽然 CRM 软件系统的应用面向的只是企业的前台，范围没有 ERP 这类主要侧重于企业后台业务集成的管理信息系统来得广，但就 CRM 系统中蕴含的管理思想而言，却意味着企业从以产品为中心的管理模式向以客户为中心的管理模式的转变，意味着管理观念的转变，相关流程的转变和制度的转变。CRM 系统的实施需要企业各方的支持，这已从 CRM 价值链的模型中得到证明。

所以，拥有企业高层对 CRM 的理解、指导和承诺，以及各级管理人员的有力支持，项目才有可能取得成功。可以这样说，企业高级管理层的承诺是成功实施 CRM 的首要条件。

项目准备阶段主要由以下两个活动构成：

（1）确定项目范围。可以通过初步了解现行系统的业务以及目前已经在使用的软件系统来确定。不同于 ERP 项目，CRM 项目的应用范围主要在企业的前台业务部门，即市场营销管理、销售管理以及客户服务与支持。

（2）中高层经理的相关培训。只有让企业的中高层管理人员真正理解 CRM 的概念和原理，以及 CRM 对企业的重要意义，他们才可能对 CRM 的实施给予充分的支持。

2）阶段2：项目启动

在确定了项目实施范围，并取得了企业高层的支持之后，CRM 软件系统实施进入正式启动阶段。这个阶段的主要任务包括确定系统实施项目的目标、建立项目组织、制定阶段性的项目计划和培训计划,每个阶段的交付成果都要有相应的文档加以整理和记录。

商业已进入专业化时代。企业要想在较短时间内,靠自己的力量从头分析研究、自主开发并实施高效的 CRM 系统,既不经济又不现实。选择一个适合自身情况而且功能强大的软件产品,并挑选一个合适的软件供应商或咨询公司帮助实施会是一个不错的方案。本章所述实施方法的前提是:企业不自行开发 CRM 软件系统,而是根据自身业务需求的特点来选择 CRM 商品软件,并且接受软件厂商或咨询公司的帮助。

(1)建立项目实施队伍并明确人员权责。这支队伍既有企业高级管理层所组成的指导委员会和咨询公司人员,也有来自信息部门的技术人员和相应职能部门的熟悉企业流程的业务人员所组成的实施小组和职能小组。如图 9-2"项目队伍组织结构"所示。

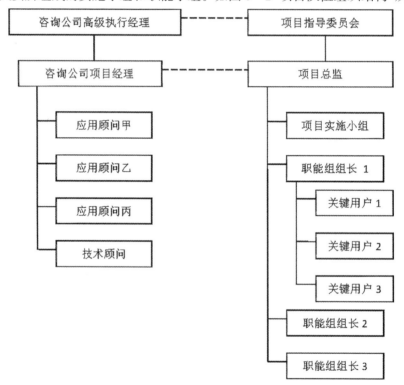

图 9-2　项目队伍组织结构

从图 9-2 中可见,整个组织结构分三层,咨询公司可以在每一层都安排相应人员予以支持。

第一层为最高层,是项目指导委员会,具有高度决策权。一般由总经理主持,企业有关高层经理和项目总监作为成员。主要任务为:确定项目目标;控制实施进程、组织培训;协调人力资源;解决关键难题;制定组织变革的措施;对项目的成败负责。咨询公司可以为项目指导委员会配备项目高级执行经理,帮助做出正确的决策。

第二层为项目总监和项目实施小组。项目总监是非常重要的职位,直接关系到项目的成败。必须由企业内具备丰富管理经验、清晰的思路与大局观、良好的沟通能力、勇于创新的精神和具有一定威望的人来担任。鉴于 CRM 系统集成的是企业的前台应用,所以由主管市场方面的高层经理来担任项目总监的职位会比较合适,而不应由 IT 部门的主管来担任。项目总监除了要领导项目实施小组以外,还要指导职能组,并直接向项目指导委员会汇报。项目小组的主要成员应该是企业前台各部门和 IT 部门的主管或骨干,但企业后台的有关部门的主管也应该是成员之一,以在合适的时候提供必要的支持。有些成员可以兼任有关职能组的组长。项目小组成员除了要兼顾原来的工作以外,必须在项目上投入 80% 以上的时间和精力。而项目总监必须全身心地投入,他的几个关键助手也要 100% 地投入。项目实施小组的主要工作包括:制定项目实施计划;指导和组织职能组的工作;数据准备,并保证数据的质量;现行系统的分析和绘制业务蓝图;负责原型测试和会议室导航测试;主持制定保证新系统运行的规则和规程;提交各阶段的交付成果报告。在整个组织结构中,项目总监和项目小组是枢纽,起到了承上启下的作用。咨询公司的项目经理可以指导和协助项目小组的工作。

第三层称为职能组,由 CRM 系统所涉及的各职能部门来确定。CRM 系统主要涉及企业的市场、销售、客户服务与支持部门,一般就从这几个部门挑选一些关键用户,在部门经理的领导下,组成各个职能组。职能组的主要工作包括:研究本部门实施 CRM 系统的方法和步骤;培训本部门使用人员;参与新规则的制定;做好新旧系统的切换和保证新系统的运行。企业的 IT 部门也可以作为一个特殊的职能部门,它主要从信息技术上来支持各业务部门的工作。咨询公司可安排应用顾问和技术顾问来辅助各职能组的工作。

(2)制定项目计划。制定贯穿于各阶段的项目计划,其中包括交付成果。由于 CRM 系统实施的复杂性,通过工作任务分解,把整个项目分为不同的阶段,每个阶段都有自己的目标、任务和交付成果。

(3)制定培训计划。培训在 CRM 实施中是非常重要的因素,它贯穿于项目的各个阶段。培训可以针对不同的对象,安排在不同的时间和地点,这样成本也会有所差别。作为成功的关键,培训应该从高级管理层开始。有些培训可能还要根据培训对象的不同,根据 CRM 信息系统的特点,加一些实例练习,更快地实现知识转移。

(4)确定项目目标和评价方法。制定项目目标有几个原则。首先,必须产生效益。通过 CRM 的实施,一方面能够提高企业的销售收入并且降低销售成本,从而增加利润,这是显性效益;另一方面,能够提高客户的满意度和忠诚度,同时也增加了内部员工的满意度和工作热情,加强了部门之间的团结合作等等,这是隐性效益。而隐性效益从某种角度来说,也给企业带来了竞争优势。其次,目标必须可以衡量,应当以数字来表示,如提高 10% 的销售收入,降低 15% 的销售成本等。最后,目标必须可以完成。制定的目标必须切合实际,不切实际的目标只不过是空想而已,当然也可以同时制定多个目标。在评价 CRM 实施时,可以拿实际效果与制定的目标作相应对比,寻找差距和不足,以便进一步改进。当然,CRM 的实施是一个长期的不断提高的过程,不能太注重短期利益,在竞争日益残酷的今天,获取战略利益更有利于企业的长期发展。

3) 阶段 3:分析和诊断

这一阶段是任何管理信息系统实施中必不可少的关键环节。这一阶段的主要任务包括:CRM 信息系统的安装和技术培训;CRM 信息系统应用的初步培训;基础数据的准备；现有政策和业务流程分析和诊断。

CRM 信息系统的安装和技术培训是必需的。不同规模的企业所需要的 CRM 的软件系统会有很大差别。对于较复杂的产品，需要对安装进行计划并确认系统规模。随后安装硬件和 CRM 软件，确定安全访问控制，并进行系统管理的培训。

CRM 信息系统应用的初步培训针对全部项目实施小组成员。通过培训，使企业人员了解项目相关的业务领域、CRM 信息系统的技术特点和所蕴含的管理思想以及业务流程，这对于进一步分析和诊断现有流程的以及初步设计业务蓝图时会有所借鉴。

此外，由于 CRM 倡导的是以客户为中心的管理模式，原有的以产品为中心的政策和流程必然面临着改变。不仅与企业前台业务相关的流程需要改变，企业后台的流程也要作出相应的调整。通过确定流程的需求和实现客户价值的程度，分析现有流程和政策中存在的问题，确定要改进的关键环节。可以采用流程图形建模技术和鱼骨图分析技术等来帮助分析。

4）阶段 4：描绘业务蓝图

企业在吸取了众多实施管理信息系统（如 ERP）失败案例的经验之后，在传统的 MIS 实施模式的基础上，结合 BPR 的思想和方法，进行业务蓝图的描绘。业务蓝图的描绘对 CRM 系统的成功实施最为重要。

所谓业务蓝图，即改进后的企业流程模型。虽然经过了初步培训，已经对 CRM 信息系统有了初步的了解，但对其详细功能的认识还比较有限，考虑到将来新流程与 CRM 信息系统的有机结合，所以先描绘初步的业务蓝图，但并不是系统的详细设计。在经过原型测试后，再对业务蓝图进行修改，使其不断完善。新流程应该符合 CRM 的管理思想和目标，着眼于提高客户满意度和忠诚度。

在挑选业务流程进行重新设计时，首先要挑选一些关键的流程。挑选的原则可以根据位势的重要程度、绩效的高低和落实的可能性来衡量。如客户投诉服务流程，如果运行的绩效低下（响应速度慢、信息不共享、无规范的文档记录、没有解决方案的数据库等），会直接影响到客户对售后服务的满意程度，导致客户流失。同时由于 CRM 信息技术的支持，重新设计后的流程也有落实的可能性，所以对此流程的改进就是非常必要的。

另外，在设计新的业务流程时，必须根据企业本身的实际情况和行业的特点，同时结合 CRM 信息系统的优势，既不应该盲目照搬其他企业的模式，也不应该完全按照 CRM 信息系统本身包含的标准业务流程。流程再设计时可以运用 BPR 的一些优化流程的方法和技术，如创造性技术（头脑风暴法、黑箱思考法等）和数据建模技术（IDEF 工具等）。在改进企业流程结构的同时，也要对新流程运作相适应的人力资源和企业制度有所考虑。业务蓝图的设计是 CRM 系统实施成功的关键所在，如果不对企业原有的业务流程作任何改进，直接把它放进 CRM 信息系统中作原型测试，即使由于信息技术的引入对流程有所改进，但其程度是有限的，这样做其实是用信息技术来迎合不符合 CRM 管理思想的业务流程，从根本上违背了实施 CRM 系统的目的。这可以从 ERP 项目众多的失败案例中得到验证。

CRM 系统由活动、制度、人、信息技术和目标组成。信息技术只是 CRM 系统的有机组成部分，它能够在一定程度上影响活动的实现方式，影响联系活动的规则（制度的一种表现形式），影响执行活动的人，从而影响 CRM 系统的目标。但这种影响是局部的。

要实现 CRM 系统的目标,需要各个要素的协调一致,共同朝着同一个方向而努力。如果只是引入 CRM 的信息技术,而企业的活动、制度和人不做改变,那么实现 CRM 的目标只是空谈而已。

5) 阶段 5:原型测试

这一阶段有三个主要任务:CRM 基础数据的准备、原型测试的准备和进行原型测试。

(1)CRM 基础数据的准备。数据准备是 CRM 实施成功的关键环节。由于 CRM 系统是面向企业前台应用的管理信息系统,所以其基础数据主要是一些市场、销售以及客户服务与支持的有关数据。CRM 的软件系统中已经根据 CRM 的管理思想设计了科学的数据库结构,基本上能满足企业的需求。因此,数据的准备应当在理解了 CRM 管理思想和软件应用培训的基础上进行。只有经过培训,理解了 CRM 的管理思想,了解了 CRM 软件系统中对各项数据的定义、概念、作用和要求,才能有针对性地进行数据的收集、分析整理和录入工作,使数据转变为有用的信息。

(2)原型测试的准备 。由于 CRM 原型测试的复杂性,需要做一些准备工作,主要包括确定参与人员和定义将要测试的场景。定义测试场景即把新的业务蓝图置于 CRM 的信息系统中进行测试,尤其是一些经过改进后的关键的业务流程。另外,CRM 的软件覆盖了市场、销售以及客户服务与支持这些职能领域,由于需要对 CRM 软件的所有功能模块进行测试,所以还需要确定对各业务领域进行测试的不同人员,这可以在项目组内进行分工。

(3)原型测试。CRM 系统的信息分析能力、客户互动渠道进行集成的能力、支持网络应用的能力、建设集中的客户信息仓库的能力、对工作流进行集成的能力、以及与企业内部管理系统功能的集成,是原型测试的重点。如果 CRM 软件系统在上述几个方面达到基本要求,那么就可以确认其已通过原型测试。否则,就需要企业与开发团队进行二次开发与确认。

6) 阶段 6:二次开发与确认

根据上一阶段原型测试的结果,分别视不同情况进行软件更改和其他更改(业务流程、制度和组织结构等的更改)。

(1)软件更改。这一活动的目的在于通过修改软件程序和客户化报表的开发来满足企业业务蓝图的需求。其中软件程序的修改由软件供应商按照其特定软件质量标准进行,增强后的软件功能还要根据一定的标准进行测试,经审核后确认。对软件的更改要慎重,可以先尝试运用软件的现有功能,寻找非标准的方法来满足需求。

(2)其他更改。其他更改包括对业务流程、制度和组织结构等的更改。

业务流程的更改主要有两大原因:其一,运用信息技术的潜能进一步修订了业务蓝图;其二,由于信息技术的限制(或者可以理解为重新设计的新流程太过理想化),新流程不可实现。对于第二种情况,如果设计的流程从业务的角度确实能达到比较好的绩效,即使有些活动信息技术不能提供有力支持,这些活动的实现方式可由业务人员的知识和经验来取代。

由于 CRM 信息系统的介入,对业务蓝图中的流程有了进一步的修订,由于流程是活动的有序集合,随之活动也会发生变化,活动之间的联系规则也要发生变化,执行活动的人的角色或技能也发生变化,随之员工的报酬和激励制度也会发生变化,更进一步,流程的变化会导致组织结构的变化。

需要强调的是随着业务流程的变化,制度一定要作相应调整,因为制度是新的流程得以真正实现的保证。

7) 阶段7:会议室导航(Conference Room Pilot)

这一阶段的主要任务是进行会议室导航和最终用户培训。

会议室导航必须建立在原型测试与二次开发和确认的基础上,其主要目的是:验证或测试二次开发的可执行性;测试所有修订后的业务流程和确认相关制度;调整和准备相关凭证和报表;使 CRM 系统真正运行起来。

会议室导航仍然应是 CRM 整个系统的测试,涉及各相关部门,所以除了项目小组的人参加外,各职能组和前台部门的实际应用人员(最终用户)都要参加,因为这是企业前台业务顺利向 CRM 系统转变的必要条件,只有实际应用人员真正理解、接受并且主动去使用 CRM 系统时,实施才有可能会有效果。

测试结果要经项目指导委员会审批,判断是否具备转入实际应用的条件。如果条件还不成熟,则还须对过去阶段的工作作进一步完善,而不要匆忙转入切换。

根据确认了的系统及修正的业务流程和制度,编写用户手册。可以从关键用户中选择培训教师,对最终用户进行培训。最终用户不但包括具体操作人员,还包括中高层管理人员,他们需要相关信息来做决策。

任何新系统的实施都应该包括用户培训的时间和经费。即使是最聪明和最有能力的管理者,要想充分利用新系统也需要经过一些培训。同时,企业需要对抵制情绪作好准备。人们总是倾向于抵制那些看起来对他们有威胁的变革。大量研究表明,引入基于计算机的信息系统是一个非常大的威胁。某些人难以适应引入的任何新技术,某些人害怕学不会新系统,更多的人害怕新系统的潜力会减小他们在组织中的权力和形象,改变人际间的关系,或降低他们工作的保障。

最有效的抵消人们抵制管理系统的方法之一,就是让受其影响的人直接参与到系统的设计与实施过程中去。通过这种参与可以使系统用户在不得不使用它之前就熟悉它,增强他们的责任感,因为他们已经被卷入到了系统的创建过程,同时大大减少了他们的要求被忽视的可能性。

8) 阶段8:切换及对新系统的支持

在完成了会议室导航阶段充分细致的测试以后,在这一阶段,要从原先的前台系统转换到 CRM 系统。主要的活动包括切换前的准备和正式切换。

(1)切换准备 。切换前的准备工作必须非常细致。首先核对流程、人员、数据和规则是否就绪。由于 CRM 系统相对 ERP 系统来说比较简单,可以采取一次性切换的方法。当然行业不同,CRM 实施的复杂程度有很大差别,也可以采取分阶段切换的方法。如寿险行业的 CRM 实施就会复杂一些,这是保险业务整个过程的复杂性所决定的,这一过程包括市场研究和定位、新险种开发、展业、核保、签单、核赔和理赔等多个环节,几乎每一个环节都要与客户接触,而所谓的前台业务——市场研究和定位、展业、核赔和理赔其实与后台业务紧密联系,更困难的是,寿险公司的展业人员非常有限,其代理人掌握了大部分客户的详细信息,这样寿险公司就无法对客户信息有一个全面且准确的把握,所以,如果要实施 CRM,首先要从代理人那里获取详细的客户信息,而且在展业过程中,要针对客户不同的风险偏好的特点,设计不同的险种组合以满足客户需求。正是由于寿险业务流程和承保技术的复杂性,使 CRM 实施难度很大。相比之下,银行的业务和技术特点要简单一些,所以大大降低了 CRM 实施过程的难度。

另外,要对系统切换的方法进行计划并达成一致。系统的切换包括交钥匙的方法、新旧系统并行的方法和试点的方法。借鉴 ERP 系统的切换方法,一般可以采用试点的方法。

(2)正式切换至新系统。装入各类数据之后,就可以直接切换到新系统。在新系统转入正式运行之后,需要不断调整并且监测和评估新系统的运行绩效,以确定它是否满足预定的目标。

(3)对系统进行调整并提供技术支持。企业应该不断根据实际需要调整新系统运行、确定更改控制流程并确认已取得的效益,最后审核与批准项目结束备忘录。

这样企业需要一方面监测和评估系统运行状态,另一方面要根据预先设定的项目目标来审核相应成果,并审核和批准业绩评估备忘录。

(4)安全性检查。随着分布式信息系统的实现,对 CRM 系统提出了一项非常关键的要求,那就是未经授权的个人不得接触机密的或特殊的信息。

9.2　CRM 系统的选择

9.2.1　了解企业自身

CRM 软件是管理软件的一种,本质上是为企业各级角色更加有效管理业务而服务的。医生给病人看病治病,讲究"对症下药",即要清楚病人的病因和病况,也要针对性地提出和实施治疗方案。其实要做到实施 CRM,有效提升管理效能,道理也是一样,企业要清楚自身的"病因"和"病况",并依此来选择和评估对应的 CRM 产品是否适合。

当然,对于"病因"和"病况"而言,并非所有企业和人员都能够真正清楚明了,在这个意义上,一些管理咨询公司就有了存在的理由。他们会利用丰富的知识和经验、专业的团队和手段,帮助企业弄清自身的"病因""病况"。但是,中国的企业,尤其是其中占绝大多数的中小型企业,不管从业态、管理特征还是管理现状来看,都不是非常复杂的业务模型,很多管理意识和需求还停留在比较初级的阶段。在这个大的背景下,如果企业从为了选择更适合的 CRM 产品的角度出发,要做到了解企业自身其实并不难。我们大可从以下几个非常务实的方面着手:

(1)企业选择和实施 CRM 软件的基本动机是什么? 是为了取悦投资方和股东? 是为了提升销售业绩和能力? 是为了训练员工建立客户至上的意识和习惯? 还是为了提升企业管理水平和效率? 等等。这些企业针对自身的现状以及行业内外环境的分析确定的总体目标和动机,通常情况下又可以细分到下面一些方面:提高营销、销售和服务的效能;增加收入;改善客户忠诚度;提高市场份额;改善边际利润;缩短销售周期;支持团队销售;降低管理费用;改善渠道效力;降低成本等。

(2)企业自身的"CRM 化"阶段如何? 是处在无意识阶段? 是处在初级阶段? 是处

在中级阶段？还是处在高级阶段？等等。

（3）企业能够承受的实施成本（包括：CRM 软件价格、实施周期、实施范围和资源等等）如何？。

（4）企业实施 CRM 的后期推行力度如何？是在企业绝对管理高层"自上而下"的推行？是企业具体业务部门"自下而上"的建议？还是没有太多的推行力度，只是相应工作人员的工作导向？

当然还有其他的因素和环节，但通常情况下，在选择 CRM 系统时，以上四个方面是至为重要的。企业只有真正将以上问题了然于胸，并据此来考察对应 CRM 厂商和产品，才能最大限度地获得最终应用成功的保障。

9.2.2　详细分析实现目标的场景

实际上，企业实现的目标是非常具体的、现实的。概括起来如下：提高客户忠诚度；；增加客户服务和支持渠道；增加新的营销、销售和服务人员；共享最好的实践；引入新产品；准确的预测；获得更多的营销和销售线索；交叉/追加销售；提供信息访问的简便性等。

要跟紧每个具体的目标，并和将来的使用者一起描述"应用场景"。这些场景应该描述特定的业务流程，例如在系统中设置一个新的市场推广活动。询问使用者"应用场景"有助于他们更自然地描述他们最关心的流程，而不是让他们列出好几个业务流程，然后才让他们确定哪一个才是真正重要的业务流程。

使用"应用场景"的另一个好处是，一旦你使用一般的术语定义好了一个场景，你就能够深入进去并且细化随之而来的必要的数据，执行不同业务的流程，处理不同流程如何协作、系统必须能够输出的内容等问题。

去找出这些不同业务流程的答案，将使我们能够定位在不同的特定细节，能够去弥补新系统跟现有业务之间的差距，或者早早就识别出了问题。

总的来说，"应用场景"是在一个较低但仍很重要的层面上，提供了产品演示期间某些特别的东西，这能够使供应商展示一个完整的流程而不是他们系统有限的几个侧面。因为"应用场景"是和企业用户目前就在执行的任务相关，企业用户也就很容易判断在 CRM 新系统中这些任务的实现是困难还是容易。

9.2.3　向咨询方、软件提供方了解解决方案的建议

确定了具体的业务、具体的"应用场景"后，企业需要真正设法解决这些"应用场景"对应的业务问题。只有这样企业才能够确定哪些特定的解决方法可以应用于这些基本问题中。一旦我们的业绩目标已经得到了具体的确定，我们便需要开始考虑寻求解决问题的技术。这时候，企业需要考虑从何处获得解决方案的建议和信息。企业获得相关信息的途径主要有以下几种渠道：

▶咨询顾问：包括 MIS、ERP、CRM、SCM 等项目的顾问。

▶咨询公司：主要是一些信息化领域的第三方咨询公司。

▶文章：主要包括一些 CRM 理论、CRM 案例研究、CRM 产品剖析等。

▶网站：包括企业管理信息化方面的门户网站、信息化咨询公司以及软件厂商的

网站。

▶厂商客户:对软件厂商已有客户进行调查与分析,了解客户部署该厂商 CRM 的投资回报情况。

▶研讨会:政府机构、咨询公司、软件厂商主办的研讨会,企业可以从演讲者那里中获得很多客观的、系统性较强的有关 CRM 厂商产品、CRM 功能实现、CRM 实施策略等方面的知识。

▶座谈会:厂商与用户、用户与用户的交流。

▶直邮:厂商发布的各种有关产品的直邮信息。

不同的渠道的信息有不同的成本和不同的可信度,企业可以根据自身情况酌情选择,并验证其信息的可靠性。

9.2.4 选择合适的软件厂商技术规范

下一步是为供应商定义其他规范。通常企业必须找出适合自身组织的规范。一个重要的考虑是技术:任何新系统都应该运行在你现在使用的任意种类的服务器、工作站和数据库上,这可能是 Windows、Unix、Linux、IBM i Series、大型机或者其他。

真正统一的解决方案可能并不能与你现有的架构兼容,这样的话,也可以基于你的目标部署一个基于托管主机的解决方案,运行于外部供应商并且轻度集成或完全没有与你现有系统集成。此种情况下,与现有系统的兼容性就不是那么重要了。

许多企业自己就研发 CRM 模块。这些模块不像独立 CRM 软件那样非常全面,但是可能仍旧适合你的需要。相对于集成其他一些系统,这种情况可以节约部署时间与工作量。但是时间和工作量的节约也不是一定的:即使一个平台供应商的 CRM "模块"是独立开发的另一种情形,仍然要考虑它的集成工作量。

如果平台系统自身在安装时已经为你高度定制化了,也请牢记许多 CRM 项目必须可用于跨操作系统的数据共享。但一个紧密绑定到一个系统的 CRM 模块实际上会很难部署到一个用于和其他多个系统共同工作的环境中。当你确实看中第三方的系统,要确定已经找出他们和你所用的那类操作系统集成过多少次了,在流程后期也要与真正参与了流程的引荐人讨论这个问题。

一个最终的兼容性的考虑必须包括组织的规模,确保供应商提供了你的组织所需要的支持等级,然后努力找出你是否跟供应商的其他客户差不多。

也考虑一下组织规模的其他方面:你和供应商所适应的制度化或信息化的程度;你的组织与供应商其他客户的组织大小;供应商所提供的和你所需要的服务范围(例如市场、战略或者销售咨询)。

9.2.5 总体软件厂商的真实情况

以上已经多处提到软件提供商的规范,包括软件有无相应的业务功能,流程实现的难易,系统兼容性,等等。但是,我们必须对软件提供商进行全面的分析。通常有下面一些内容:

▶详细了解"真实"的软件厂商;

▶获取 CRM 软件厂商信息的策略;

▶研究定制的范例；

▶让厂商描绘现有的流程；

▶厂商的详细技术评价；

▶看标准的产品示范；

▶看厂商的产品展示；

▶研究"第三方"对厂商的间接评价；

▶综合评价"真实"CRM软件厂商的方法；

▶进行厂商产品的 ROI 分析；

▶访问厂商的客户；

▶评价厂商的实施计划；

▶评价厂商的建议；

▶注意厂商总部的高层简报。

9.2.6 建立适合自身的产品评价体系

当上面所有这些数据收集好之后,企业应该根据自身情况建立复杂程度适当的选型指标评价体系。不同企业的评价指标体系是不一样的,其复杂程度(指标的个数)应视CRM项目本身所期望达到的目标、CRM项目的投资和 CRM 系统的复杂程度而定。目前的指标体系有产品技术评价指标和产品功能评价指标两部分组成。

1) CRM 产品技术评价指标

(1)CRM 系统的技术环境。环境是企业在选择软件的过程中最简单的技术架构的评估标准,而且是最容易区分的。最重要的是 CRM 产品所支持的服务器平台和数据库类型的多元性,以及是否能够支持一些"第二层环境",如 HP 和 Sybase 服务器管理系统。这样可以确保 CRM 产品具有更强的环境适应性。

(2)CRM 系统的模块结构。产品的"组织"主要用来反映各组分的配置方式,以及组分间接口和通信协议。未来 CRM 产品的"组织"主要包括三个成分:客户端、应用服务器和数据库。能否利用无线技术和基于 Web 的技术,并且确保客户、客户服务人员、销售人员和现场服务人员等多种用户能够拥有统一的用户界面,以及不同的使用权限,这些都将是评价未来 CRM 系统好坏的标准。

(3)基础结构。基础结构用来为多个用户和共享的资源系统提供系统级、独立应用的中间层服务。服务包括基本的请求处理、队列排序、流程管理、记忆管理、数据库管理和事务管理等。"门户"是未来基础结构中发展的一种重要形式,也成为评价 CRM 系统是否先进的一个标准。

(4)内部结构。我们这里所讲的结构是指,CRM 产品组织中的主要内部成分是什么,以及它们如何被建立,由什么组成。未来典型的 CRM 产品主要还是基于 Web 的三层组织:网页/表示层、程序逻辑(用于应用软件功能和应用服务功能)、数据模型。其中,我们需要强调的一点是,未来的 CRM 产品将要在支持 Web 服务上进行"强化"。Web服务已经成为一种具有吸引力的交互方式。Web 服务的标准化目录和查询功能、界面说明,以及通信协议使得"集成"的复杂性的降低和成本的降低都将成为可能。

(5)产品定制。显然,所有的 CRM 应用软件都可以实现客户化定制。而事实上,所有的操作型应用软件定制化多少都会反映公司业务流程和信息结构的特征和细微差异。当一个CRM产品的结构以标准化、大众化的技术建立时,就会有许多用于客户化的工具。当一个CRM产品建立在专有结构基础上时,企业会被迫使用供应商的客户化工具。

(6)产品集成。集成是企业在实施CRM的过程中所遇到的最困难的任务之一。目前在市场上有很多集成技术和产品可以利用,同时也出现很多种信息协议和业务流程标准。而且,我们可以预言,CRM产品的"集成"问题将成为软件厂商发展的"瓶颈"。从客户角度来说,部署CRM系统最大的瓶颈莫过于与"集成"相关的时间和成本。CRM产品不仅必须要反映企业的业务流程和信息结构;而且,产品也需要与内部和外部的业务系统进行集成,以自动化业务流程。CRM产品应当提供一种集成的客户视图,收集不同种类来源的客户信息,并能够提供对所有应用系统的统一的访问。当然集成也是一项关键而复杂的任务。

以上六种分类指标是一种总体性、概括性的指标,如果我们将其细化,可以分成如下子指标:

▶使用何种语言开发?

▶支持哪些数据库?

▶支持的主流操作平台有哪些?

▶软件采用的是C/S还是B/S结构,技术结构有几层?

▶支持的语言种类(如中文、英文和中文繁体等)。

▶如何考虑CRM系统的安全问题,是否支持数字签名和数字证书?

▶是否提供客户化修改工具,二次开发工具是否易于掌握,在CRM产品上,用户是否容易进行二次开发?

▶是否易于用户维护?

▶软件采用的是标准化技术还是专有技术?

▶各子系统单独运行能力及内部集成水平。

▶CRM产品可以与哪些财务软件集成?

▶贵公司的CRM产品是否留有与ERP、OA、SCM的接口?

▶多久进行一次产品升级,如何考虑CRM产品的发展方向?

2)CRM产品功能评价指标

(1)总体功能性。企业首要先要确定软件厂商CRM产品的总体功能有哪些,例如客户管理、联系人管理、时间管理、潜在客户管理、销售管理、电话销售、营销管理、电话营销、客户服务、知识管理、商务智能等。了解了这些功能之后,企业还应该分析一下软件厂商产品功能与企业自身现在和未来需求的匹配程度。

(2)产品可用性。企业除了了解CRM产品的基本功能以外,还需要从用户角度了解产品的使用特性,例如是否便于用户掌握使用系统的方法,是否有一个"人性化"的界面和个性设置,是否能够实现自动通知,并显示最新更新的指示和具有优先级的活动日志等等。

(3)产品定制性。作为一种重要的管理软件,CRM是用来解决企业中的管理问题,而不同的企业必然有不同的管理模式。因此,不同的企业在实施CRM项目时必然有所差异,这就要求CRM软件产品具有很好的可定制性。也就是说,能够将CRM解决方案很好地应用到相应的企业中。

（4）产品价格。产品价格当然也是企业需要考虑的重要指标之一，尤其对于一些中小型企业而言，必须要求它们能够根据具体的目标需求、财务状况来权衡 CRM 产品的功能与价格，做出一种最优的选择。

（5）实施难易度。企业往往出现了一些急于解决的问题，才会想到 CRM。因而企业非常看重 CRM 系统是否能够见效快，是否能够满足它们急需的功能。而这必然涉及软件实施难易度的问题。因此，企业要考虑软件实施简易度以及相应实施进度的问题。

（6）持续服务水平。CRM 产品需要进行持续的升级等后续服务，因此，企业必须要考察 CRM 软件厂商是否拥有一个较强的客户服务联盟，是否拥有足够的合作伙伴。

（7）未来功能支持。企业需要适当地考察一下 CRM 产品是否能够支持一些现在或未来所需要的先进功能。例如 CRM 系统是否支持无线移动功能；CRM 系统是否能够确保企业为客户提供自助式服务；CRM 系统是否兼有一些知识管理方面的工具。

企业首先根据上述这些通用指标，结合企业自身的需求，来确定适合自身的评价指标体系，并确定这些指标的优先级和权重。然后企业使用这些评价指标来分别对软件厂商进行打分，对其进行综合评价，有所筛选。第三部要评估筛选后的软件厂商在"有效规避实施风险"和"有效确保应用效能"方面所提出的进一步方案和承诺。最后确定合作厂商和产品。

9.3 成功实施 CRM 的关键

通过对国内外成功的 CRM 实施案例的分析研究，发现它们有一些共同的特点，下面给出了 CRM 实施成功的几个关键因素。

9.3.1 高层领导的支持

总的来讲，成功的 CRM 项目都有一个行政上的项目支持者，他们的职位一般是销售副总、总经理、营销副总、董事长或合伙人，他们的主要任务是确保本公司或本部门在日趋复杂的市场上能有效地参与竞争。在当今的环境中，产品或价格的优势总是很短暂的，产品质量是既定的。通过对企业营销、销售和服务的方式方法的改造来获取竞争优势。

高层领导从总体上把握这个项目，扫除通往前进道路上的障碍，保证这个项目的顺利开展。他或他们应该有足够的权威来改变企业，并知道，如果继续按照 20 世纪 70 年代、80 年代或 90 年代初的方式方法来进行销售和服务的话，企业将难以为继。

高层领导的主要作用体现在三个方面。首先，高层领导是一个设计者，为改造计划设定明确的目标，如提高销售收入 20%、提高利润 1%、减少销售周期 1/3、加快产品的升级换代速度一倍等。其次，他是一个推动者，意识到目标的设定是从上到下的，然而达到这个目标则要从底层做起。他向改造团队提供为达到设定目标提供解决方案所必需的时间、财力和其他资源，接着努力为实施这种改造策略争取资金、人力等。最后，他要确保企业上下认识到上马这样一个工程对企业的生存的重要性，并在项目出现问题时，激励员工解决这个问题而不是犹豫不决。

这样的一个高层领导对 CRM 项目意味着什么呢？如果缺少了这样的支持者，前期的研究、规划也许会完成，会完成一些小流程的重新设计，可能会购买技术和设备，但企业出现有意义的改进的可能性很低。CRM 更多的是关于营销、销售和服务的优化，而不仅仅是关于营销、销售和服务的自动化。当 CRM 涉及跨业务部门业务时，为了保证公司范围的改进，这样的一个行政领导的支持是必需的。

9.3.2　要专注于流程

有一些项目小组一开始就把注意力放在技术上，这是错误的。实际上，好的项目小组应该专注于流程，技术只是促进因素，它本身不是解决方案。因此，好的项目小组开展工作后的第一件事就是花费时间去研究现有的营销、销售和服务策略，并找出改进方法。

为了发现现有流程的问题，项目小组应该事先分析公司是怎样营销、销售和服务的，以及顾客在何种情况下、什么时候会购买产品。首先，要对营销、销售和服务部门的人员进行访谈，了解他们做些什么、为了做好工作需要哪些信息。接着，了解用户所认为的存在问题，如难以获得产品专家的支持、难以获得最近或即时的信息、难以给出没有错误的产品配置。

项目小组应该对顾客购买产品的过程进行了解和研究，如顾客如何对各种产品进行评估、选择厂商和评估产品价格，并对流程进行审视，找出是哪些环节阻碍了潜在的顾客购买产品，如对顾客要求的回复速度过慢、给出的建议不完全、售后服务不良等。

找出了流程中的问题后，还要分析其产生原因，如为什么在发现潜在客户、向其提供服务之间要有很多天时间；为什么企业内部终止一个自定义码要花一个星期的时间；为什么销售人员不能获得关键的客户支持数据等。此外，还要分析这些问题继续存在将造成的损害。

通过这些工作，项目小组发现了要解决的问题，而且可以在项目实施后，把当时的状况与现在的状况相比较，看是否有所改观。

9.3.3　技术的灵活运用

在那些成功的 CRM 项目中，其技术选择总是与要改善的特定问题紧密相关。如果在一个企业中，它的销售员或服务工程师在现场工作时很难与总部建立联系，这个企业很可能选择机会管理功能。如果企业处理订单时的出错率很高，它很可能选择配置器功能。如果销售管理部门想减少新销售员熟悉业务所需的时间，这个企业应该选择营销百科全书功能。选择的标准应该是，根据业务流程中存在的问题来选择合适的技术，而不是调整流程来适应技术要求。

虽然很多企业的 CRM 的实施是从单个部门（如营销、现场销售或客户服务）开始的，但在选择技术时要重视其灵活性和可扩展性，以满足未来的扩展需要。因为企业要把企业内的所有用户集中到一个系统中，使得每个员工都能得到完成工作所需的客户信息，这样才能满足未来成长的需要，所以项目初期选择的技术要比初期所需要的技术复杂。

对 CRM 工具进行评估，不仅要明白该产品能完成什么工作，而且要重视该产品的工作机理。应该弄清软件商所编写的程序的系统框架，并根据自己的信息系统规划来选择合适的解决方案。

9.3.4　组织良好的团队

CRM 的实施队伍应该在四个方面有较强的能力。

首先是企业业务流程的重组。因为 CRM 并不只是使得企业在某个业务环节上提高多少，而是使得企业在某几个环节上获得共同的提高。这需要企业对其流程的关键部分自愿进行改造，也就需要小组中有对企业现状不满意的人，他们会研究企业的流程为什么是这样的，并在合适的时间和合适的地方对流程进行修改。

其次是系统的客户化。不论企业选择了哪种解决方案，一定程度的客户化工作经常是需要的。作为一个新兴的市场，大部分 CRM 产品都应用了最新的技术。应该根据企业的工作流程对 CRM 工具进行修改，这对获得最终用户的接受是很关键的。并且需要对系统的设计环境很熟悉的人加入 CRM 的实施团队。系统的集成化因素也很重要，特别是那些打算支持移动用户的企业更是如此。

再次是对 IT 部门的要求。如网络大小的合理设计、对用户桌面工具的提供和支持、数据同步化策略等。

最后，实施 CRM 系统需要用户改变工作的方式，这需要实施小组具有改变管理方式的技能，同时企业也必须提供相应的帮助。这两点对于帮助用户适应和接受新的业务流程是很重要的。

对那些最成功的项目的调查显示，他们对上述四个方面都非常重视。对这四个方面进行评估后，如果发现某一个环节比较薄弱，就应该从别的部门或咨询公司等寻找新的人员加入小组，充实这一方面的力量，从而保证小组能实施复杂的 CRM 项目。

9.3.5　极大地重视人的因素

在项目规划时，业务流程重组时人的因素经常被忽视，并不是因为没有认识到人的重要性，而是因为对如何解决这个问题不甚明了。下面是重视人的因素的两种方法。

首先，成功的 CRM 项目经常提到的策略是向内部用户推销 CRM 系统。例如，为了寻求用户对 CRM 项目的支持，一个造纸企业请来了自己的供应商（这个供应商于上年顺利完成了项目的实施）向本公司的销售人员演示其销售过程。在造纸公司的年度销售会议上，当这个公司的销售人员做系统演示时，全场热烈欢呼，这使得在项目实施的初期就获得了销售人员的支持。

其次，一个知名的咨询公司提供了另一个方法。不同于咨询公司的培训小组对系统用户进行系统使用方面的培训，该咨询公司把培训的职责交给了销售经理。他们对销售经理进行培训，然后再由销售经理对销售员进行培训。这样的好处在于，销售经理以外的销售人员发现销售经理熟练应用这种新的销售工具时，他们比较容易认识到该系统的重要性。

从上面的例子中可以看出，重视业务流程重组中人的因素对项目的成功是很重要的，如果系统的最终用户对系统不持积极态度的话，那些有最新、最有力的技术支持的最合理的业务流程也可能会产生不理想的结果。

9.3.6 分步实施

如上所述,在项目规划时,具有三至五年的远景很重要,但那些成功的 CRM 项目通常把这个远景划分成几个可操作的阶段。"毕其功于一役"给企业带来的冲击太大,往往欲速则不达。通过流程分析,可以识别业务流程重组的一些可以着手的领域,但要确定实施优先级,每次只解决几个领域。

例如,一个计算机公司当前的订单生成流程的流程表用小型字体打印后,其长度有 8 英尺长。经过对流程的评估,CRM 识别了 42 个可以进行流线化的流程步骤。但该公司并没有把这 42 个地方一次改变,而是挑选了 3 个潜在回报最大的步骤,对这些次流程(sub-process)首先进行重组。

这样只需几个月就能教会用户使用一个 CRM 的工具。通过使用新系统和改造后的流程,销售人员能在系统投入使用后的 4 个月内降低销售循环周期长度 25%,仅仅这部分的回报就已经超过了软硬件和客户化所花的费用。

9.3.7 系统的整合

系统各个部分的集成对 CRM 的成功也很重要。CRM 的效率和有效性的获得有一个过程,它们依次是:终端用户效率的提高、终端用户有效性的提高、团队有效性的提高、企业有效性的提高、企业间有效性的提高。

实践证明,为了获得用户对项目的支持,CRM 小组首先要解决终端用户问题,初始重点是营销、销售和服务流程所存在的问题。如果用户对计算机不熟悉,CRM 项目小组首先要提高用户个人的效率,使用户对计算机和网络熟悉起来。CRM 项目整合提高的过程中,关键在于准确地评估企业当前状况、所处位置,然后以此为出发点,一步一步地开始建设。

9.3.8 重视咨询公司的作用

CRM 项目作为一项大型的企业管理软件项目,实施难度大,由于国内企业在 IT 建设上缺乏经验及业务人才,导致项目实施具备相当的风险性。成功的 CRM 项目实施离不开专业的咨询公司参与。专业的咨询公司拥有一支具备多方面综合能力素质及丰富经验的咨询顾问队伍,有实力的咨询公司一般还拥有一套较为完善的项目实施方法及经过常年建设的项目实施案例库与知识库,这些都是一般的企业所不具备的,是 CRM 项目成功实施的有力保证。根据产业分工细化原则,专业化发展有利于发挥各自的优势。软件厂商在开发软件方面占据优势,在软件产品激烈竞争的市场中,可以集中精力不断改进和完善自己的产品。咨询公司则在项目实施方面占有优势,可以不断改进软件实施方法,积累在各行业实施管理软件的经验,提高软件实施成功率。咨询公司作为 CRM 厂商与应用企业之间的桥梁,不仅对厂商在推出软件产品之后的进一步发展起推动作用,而且对于 CRM 产品能够在企业进行成功应用,从而实现企业管理规范化与现代化也是非常必要的。另外,咨询顾问一般会站在第三方的立场,保持自身的公正性,在协助企业进行产品选型时本着公正与客观的原则,不会偏好于某一个厂商的产品,而是从企业实际需求的立场上完成 CRM 产品的选型工作。

CRM项目实施过程中,专业咨询顾问人员的主要工作内容一般包括:准确把握和描述企业应用需求;为企业制定合理的技术解决方案;辅助企业选择合适的应用软件;辅助软件在企业的安装、调试和系统集成;对企业原有业务处理流程进行重组,制定规范合理的新的业务处理流程;结合软件功能和新的业务处理流程,组织软件实施过程;组织用户培训;负责应用软件系统在企业进入正常运转;根据应用软件,为企业编制衡量管理绩效的数据监控体系和内部管理报表体系;为企业编制决策数据体系和决策数据分析方法;辅助企业建立计算机信息系统的管理制度;负责系统正常运行后的运行审查等。

主题案例

e签宝:CRM精细化管理成效凸显,商机量和转化率增长两倍

中国电子签名行业已经覆盖了多个主要行业,随着"互联网+"的不断普及,未来将会有更多行业产生对电子签名的需求,应用场景持续拓宽。2022年中国电子签名市场规模将突破200亿元,未来市场不断扩大,政策红利持续,电子签名在政务领域加速落地;电子签名的应用场景将增加50%以上。

e签宝简介

e签宝是杭州天谷信息科技推出的电子签名SaaS服务品牌,为客户提供电子签名、数据存证等基础级服务和电子合同、法律服务等应用级服务。e签宝致力于为客户提供具有法律效力的电子签名服务,助力政务和企业实现数字化,打智能签约平台。

e签宝在电子签名领域位于行业第一梯队,面向企业组织、政务服务体系、个人用户,提供全球领先的电子合同全生命周期服务。作为头部厂商,牵头及参与制定、发布了电子签名领域首个安全技术标准、可信云安全标准、区块链数字印章行业标准、中国首个合同标准等多项标准,对行业向上、向好发展有积极意义。

截至2021年8月底,e签宝已服务100+世界五百强客户,200+中国五百强客户,与各级政府联创1500多个政务服务应用场景,与3000+生态伙伴实现深度融合,拥有杭州、北京、南昌3地研发中心,并与浙江省、云南省、湖北省、海南省人民政府等政府单位合作,是浙江省"最多跑一次"指定电子签供应商。

支撑业务发展需要给力的CRM

谈及e签宝为什么上线CRM,以及公司面临的业务和管理挑战时,e签宝CIO红袖(花名)介绍,公司在采用纷享销客之前用过其他的CRM,最开始考虑上CRM是为了解决客保问题。"公司业务扩张,销售模式也更加多样化,除了直销,也有电销、渠道等多种销售模式,客保问题日益显著,因此提出了上CRM的想法。"

e签宝CIO红袖

不过,当时整个团队对CRM系统认知有所不足,所以e签宝就选取了一个比较简单

轻量的产品试用。随着业务发展,很快原来轻量级 CRM 系统暴露出来了弊端。

一是灵活性问题。随着业务的发展,公司对 CRM 系统提出了越来越多的需求,比如流程和表单的灵活配置,但是原 CRM 系统无法应对,只能承接单一的管理模式,这样无法跟上我们业务发展的步伐。

二是开放性问题。随着公司内部业务支撑系统的不断建设健全,内部数字化的诉求是构建一个数字化体系,杜绝数据孤岛。原 CRM 系统在开放集成性上不足,无法融入公司整体数字化体系,阻碍了公司整体数字化进程。

因此,e 签宝最终决定重新调研 CRM 系统并进行 CRM 的选型与替换。"调研之后,我们对 CRM 的期待就不再是简单解决客保问题了,而有了更高的诉求。"红袖介绍了 e 签宝希望借助 CRM 实现的三个目标:

一是解决协同效率问题。随着团队内部职能划分更加精细,导致了协同问题以及协同过程中的数据丢失问题。公司希望通过 CRM 系统可以灵活自定义协同流程,各类信息相互传递,大大提升了团队整体的协同效率。

二是精细化管理。公司针对客户群体的特质对客户进行了分层分类,并且每层客户制定了相对应的管理机制和流程。希望通过 CRM 系统可以灵活的支撑根据不同客户群体自定义管理过程和动作。

三是数据驱动营销。通过 CRM 系统沉淀了所有人员的动作数据、客户数据,包含过程数据和结果数据。通过对这些数据的分析和挖掘,可以沉淀经验,持续迭代管理过程,让销售效率有急速增长的可能。

选型纷享销客 CRM 系统

红袖透露,当时公司调研了近 10 款市场上较为成熟且市场占有率较高的 CRM 系统,纷享销客作为国内目前头部的 CRM 系统,进入供应商队列。同时,公司也在销售团队内展开了调研,不少销售在内部推荐用纷享销客。

上述国内主要 CRM 供应商部分已简介过纷享销客,该公司以连接型 CRM 为特色,坚持行业化战略,为高科技、现代企业服务、快消、农牧、大制造等行业的大中型企业提供深度行业化的产品、方案和服务,助力企业通过营销、销售、服务全业务链一体化实现持续增长。

为敏捷响应企业的个性化需求与未来快速变化的需要,纷享销客践行"PaaS 业务定制平台+BI 智能分析平台+开放互联平台"的平台化战略,为企业个性化业务提供友好的自主配置能力、智能分析能力和多系统连接集成能力,支持和企业微信、钉钉、HR、ERP 等多异构系统的无缝打通,更好满足不同阶段、不同类型企业的业务发展需要。

纷享销客以"用创新科技和行业智慧赋能企业增长"为使命,践行"以客户的成功定义成功"的核心价值观,致力于成为最可信赖的 CRM 云厂商,客户、伙伴和员工的同行者。

"我们在试用了目前市面上头部几家 CRM 系统后,通过投票一致认为纷享销客无论在能力覆盖或体验上均较有优势。"红袖说道。

目前纷享销客 CRM 系统已完全上线并与 e 签宝内部运营支撑系统群打通,形成统一的业务支撑数字化生态。涉及包括 CRM 的销售育客管理、商机管理、销售线索、客户白名单、任务管理、待办、日志、数据报表及分析等。

CRM 带来销售精细化管理的显著提升

目前纷享销客已经应用到从线索到商机育客的全流程，成为 e 签宝销售日常工作的 SOP 及客户生命周期管理的重要环节。

当时上线纷享销客 CRM 时，e 签宝就商机过程管理的应用价值在两个区域做了一些试点。"比较下来看的话，CRM 效果非常明显，做商机过程管理的团队不管是在商机量还是在商机的转化上，基本上能达到不做商机管理的团队的两倍。"红袖说道，"所以我们决定去大范围推广，让大家都用起来纷享销客，然后公司也开始花很多的精力去配置一些自定义的东西。使用到现在，e 签宝在 CRM 配置的标签有几十近百个了，纷享销客通过提供自定义对象、自定义页面、自定义工作流、自定义函数等完整低代码生态，很好地满足了 e 签宝各种定制化的需求。基本上 CRM 已经融入我们正常的工作内容里面了。"

CRM 所带来的销售精细化管理上的提升是显著的。红袖说："现在销售团队都是用 CRM 的看板来开周会。每周我们都会看销售的商机量、拜访量。销售管理层盯得比较细，为什么这个客户没拜访，原因是什么？为什么这个商机的跟进速度不是很理想？在周会上我们会点对点的具体到一条一条的商机上。在月会上，我们还可以查看不同的商机阶段所对应的成交转化率以及相应的一个变化，用来检验之前的预测是否出现偏离，以此来做风险判断和调整。"

如果没有 CRM 的数据看板，大家开会是一个什么样的场景呢？"按 Excel 来！每个人都有一个自己的 Excel。"红袖表示 Excel 并不好用，"首先大家表头可能都是不一样的，然后每个人的讲述往往不是在一套逻辑里面去说，那么就花挺多的时间在认知拉通以及共识达成上。"

CRM 高效串联起多角色的工作流、兼容复杂多样的管理流程，体现在：

一是强大的功能兼容众多的商机流转场景：纷享销客系统能力确保在整个商机管理的过程中，能够同时兼容十几类商机流转流程，并且通过销售漏斗等功能提供清晰可视的商机生命周期的管理链路，为商机推进、转化等流程提供了坚实的保障，同时如此复杂繁多的流程也并没有影响到它的易用性。

二是通过待办和任务高效串联起多角色的操作流：纷享销客提供了较为清晰和完整的待办、审批、任务、触达功能，能够串联起包括获客运营专家、多层区域销售管理者在内的关键角色，做到触达的及时性和高效性，并且实现可追溯、可留痕、大幅提升线索到商机流转的效率。

三是连接型 CRM 助力实现数据互通：连接型作为纷享最大的特点，实现了对于 e 签宝全流程中多个内外部系统的数据打通，包括内部运营支撑系统、外部 IM 系统等，做到真正意义上的业务互联，极大降低了跨平台协作带来的成本。

（资料来源：根据网上资料整理，大众新闻、纷享销客官网等，2022.7）

案例思考题

（1）以本案例为例，说明企业与时俱进实施 CRM 的重要性。

（2）本案例为何选择纷享销客作为其实施 CRM 的供应商？

（3）分析该公司与时俱进实施 CRM 的效果；本案例对你有何启示？

本章复习思考题

（1）简述 CRM 实施过程；CRM 系统选择有哪些原则？

（2）哪些因素是 CRM 成功实施的关键？

第10章 组织与 CRM 的匹配

海底捞文化:关注顾客与员工两个满意度

早在 2010 年 7 月中央电视台 2 台的《商道》就做了一期节目:《发现身边的商机——海底捞火锅》,创始人张勇提到,海底捞考核一个店长或区域经理的主要标准不是被很多企业视为最高指标的营业额和利润,而是顾客满意度和员工满意度。用海底捞副总经理袁华强的话说:"超越顾客期望为海底捞赢得了名声,而让为顾客创造感觉的员工过得舒适才是海底捞的安身立命之道。"

追求顾客满意度——为顾客提供"五星级"服务

海底捞的核心竞争优势是差异化服务? 张勇通过经营实践总结出:就是要超出客人的期望,让人们在海底捞享受在其他火锅店享受不到的服务。要做到这点不能仅靠标准化的服务,更要根据每个客人的喜好提供创造性的个性服务。

服务的目的是让顾客满意,可是客人的要求不尽相同。有人要标准的调料,有人喜欢自己配;有人需要两份调料,有人连半份都要不了;有人喜欢自己涮,有人喜欢服务员给他涮。有人不喜欢免费的酸梅汤,能不能让他免费喝一碗本该收费的豆浆? 碰到牙口不好的老人,能不能送碗鸡蛋羹、南瓜粥? 让客人满意不可能完全靠标准化的流程和制度,只能靠一线服务员临场依据自己的判断完成。

在海底捞,服务项目数不胜数,以下是概括出来的一些差异化服务的环节与细节:

(1)代客泊车。每一家海底捞门店都有专门的泊车服务生,主动代客泊车,停放妥当后将钥匙交给客人,等到客人结账时,泊车服务生会主动询问:"是否需要帮忙提车?"如果客人需要,立即提车到店门前,客人只需要在店前稍作等待。如果你选择在周一到周五中午去用餐的话,海底捞还会提供免费擦车服务。

(2)让等待充满欢乐。如果没有事先预订,你很可能会面对较为漫长的等待,不过过程也许不像你想象的那么糟糕。晚饭时间,北京任何一家海底捞的等候区里都可以看到如下的景象:大屏幕上不断打出最新的座位信息,几十位排号的顾客吃着免费水果,喝着免费的饮料,享受店内提供的免费上网、擦皮鞋和美甲服务,如果是一帮子朋友在等待,服务员还会拿出扑克牌和跳棋供你打发时间,减轻等待的焦躁。排队等位也成为海底捞的特色和招牌之一。

(3)节约当道的点菜服务。如果客人点的量已经超过了可食用量,服务员会及时提醒客人,试想可知这样善意的提醒会在我们的内心形成一道暖流。此外,服务员还会主动提醒食客,各式食材都可以点半份,这样同样的价钱我们就可以享受平常的两倍的菜色了。

(4)及时到位的席间服务。大堂里,女服务员会为长发的女士扎起头发,并提供小发夹夹住前面的刘海,防止头发垂到食物里;戴眼镜的朋友可以得到擦镜布;放在桌上的手机会被小塑料袋装起以防油腻,每隔15分钟,就会有服务员主动更换你面前的热毛巾,如果你带了小孩子,服务员还会帮你喂孩子吃饭,陪他/她在儿童天地做游戏,使顾客能轻松快乐地享受美食。当然给每位进餐者提供围裙更是一道靓丽的风景线。

(5)星级般的WC服务。海底捞的卫生间不仅环境不错,卫生干净,而且还配备了一名专职人员为顾客洗手后递上纸巾,以便顾客能够擦干湿漉漉的手。

(6)细致周到的餐后服务。餐后,服务员马上送上口香糖,一路遇到的所有服务员都会向你微笑道别。一个流传甚广的故事是,一个顾客结完账,临走时随口问了一句:"有冰激凌送吗?"服务员回答:"请你们等一下。"五分钟后,这个服务员拿着"可爱多"气喘吁吁地跑回来:"小姐,你们的冰激凌,让你们久等了,这是刚从易初莲花超市买来的。"

"超越客户期望"的服务为张勇赢来了客户。在大众点评网北京、上海、郑州、西安的"服务最佳"榜单上,海底捞从未跌出前2位。北京分店平均单店每天接待顾客2000人,单店日营业额达到了10万。

让员工满意——高的内部服务质量

海底捞张勇制胜的法则:让员工"用心"服务每一位顾客。可是,如何让服务员也像自己一样用心呢? 毕竟,自己是老板,员工只是做一份工作而已。张勇的答案是:让员工把公司当成家,他们就会把心放在工作上。为什么? 一个家庭不可能每个人都是家长,如果每个家庭成员的心都在家里的话,大家都会对这个家尽可能做出贡献。那么,怎样才能让员工把海底捞当成自己的家? 张勇觉得这简单得不能再简单了:把员工当成家里的人。为此,海底捞从如下方面让员工感觉是海底捞家中的一员。

1)良好的福利

张勇认为要把员工当成家里人对待,首先就得给员工提供良好的待遇。在整个餐饮行业,海底捞的工资只能算中上,但是隐性的福利却比较多。在人们的理解中,餐饮服务业的员工往往住在潮湿的地下室里,蓬头垢面。但是海底捞的员工都住在公司附近正式的公寓楼里,可以享受到24小时的热水和空调。公司还为每套房子都安装了可以上网的电脑。而且,海底捞为员工提供的住房非常方便,他们只需步行20分钟就能到工作地点。不仅如此,海底捞还雇人给员工宿舍打扫卫生,换洗被单。海底捞还想到了员工的父母,公司每月将优秀员工的一部分奖金直接寄给他们在家乡的父母。员工的工装是100元一套的衣服,鞋子也是李宁牌的,公司还鼓励夫妻同时在海底捞工作,且提供有公司补贴的夫妻房。公司提倡内部推荐,于是越来越多的老乡、同学、亲戚一起到海底捞工作。

除了给他们提供良好的生活环境,海底捞还为员工提供休疗养计划。此外,海底捞还为员工子女提供教育条件,在四川简阳建了一所私立寄宿制学校,海底捞员工的孩子可以免费在那里上学,只需要交书本费。

2)晋升——用双手改变命运

张勇提出了"双手改变命运"的企业价值观,希望能打造一个平台,让员工在这个平台上通过努力实现自己的人生价值。

海底捞的管理层很少有空降兵,除了少数技术型很强的岗位,其他都是从基层服务员干起。海底捞对员工的考核采用自评和考评相结合的形式,达到一定的标准就可以升职。张勇设计的绩效考核和晋升模式,让每个员工看到了自己广阔的发展前景,让海底捞人感到自己只要努力工作就会有更好的发展,更重要的是海底捞的晋升制度让他们看到了真切的希望。任何新来的员工都有晋升途径可以选择。

学历不再是必要条件,工龄也不再是必要条件。这种不拘一格选人才的晋升政策,不仅让这些处在社会底层的员工有了尊严,更是在这些没上过大学的农民工心里打开了一扇亮堂堂的窗户:只要努力,我的人生就有希望。对他们来说,袁华强就是一个很好的榜样。他是农村人,高中毕业,19 岁加入海底捞,最初的职位是门童,现在是北京和上海地区总经理。他说:"只要正直、勤奋、诚实,每个海底捞的员工都能够复制我的经历。"这样的事例确实不少。区域经理林忆今年只有 21 岁,掌管海底捞西单、牡丹园等三个店。店长王燕只有 22 岁,独立管理着几百名员工,每天接待上千名顾客,每年创造几千万的营业额。这些员工不曾读过大学,但是他们脸上有着名牌大学毕业生未必能有的自信。

最典型的不拘一格选人才的受益者就是如今海底捞的 CEO 杨利娟。2022 年 3 月 1日,海底捞发布了一份人事公告,公司创始人张勇卸下首席执行官之职,由被称为"最牛服务员"的杨利娟继任,她出身农村,初中辍学,花了 25 年时间,是完全从社会底层爬到总经理、进而走上 CEO 的位置的。

3) 信任与平等

人是群居动物,天生追求公平。海底捞知道,要让员工感到幸福,不仅要提供好的物质待遇,还要让人感觉公平,被人信任。没有管理才能的员工,通过任劳任怨的苦干也可以得到认可,普通员工如果做到功勋员工,工资收入只比店长差一点。海底捞的员工很少从社会招聘,大部分是现有员工介绍来的亲戚朋友。在大家彼此都熟悉的环境里,无论好的或是坏的,都容易蔓延和生长。作为公司的创始人,张勇在极力推行一种信任平等的价值观。基于一切以为客户服务为重和对员工的信任,海底捞给一线服务员的授权很大,包括可以为客户免单的权力。每个员工都有一张卡,员工在店里的所有服务行为,都需要刷卡,记录在案。这种信任,一旦发现被滥用,则不会再有第二次机会。

作为北方区的总负责人,袁华强每个月都有一项特殊的任务:去员工的宿舍生活三天。目的在于体验员工的衣食住行是否舒适,以便及时地改善。员工对待他,从来不叫"袁总",而是亲切地唤他"袁哥"。在海底捞分店,他与同来自家乡的小服务生随意地开着玩笑,互相拍着肩膀。"在海底捞,店长也可以跟普通员工一起,去给客人端锅打扫。"

在袁华强看来,很大程度上,这得益于张勇充满理想主义的"人生而平等"的价值观念。现在海底捞的核心高管,除了财务和工程师是外聘外,其他都是在海底捞从基层开始,一步步走到现在的普通人。袁华强几乎干过海底捞所有的职务:门童,厨师,洗碗工……从最底层成长起来的亲身经历让那些海底捞的管理者保持着一颗平常心。在最近一次的公司高层会议上,员工早餐被重新提到议事日程上。"希望能够尽量让员工每天都可以品尝到不同的饭菜,如果某日员工不吃饭,我们会反省,是不是你给他提供的不够好?"袁华强说,"太多人往高处走的时候,都忘记自己原本的样子了"。

4）平台、授权

聪明的管理者能让员工的大脑为他工作。要让员工的大脑起作用,除了让他们把心放在工作上,还必须给他们权力。200万元以下的财务权都交给了各级经理,而海底捞的一线员工都有免单权。不论什么原因,只要员工认为有必要,都可以给客人免费送一些菜,甚至免掉一餐的费用。在其他餐厅,这种权利起码要经理才会有。聪明的管理者能让员工的大脑为他工作,当员工不仅仅是机械地执行上级的命令,他就是一个管理者了。按照这个定义,海底捞是一个由几万名管理者组成的公司。如果说张勇对管理层的授权让人吃惊,那么他对一线员工的信任更让同行匪夷所思。张勇的逻辑是:客人从进店到离店始终是跟服务员打交道,如果客人对服务不满意,还得通过经理来解决,这只会使顾客更加不满,因此把解决问题的权利交给一线员工,才能最大限度消除客户的不满意。

难怪张勇说:"创新在海底捞不是刻意推行的,我们只是努力创造让员工愿意工作的环境,结果创新就不断涌出来了。"

5）培训员工

海底捞把培养合格员工的工作称为"造人"。张勇将造人视为海底捞发展战略的基石。海底捞要求每个店按照实际需要的110%配备员工,为扩张提供人员保障。海底捞这种以人为本、稳扎稳打的发展战略值得不少中国企业借鉴。其员工的入职培训很简单,只有3天。主要讲一些基本的生活常识和火锅服务常识。真正的培训是在进入门店之后的实习中,每个新员工都会有一个师傅传帮带。"新员工要达到海底捞优秀员工的水平,一般需要两到三个月的时间"。袁华强解释。体会海底捞的价值观和人性化的服务理念,学会处理不同问题的方法,比起那些固定的服务动作规范困难多了。

"我们培训有很多种方式,一种是理论培训,一个老师讲n个学生听,还有一种在现实生活中摸索,一个师傅带一个徒弟。"张勇介绍道,目前,他正在寻找合适的人力资源公司来辅助海底捞进行人员招聘,并参与培训体系的建立和教材的编写。但是,在张勇看来,"制造"海底捞员工的真正关键并不在培训,而在于创造让员工愿意留下的工作环境。目前海底捞开设了海底捞大学以快速培养人才。

(资料来源:根据网上资料整理)

CRM不是简单的只是一种技术,更确切地说是代表了一种管理理念。一个企业要实施CRM,也就意味着该企业要从理念到技术等多方面实施CRM。那么实施过程不可避免地对组织结构、业务流程以及企业文化产生深远的影响,同时CRM项目的成功也需要组织结构、业务流程以及企业文化的支撑。总之,CRM应该与企业的组织结构、业务流程及企业文化相匹配。海底捞的以顾客为中心、以员工为本的企业文化对于海底捞的客户关系管理起到了强有力的支撑作用。

10.1 组织结构与 CRM 的匹配

10.1.1 组织结构是成功实施 CRM 的关键因素

根据麦肯锡公司咨询师的一份报道:"根据近来的调查显示,在已投资在 CRM 项目的公司中有三分之二的公司是失望的。[①]"2004 年,IBM 一份全球的调研报告声称:"在美国、欧洲和亚洲,公司不论大小,也不分行业,有 85% 的公司实施 CRM 不尽如人意。[②] 2001 年,在所有提出了 CRM 解决方案的企业中,只有 1/5 实现盈利。许多研究表明,70%～80% 的 CRM 实施项目最后都未能达到企业管理层的期望值;50%～60% 企业的 CRM 实施并没有获得成功,甚至也有某些评论因国内外某些企业 CRM 战略实施效果不明显而认为 CRM 华而不实,并开始怀疑 CRM 管理理念的正确性。显而易见,CRM 不是许多人想象中的灵丹妙药。是 CRM 理论的问题?还是企业实施 CRM 有漏洞?什么原因导致了企业在 CRM 上的投资达不到预期的效果?成功实施 CRM 的关键要素是什么?许多专家学者分析了其中的原因,许多学者与企业家对 CRM 失败的原因进行了探讨,大家从各个角度进行分析与研究,但未形成定论。

Oliver Mack,Michael C. Mayo,Anshuman Khare(2005)认为,影响企业成功实施 CRM 的因素有[③]:

▶组织结构;

▶信息技术系统/数据库管理;

▶顾客导向的企业文化。

他们认为:企业实施 CRM 项目,相关的组织结构是必要条件,组织所处的状况和市场条件不同其组织结构也应不同。因为实施 CRM 项目需要许多部门的配合,也需要整合企业的各种资源,因此急需企业组织结构与 CRM 项目匹配,这样才能充分发挥 CRM 的作用。信息技术系统/数据库管理是企业实施 CRM 的基础。因为顾客数据库能为企业提供一致的、更新的、标准化的全企业的数据资料,CRM 的软件工具支持 CRM 的其他活动。另外,组织文化对企业成功实施 CRM 项目非常重要。企业实施 CRM 项目需要将以顾客为中心的观念以及顾客价值、与顾客建立良好关系理念传递给顾客并使之接受,且表现在具体的工作行为中;而且组织还需要有相应的激励系统和对员工观念和行为的培训。

Richard Forsyth 经过调研,将影响 CRM 成功与否的因素进行归纳,并给出了相应的比重,如表 10 - 1 所示。

---

① Harding, D., Cheifetz, D., DeAngelo, S. and Zeigler, E. (2003). Unlock the hidden potential in your CRM investments, McKinsey & Company, retrieved on November 18, 2004 from http://www.mckinsey.com/clientservice/marketing/pdf/Solutions_Unlocking_CRM_potential.pdf.

② IBM Business Consulting Services, CRM done right, retrieved on January 7, 2005 from http://www - 1. ibm.com/services/us/index.wss/ rs/bcs/a1002689.

③ Oliver Mack,Michael C. Mayo,Anshuman Khare. A Strategic Approach for Successful CRM: A European Perspective Problems and Perspectives in Management,2/2005.

表 10-1　导致 CRM 计划失败的显著因素

组织结构的调整	29%
企业政治与经营惯性	22%
缺乏对 CRM 的理解	20%
计划不善	12%
缺乏技能	6%
预算问题	4%
软件问题	2%
错误的建议	1%
其他	4%

资料来源:Richard Forsyth. Six Major Impediments to Change and How to Overcome Them in CRM (and Politics)[J]. CRM-Forum,June 11,2001.

从表 10-1 中列出的导致 CRM 计划失效的 9 个显著因素中,半数以上的 CRM 失效都归咎于对企业政治、经营惯性、实施组织结构调整的挑战,而不是软件或者预算问题,其中组织结构的调整是导致 CRM 计划失败的最显著的因素,占 29%。因为组织结构的调整会涉及很多业务流程的调整和人员的调配,从而不可避免地与一些利益相关者的利益发生冲突。一旦这些人抵触变革,那么 CRM 整体工作就会受到阻碍。此外还有重要的一项因素就是对 CRM 的误解。有人认为 CRM 就是技术,却忽视了技术与战略的协调性;有人认为 CRM 就是以个性化需求来定位客户以及客户群,从而简单地把 CRM 看成是获取客户姓名和地址的方式,再把这些信息与客户交易、交叉销售以及向上销售相联系。Gartner Group 的报告指出,尽管在许多企业里 CRM 仍然受到重视,但 65% 的企业无法做到"协调高级执行官、信息主管、部门主管和客户之间的关系"。另外,缺乏计划或计划不善通常也是战略不明晰的结果。表中前四项累计起来占 83%,至于 CRM 技能、预算、软件问题、错误建议与其他总共占 17%。

例如销售人员认为 CRM 的实施,并不能给他们带来什么直接的利益,得到好处的是公司和企业。同时他们也担心新系统和官僚作风会使其更加受到更多的约束和拖累。对于管理者而言,虽然他们一般都会意识到 CRM 系统成功所能带来的潜在效益,却担心短期业绩在 CRM 实施期间受到影响,从而殃及自身(在系统全面部署的阶段生产效率常常会下降,但各个企业的经营计划很少会考虑到这方面的影响)。中层管理人员抱有这种心态,对潜在不良后果避之不及,也就不会全身心投入到系统实施或是修改一线员工评估标准上。

这样实施 CRM 系统的结果往往是新系统被束之高阁,很少有人去真正使用。以保险业为例,过去三年以来开发的 CRM 系统模块,如市场营销活动管理、数据分析和机会管理等,有 1/3 以上就是这样处于无人问津的境地。对此,很多企业对那些不使用新方案的销售人员采取严厉的惩罚性政策,比如扣佣金、在企业内部建立黑名单等,这样做虽能强迫人们开始使用系统,但会引来满腹牢骚、机械执行,同样难于发挥系统的全部潜力。培训是另一种常见的对应措施,但常常只是一两天的课堂集中灌输,系统使用者会感到新功能、新内容铺天盖地,会抱怨培训过于抽象。很多人在多次尝试之后完全丧失使用新系统的信心,任凭管理人员如何传经布道,仍在老路上我行我素。值得庆幸的是,这些问题并非不治之症。

10.1.2　企业组织再造

传统的企业组织采用的是"以产品为中心"的经营理念,主要还是金字塔式的组织结构。而 CRM 体现的是"以客户为中心"的管理经营理念,其组织结构应该根据客户的具体情况划分部门。因此,对实施 CRM 的企业而言,必须改变企业的组织结构——组织再造,使之与 CRM 相匹配。

企业组织再造强调根据 CRM 的应用的解决方案,梳理相应的业务经营流程,以关心和满足顾客需求为目的,对现有组织体系和经营过程进行根本性的再思考和彻底的再设计,利用先进的制造技术和信息技术及现代化的管理手段,最大限度地实现技术上的功能集成和管理上的职能集成,打破传统的职能型组织结构,建立起过程型的结构,扩展企业的经营目标和机会,改善服务功能与外界环境的关系,最终实现企业在质量、效率、效益等方面的巨大提高。

1) 结构化系统分析

系统架构是企业在实施 CRM 项目时首先必须开展的工作。一个适合企业革新的组织体系和整合的业务流程的系统架构,对于 CRM 项目实施的全过程具有至关重要的意义。在设计 CRM 的系统架构时,必须首先进行企业的结构化系统分析,这也是企业组织再造的第一步。

结构化系统分析是在 CRM 项目实施过程中,在对企业组织各部门、各种业务及其处理过程详细调查了解的基础上,提出 CRM 系统和企业组织的新逻辑方案。在这个方案中,将包括下述工作的汇总:组织结构分析与功能调查与分析;业务流程调查与分析;数据与数据流程调查分析。通过这些调查分析工作,将获得以下成果:

(1)划分系统组织和子系统。通过调查企业的现行组织结构、领导关系、物料与资金的流程、信息的流程及业务分工等情况,进行组织与功能的配比分析,征求多方意见,画出组织系统图表。

(2)分析和整理系统业务流程。通过全面细致地了解整个企业基于各个职能部门的业务及其流程,对各种业务的输入、输出、处理过程,以及处理的速度、数量、现存障碍等的清楚的调查,用文字和图例做出业务流程图 TFD(Transaction Flow Diagram)。

(3)分析数据及数据流程。了解企业的各类报告、报表、票据及计划、资料等系统数据,查清其来源、去向及处理方法和过程,得到完整的数据结构和数据流程图 DFD(Data Flow Diagram)。

现在看来,CRM 的结构化系统分析,至少可以帮助企业对组织再造中的一些根本性问题做出基本回答,具体如下:

①通过借助信息技术的力量,去摆脱组织运作中的陈旧方式,从跨职能的角度来看待基本的管理过程,重新定义组织的工作任务,系统地寻求根本性的改变,从而达到企业经营管理的突破和跨越。

②CRM 组织再造的焦点集中在客户及客户关系上。要运用结果导向和团队设置的

方法,通过严格的绩效评估,来确定工作过程的职能,同时组织再造要求高层管理者的实质性参与和全体员工的投入。

③再造的组织,以知识信息资源的共享和技术优势为依托,具有开放性、实时性、主动性、虚拟性,适于实施与客户交互式设计、多样化生产、全程营销的经营模式;强调知识的创造、共享和应用而非知识垄断。

思科公司(Cisco)是公认的通过应用 CRM 获取成功的企业。它在设计企业组织体系时,一方面将供货商、制造商和装配商密切联系起来,每个成员的地位平等,实现了利用先进的网络技术使各企业间的技能和知识充分交流,让业务流程衔接得既便捷又紧密,从而使各成员都获得了传统组织中为分工协作所付出的计划、指挥、协调及监控等成本费用的大幅削减所带来的好处;另一方面,Cisco 又通过系统化结构分析,将软件与网络开发部门列为企业最主要的职能部门,把企业的战略资源尽量集中到这一核心能力的开发上,而将非核心的业务以外包的方式,承包给企业松散的合作伙伴或其他企业,这样降低外部交易成本和核心能力丧失的风险,使自己的生产能力持续提高。所以,Cisco 的持续竞争优势的获得,一定程度上,应归功于实施 CRM 完成的以分立化、扁平化为特征的组织再造。

2) 再造组织的层级和扩展性

CRM 成功地实现组织再造可以提高企业的决策效率,充分调动企业员工的积极性。但在再造过程中势必因触动部分组织的局部利益而产生抵触。因此再造不仅要合理规划重新设计的组织,也要考虑建立什么样的组织、如何有效地建立这些组织、如何使组织有效发挥作用等问题。这种情况下,构建的层级组织是否具有可扩展性将成为关键。

即使从实际应用的角度来看,CRM 划分组织系统也要考虑到企业不同层级的需求。首先,在企业与客户有密切联系的主要部门:市场营销、销售和客户服务部,CRM 系统将满足这些部门级的需求,提高市场决策能力、加强统一的销售管理、提高客户服务质量;其次,CRM 必须将企业的市场、销售和服务协同起来,建立市场、销售和服务之间的沟通渠道,也就是满足企业部门协同级的需求;最后,CRM 要与企业的相关业务系统紧密结合,以客户为中心优化生产过程,必须满足企业级的管理需求。只有满足以上这些层级需要、具备良好扩展性的组织,才是 CRM 再造的目标。

部门级的需求是指企业中对 CRM 有最强烈需求的是市场营销、销售和客户服务等部门的需求。要满足部门级的需求,CRM 系统至少应该包含数据仓库、数据挖掘系统、销售(自动化)管理、营销(自动化)管理、客户服务与支持等子系统,从而支持市场营销部门开展市场活动管理、跟踪和反馈、进行活动评价,同时得到对客户的构成、地理分布等信息,分析客户行为、对客户状态进行分类;支持销售部门提出销售任务、分配任务、评价和度量销售;同时使客户服务部门及时得到系统提供的为客户服务的准确信息,保证服务中心一致对待客户等。

协同级需求,主要解决企业在运作过程中遇到的实时传递信息和渠道优化的问题。满足了企业的部门协同级的需求,CRM 才能将市场、销售和服务部门紧密地结合在一起。只有将营销数据分析的结果实时传递给销售和服务部门,它们才能更好地理解客户的行为,留住老客户。同时销售和服务部门收集的信息也要及时传递给市场部门以便对销售、服务和投诉等信息进行及时分析,从而制定出更有效的竞争策略。渠道优化则是指在众多的销售渠道中选取效果最佳、成本最低的销售渠道。总之,通过市场、销售和服务部门的协同工作,可以达到企业实时掌握商机的目标。

CRM 还要满足企业级管理的需求,因为许多企业往往存在比较复杂的管理系统,如果它们相互孤立,就很难充分发挥各系统的功能。CRM 要担负起不同系统之间的相互协调功能,充分提高企业的运作效率、降低 IT 系统的成本。企业管理系统如财务系统、后端支持生产制造的 ERP、支持供应流转的 SCM 等系统,都要通过 CRM 整合形成一个闭合的系统,全面提高企业运作的能力。CRM 与这些系统的结合主要表现在:①CRM 要从企业已有系统中获得客户数据和信息;②CRM 系统可以直接集成企业已有 IT 系统中的一些模块,利用已有系统的功能,同时也降低了自身的成本;③CRM 的分析结果可以被企业内其他 IT 系统所运用。

惠普实施 CRM 系统后,也进行了组织结构的调整。惠普公司原来的组织结构设计和业务运作是以产品为中心的,有 80 多个产品部门,并有相应的生产部门、销售部门、服务部门、市场部门。后来对原有的组织结构进行了重新设计,按顾客的性质划分部门,把销售部门分为全球客户、大型客户、中小客户部门,把研发部门也分为三个部门(计算设备、打印设备和终端设备)。这种组织结构的重新划分,带来了企业运作模式、员工工作方式、激励机制的深刻变化。比如,原来的销售员只需要负责一种或几种产品就可以了,而现在,他要对某一种类型的客户负责。对他的考核方法也发生了变化。这对销售员来说是很大的挑战。经过这样的管理变革和相应的信息系统的建设,惠普做到了单点接触顾客。也就是说,客户只需要通过电话、Email、WWW 等途径与惠普的接触中心(Contact Center)联系,就可以购买商品和获得服务。惠普的案例说明,为了很好地利用 CRM 这个工具,应该充分地利用管理变革和信息技术应用这把双刃剑。

10.2 业务流程与 CRM 的匹配

在实施 CRM 过程中,业务流程重组是一个非常关键的环节,脱离了管理基础的强化,脱离了对流程的不断改革,CRM 的作用就会大打折扣。整个企业的策略、流程、组织和技术结构都应该围绕客户与最终消费者进行重新设计和管理。CRM 首先是一种管理理念,将 CRM 的理念贯穿到企业的流程中,贯穿到企业从上至下所有员工的思想中,贯穿到与外部合作伙伴的合作历程中,并且能够落实到每个岗位,每个环节的具体工作中,是尤为重要的事情。离开 CRM 管理理念在企业中的深入贯彻和具体落实,再好的技术,再好的硬件环境都是难以奏效的。

10.2.1 业务流程重组的必要性

CRM 的产生,是从以市场为导向的 4P 营销理念(Production,Price,Place,Promotion)向以客户为导向的 4C 营销理念(Customer's needs,Cost,Convenience,Communication)转变的结果。CRM 的实施要引入一系列相关的新技术,进而要启动一些新的业务内容和淘汰一些旧的业务内容。如果企业现有的业务流程是基于原来的 4P 营销战略的,则不可能一步到位地导入新的 CRM 体系。那么在实施 CRM 之初,CRM 团队的首要任务之一,就是要对业务流程进行调整或者重组,以使其符合以客户为导向的营销理念和适应新技术的需要。否则,CRM的实施战略、解决方案和运作流程就会被旧的营销理念和业务流程所束缚,CRM的实施就不会得到令人满意的投资回报(ROI)。

10.2.2 业务流程重组的内容

CRM强调的是企业业务功能的实现,因此CRM系统就不仅仅包括功能和技术,还有业务。因而在CRM设计的基础上,同时也包含了业务流程和技术流程两部分,两者缺一不可。即使强调的是技术流程但CRM系统总归是要体现在业务流程上。而CRM的业务流程,则是基于企业的CRM战略和规划,围绕企业的战略、流程和组织结构等设计的。

1) CRM的业务流程

通常情况下,业务流程是指企业输入各种资源、以客户需求为起点,到企业创造出客户满意的产品或服务、实现价值为终点的一系列活动。

CRM理念是"舶来品",所以研究CRM的业务架构,以国外CRM理念和系统为主是比较严谨的,因为国外的CRM系统已经发展和实践数十年了,已经将先进的CRM理念和企业的实践模式都融入CRM系统中去。

从国外的Siebel、SAP、Saleslogix、SaleForce等高、中、低端以及ASP模式的典型CRM系统的分析看,其业务架构的主线是一致的:市场→线索→联系人→客户→机会跟踪→报价→产品与价格配置→订单→服务→Web自助→满意度→Club→反馈。这条主线便是CRM系统业务架构的灵魂,CRM系统的业务流程和业务功能基本围绕这条主线进行拓展延伸。围绕这条主线,大体可以描述CRM的业务流程情况如下:

(1)客户细分,针对细分客户群开始市场活动。

(2)通过市场活动或者销售响应获得线索,进而转化为联系人。

(3)对联系人的跟踪,将联系人转化为客户。

(4)当在客户跟踪中发现销售机会时,抓住销售机会并跟踪。

(5)客户的购买意向强烈时,进入商务谈判的初步阶段——报价。

(6)基于销售配置器进行产品和价格配置,生成报价单。

(7)当客户接受报价时报价单转化为订单,订单执行。

(8)成为购买客户后,客户的服务过程开始,可能会产生咨询、维修、退换货等服务请求或投诉。

(9)同时企业还会提供Web自助,让客户能够通过网络和知识库进行自助服务;当购买体验和服务体验让客户满意度提升的时候,客户的忠诚度会逐渐建立,从而进入会员俱乐部阶段。

(10)老客户在会员俱乐部或者其营销活动的推动下不断进行品牌推广和客户推荐并反馈更多的信息,其产生新的线索又成为一个新的CRM闭环业务的开始。

在这些基本环节中,CRM系统充分利用各个点的状态、类型、级别、时间和关系变化等属性,实现复杂的业务应用。整个CRM业务流程都可以简化在这条主线上,再简化到这几个基本环节上。

2) CRM对传统业务流程的改造

从另一个角度,企业的业务操作流程主要是由营销、销售、客户服务三部分组成的,

CRM 系统对其进行优化、再造的结果,是希望由此建立符合企业需要的全新的功能模块。如图 10 - 1 所示。

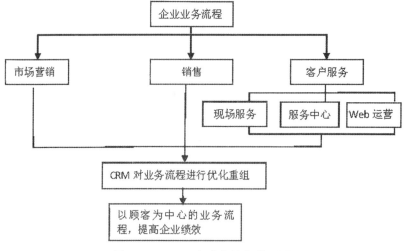

图 10 - 1　CRM 与业务流程的匹配

(1)市场营销。为保证市场营销功能的自动化,CRM 在营销功能模块方面需要充分体现数据仓库的特性,以适应进行高端决策管理的、面向营销的市场分析等需要。

①企业针对细分顾客制订市场营销战略和目标以及相关的市场推广活动;

②管理营销活动的各种渠道与方式,并对活动过程进行及时调整;

③评估活动结果,分析营销活动;

④获得关键客户的资料等。

(2)销售。销售过程包括报价、订货、折扣、给付差价、售点管理及订单管理等一系列的内容。CRM 为企业提供了一个管理销售流程的解决方案。

CRM 覆盖整个销售过程,从销售信息的导入,到市场时机的把握、渠道的选择以及订单管理。

CRM 支持各种不同的销售方式——直销、间接销售、代理销售、电视销售、网络销售等,不同的销售方式的工作人员通过多种渠道可以共享客户信息。

CRM 实现了日历和日程安排、联系和账户管理、佣金管理、商业机会把握和传递渠道管理、销售预测、产生和管理建议、定价、领域划分、费用报告等功能。从企业角度来讲,可以帮助企业决策者掌握较大范围的产品的销售情况和市场前景。

通常大企业管理上比较成熟,在任何变革发生前都已经有许多明确的章法,例如中国惠普在导入 Siebel CRM 之前使用一套叫 Mars II 的系统管理销售业务。为了实现销售业务从旧系统向新系统的迁移,中国惠普的实施团队先对旧系统的功能和用户角色进行了总结,绘制原有的流程图。然后对旧系统的用户结构与用户关联进行分析,得出新系统与旧系统业务流程需求之间的详细差异,这体现了实施方法论——以人(员工)为中心,以人/角色的职责带动软件功能,以软件功能串接得到业务流程。

(3)客户服务。在客户服务环节,CRM 要求企业提供颇具竞争力的售后支持、上门维修和消耗品维护等服务。其中包括维护人员的预约与派遣、备件的管理、后勤保障、服务收费和根据合同提供野外的维护服务等项目；此外，客户服务还应当支持客户自由选择电话、网络等自己认为最方便的通信方法与企业联系。企业从与客户打交道的各个环节中得到客户相关的各种资料，真实地、全方位地掌握客户需求，同时将资料反馈给营销和销售部门，实现更大的价值。

企业提供客户服务时，由于覆盖了从与客户的初次接触到最后的服务账单的管理整个服务业务流程，因此要使用呼叫中心、电子邮件、Web 网站等服务方式，所以网络技术上必须支持跨系统的应用集成，比如语音和数据的统一、基于 Web 的呼叫代理、自动知识引擎以及跨平台的质量监督客户交户记录系统，等等。具体来说，有下面几点：

①服务中心（service center）。在有些时候也称作呼叫中心，是以计算机通信集成技术为依托，可以提供完整的综合信息服务的应用系统。最初是为企业在最外层加上一层服务层，但在 CRM 系统里，不仅要在外部为用户，而且在内部也要为整个企业的所有业务操作管理流程起到重要的支撑、协调作用。同时，还要逐步具备提供 7X24 小时的不间断的服务，允许顾客在与企业联络时选择语音、IP 电话、电子邮件、传真、文字交谈、视频交谈等多种通信方式。对外面向用户，对内与整个业务流程相联系。

②现场服务（field service）。现场服务包括举办一些售后服务活动，例如，产品或服务的保证，管理一些服务的联系，安排和派遣一些现场服务，服务电话的跟踪和管理，以及顾客问题的跟踪和管理，服务记录管理，管理现场服务的实施和完善等。在 CRM 系统下，可以测量和管理服务响应时间，服务的解决时间，改善或修复服务的时间，顾客的满意程度和服务优先级的安排。有了这些管理，可以以顾客为中心，完善服务的质量。

③Web 运营（Web operation）。随着互联网的普及，公司都在互联网上展开了各种目的的活动，像营销、销售、相关的支持。CRM 的 Web 运营提供了一个基于互联网技术，从选择配置到订货的个人化的电子商务解决方案的新接口。在 CRM 下，可以更好地监控网页访问者的数量，不同页面的点击率，网站访问时间，嵌套的广告页面的点击率和注册用户数量等，同样可以更好地全面支持互联网交易，使企业能够充分扩展自己的电子商务。

10.3 CRM 与企业文化

10.3.1 从 CRM 角度看企业文化

企业文化的含义是：在一定的社会、经济、文化背景下的企业，在长期的发展过程中逐步形成和发展起来的日趋稳定的价值观，以及以这种价值观为核心所形成的道德规范、行为准则和风俗习惯等。

CRM 实质上是信息技术飞速发展的冲击下企业管理思想的变革，也是企业与客户之间建立的一种新型关系。在这种变革中，人是最重要的因素，而企业文化对人的影响是根深蒂固的。作为全体成员共同的思维和行为习惯，企业文化对企业的影响是毋庸置疑的。如何让企业的决策层、管理层以及实施层都能从思维和行为习惯上真正地聚焦在客户身上，是实施 CRM 的关键。因而企业文化与 CRM 战略是相辅相成的，成功地实施及应用 CRM 系统，必须要有与之相适应的企业文化做支撑。

10.3.2　企业文化是 CRM 能够发挥效能的前提条件

CRM 实施能否成功不仅与 CRM 方案供应商的实施经验和技术水平有很大关系，而且与企业自身的推进力度有很大关系。成功的 CRM 实施所关注的不仅是 CRM 系统的安装、调试、培训等工作本身，而是把更多的精力放在理念贯彻、思想融合，即企业文化体系的改造和贯彻上。企业文化虽然不同于企业制度那样对员工具有强制约束力，但作为企业全体成员共同遵循的思维和行为习惯，对企业的影响力却非常大。因此，成功地实施与应用 CRM 系统，必须要有与之相适应的企业文化作支撑，否则实施工作中必定遇到障碍。并且，即使是靠实施人员的推动使 CRM 系统实施成功，以后的应用仍然会存在问题。IT 技术的实施与应用只是解决 CRM 实施的表面问题，而怎样使最高行政总裁至普通员工都能从思维和行为习惯上真正聚焦在客户身上，才是实施 CRM 的精髓。

从本质上来说，CRM 不过是一个"聚焦客户"的工具。支持 CRM 这个工具发挥作用的企业文化通常有着以下几个共同点：

（1）树立让客户 100% 满意的企业价值观。企业在以前的市场竞争中，往往会形成一种以实现企业本身利益最大化为唯一目的的企业文化，在这一思想指导下，许多企业为获利自觉不自觉地损害客户利益，导致客户的满意度和忠诚度很低。而 CRM 文化倡导重视客户满意、客户忠诚和客户保留，这在成熟的市场环境中比直接以利润为中心要更有用。因为在客户得到 100% 满意的同时，企业也将获得更大的利润，从而真正实现企业和客户的"双赢"。

（2）实现内部资源和外部资源的综合管理。传统企业在特定的经济环境和管理背景下，已经形成一些具有共性的企业文化，这种企业文化的突出表现就是企业管理的着眼点在内部资源管理，即企业管理"后台"部分。而对于直接面对以客户为主的外部资源的"前台"部分，缺乏相应管理。CRM 要求企业将市场营销、生产研发、技术支持、财政金融、内部管理这 5 个经营要素全部围绕以客户资源为主的企业外部资源展开，实现内部资源和外部资源的综合管理。

（3）"一对一"的文化。随着经济的发展，从某种程度上说，人们已经逐渐进入感性消费时代，在消费时更多的是在追求一种心理的满足、一种个性的张扬。因此，企业要想赢得客户，必须能为客户提供个性化的产品和服务，实现从传统"大规模"文化向"一对一"文化的转变。"一对一"包括一对一销售、一对一营销和一对一服务。信息技术和网络的飞速发展，使得"一对一"能在较低的成本下得以实现。

（4）客户资源是企业最重要的资产。客户是企业发展的动脉，当客户这种独特的资产与其他资产发生利益冲突时，企业应当留住客户资产。因为客户资产将为企业带来长期效应，所以企业应当尽量获得他们的满意。企业可通过实施 CRM 战略来优化客户资源的管理。企业要细分客户，针对不同的客户采用不同的客户策略。客户细分原则包括客户特征、客户偏好、客户价值等。

（5）"大客户"文化。这里的"大客户"有两层含义：其一是指客户范围大。客户不仅包括普通的消费者，还包括企业的分销商、经销商、批发商和代理商。其二是指客户的价值大小，不同的客户对企业的利润贡献差异很大，20% 的大客户贡献了 80% 的企业利润。因此，企业必须高度重视高价值客户以及具有高价值潜力的客户。

10.3.3　实现企业文化与 CRM 的整合

CRM 的实施使得传统的以产品为中心的"内视型"企业文化转变为以客户为中心的"外视型"企业文化。当 CRM 理论的导入带来企业新旧文化的冲突时,企业的旧文化应该让位于新文化,因此必须对原有的企业文化进行适当地改造,培育有利于 CRM 实施的企业文化。以客户为中心,以及由此而衍生的重视客户利益、关注客户个性需求、面向感情消费的经营思路等企业文化特征是经改造后以适应新经济时代要求的新型企业文化的重要特征。为了企业文化能和 CRM 进行整合,应该从以下几个方面对企业文化进行改造:

1) 定义从客户利益出发的企业经营理念

企业经营理念必须紧密结合市场需求,当市场需求发生变化时,企业经营理念应随之变革。由于"以客户为中心"的商业模式迅速来临,对许多公司而言,渐进式的改革已不足以适应市场需要,而需要的是对企业经营理念进行革命式再造,根本改变企业体系,构思一个"从客户利益出发"的企业文化体系。目前,一些创新能力强的企业,已经迅速地定义了自己全新的经营理念,像 TCL 电器的"为顾客创造价值"、金碟软件的"帮助顾客成功",这些经营理念已经成为企业全新文化体系的显著标志。

2) 建立客户导向的经营组织

以分工原则设计的经营组织以产品、内部管理为中心,属"生产导向"或"市场导向"型组织,有利于合理利用企业内部资源,但在执行管理指令时,往往忽视了客户的需求。只有建立以客户为中心的客户导向型的经营组织,将焦点关注于以客户为主的企业外部资源,才能使企业的每一位员工清楚地知道企业的处境,使企业的每一个组织部门围绕着客户来协调运作。唯有将客户置于企业组织的中心,以最大限度地满足客户需求作为企业运营最大的目标,才能使企业面临新经济时代而立于不败之地。

3) 不断加强培训

建立"从客户利益出发"的企业理念和"客户导向"的经营组织,需要企业每一位员工的配合。只有让每一位员工都理解企业新的理念,才能使这一理念得以贯彻。只有让每一个员工都能在新的经营组织中运作自如,才能使经营组织产生最大效益。培训是让企业员工避免理念冲突,迅速在新经营组织中产生效益的有效途径。培训工作应主要集中在理念讲解、新组织的运作方式、客户沟通技巧等方面。

著名的 DELL 公司之所以能够在群雄纷争的 IT 市场脱颖而出,非常重要的一点就是 DELL 建立了一套能够快捷地满足客户个性需求的企业文化体系。遵照这一文化体系的要求,DELL 公司建立了一套包括销售、生产、采购、服务全过程的系统,为用户提供个性化定制和配送服务,奇迹般地保持了多年 50% 以上的增长,成为当今世界最大的电脑厂商之一。国内知名企业海尔也尝到了满足客户个性化需求的甜头,自推出个性化冰箱短短一个月,就接到 100 多万台定制冰箱的业务。

总之,文化对于一个实施 CRM 战略的企业而言,将发挥至关重要的作用。成功的 CRM 实施所关注的不仅是 CRM 系统的安装、调试、培训等工作本身,而是把更多的精力放在理念贯彻、思想融合,即企业文化体系的改造及贯彻上。只有成功实现了企业文化与 CRM 战略的无缝整合,CRM 战略的实施才能真正为企业带来生机和突破。

华为的 LTC 流程再造

什么是 LTC

LTC 是英文 Lead to Cash 的缩写,意为从销售线索到回款,是根据销售周期——从客户有意向,或者说销售线索开始,到收到用户的付款为止,将整个组织的原有系统和分流程,整合/调整为端到端的流程,以便能更好地满足用户日益复杂的需求,交付,提高整个组织的运作效率和更快的市场反应,提升端到端的交付能力。在 LTC 的主流程下面,还有流程组,流程,子流程。

华为 LTC 销售流程变革项目就是一个典型的案例,其经验值得业界各企业参考。

任正非说过,管理就是抓住三件事:客户、流程、绩效,华为未来留给世界只有流程与 IT 支撑的管理体系,因为每个人都会离去,每种产品都终将被淘汰;企业管理归根结底就是流程的管理,就是让业务在以客户为中心的高效的流程上面跑,因此企业的管理流程重要性不言而喻。既然企业的有效管理需要流程来牵引、承载和落实,那么如何设计高效的以客户为中心的运作流程? 持续管理变革应该怎么做?

在多年的客户关系管理中,华为沿着客户价值创造链梳理,打通端到端的流程。并将这些经过检验并稳定运行的流程固化到企业信息化系统中,并使这些流程管理电子化,同时将他们运行的数据固定到数据库中,实现从客户端(需求)到客户端(供应)最简洁、最规范、最不情绪化的控制有效地连通,摆脱了对人的依赖。

华为为何要进行 LTC

华为进行 LTC 主要有内外部环境两方面的因素。外部环境而言,客户竞争日趋激烈,收入和成本压力加剧,华为作为供应商势必要应对变化,且竞争对手早已开展 LTC 变革,并已实现卓越运营。内部环境而言,华为研发/供应/财经领域已开展了变革(IPD/ISC/IFS),必须进行配套的 LTC 变革,否则这些变革将无法达成其最终目标。此外,华为已经跨入业界全球主流供应商行列,需要更注重经营,精细化运作,提升效率,且华为一线运作面临诸多痛点,局部的改进已无法满足需要,必须进行系统性业务变革,LTC 业务流承载着华为公司 80% 以上的人/财/物投入,多年来一直无法贯通和集成,矛盾与问题丛生,管理困难。

为什么华为要下决心花费几十亿来做 LTC 变革项目呢? 因为华为已感觉到 LTC 项目启动之前的流程支离破碎,没有跨部门的结构化流程,没有统一端到端拉通,效率不高,项目运作质量差,制约华为发展。通过早些年的研发 IPD 变革项目,华为产品研发有了长足发展,可是销售线明显感觉跟不上业务发展需要,因此决心对销售流程"动大手术",就像要成为武林高手,需打通任督二脉一样,华为希望,努力打通企业的任督二脉:研发(IPD)和销售(LTC)两条主流程(脉络),以促进和支撑业务快速发展,成为顶尖高手。

华为 LTC 变革历程大概经历了如下过程：规划——含 CRM 能力框架与变革路标（2007—2008 年），设计——LTC 方案架构与集成流程视图（2008—2009 年）、试点与推行——含 LTC 总体方案与新方案设计（2011—2012 年），夯实——含一线主导、面向国家/客户集成、夯实节奏与客户化解决方案设计（2013—2015 年）。

华为是以企业的营销和研发两大运营核心为主线，贯穿企业运营全部流程，深度融合了移动互联、SaaS 技术、大数据与企业运营智慧，旨在打造一个从市场、线索、销售、研发、项目、交付、现金到服务的闭环平台型生态运营系统。LTC 流程是华为内部流程，适用于 B2B 业务的乙方，端到端管理：从销售线索（ML）—>销售机会点（MO）—>合同执行交付回款，LTC 是华为公司 IPD（开发）、MTL（营销）、LTC（销售/交付）、ITR（售后）四大主流程之一。

LTC 是从线索到回款、端到端贯穿华为公司运作的主业务流，承载着公司最大量的物流、资金流和人力投入。LTC 是华为公司级面向客户的主业务流程之一。LTC 是以项目制铁三角为核心，拉通从线索到回款的端到端销售流程，简化评审界面，强化综合授权，支撑决策前移，提升整体运作效率的集成方案（业务＋IT）。

华为 LTC 变革的价值总体而言体现在面向客户、成就一线，实现可持续的盈利性增长。具体而言，给客户带来的价值：构建客户与华为的统一界面，更全面地理解和服务客户，成就客户的商业成功；为一线带来的收益：提升一线铁三角作战能力，更多的时间聚焦客户决策前移，充分授权，使一线更快的响应客户，端到端拉通销售流程，打破部门墙，提升一线协同运作效率；为公司带来的收益：提高运作效益，提升客户满意度，实现可持续的盈利性增长。

2009 年华为利用开展线索到回款（LTC）的变革之机，推动以面向客户需求的铁三角运作模式变革，见图 10-2。铁三角组织作为聚焦客户需求的一线共同作战单元，目的是聚焦一线，决策前移、简化管理，快速响应。

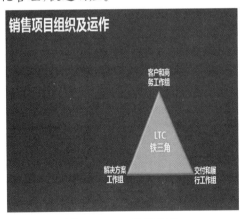

图 10-2　LTC 铁三角

任正非曾对华为著名的"铁三角"运营做过这样的阐述："一是让听得见炮声的人来决策"，"二是以客户经理、解决方案专家、交付专家组成的工作小组，形成面向客户的铁三角作战单元"，"三是一线的作战，要从客户经理的单兵作战转变为小团队作战"。华为通过运用"铁三角"运营模式如虎添翼,企业稳步上升、屡创佳话。

实施LTC的基本方法是:选择合适的管理咨询公司,再选拔出业务经验非常丰富的华为内部专家与领导,组成高配置、高标准的强大项目组进行规范运作,梳理并再造销售流程,并且把合适的销售方法、销售理念等嵌入到流程当中,同时还会组织很多场销售能力赋能培训,并提供相应的工具和模板,使得企业获得的不仅是"生硬而冷冰冰"的新销售流程,而是整个销售体系升级,努力达到这样的目标:构建出优秀的销售组织能力,未来企业项目的成功与否不再严重依赖销售个人能力及其偶然性,而是用组织能力、流程、制度去保障提升销售成功率及提高项目质量。新员工入职,只要经过新的销售体系培训,并按照销售流程去进行项目运作,那么可达到资深老销售的水平,确保一定的项目成功率。

当时变革项目谨慎地分为如下八个阶段进行:

第一阶段:组建强大项目组团队,问题调研(面向全球各一线发问卷调查,当面访谈一部分一线,再结合从一线回来的专家的意见,归类总结出面临的、急需解决的问题)。

第二阶段:方案规划设计阶段。埃森哲与华为进行梳理,输出切实可行的细化方案(这个过程,华为专家和埃森哲不断地探讨,不断地聆听一线的反馈意见,不断地优化,无数个轮回碰撞,争吵,最终才形成一个阶段性方案)。

第三阶段:IT开发阶段,用IT技术手段来固化流程(流程的落地,需要IT系统来承载,让所有的关键任务活动都在IT系统里跑起来,最后LTC的IT就是只要有网络,只需在IE等浏览器输入网址即可访问使用)。

第四阶段:找代表处进行试点,然后再优化流程。

第五阶段:找各不同区域的典型代表处来试点,然后继续优化流程。

第六阶段:小面积推行,然后继续优化流程。

第七阶段:流程成熟,可大面积推广。

第八阶段:不断收集问题反馈进行流程优化,发布给全球各区域使用。

(资料来源:根据网上资料整理)

案例思考题

(1)试分析华为为何要进行LTC项目,并说明华为是如何进行流程再造的。

(2)该案例给你何启示?

本章复习思考题

(1)组织与CRM的匹配对企业成功实施CRM的意义何在?

(2)举例说明组织结构、业务流程与企业文化应该如何与CRM匹配。

第 11 章 CRM 营销策略

社区团购走向十字路口 下半场竞夺加速

2022 年上海新冠肺炎疫情期间,上海地区的抗疫保供,让社区团购火了起来。疫情管控期间用户购物行为从线下转移到线上,其中社区团购业务迎来热度。许多此前没有接触过社区团购的用户开始体验社区团购,并且与团长建立了信任。

社区团购热度并没有随着疫情的有效控制而结束。上海某小区团购群,虽然居民开始多渠道比价,但团购仍在继续。在上海、郑州等地,社区团购业务的订单数量对比疫情之前有所上升。

社区团购热度不减

初美优选 CEO 梅鹤斌在此前上海疫情期间成了一名社区团购团长。在此之前,初美优选是一个主要经营鲜花、美妆的社区团购平台,疫情发生之后,梅鹤斌迅速和拥有上游生鲜资源的朋友一起开始提供生鲜社区团购服务。

"最开始没有想很多,就想着帮助我们公司周围的几个小区买菜。我们从 4 月 1 日开始做金水湖社区,到 4 月中旬时已经覆盖了整个金山区。在前期,是我们自己的员工当团长,之后我们作为桥梁,将其他的社区团长和供应商进行对接继续为居民服务。目前已经在上海覆盖了 15 个区,有两三千个团长在做这个事。"梅鹤斌表示。

在北京地区,根据媒体报道,北京凯宾斯基饭店推出社区团购业务,将外卖菜单进行调整之后配送到社区。数名北京地区居民向记者表示,感觉当地社区团购并没有出现明显的火爆。和弘咨询总经理文志宏向记者表示:"最重要的原因在于北京在物资保供应方面做得非常好,商超的生鲜食品供应非常充足。"

兴盛优选方面向记者表示:"从全国整体的数据来看,今年 3 至 5 月,公司合作的门店店均订单量较疫情前环比增长了 30% 左右。生鲜、米面粮油等民生商品和防疫类产品增幅明显。"

对于以上行业现象,有井有田创始人王守仁认为:"在正常时期,消费者采购生鲜的渠道 80% 是通过菜市场超市等线下渠道。疫情期间,线下的渠道被阻断,原本线下的销售量都转移到线上渠道。实际上,疫情期间不只社区团购销量增长,其他线上渠道比如商超的线上业务也在大幅增长。"

商超入局

据了解,在此前上海疫情期间,家乐福、盒马、山姆会员店、叮咚买菜等企业也推出了团购业务。

6月2日,家乐福相关负责人向记者表示:"面对疫情反复,在上海、广州、长沙、沈阳、北京地区,家乐福小程序上线了社区集单购业务,打通'最后一公里',保障居民的民生必需品高效供应。目前,家乐福社区集单购小程序已经覆盖所有家乐福门店所在城市。截至目前,家乐福社区集单购订单量增长了300%、客单价等增长了100%。"

对于防疫形势好转之后社区团购业务销售量的持续性,家乐福相关负责人表示:"防疫形势好转之后,家乐福的团购业务的订单结构基本恢复到疫情前。相较于疫情期间旺盛的民生商品消费,目前消费者的购物选择更加多样化。"

在未来,部分商超零售企业将继续经营社区团购业务。家乐福相关负责人表示:"未来,家乐福将保留社区团购业务,并且把社区集单和团购功能合并,作为日常化运营。接下来,家乐福将会在集单购中加入团购功能,集单购业务可以享受特别权益,同时还会针对用户的喜好不断开发新商品。"

盒马方面提供的资料显示,"流动超市"将被保留下来。据了解,"流动超市"是以社区为单位的集体采购,相当于把社区所有个人订单合并成一个大订单,盒马在接到需求后会让社区居委会、团长筛选商品。此外,盒马还将增设社区团购储货服务,即以盒马X会员店为先导,每周向小区开放一次大包装商品的团购,主打性价比。

文志宏认为:"过去很多商超零售企业也在做社区团购,但是规模都不大。在疫情背景之下,社区团购的需求放大。"对于商超零售企业做社区团购业务的优劣势,文志宏认为,商超本身的产品十分丰富,拥有供应链基础,另外,消费者对于商超原本就有信赖。但在配送和最后一公里的服务上,很多商超还是较薄弱。"我认为商超进入社区团购领域的空间很大,但需要把短板补齐,即把到家服务的能力补上来。"

挑战仍存

6月6日,距离上海进入全面恢复全市正常生产生活秩序已有数日,在记者所在的小区团购群里,团长提供商品链接、居民陆续付款的团购仍在继续。但随着上海市民陆续复工以及购物渠道恢复多样化,上海社区团购热度可能会有所回调。

6月7日,记者注意到,在社区团购群中,已经有居民开始比价。有小区居民表示,对于团长所发的一款产品的团购价格,附近便利店价格更加优惠。

"社区团购业务核心是信任。疫情得到有效控制后,当然有人退出了社群,但剩下的人还是很多的。其中重要的是信任以及产品的品质,如果每次产品品质都好,同时性价比也可以,那用户就会留存下来成为老用户。"梅鹤斌对记者表示。

6月8日,一名上海地区消费者表示:"解封之后我也会在小区团购群里继续团购水果,因为疫情期间在团长那儿买过几次,品质、价格都比较合适。另外,由于目前快递还不能进我们小区,购买水果还需要从外面自己搬进小区,而通过团购的方式,团长会直接将货物送到楼下,会更方便。"

王守仁则表示,在郑州地区,疫情得到有效控制后,平台的订单数量对比疫情之前依然是增长的。"现在的订单量和疫情之前对比有所增长,主要还是因为此前长时间在产品、服务上的积累。有了这些积累才能让用户留下来。"王守仁表示。

就社区团购模式而言,北京京商战略研究院院长赖阳曾对记者表示:"社区团购模式解决了两个问题:一是在有限的区域里面,有相当规模的销售能够支撑其冷链物流的成本,具备了规模经济。二是在社区团购模式中,用户都是提前预订,因此生鲜并不会停留太久就直接到达消费者手中,导致生鲜停留在末端环节的损耗率大幅度下降。"

对于社区团购的未来,王守仁认为:"因为社区团购是做熟人以及半熟人的生意,而北上广深居民彼此之间社交并不多,所以社区团购模式更适合二、三线城市。"

(资料来源:钟楚涵、蒋政,中国经营网,2022.6.13)

企业通过 CRM 系统获取顾客各种各样的信息,再利用各种方法手段将这些信息加工整理用于营销实践,使企业制定和实施营销策略。企业实施 CRM,除了传统的营销策略外,与 CRM 密切相关的营销策略有:关系营销、一对一营销、数据库营销,以上关系营销和一对一营销又涵盖了大客户营销、关键客户营销、重点客户营销以及个性化营销的策略。近年,随着社交媒体、短视频平台的发展,企业 CRM 策略又不断创新,如社交媒体营销、直播等。

11.1 关系营销

关系营销是客户关系管理的雏形。20 世纪 90 年代末期,由于信息技术的引入,使客户关系管理的营销模式中技术解决方案方面得到了很大的充实和快速的发展。CRM 的出现使得以客户为中心的经营理念从空洞的口号变为能够进行量化的操作,把抽象的理论运用到企业实践中来。CRM 作为新的管理思想,延续了关系营销的核心思想,但绝不限于此。CRM 更强调对现有客户关系的保持和提升,从而达到长期的客户满意,甚至客户忠诚;CRM 不但考虑了如何产生营销策略,而且包括了如何让营销策略通过卓有成效的方式作用于客户,在操作层面上,CRM 真正强调和实现了信息技术与营销、销售和服务活动的集成。

11.1.1 概念

关系营销(relationship marketing)的概念是美国营销学者巴巴拉·杰克逊于 1985 年首先提出的,20 世纪 80 年代末至 90 年代得到迅速发展,在西方市场营销理论界掀起了一场革命,对市场营销持"关系"观点的学者对交易营销进行了批判,被称为"营销学研究范式的转变"(Kotler,1991)。

关系营销,它是指企业为实现盈利目标,建立、维持和促进与顾客及其他伙伴之间的关系,以实现参与各方的目标,从而形成一种兼顾各方长期利益关系的营销方式。关系营销以系统论为基本思想,将企业置身于社会经济大环境中来考察企业市场营销活动,认为营销是一个与消费者、竞争者、供应商、分销商、政府机构和社会组织发生互动作用的过程。正确处理与这些个人及组织的关系是企业营销的核心,是企业成败的关键。

11.1.2 关系营销特征

关系营销的本质特征包括：

（1）信息沟通的双向性。社会学认为关系是信息和情感交流的有机渠道，交往双方关系良好才能保证渠道通畅。在关系营销中，交流应该是双向的，而非单向的。只有双向的信息沟通，彼此才能进行广泛的信息交流和信息共享，才能使企业赢得各个利益相关者的支持、信任和合作，才能实现真正意义上的关系营销。因此，信息沟通的双向性是关系营销的基础。

（2）战略过程协同性。关系营销理论认为，企业与各个利益者之间是一种分工协作关系，他们共同构成一个大的营销系统。系统的各个成员之间相互联系、相互影响，只有战略过程的协同，才能促使各方进行合作；同时，也只有通过合作，才能实现更大的协同。因此，战略过程的协同性是关系营销的保证。

（3）营销活动的互利性。在关系营销的大系统中，每个成员都是独立的经济实体，都有着各自相对对立的经济利益，单纯追求一方的利益是不可能实现关系营销的。关系营销就是要通过各方的合作增加关系各方的利益，不能通过损害其中一方或多方的利益而使某一方的利益增加。因此，营销活动的互利性是关系营销的关键。

（4）长期的合作及利益最大化。随着合作关系的长久与稳定，企业的营销成本将越来越少，在其他条件不变的情况下，获得的利益就会增大。因此，追求合作的长期稳定以及利益最大化是关系营销的最终目的。

11.1.3 关系营销与传统营销的区别

作为一种新型的营销理念，关系营销与传统营销相比有明显的区别，见表 11 - 1。具体表现在以下几个方面：

（1）理论基础不一样。传统营销以 4P's 理论为基础，而关系营销则以 4C's 理论为基础。

（2）传统市场营销强调对市场营销过程的分析，其核心是交易，关注的是一次性交易，而关系营销重视的是与企业利益相关者的相互关系和相互作用，其核心是关系企业通过建立双方良好的合作关系从中获利。从交易导向转向关系导向，实际上是使原来企业与消费者之间的对立与冲突关系，变成双方合作伙伴关系，企业从单赢变成双赢。

（3）传统市场营销把视野局限于目标市场上，即各种顾客群；而关系营销所涉及的范围广得多，包括顾客、供应商、分销商、竞争对手、银行、政府及内部员工等。

（4）传统市场营销围绕着如何获得新顾客而展开，着眼于短期利益。而关系营销更多是强调保持顾客，着眼于长期利益。

（5）传统市场营销是有限的顾客参与和适度的顾客联系，而不太强调为顾客服务，而关系营销却强调高度的顾客参与和紧密长期稳定的顾客联系，特别重视为顾客服务和与顾客进行双向的沟通，了解顾客需求，从而满足顾客需求。

（6）传统营销强调市场占有率。关系营销则注重回头客比率以及顾客忠诚度，强调与顾客建立长久的关系。

（7）关系营销以顾客的满意与忠诚度取代了传统交易营销中作为决定利润的主要因

素—市场份额的规模。从追求每笔交易利润最大化转化为追求同各方面关系利益最大化是关系营销的特征，也是当今市场营销发展的新趋势。

表 11-1　关系营销与交易营销的比较

	传统营销	关系营销
理论基础	4P's	4C's
核心概念	交换	关系
市场范围	较窄(顾客)	较宽(全方位)
关 注 点	开发新顾客	保持老顾客
沟通方式	卖方主动	互动式
追求指标	市场占有率	顾客忠诚度
发展目标	利润最大化	双赢

11.1.4　关系营销策略

企业的关系营销策略可分解为：顾客关系营销策略、员工关系营销策略、供销商关系营销策略、竞争者关系营销策略和影响者关系营销策略。其中员工关系营销是关系营销的基础，顾客关系营销是关系营销的核心和归宿。

1) 顾客关系营销策略

顾客是企业生存与发展的基础，是市场竞争的根本所在。那么，企业该如何与顾客建立良好关系，促使其成为忠诚顾客呢？

(1)树立以顾客为中心的观念。其基本观点有：顾客至上、顾客永远是对的、一切为了顾客。企业要把顾客放在经营管理体系中的第一位，根据顾客需求开发产品，为顾客提供完善周到的服务，使消费者在心理上对企业产生认同和归属感，进而达到顾客满意。例如，长虹集团提出的"顾客永远是长虹的衣食父母"，海尔的"真诚服务到永远"都是体现了以顾客为中心的观点。

(2)了解顾客的需要，提高顾客的满意度。了解顾客的需要是企业提高顾客的满意度的前提。企业应该加强与顾客之间的双向沟通，了解顾客需求。通常顾客的需求分为四个层次，即期望型需求、表达型需求、未表达型需求、兴奋型需求。事实上，企业的产品从进入市场到赢得市场，从令顾客满意到令顾客愉快，是一个较高和较深的探求，也是企业未来利润的最好指示器。如：为了提高顾客的满意度，联想推行五心服务的承诺："买得放心，用得开心，咨询后舒心，服务到家省心，联想与用户心连心"，大大拉近了顾客与公司的关系。

(3)建立顾客关系管理系统，培养顾客的忠诚度。建立与顾客关系的数据库系统是企业实施关系营销的第一步，在公司各个部门之间共享同一个客户资料数据库。俱乐部市场营销、频繁市场营销、一对一市场营销都是通过构建网上数据库实现的，是解决顾客关系营销难题的比较有效的手段和方法。

2) 员工关系营销策略

员工关系营销也就是企业内部营销，内部营销是一种把员工当成顾客的哲学，是一种从营销角度进行人力资源管理的哲学。它把外部营销内部化，把员工当成内部市场，通过营造适宜的环境,应用营销思想和方法,为员工提供满足物和附加价值,从而影响员工的态度和行为,使员工同心协力共同推动"外部营销"的发展,实现企业与外部顾客的交换,更多地为企业创造价值。实施内部营销的最终目的是为了更好地满足外部顾客的需求。内部营销是外部营销的基础,并且所有的活动都是服务于外部营销。那么,企业该如何实施内部营销策略呢?

(1)了解员工的情感和需求。企业员工既是内部营销的参与者,又是内部营销的对象,作为后者,他们应被充分认知。正如对消费者行为的分析是营销的基础,对员工的分析也是实施内部营销的基础,对员工需求分析的准确与否将影响内部营销的效果。要准确了解员工的需求,就要运用科学的员工满意度调查,通过一对一的访谈、问卷调查、行为观察等方法去获悉员工的动机、情绪和价值观等,然后对不同的群体采取有针对性的措施以提高员工的满意度。

(2)科学的激励。针对员工的不同特点、员工的不同需求层次进行激励。必须做到对员工进行工作安排时人尽其才,以激发员工内在工作热情;赏罚分明,客观评价员工的工作,激发员工的工作积极性;通过教育培训,提高员工素质,增强自我激励能力和进取精神。另外,企业还可以通过改善工作内容、工作环境和工作条件等外在因素,促使员工产生奋发向上的进取精神、努力工作的积极性和满足感。总之,恰当的激励与认同有助于企业营造良好的企业文化氛围,使员工满意度得到提高。

(3)有效的沟通。员工关系营销的最主要"渠道"就是沟通,这种沟通可以是企业的管理层与普通员工之间的交流,可以是各个不同岗位、部门之间的沟通,也可以是同部门之间的交流。必须拓展沟通的渠道,保证沟通渠道的畅通。

马狮百货集团(Marks & Spencer)是英国最大且盈利能力最高的跨国零售集团,以每平方英尺销售额计算,伦敦的马狮公司商店每年都比世界上任何零售商赚取更多的利润。在马狮的全面关系营销策略中,马狮把建立与员工的相互信赖关系、激发员工的工作热情和潜力作为管理的重要任务。马狮不仅为不同阶层的员工提供周详和组织严谨的训练,而且为每个员工提供平等优厚的福利待遇,并且做到真心关怀每一个员工,与员工建立良好的人际关系,而不是以物质打动他们。马狮把这种细致关心员工转化成公司的哲学思想,由全体管理层人员专心致志地持久奉行。这种对员工真实细致的关心必然导致员工对工作的关心和热情,使得马狮得以实现全面而彻底的品质保证制度,而这正是马狮与顾客建立长期稳固信任关系的基石。

3)供销商关系营销策略

当今市场的竞争,不是单独的企业之间的竞争,而是整条供应链之间的竞争。企业与供应商、分销商之间有着共同的利益。企业与供应商、分销商建立起长期的、彼此信任的互利关系对企业的生存与发展起着至关重要的作用。

(1)求实为本,增进了解。企业应该让供销商充分了解企业的实力,培养供销商对企业的信心,同时必须让供销商充分了解企业的营销战略,特别是将企业的战略目标、营销计划充分传达给供销商,树立供销商与企业长期合作的信念。

(2)讲究信用,互利互惠。企业和供销商之间,必须保持供销的畅通和平衡。在这一过程中,实现企业利益的同时必须保证供销商应得的利益。现代工商企业的生产经营活动日益复杂,企业在市场活动中对待供销商的态度不应为市场供求波动所左右,而应从长远利益出发,重视建立与供销商之间长期互惠互利的关系。

（3）诚意合作,共同发展。建立企业与供销商之间的良好关系,必须以诚相待,共同解决供应与销售中存在的问题。一方面,提供各种资料与建议,促使采购、收货、营销、会计等部门与供销商加强合作。另一方面,企业应接受并考虑供销商所提的意见和建议,并传达给企业各部门并保证予以合理解决,从而使企业与供销商共存共荣。

4）竞争者关系营销策略

竞争对手的确可以给企业带来威胁,但合适的对手能够加强而不是削弱企业的竞争地位。企业之间不仅存在着竞争,而且存在着合作的可能,那么,如何实施这种双方的合作呢?

（1）入市合作。入市合作最典型的是市场调查合作和市场进入合作。市场调查是整个营销活动的起点,是获取决策信息和决策依据的途径。但由于工作量太大、专业性太强、费用太高,往往令中小企业望而却步,联合起来,就可以避免以上各种不足。

（2）产品和促销合作。产品和促销合作是指在相同的市场上推出精心组合的产品,并进行促销合作。最常见的是功能型和品牌型的促销组合。

（3）分销合作。分销合作主要是通过渠道建设合作,以强化渠道管理,决胜终端。通过实体流通合作,使产品安全、及时、高效、经济地从生产者手中转移到消费者手中。

5）影响者关系营销策略

企业作为一个开放的系统从事活动,必须拓宽视野,注意企业与股东的关系、企业与政府的关系、企业与媒介、社区、国际公众、名流、金融机构、学校、慈善团体、宗教团体等的关系。影响者关系营销策略通常可借助公共关系模式来实施,主要有以下几种公共关系活动模式:

（1）宣传型公共关系活动模式:即企业运用大众媒介和内部沟通方法,开展宣传工作,树立良好的企业形象。其基本形式包括举办展览会、经验和技术交流会、座谈会、新闻报道、专题通信、记者专访、记者招待会等。

（2）服务性公共关系活动方式:即企业通过向公众提供各种形式的实惠服务,强化企业信誉和形象,使消费者得到最大限度的满足。

（3）社会型公共关系方式:即企业利用举办各种社会性、公益性、赞助性活动,塑造企业形象,扩大企业的社会影响,提高企业社会声誉,赢得公众的支持。

（4）交际型公共关系活动方式:即企业在人际交往中开展公共关系工作。目的是通过人与人的直接接触,进行感情上的联络,为企业广结良缘,建立广泛的社会关系网络,形成有利于企业发展的人际环境。

（5）征询型公共关系活动方式,即以采集信息为主的,目的是了解民情、民意,了解社会舆论,为企业的决策者提供咨询,保持企业与社会环境之间的动态平衡。

11.1.5　关系营销的原则

关系营销的实质是在市场营销中与各关系方建立长期稳定的相互依存的营销关系,以求彼此协调发展,因而必须遵循以下原则:

（1）主动沟通原则。在关系营销中,各关系方都应主动与其他关系方接触和联系,相互沟通信息,了解情况,形成制度或以合同形式定期或不定期碰头,相互交流各关系方需求变化情况,主动为关系方服务或为关系方解决困难和问题,增强伙伴合作关系。

(2)承诺信任原则。在关系营销中各关系方相互之间都应做出一系列书面或口头承诺,并以自己的行为履行诺言,才能赢得关系方的信任。承诺的实质是一种自信的表现,履行承诺就是将誓言变成行动,是维护和尊重关系方利益的体现,也是获得关系方信任的关键,是公司(企业)与关系方保持融洽伙伴关系的基础。

(3)互惠原则。在与关系方交往过程中必须做到相互满足关系方的经济利益,并通过在公平、公正、公开的条件下进行成熟、高质量的产品或价值交换使关系方都能得到实惠。

11.1.6 大客户关系管理

1) 大客户界定

大客户,也称重点客户、关键客户、KA(key account)、战略客户,是市场上卖方认为具有战略意义的客户,经常被挑选出来并给与特别关注。

2) 大客户管理的目的

实行大客户管理是为了集中企业的资源优势,从战略上重视大客户,深入掌握、熟悉客户的需求和发展的需要,有计划、有步骤地开发、培育和维护对企业的生存和发展有重要战略意义的大客户,为大客户提供优秀的产品/解决方案,建立和维护好持续的客户关系,帮助企业建立和确保竞争优势。同时,通过大客户管理,解决采用何种方法将有限的资源(人、时间、费用)充分投放到大客户上,从而进一步提高企业在每一领域的市场份额和项目签约成功率,改善整体利润结构。

通过持续地为客户量身定做产品或服务,满足客户的特定需求,从而培养出忠诚的大客户;在有效的管理控制下,为大客户创造高价值。

大客户管理的范畴涉及内容很广,从寻找客户线索、建立客户关系、对潜在大客户销售到产品安装与实施、售后服务等诸多环节的控制与管理。但它的目的只有一个,就是:为大客户提供持续的、个性化解决方案,并以此来满足客户的特定需求,从而建立长期稳定的大客户关系,帮助企业建立和确保竞争优势。

通过大客户管理,企业可以在以下几个方面保持竞争优势:

(1)大客户很可能是企业的伙伴型客户,是企业忠实的客户,为企业创造 80% 利润的客户,是为企业带来高收益而企业只需支付低服务成本的客户,因为他们与企业建立的是长期的可盈利关系。

(2)这部分客户很可能为企业节省了开发新顾客的成本、为企业带来了长期利润,并且帮助企业诱发潜在顾客。

(3)大客户对公司的发展具有举足轻重的关键意义,因为大客户为企业创造了大部分的销售额和利润,对于企业而言,绝大部分价值往往是由少数客户所创造。帕累托规律告诉我们:20% 的客户创造了 80% 的企业利润,而其一般利润的企业资源被处于低端的不盈利客户消耗。所以,企业应将珍贵且有限的企业资源倾注与头部和战略客户,从而增强企业竞争力,使得客户价值最大化。

3) 大客户管理要点

实施大客户管理是一项系统工程,涉及企业经营理念、经营战略的转变,关系到企业的各个部门、企业流程的各个环节,要求企业建立起能及时进行信息交互与信息处理的技术手段,因此,企业应系统地制订一个大客户管理的解决方案。管理要点是:

(1)战略上,以客户为中心。

(2)组织保障上,建立一个大客户管理部,并赋予其一定的考核权、调度权将有助于改善大客户管理的混乱状况。

(3)流程上,以客户需求作为流程的中心,重新整合企业流程和业务操作方法,使组织中各部门的行动保持一致性,研发、生产制造、销售以及运输、财务、人力资源等部门都彼此协调行动,积极投入到为大客户提供最满意的服务中去,从而提高客户服务的效率。

11.2 数据库营销

随着 CRM 理论的不断发展和完善,以及 IT、Internet 与 Database 技术的兴起和成熟,一种新的市场营销手段出现了,这就是数据库营销。它为企业提供了一种崭新的营销工具,而且通过改变企业的经营理念,改变了企业的市场营销模式。

11.2.1 概念

数据库营销是一门综合了信息技术、营销学和统计学的边缘学科,现在还没有一个统一的定义。在营销权威菲利普·科特勒的著作《市场营销管理》中,对数据库营销的定义是"营销者建立、维持和利用顾客数据库和其他数据库,以进行接触和成交的过程"。

美国全国数据库营销中心提出的数据库营销定义为:数据库营销是一套内容涵盖现有的消费者和潜在消费者(信息),可以随时扩充更新的动态数据库管理系统,其主要功能有:

(1)确认最易打动的消费者及潜在消费者。

(2)与长期消费者建立起长期、高品质的良好关系。

(3)根据数据库建立先期模型,使之能在适当时机以适当方式将必要的信息传递给适当的消费者,满足消费者需求,提高营销支出带来的收益,提高客户忠诚度,增加企业利润。

我们认为数据库营销是指企业通过 CRM 系统搜集和积累消费者的大量信息,经过处理后预测消费者有多大可能性去购买某种产品,以及利用这些信息给产品以精确定位,有针对性地制作营销信息,以达到说服消费者去购买某种产品的目的。它是一种以客户为出发点的营销方式,其主要特点是在于借助计算机和通信技术手段,在一个给定的框架内,通过数据库中的数据信息来确认企业的目标客户和潜在的长期客户,并与之进行交流和沟通,从而建立一种与客户的长期持久的关系。

11.2.2 CRM 与数据库营销的关系

在市场营销的实践中,CRM 与数据库营销是紧密地联系在一起的,但是,我们不能将两者混为一谈。

数据库营销是一种营销工具,它折射出的是企业经营理念的转变,而这种转变的理论核心就是 CRM 理论。所以从这个意义上说,数据库营销是 CRM 的理论实践者。

（1）实施 CRM 的第一步是建设一个详细完整的顾客数据库,数据库营销不管在功能还是形式上都是实践 CRM 的一个重要平台。数据库营销使企业能够根据顾客需求制定目标市场营销计划,从而降低促销成本。它提供了与顾客进行个性化沟通的方式,从原先的顾客被动接收转为双方相互之间的交流。它以顾客的满意率作为营销目标,通过维持顾客关系来实现顾客终身价值的最大化,这正实践了 CRM 理论的内涵。

（2）CRM 是企业的战略行为,是基于企业之间的竞争,实现了由以产品为中心到以顾客为中心的战略重心转移。客户关系战略代表了企业的使命、规划、目标及策略,需要员工、供应商、渠道成员、同盟伙伴和团体的共同支持,涉及企业文化、战略方向、业务流程、组织机构、内部员工等各方面的综合调整。而数据库营销只是战术层面实施计划支持战略的技术工具,除此之外,它还需要 CRM 理论的全面介入和指导。

（3）不同的企业实施 CRM 的具体策略不一。如直销商,仅仅利用单独的数据库就可进行一对一销售,从而实现有效的顾客关系管理。而有的企业,比如 PC、家电分销系统,除了借助于顾客数据库之外,它们还需要借助销售自动化软件,对最为关键的销售流程进行优化,只有这样才能真正实现顾客关系的管理。此外,有的企业面对竞争,除了顾客数据库之外,还需要一个完善的客户服务系统,比如电信业。

所以,数据库营销并不是 CRM 理论的唯一实践者,CRM 理论的全面实践还需要考虑多种要素的配合,如企业自身的需要、公司的战略选择、当前的市场环境等。

11.2.3　数据库营销全过程

企业要实施数据库营销策略,必须遵循如下步骤:

（1）企业需要建立完整的客户信息数据库。通过数据搜集渠道,积累各种业务和客户数据,如可以通过不同渠道的客户接触点来收集客户的基本信息;当客户发生购买行为时,记录客户每次的购买行为;通过设立企业对外咨询电话,登记顾客的反馈信息;企业可以在举办促销活动中,有针对性的收集顾客对产品的认知度和相关信息;通过研讨会、产品讲座、科普报告会等公关活动来整理收集,等等。完整的客户信息数据库实际上就是企业整个市场的缩影。数据库建立以后,企业的产品开发方向、营销方向都可用这个数据库作为决策依据。

（2）构建客户消费行为特征变量集。根据企业客户消费特征,构建消费行为特征变量集,跟踪客户行为模式形成客户特征快照。特征快照每周或每月更新,以反映客户最新消费模式。这样,既实现对客户消费特征深入而全面的分析,又为数据挖掘模型的构建提供坚实的基础。

（3）数据挖掘模型构建。为了获取有价值的信息,企业必须对数据进行挖掘,因而需要构建数据挖掘模型,以提供分析结果。企业通常可以建立以下模型:

①客户细分模型:基于客户基本特征和消费行为特征(最近购买时间、购买频率、消费金额等),将其划分成不同群组,从而实现客户分类管理和一对一营销。

②价值评估模型:设定客户价值评分体系,对所有客户价值评分,合理评估其价值贡献,分辨出企业的最有价值客户,并实现客户价值等级监控以反映客户状态的迁移。

③流失预测模型:对所有客户流失概率的评分和预警,自动生成流失客户清单,并分析流失原因。

④交叉销售模型：分析客户对产品或者服务的偏好，为特定产品群寻找合适的客户群和为特定的客户群寻找合适的产品群。

（4）根据模型分析的结果制定并实施营销方案。根据模型分析的结果，配合相应的市场计划，针对不同的客户，制定不同的沟通策略和营销策略，并严格执行。执行过程当中，尽可能地收集客户的反馈信息，以便进行评估。

（5）营销效果评估分析。通过汇总客户的反馈，对单次营销效果进行分析，包括成本收益分析、市场活动产生的实时影响等，实现营销效果评估，以帮助营销人员改进营销目标和方案，为下一次的营销方案设计提供依据。如此，形成一个闭环营销体系。

（6）模型效果监控和更新。数据挖掘模型存在一定时效性，市场状况发生变化或者客户变迁等都可能导致模型的退化，因此模型效果监控是数据挖掘模型所必需的重要部分。

11.2.4 RFM 模型

1）RFM 模型的内容

根据美国数据库营销研究所 Arthur Hughes 的研究，客户数据库中有三个神奇的要素，这三个要素构成了数据分析最好的指标：最近一次消费（recency）；消费频率（frequency）；消费金额（monetary）。

（1）最近一次消费。最近一次消费意指上一次购买的时间——顾客上一次来店的时间、上一次购买东西、上一次购买的车等。

理论上，上一次消费时间越近的顾客是比较好的顾客，对提供即时的商品或是服务也最有可能会有反应。历史显示，如果我们能让消费者购买，他们就会持续购买。

最近一次消费的功能不仅在于提供的促销信息而已，营销人员的最近一次消费报告可以监督事业的健全度。优秀的营销人员会定期查看最近一次消费分析，以掌握趋势。月报告如果显示上一次购买时间很近的客户人数如增加，则表示该公司是个稳健成长的公司；反之，如上一次消费为一个月的客户越来越少，则是该公司迈向不健全之路的征兆。

此外，最近一次消费报告也是维系顾客的一个重要指标。最近才买你的商品、服务或是光顾你商店的消费者，是最有可能再向你购买东西的顾客。再则，要吸引一个几个月前才上门的顾客购买，比吸引一个一年多以前来过的顾客要容易得多。与顾客建立长期的关系而不仅是卖东西，会让顾客持续保持往来，并赢得他们的忠诚度。

（2）消费频率。消费频率是顾客在限定的期间内所购买的次数。一般情况下，最常购买的顾客，也是满意度最高的顾客。如果相信品牌及商店忠诚度的话，最常购买的消费者，忠诚度也就最高。增加顾客购买的次数意味着从竞争对手那里赢得了市场占有率，从别人的手中赚取营业额。

根据这个指标，我们把客户分成五等分，这个五等分分析相当于是一个"忠诚度的阶梯"（loyalty ladder），其诀窍在于让消费者一直顺着阶梯往上爬，把销售想像成是要将两次购买的顾客往上推成三次购买的顾客，把一次购买者变成两次的。

（3）消费金额。消费金额是所有数据库报告的支柱，也可以验证"帕雷托法则"（Pareto's Law）——公司 80% 的收入来自 20% 的顾客。

如果你的预算不多,而且只能提供服务信息给 2000 或 3000 个顾客,你会将信息邮寄给贡献 80%收入的顾客,而非那些贡献不到 20%的大批顾客。这样的营销所节省下来的成本会很可观。

结合这三个指标,我们就可以把顾客分成 5×5×5 = 125 类,对其进行数据分析,然后制定我们的营销策略。

最近一次消费、消费频率、消费金额是测算消费者价值最重要也是最容易的方法,这充分的表现了这三个指标对营销活动的指导意义。而其中,最近一次消费是最有力的预测指标。

2) RFM 模型的应用意义

在众多的客户关系管理的分析模式中,RFM 模型是被广泛提到的。RFM 模型是衡量客户价值和客户创利能力的重要工具和手段。该模型通过一个客户的近期购买行为、购买的频率以及消费金额三项指标来描述该客户的价值状况。

(1)RFM 模型较为动态地展示了一个客户的全部轮廓,这对个性化的沟通和服务提供了依据。同时,如果与该客户打交道的时间足够长,也能够较为精确地判断该客户的长期价值(甚至是终身价值),通过改善三项指标的状况,从而为更多的营销决策提供支持。

(2)一般的分析型 CRM 着重于客户贡献度的分析,RFM 则强调以客户的行为来区分客户。

(3)RFM 可以用来提高客户的交易次数。业界常用的 DM(直接邮寄),常常一次寄发成千上万封邮购清单,其实这是很浪费钱的。根据统计(以一般邮购日用品而言),如果将所有 R(recency)的客户分为五级,最好的第五级回函率是第四级的三倍,因为这些客户刚完成交易不久,所以会更注意同一公司的产品信息。如果用 M(monetary)来把客户分为五级,最好与次好的平均回复率,几乎没有显著差异。

企业根据 RFM 模型的原理,了解客户差异,并以此为主轴进行企业流程重建,才能创新业绩与利润。

11.2.5　精准营销

精准营销(precision marketing)就是在精准定位的基础上,依托现代信息技术手段建立个性化的顾客沟通服务体系,实现企业可度量的低成本扩张之路,是网络营销理念中的核心观点之一。

企业需要更精准、可衡量和高投资回报的营销沟通,需要更注重结果和行动的营销传播计划,还要越来越注重对直接销售沟通的投资。

11.3　一对一营销

精准营销精准到个人就是一对一营销。

一对一营销是人类历史上最古老的商品交换方式,自人类社会产生商品交换以来,一对一营销就开始存在并不断得到发展。近代的一对一营销是由美国哲学博士唐·珮珀斯和马莎·罗杰斯在其著作《一对一的未来,与客户逐一建立关系》中率先提出来的。

"一对一营销"的思想从 20 世纪 90 年代开始，就受到了商界地推崇，但只是近几年互联网及 IT 新技术的蓬勃发展才真正给了"一对一"思想以实际的应用价值。

11.3.1 概念

所谓一对一营销是指企业根据客户的特殊需求来相应地调整自己的经营策略的行为。它要求企业与每一个客户建立一种伙伴型的关系，尤其是那些最具有价值的"金牌客户"。企业通过与客户的交往不断加深对客户的了解，不断地改进产品和服务，从而满足客户的需求。

一对一营销的核心是以顾客份额为中心，通过与每个顾客的互动对话，与客户逐一建立持久、长远的"双赢"关系，为客户提供定制化的产品。

在实施 CRM 之前，企业要实施一对一营销策略只是一句空话，除了小型企业能做到外，对于有众多客户的大公司而言是无法做到的。只有信息技术发展到今天的水平，企业才有可能实施一对一营销。因为企业只有通过 CRM 系统才有可能做到与每一个顾客的适时沟通互动，才能做到了解每一个顾客的需求，也才能为每一个顾客提供个性化的产品和服务。

世界上开展一对一营销最为成功的是美国的戴尔（Dell）电脑公司，它为了迅速打开营销局面，拓展出自己的营销特色，针对各个个体消费者的不同需求和爱好，专门设计并生产出了属于其个人的不同电脑，并针对性地向各个个体消费者提供独具特色的服务，戴尔（Dell）电脑公司以特色鲜明的一对一营销方式，取得了公司销售业绩的飞速提升，成为世界上成功运用一对一营销方案的经典范例。

11.3.2 核心理念

一对一营销关注客户终生价值，推崇长期互动沟通，更加明确目标客户及其需求，通过实施一对一的互动沟通，更富于人性化地提高了顾客忠诚度，更隐蔽地实施了企业营销战略。

1) 顾客份额

亦称"钱包份额"，是指顾客给予企业业务量占其整个业务量的比例，是市场的质量，而市场份额是指市场的数量。企业不应当只关注市场占有率，还应当关注增加每一位客户的购买额，也就是在一对一的基础下提升对每一位客户购买额的占有。企业要想提高自己的顾客份额，就必须与每个顾客建立关系，通过与顾客长期持续的互动沟通，了解顾客的需求，最大限度地满足顾客，提升顾客的忠诚度，从而出现越来越多的"回头客"，顾客的重复购买也就会大大提升该企业在顾客的同类消费中的比重。

2) 顾客终生价值

一对一营销聚焦于顾客的终生价值，它指预估顾客终生惠顾企业所带来的利润。据《哈佛商业评论》报道，在满意商品的顾客中仍有 65%～85% 的顾客会选择替代品和竞争对手的商品，而高度满意或忠诚的顾客却很少改变购买。大部分的企业每年平均有高达 25% 的客户流失率。根据 Peppers 和 Rogers 看法，如果一个企业能将客户流失率减少5%，利润将会有 25%～85% 的增长，因为同样的成本之下多出的营业收入会直接得到较高的利润。因此，一对一营销注重客户的保留与开发，在客户与企业每一次交易中"记住"对方,从长远的角度来看待顾客的价值。

3) 学习型关系(learning relationship)

一对一营销不是到潜在的客户市场进行抽样调查来确定市场需求,而是专注于客户个体。一对一营销商和客户建立这样一种关系:"我认识您,您在我们的数据库中,请告诉我们您想要什么,我们按照您的要求去做"。随着时间的推移和多次的互动交流,建立了更富内涵的关系。"上次我们是这样做的,您现在还希望我们继续这样做吗?这有一种新方式,您看是不是更好些?"随着每次的相互交流与重新定制,每次公司与客户的关系都得到重新调整,公司都会使其产品和服务更进一步接近顾客的要求,更进一步跟上客户不断增长的口味和潮流。事实上,这关系在变得越来越富智慧,所以称之为"学习型关系"。

11.3.3 一对一营销的实施

一对一营销的执行和控制是一个相当复杂的机制,它不仅意味着每个面对顾客的营销人员要时刻保持态度热情、反应灵敏,更主要也是最根本的是,它要求能识别、追踪、记录个体消费者的个性化需求并与其保持长期的互动关系,最终能提供个体化的产品或服务,并运用针对性的营销策略组合去满足其需求。所以,"一对一营销"的基础和核心是企业与顾客建立起一种新型的学习关系,即通过与顾客的一次次接触而不断增加对顾客的了解。利用学习型关系,企业可以根据顾客提出的要求以及对顾客的了解,生产和提供完全符合单个顾客特定需要的顾客化产品或服务。

消费者对生产商的要求日益提高,这主要体现在两个方面:一是希望厂商能提供为自己专门设计的定制商品或服务;二是希望定制的商品或服务能尽快送达自己的手中。企业只有不断提高自己"一对一"的营销能力,才能赢得顾客,增加利润。因此企业通过完成下列四步来实现对自己产品或服务的"一对一营销"。

1) 第一步:识别企业的顾客

企业面对成千上万的顾客,不可能与每位顾客都能实现"一对一"。因此,在目标顾客群体中,可按照他们对企业的贡献度将他们划分为几个等级的群体。由于每个级别的顾客群体对企业的贡献度的差异,企业应该分别制定不同的销售政策,同时分别为其提供专门的服务。

掌握顾客资料是首先要做的,没有理想顾客个人资料就不可能实现一对一营销。这就意味着,营销者对顾客资料要有深入、细致的调查、了解。对于准备一对一营销的企业来讲,关键的第一步就是能直接挖掘出一定数量的企业顾客,且至少大部分是具有较高价值的企业顾客,建立自己的"顾客库",并与"顾客库"中的每一位顾客建立良好关系,以最大限度地提高每位顾客的终生价值。企业仅仅知道顾客的名字、住址、电话号码或银行账号是远远不够的,企业必须掌握包括顾客习惯、偏好等尽可能多的信息资料。企业可以将自己与顾客发生的每一次联系都记录下来,例如顾客购买的数量、价格、采购的条件、特定的需要、业余爱好、家庭成员的名字生日等等;同时,企业要对顾客进行长期跟踪研究,如企业必须从每一个接触层面、每一条能利用的沟通渠道、每一个活动场所及公司每一个部门和非竞争性企业收集来的资料中去认识和了解每一位特定的顾客。

要实施一对一营销策略,企业应当建立各部门间的信息交换系统,譬如利用企业内部互联网等,使企业里的每一个部门都能够共享企业的"公共记忆",以确保信息资源的有效利用。例如利兹——卡尔顿酒店就是通过"倾听"获取顾客偏好,从而为其提供个性化的服务。

世界上最有名的"倾听"组织是利兹——卡尔顿豪华酒店连锁集团,倾听是该酒店营销努力的核心要素。任何人得知客人的偏好,都可以通过前台服务人员记录到"客人偏好表"中,然后客人偏好就会进入所有分店的名为"客人历史"的计算机文件中。每天晚上,文件被送到连锁店数据库,以保证一位客人下榻的两家不同的利兹—卡尔顿酒店都拥有其偏好信息。每天早上,根据酒店的预定名单察看客人偏好文件,从而使工作人员能采取各种必要措施迎接客人的到来。这种倾听的"小把戏"还包括由前门迎宾人员从行李标签上收集到达顾客的姓名,并迅速传递到服务前台,给酒店其他员工使用。

客人投诉由引起投诉的酒店员工负责。问题解决后,此次投诉被记录到"客人事件表",并立即进入数据库,可以使酒店其他人员了解到当天客人有不幸的经历而去投诉,可能需要特别的照顾和关心。

利兹—卡尔顿的倾听方式是酒店战略的核心。首先是带来大量的口头广告替代了连锁酒店传统的巨额营销开支。更重要的是整个系统相对简单、易于使用,而且它依赖于企业各级别员工的投入。另外,系统可以迅速为那些需要使用的人提供信息。这样,每个人都被融入日常的数据收集和使用中,这可以让认为此项工作是额外负担的人增强对信息收集工作重要性的认识。

2)第二步:对顾客进行差异化的分析

"一对一营销"较之传统市场营销而言,已由注重产品差异化转向注重顾客差异化。广义上讲,顾客差异化主要体现在两个方面:一是不同的顾客代表不同的价值水平,二是不同的顾客有不同的需求。因此,在充分掌握了企业顾客的信息资料的前提下,应该合理区分顾客之间的差异。顾客差异化一方面可以使企业的"一对一"工作能有的放矢,即集中有限的企业资源从最有价值的顾客那里获得最大的收益。另一方面,顾客差异化是企业重新设计生产行为,从而对顾客的价值需求做出及时反应的前提条件。更重要的是,企业对顾客实行一定程度和一定类型的差异化将有助于企业在特定的经营环境下制定合适的经营战略。

3)第三步:与顾客沟通

在互动中,首要的是沟通效率,而沟通效率的提高取决于对相关信息做出反应的及时性和连续性。

现在有些企业通过网络站点向他们的目标客户传输及获取最新最有用的信息,较之客户拜访中心大大节约了成本。当然,传统的沟通途径如人员沟通、顾客俱乐部等的沟通功效仍不能忽视。作为"一对一营销"必需的"双向沟通",要求企业与顾客之间的沟通保持互动的连续性而不受时空的限制,即企业与顾客的联系上次在哪里结束,这次就应该从哪里开始,不管上次联系是发生在昨天晚上还是前一个月,不管是在某一特定的场所还是在网络站点。

企业与顾客的互动,它的互动平台和措施应视该成员的级别价值而定,可以是数字化、网络化的,也可能是电讯化的和人工化的。

中国惠普公司成立了专门的部门对其重要的客户实行专门管理,设立专门的电话销售代表及专门的售后服务专线。它还采取了区别其他普通客户的直销方案,客户可以透过与专门的电话销售代表进行"一对一"的互动交流、灵活配置、直接定购并从位于上海金桥的工厂得到直接送货。

与营销的渠道成员互动相比,企业与最终顾客的沟通交流就显得面积更大,沟通的接触点更多了。企业必须通过多种方式尽可能地挖掘企业的产品、服务、广告宣传路径中与顾客的接触点,在一些重要的接触点上设置与顾客的反馈沟通装置。如沃尔玛零售连锁店在收银台设置顾客购买资料录入器,对顾客购买商品的数量、品种、购买频率、购买时间等都进行录入,而且在卖场里设置了顾客意见和建议反馈纪录,并派专人进行搜集整理和分析,了解顾客的需求变化。

4)第四步:定制服务

"一对一营销"的最后一步是定制服务。识别顾客也好,与顾客互动也好,最终目的是通过掌握顾客需求来满足顾客需求,从而与顾客建立长期的关系。在这一过程中,企业可以结合企业的流程再造进行以定制服务为目标的新流程。将生产过程重新解剖,划分出相对独立的子过程,再进行重新组合,设计各种微型组件或微型程序,以较低的成本组装各种各样的产品,以满足顾客的需求;采用各种设计工具,根据顾客的具体要求,确定如何利用自己的生产能力,满足顾客的需要,从而为单个顾客定制一件实体产品,或围绕这件产品提供某些方面的定制服务。

例如,上海通用汽车现在可以为每一位顾客提供"个性化"的别克。现在,每一个注册过的准车主都可以尝试通过上海通用汽车公司的中文网 www.Shanghaigm.com 定制自己中意的别克——配置、颜色以及供货的地点都可以一一标明。不仅如此,如果您是一个爱操心的人,还可以通过这套系统查看所订购车辆的状态——是尚在生产线上,还是已经在喷漆,或是进入仓库,或者已经在运输途中,一直到这辆个性化汽车送到面前。这就是上海通用汽车公司实施 CRM 后为顾客提供的定制服务。

11.3.4 一对一营销的价值

一对一营销为企业创造的价值主要体现在以下四个方面:

(1)交叉销售大大增加。在一对一营销中,顾客对其所忠诚的企业的商品和服务的消费会随时间的增长而增加,由此对企业的信任度增加,其结果是:他们有可能更多地购买企业商品。不但会继续购买原来的商品还会尝试购买企业的其他商品。这样的交叉和向上销售就会大大增加企业的收入。

(2)降低客户游离程度,增加客户忠诚度。在互联网中顾客可以获取各种信息,会相互比较为自己寻求更大的价值。而"一对一营销"的一个重要的观念是"重要的不在于您对所有的客户了解多少,而是在于您对每一位客户了解的程度",也就是必须与客户进行一对一交流。通过这种双向沟通媒介以及信息回馈机制,企业能获得更多的信息,因而能更好地满足客户的各种特殊需要,提供给客户质量上乘和价格合理的产品,建立与客户之间的信任与忠诚关系。同时有效地制止客户对其他商品信息需求的欲望,排斥其比较心理,使企业获取终生客户。

(3)交易成本降低,服务周期缩短。老客户的重复购买可以缩短产品的购买周期,拓宽产品的销售渠道,控制销售费用,从而降低成本。同时与老顾客保持稳定的关系,使顾客产生重复购买过程,有利于企业制定长期规划,建立满足顾客需要的工作方式,从而也降低了成本。此外,"一对一营销"能使客户更加便捷地得到产品或服务。每次交易中客户需要重复陈述的信息或需求越少,这种交易的效率也就越高。

(4)客户满意度提高,建立品牌效应。客户满意度得到提高,使企业获得终生顾客。这些忠诚顾客会成为企业的义务推销员,向其他人群推荐这种产品或服务。这种顾客口碑宣传,不仅使顾客所属群体其他成员成为企业的新顾客,同时这种新顾客,与那些冲着诱人广告,价格折扣而来的顾客相比,更容易产生价值共鸣最终也成为忠诚顾客。这将对企业树立良好的品牌形象起到不可估量的作用。

11.4 社交媒体营销

1) 社交媒体营销的定义

社交媒体营销也称之为社会化媒体营销,是利用社会化网络、在线社区、博客、百科或者其他互联网协作平台和媒体来传播和发布资讯,从而形成的营销、销售、公共关系处理和客户关系服务维护及开拓的一种方式。一般社交媒体营销工具包括论坛、微博、微信、SNS社区、短视频、中视频等平台,通过自媒体平台或者组织媒体平台进行发布和传播。

2) 社交媒体营销的优势

(1)社交媒体拥有的可观流量可以满足企业不同的营销策略。如第2章所述,社交媒体的用户量特别大,仅微信就有10亿以上的用户,具有巨大的流量,是各个企业争相使用的营销平台。

(2)可以有效降低企业的营销成本获得较高的回报率。社交网络营销"多对多"的信息传递模式具有更强的互动性,受到更多人的关注。因此与传统广告形式相比,无须大量的广告投入,相反由于用户的参与性、分享性与互动性的特点很容易加深用户对一个品牌和产品的认知,容易形成良好的印象,从媒体价值来分析形成好的传播效果。

(3)通过定向广告投放实现目标用户的精准营销。社交媒体的用户注册数据相对来说都是较真实的,企业在开展社交网络营销时,可以通过用户的场景、收入状况、自然属性等标签来筛选适合自己的用户,从而有针对性的与这些用户进行宣传和互动,实现精准营销。

(4)作为符合网络用户需求的营销方式能带来更多销售量。由于社区内容分享形式更多的像是朋友间的分享,这使得用户更容易接受信息。没有任何一个媒体能够向社交媒体一样把人与人之间的关系拉得如此紧密,硬广、软广的搭配使用不断激发用户的购买欲望,砍价、拼团等优惠形式的多样化也为产品销量带来可观裂变效果。

(5)让企业互动公关更及时,易建立品牌好感度。用户在社交媒体获取信息的同时也在分享信息,企业能够通过社交媒体第一时间了解用户的态度,并作出互动。此外,社交媒体作为第一发声渠道,当企业出现问题时,可以及时公关,增强用户的依赖,与用户建立信任的同时提升对品牌的好感度。

3) 做好社交媒体营销的关键

做好社交媒体营销有如下几个关键点:

第一,社会化营销不是一个独立的可以支撑起企业品牌塑造的渠道,只是一个借助和辅助手段。

第二,网络营销活动,简单易参与是王道。

第三,品牌诉求越聚焦越强大。

第四,内容为本、创意为先。

第五,内容互动与真实。

第六,后续延伸与线上线下结合。

第七,成立专门机构负责社会化媒体营销。

11.5 直播

以5G、大数据、云计算、人工智能、XR(如VR、AR)为代表的新兴技术蓬勃发展和深度应用,深刻改变了人们的消费方式。一方面,移动互联技术的发展加速传播媒介的壮大,线上消费场景日益丰富,传播维度的扩展促进消费增长。另一方面,互动式的传播模式,有效提升了消费体验,消费广度大大加深。

在上述新兴前沿技术的加持下,以短视频和直播为主的新媒体将取代传统媒体逐渐成为主流媒体,人们的交互方式将不断革新,红人—粉丝之间的互动频次、深度增强,催生更深层次的社会和经济需求。

11.5.1 直播及其概况

1) 直播定义

关于直播的界定,目前无论是学术界还是企业界都没有给出一个较为统一的定义。

广播电视词典对直播界定为"广播电视节目的后期合成、播出同时进行的播出方式"。按播出场合可分为现场直播和播音室或演播室直播等形式。直播的英文是"LIVE"。目前直播多指网络直播,也是本研究所指含义。易观在发布的《中国娱乐直播行业白皮书2016》里认为,直播是依托网页或客户端技术搭建的虚拟网络直播间,是一种为主播提供实时的表演创作,支持主播与用户之间互动的平台,是一种互动娱乐形式。

网络直播(live webcast/live streaming),即互联网直播,是一种基于互联网,实现实时内容传播的视听形式(Chen,2018)。谭畅等(2017)基于对历史文献的整理,将网络直播的定义总结为网络主播依托互联网与终端设备,以网络直播平台为载体,进行实况播送,并与受众进行即时双向互动交流的网络内容服务形态。

亿欧智库(2020)指出互联网直播是基于互联网,以视频、音频、图文等形式向公众持续发布实时信息的活动。艾瑞咨询(2020)将网络直播分为企业直播与泛娱乐直播两类,其中企业直播是指企业商家利用自有或第三方直播平台,采用视频直播形式实现业务场景线上化,进而产生商业价值。泛娱乐直播是指主播通过大众直播平台进行实时表演等泛娱乐领域相关的直播行为,并呈现主播与用户之间互动打赏的娱乐形式。

2) 直播概况

2019年直播呈爆发趋势,行业总体规模突破4 000亿,在行业中的运用广泛,如直播＋电商,直播＋教育,直播＋综艺,直播＋公益等等,其中,直播＋电商份额最大,有近四成用户观看过直播＋电商。新冠疫情加速了直播与各行各业的结合,艾媒咨询认为:2020年是直播元年,2020年中国在线直播用户规模为 5.87 亿人,2021 年为 6.35 亿人,预计2022 年将达到 6.60 亿人。截至 2021 年 6 月,我国网络直播用户规模达 6.38 亿,同比增长 7539 万,占网民整体的 63.1%。其中,电商直播用户规模为 3.84 亿,同比增长 7524万,占网民整体的 38.0%(CNNIC,第 48 次)。

11.5.2　直播电商及其概况

1) 直播电商的定义

Xu 等(2020)指出直播电商(live streaming commerce)是一种通过直播平台开展商品交易与交付的电子商务活动。直播电商借助直播场景、直播技术、网络基础设施,以提供实时的互动娱乐,在该网络环境下实现社会活动与商业活动的无缝对接。裴学亮等(2020)认为直播电商是指电商平台上的企业通过网络直播技术与顾客互动、同时宣传、展示、体验商品,并最终实现商品交易的线上零售商业模式。

根据易观分析(2020)的定义,直播电商是电商与直播相互融合,以达成交易为目的的商业运营形式,直播电商是通过直播替代传统图文、社区等形式,进行商品品牌、功能、特性的介绍展示,并引导用于进行下单的商业模式。

综上所述,直播电商指的是以直播为渠道来达成营销目的的电商形式,是数字化时代背景下直播与电商双向融合的产物。其本质仍然是电商,但是以直播为手段重构“人、货、场”三要素,与传统电商相比,直播电商拥有强互动性、高转化率等优势。

2) 直播电商概况

直播电商 2016 年开始兴起,各类平台纷纷入驻,电商平台和短视频平台更为积极,游戏平台、社区＋工具平台也在持续探索直播电商的发展方向和模式。经过 3 年的发展,直播电商已经发展成为直播行业中最受用户欢迎的子类直播电商迅猛发展,直播电商具有生动直观、实时互动、内容多样化、粉丝效应等特点,在购物体验上更贴近与线下零售思维,同时可提升传统电商人货场的效率。

根据中国互联网络信息中心(CNNIC)第 49 次中国互联网络发展状况统计数据,截至 2021 年 12 月,我国网民规模达 10.32 亿,较 2020 年 12 月增长 4296 万,互联网普及率达 73.0%,在网民中,即时通信、网络视频、短视频用户使用率分别为 97.5%、94.5% 和90.5%,用户规模分别达 10.07 亿、9.75 亿和 9.34 亿。

直播电商成为广受用户喜爱的购物方式,66.2% 的直播电商用户购买过直播商品。2020 年直播电商规模已超 1.2 万亿元,同比增长 197%,其在电商市场的渗透率从 2018年到 2020 年分别为:1.5%、4.2%、10.6%,预计到 2023 年将升至 24.3%,如表 11‐2 所示,可见其发展速度。

表 11‐2　2018—2023 年中国直播电商市场规模及增速、市场渗透率

年份	中国直播电商			
	市场规模 (单位:亿元)	增长率	占社会总零售渗透率	占网购渗透率
2018	1 205	—	0.3%	1.5%

年份	中国直播电商			
	市场规模 （单位：亿元）	增长率	占社会总零售渗透率	占网购渗透率
2019	4 168	245.9%	1.0%	4.2%
2020	12 379	197.0%	3.2%	10.6%
2021e	22 697	83.3%	5.3%	15.5%
2022e	34 879	53.7%	7.6%	20.1%
2023e	49 144	40.9%	10.1%	24.3%

资料来源：艾瑞咨询。

截至 2020 年年底，中国直播电商相关企业累计注册有 8862 家，较 2019 年增长
360.8%。直播电商行业主播的从业人数也在不断增长，截至 2020 年年底，行业内主播的
从业人数已经达到 123.4 万人。

3）直播电商产业

直播电商产业链有很多参与者，如表 11-3 所示。

表 11-3 直播电商产业图谱

供应链	直播服务商—电商型 MCN		渠道平台	
品牌商 工厂 原产地 经销商 ……	谦寻、美 ONE、宸帆		电商平台：淘宝、京东、拼多多、唯品会、苏宁易购	用 户
	主播 网红达人：李佳琦、辛巴 明星艺人：王祖蓝、李湘 企业家：雷军、董明珠		内容平台：抖音、快手、bilibili、斗鱼、虎牙 社交平台：微信、微博 B2B 平台：阿里巴巴	
服务支持				
其他直播服务商： 运营：微赞、有赞 整合营销：茉莉传媒、集淘 数据：艾瑞咨询 其他：腾讯云			其他支持服务商： 支付：微信支付、支付宝 物流：顺丰、中通、申通	

资料来源：根据网上资料整理。

由表 11-3 可知，直播带货平台主要有如下三种：

（1）电商平台：为鼓励商家发展，自行搭建直播板块，作为平台商家销售运营的工具，
典型代表如淘宝、京东、拼多多、苏宁等，此类平台具有丰富的货品和商家资源、成型的电
商服务和消费者权益保护体系，以及平台治理规则。

（2）内容平台：延伸至电商业务，其核心是互联网红利将尽，电商获客较难，内容成为

新流量入口,如抖音、小红书、快手等,其核心优势在于达人资源丰富、流量资源充沛。内容电商即指以消费者为中心,围绕 IP、KOL、直播、热点事件等进行内容创造,实现商品随内容的同步流通与转换的目标,从而提升电商营销效果的一种电商模式。

(3)社交平台:将流量聚合,转化为商业价值,典型代表如微博、微信等。此类平台具有很强的社交优势,用户覆盖面广,能够调动私域流量。

2019 年中国直播电商市场份额为:淘宝直播 48.3%,快手直播 24.2%,抖音直播9.7%,其他 17.8%,上述三家成为直播电商头部企业,各自有其直播带货特点,如表 11-4 所示。

表 11-4 内容与电商平台直播特点

平台	GMV (亿元)	DAU 日活	商品接入	带货 KOL 属性	带货商品属性
淘宝 —电商	2000	2800 万	淘宝、天猫	超头部主播高度集中(占比 25%)(代表主播:李佳琦、薇娅)(明星主播:李湘、刘涛、汪涵等)	淘宝体系全类目 价格:200~500 元 退货率高(30%以上)
快手 —内容	1000	1.5 亿	快手小店、魔筷精选、有赞、淘宝、拼多多、京东	头部主播相对集中(前十名流量占 30%)(代表主播:散打哥、辛巴)(明星主播:周杰伦、丁磊等)	食品、日常生活品、服装帽饰、美妆 百元内、高性价比、白牌居多 退货率低(3%以下)
抖音 —内容	400	2.6 亿	字节小店、淘宝、京东、考拉、唯品会	头部主播相对分散(代表主播:正善牛肉哥)(明星主播:罗永浩、李小璐等)	美妆、服饰 0~200 元品牌货,有调性 退货率低(3%以下)

资料来源:2020 年 Dataway(数据威)。

短视频平台和电商平台上的直播在流量和供应链方面各自有明显优势,短视频引流电商平台完成销售的合作模式短期内不会改变,但未来各自会在短板上努力。如图 11-1 所示。

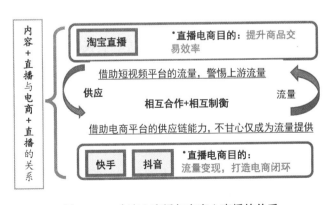

图 11-1 内容+直播与电商+直播的关系

综上所述,传统电商依靠用户流量拉动模式已现衰退,内容向上、流量向下的时代,电商需要内容来引流,内容需要电商来变现,进而推动内容电商中视频直播电商成为新引擎。直播电商用户凸显,主播通过直播互动媒介将优质、性价比高的商品触达用户并达成交易的商业模式被认可。直播电商的"人货场"范围快速扩大并向普惠方向发展,直播将成为电商"标配"。

媒介变迁,从电视购物到直播电商,从单向到互动,所见即所得,降低试错成本,直播电商在很大程度上打破用户对产品看不见、摸不着、感受不到的现状,主播将商品的详情、优缺点、使用效果用视频的方式展现出来,相比图片和文字,视频的信息维度更加丰富,使得用户能够更为直观并全面地了解产品的属性和用途。短视频企业直播带货对所有参与者,如短视频平台、直播企业以及用户等都颇有价值,这也是它不断发展且未来持续向好的原因所在。

CRM营销策略中的各种营销方法并不是孤立的,它们之间有着相互联系。关系营销是CRM的思想基础和理论渊源,一对一营销、数据库营销、社交媒体营销、直播是关系营销的拓展与延伸。这些营销策略互相渗透、交叉,其核心都是维护和发展客户关系,都需要以CRM系统中数据库为基础。因此,在实际运用中,往往把这些营销策略综合起来进行。

主题案例

东方甄选:从销售产品到销售情怀

越来越多的人喜欢看东方甄选直播。可以说,从教培行业转型的新东方重新定义了直播的内容和方式,并让董宇辉、YOYO等一众新东方的老师走红直播间,很多人趴在直播间听他们侃亲情、梦想和情怀,也顺便买了不少东西。在半年多时间里,东方甄选获得了巨大的流量。

对比半年前,新东方一度深陷转型困局,美股新东方(EDU)股价在一年之间遭遇了从每股196.94美元的高点跌落到不足2美元的窘境,上市以来的首次亏损更让其现金流骤减。

但在目前,多家券商开始给予新东方在线(01797.HK)"买入"评级,比如申万宏源证券就认为,随着东方甄选热度激增,以及大学生业务企稳恢复,预计新东方在线2023财年扭亏为盈。预计新东方目标企业价值为206.35亿港元,对应目标价为每股20.59港元。

目前抖音上的公开数据显示:东方甄选的粉丝量达到2368.5万,7月累计销售额突破6亿元。蝉妈妈数据也显示,7月东方甄选共开播31场,观看人次突破7亿,场均观看人次突破2000万,成为销售额排名第一的蓝V达人。

那么,如何看待新东方的这一转型,从销售商品到销售情怀,新的直播模式能否缔造新东方的"第二增长曲线"?要打造持久的生命力,还需要怎样的商业操盘?这一模式是否可以复制,对其他面临转型的企业来说,是否具备样本意义?

转型:在产品间实现"迁移",打破"选品"壁垒

心理学家艾伯特·麦拉宾表示:一条信息所产生的全部影响力中,7%来自语言文字,38%来自声音,剩下的55%则全部来自无声的身体。

如今,东方甄选的直播间正将这种"信息"的影响力发挥到极致,在诗意的文字中,它包含的不再是单纯的商品信息,而是投射出更多的情感和经历,比如回忆初恋,回忆母亲,通过与观众达成的共识形成一种更长久的依赖甚至共情。久而久之,价值认同成为主流,"卖货"似乎反倒成了直播的"附产品"。

那么,到底该如何看待这种直播的新模式呢?这要从新东方的创始人俞敏洪的转型说起。

2021年10月25日,新东方在线发布公告称,停止K9学科类培训,并于2021年11月末生效。在此之前,K9学科类业务约占新东方营收的六成。这注定成为新东方历史上一次伤筋动骨的"变革"。按照俞敏洪后来的总结,2021年新东方的市值蒸发了90%,营业收入降低了80%,裁员6万人,遣散费以及房屋租金等现金支出达200亿元。

对新东方来说,转型压力已箭在弦上。2021年11月7日,俞敏洪进行了第一次直播带货,在三个小时的直播时间里一共卖出了500万元的货。从某种意义上来说,这也可以看作是新东方布局直播业务的开始。

2021年12月7日,东方甄选(北京)科技有限公司成立,并在随后的12月28日,新东方"东方甄选"直播间登录抖音平台,首日GMV(商品交易总额)突破500万元。但在之后数个月的时间里,正如董宇辉所说,直播间里经常是自己的父母和朋友在支持。

但在近半年的坚守之后,东方甄选中英双语带货直播的创新模式迅速在抖音爆红。2022年6月10日,"新东方主播"话题登上微博热搜榜,当日东方甄选直播间观看人次达到900万人次,GMV达到1486万元,到6月18日,粉丝数量突破2000万人。整个7月,GMV更是达到了7亿元。

对此,国海证券研究所证券分析师姚蕾认为是"内容+产品+品牌背书"形成的核心竞争力,促成了东方甄选直播间的"出圈"。

"新东方转型直播业务的底层逻辑在于新东方文化中的名师基因,作为1993年成立以来曾走出诸多知名人物、以好老师为核心资产的公司,新东方此次因'出圈'再次印证这一企业基因的影响力。"姚蕾表示。

正是有了"好老师"这样的人才基础,新东方实现了优质内容的可持续开发。同时,这些优质的内容虽然因为"名师"的个性化而风格各异,但却在"情怀"的调性上保持了高度一致。

"从绝望中寻找希望,人生终将辉煌"这一新东方语录曾经打动了出国留学的一代人,如今的新东方开始更加关注喧嚣世界中的眼界和心灵。

企查查App显示,俞敏洪目前共计关联83家公司,担任18家公司法定代表人,对外投资公司43家,其中涵盖十余个行业,包括软件和信息技术服务业、商务服务业、零售业等。但是,俞敏洪不管涉足多少行业和企业,文人出身的他总是在进行着哲学命题上的思考,就像董宇辉在一场直播中所说的,"我没有带你去看过长白山皑皑的白雪,我没有带你去感受过十月田间吹过的微风,我没有带你去看过沉甸甸的弯下腰、犹如智者一般

的谷穗,我没有带你去见证过这一切,但是,亲爱的,我可以让你去品尝这样的大米。"

操盘:从流量聚合、产品矩阵到供应链布局

在抖音平台上,东方甄选这样描述自己:"新东方集团、新东方在线唯一农产品直播带货平台,每天7:00—00:30东方甄选陪你。"一句"陪你",透露出了这一直播间的情怀调性。

但是,如果仅仅是这些,东方甄选还很难从众多的直播带货中凸显出来,更准确地说,双语直播的新颖性即便能成为爆红的"导火索",但要打造持久的生命力,要让直播真正成为新东方的"第二增长曲线",还需要更为系统的商业操盘。

这就非常考验企业家对时代的判断力,以及对商业和直播行业的深度理解。著名财务管理专家、财经畅销书作家邹志英从管理会计角度分析新东方的转型模式时告诉《中国经营报》记者,"新东方教育转型直播带货解决了企业在不确定性环境下的战略布局和商业模式重新选择问题,正如迈克尔·波特所说,所有的企业竞争中都会面临三种战略选择,一是总成本领先战略,二是差异化战略,三是专一性战略。"

事实上,反观近年来直播市场的演变,从注重销量到注重用户存量,从产品电商到兴趣电商,内容的重要性正日益突显。只有优质的内容,才能成为真正的流量密码。

信达证券首席分析师冯翠婷指出,"直播电商早期的折扣直播电商形式,满足了高效匹配和丰富展现形式等需求。兴趣电商则以优质内容激发用户的兴趣,吸引用户的停留、互动,产生购买转化。东方甄选优质内容持续产出,契合兴趣电商的发展趋势,流量具备持续性,直播间观众消费能力强。"

Hi-Finance 创始人兼CEO王钊在接受本报记者采访时曾表示,"优秀的主播要具备两项能力,一是亲和力,二是稿件撰写的能力,否则每次动辄高达几个小时的直播频率,写稿子根本跟不上,根本撑不起每场直播12000字的内容量。"

这就需要主播具备强大的思考能力与现场表达能力,正是这一点,与新东方深耕教育培训行业30年所积累的优质内容开发经验相契合,进而实现了企业战略资产(名师和个性化人才)的递延效果。

由此,抖音与新东方各取所需,一拍即合。"'出圈'是内部创新和外部机遇结合的结果,但抖音兴趣电商的推流算法实质是放大器,走红背后本质还是东方甄选提供的内容和货品能够与抖音的用户标签相匹配。"冯翠婷表示。

不过,东方甄选并没有单纯依赖抖音,而是通过打造主播的个人IP,全方位、多平台地为直播间吸引流量,通过内容聚合进一步打开"流量之门"。比如,借助主播的个人微博、小红书、抖音持续更新主播的个人生活,通过直播间和个人社交媒体与粉丝进行高频的互动,在引流的同时增加了粉丝黏性。

《企业直播》一书的作者、保利威副总裁周鑫告诉记者,"内容聚合可以帮助企业增加内容传播效率,并进行有针对性的引流。比如,一场直播之后,可以把一个内容在系统里分成45分钟的精华版,15分钟的短视频,5分钟的抖音版本,15秒的浓缩版,不同的内容形态,可以实现不同的传播目标。"

新东方很好地利用了这一方式,如今,无论是在微信视频,还是抖音上,都可以看到东方甄选各种版本的直播剪辑,他们还对这些剪辑的小视频进行了分类,比如,在抖音上,就有丈量河山、东方甄选自营品、甄选小作文、戏精老师、冷知识测评等作品909个,

对这些内容,网友可以进行传播、分享和点赞。有数据显示,东方甄选直播时基本没有用付费流量。

基于内容聚合和流量聚合形成的巨大加持,东方甄选开始不断扩大自己的产品矩阵。就在不久前,东方甄选美丽生活账号上线,开始面向更广阔的女性市场打造第二增长曲线。而在此之前,农产品、图书、自营产品等子账号已经开始充分挖掘各垂直品类消费人群需求。

信达证券的研究报告显示,从观众画像来看,东方甄选的直播观众(截至 6 月 27 日),女性居多(大约 70%),31%~40% 以及 24~30 岁的年龄层居多(分别约为 40% 和 30%),一线及新一线城市居多,消费能力较强。这为共同打造多极增长的账号矩阵奠定了用户基础。

数据显示:2022 年 7 月东方甄选直播间共上架 1315 件商品,其中食品饮料产品占比达到了 53.99%,相比 6 月占比进一步提高。食品饮料、生鲜蔬果、图书音像依然是东方甄选直播间内销量最多的商品。

然而,伴随直播带货产品品类的不断扩张,供应链管理的重要性日益突出,北京银杉科创投资管理中心合伙人张伟明告诉记者,"直播带货,理论上谁都可以做,但作为一个企业去成规模经营就不容易了,涉及供应链及产品选品及营销策略等,一般的直播带货平台缺少对物流及供应链的监督及产品质量把控能力,而这两者恰是直播带货平台竞争力最重要的体现。"

显然,流量暴涨正受到供应链的约束。对于这一点,俞敏洪表示,"东方甄选以卖农产品为主,绝对不是为了出名,也不是为了热闹,而是要建一个优秀的农业和生活产业链。"按照俞敏洪的规划,首先,新东方要建立一个立体化销售平台,除抖音外还会考虑其他平台,甚至自建平台,培养更多的主播。其次,要建立自己的产品体系,打造自己的产品链。再次,寻找以高科技为核心的农业产业公司,并在适当的时候以投资或者合作的方式进行参与。

模式:是否可持续与是否可复制

伴随东方甄选直播间的爆红,加上以产品为中心,具备更好的盈利潜力,其模式是否可持续以及是否可复制,开始被业界关注。

公开信息显示:东方甄选的直播间的模式兼具店播和达人播的特点,更接近产品型公司,运营内容和货品时更加产品导向。

同时,从成本收入模式上来看,东方甄选不收取坑位费,与一般的 MCN 公司在收入模式(带货、广告、代运营、坑位费等)和成本构成上存在差异。其薪酬管理承自新东方在线管理体系,相较头部达人不采用分成模式,在直播时也基本没有付费流量。加上品牌信用,自营产品供不应求,毛利率高。

对此,一位要求匿名的受访对象就表示,"东方甄选的模式很难复制。因为东方甄选是组合能力,不是单一能力。组合能力具有稀缺性。当用户习惯了高品质的组合能力后,很难再适应简单粗暴的直播带货。"

在上述分析者看来,"组合能力包括了前台人员的表达能力(知识量、控场能力、感染力、价值观正向的一致性),企业进行选品的能力,推出新品的速度,以及自营的比例不断提升带来的可控性和盈利空间。"

再来看东方甄选的用户质量,这可以通过三个数据进行观察:①自营购买粉丝达到 100 多万;②橱窗购买粉丝达到了 400 多万;③回头客达到 274 万＋。这些指标都非常良性,与企业拥有的组合能力互为表里,相互促进,最终形成企业的竞争壁垒。

对于东方甄选模式的可持续性及带给新东方的未来前景,虽然诸多券商都给出了盈利预期,但仍有不少问题值得警惕和绸缪。

张伟明认为,"直播平台主持人及团队是需要筛选和培养的,培养出一个优秀的小团队不容易,培养出一批优秀的团队就更不容易。从目前看,东方甄选的业绩无疑是成功的,但是否是一个持续成长的商业模式,未来还有待验证。比如,在选品上,对筛选产品的溯源认证要更标准化;团队激励需要将短期业绩激励和长期股权激励结合起来,并形成一个标准化的培养体系;进一步强化直播平台的大数据分析能力,形成具有一定优势的精准营销能力。"

邹志英则认为,"东方甄选这种'出圈'和爆火的方式能否持续健康发展,取决于新东方是否具备在不确定环境中持续驾驭企业重大风险的能力、推陈出新的能力、精细化质量管理的能力以及供应链管理的能力。举例来说,有媒体报道,东方甄选曾被顾客投诉桃子霉烂长毛问题,这反映了农产品非标准化的难题,物流难度大,品控非常困难,且利润低,新东方要想做好农产品的带货直播,需要做好农产品的源头采购管理和物流管理。"

随着时间的推移,新东方还会面临直播电商业务流量下滑或流量成本上升的风险,产品质量或品控问题导致的声誉风险,主播团队存在流失的风险等。

"判断一家企业的前景或者商业模式好不好,要持续观察该企业在未来 5 年甚至 10 年的发展轨迹,它能否成为细分市场的佼佼者,是否具备可持续成长的潜力,而不是短期内的快进快出获利,所以对新东方能否最大化地减小不确定性带来的风险,我持保留意见,仍有待进一步观察。"邹志英表示。

(资料来源:屈丽丽,《中国经营报》,2022.8.13)

案例思考题

(1)试分析新东方转型成功的原因。
(2)试分析直播的特点。
(3)你所在的企业如何借鉴新东方的直播策略?
(4)该案例对你的启发何在?

本章复习思考题

(1)关系营销策略分为哪几部分,具体如何操作?
(2)企业应该如何实施一对一营销?
(3)简述 RMF 模型的主要内容,这三个指标对企业的意义何在?

综合篇　总结现状　展望未来

第 12 章　CRM 绩效评估

SW 公司对 CRM 实施的评估

广东 SW 消防设备有限公司(以下简称 SW 公司)是一家专业生产消防器材的中小型制造企业。公司于 1993 年成立,在创业之初,它抓住机遇,迅速发展,9 年的时间就从一个十几个人的小作坊发展成为一个拥有员工达到 400 人的制造企业,成为消防行业的后起之秀。目前,公司具备产品科研设计、开发研制、开通调试的能力,能根据客户对各种使用方式、场所要求,进行产品设计、制造、安装、维护的一条龙服务。公司产品现有灭火器、消防箱、水气体灭火系统和电子产品四大类,产品年销售额 1.5 亿元。经过对 SW 公司采购工作实践进行分析和总结后,SW 公司采购管理工作主要存在以下的问题:没有统一的处理业务的原则;采购效率低;内部协调不充分;外部管理不足;缺乏持续改进。

鉴于以上原因,SW 公司决定实施 CRM 系统,对 CRM 型采购管理方案进行评估,评估将分为评估指标体系的建立和评估方法两部分介绍。

评估指标体系

SW 公司 CRM 型采购管理绩效评估指标体系既包括了部分传统指标,同时也增加了一些新的指标和要求。

评估方法

分析了 SW 公司现有采购工作管理水平,认为公司采购管理制度和流程尚不够完善,采购人员文化素质较低。因而,采购部门开始实施 CRM 肯定会遇到很多的困难,所以建立的评估体系的特点是重在激励,即鼓励部门员工主动学习利用先进理论,切实提高管理水平。因此对 CRM 型采购管理绩效分别进行定量和定性评估,以求较全面客观的对方案实施绩效进行评估。首先将为各指标设定权重,然后建立指标和权重的对应数量关系,作为对采购部门定量评估的主要方法;对定性指标评估来说,建议目前主要可以依靠公司高层或相关部门的定期指导、检查和监督,以及主动听取供应商和客户的反馈意见,积极改进的管理方法为主。

利用必要的控制手段来保障 CRM 按照既定目标实施,而绩效评估是对 CRM 执行结果的一种客观描述,是对 CRM 实施效果的综合评定。

(资料来源:根据网上资料整理加工)

彼得·德鲁克曾说过:"如果你不能评价,你就无法管理。"在竞争越来越激烈的市场经济环境下,企业的经营绩效越来越成为企业追求的目标。企业实施 CRM 为的是提高企业的核心竞争力,提高其经营绩效。企业花费大量资金来建设 CRM 系统,实施 CRM 大型项目,涉及的投资几百万,为的是通过实施该项目能有很好的回报。但是,目前企业在 CRM 建设时非常重视投入资金的获得,而往往忽略投入后的产出问题。学术界较少研究 CRM 的绩效评估,即使有所研究也多注重在用财务指标以评估成功与否[①]。

12.1　CRM 绩效评估的意义

CRM 实施是一个整体,也是一个动态的、持续的发展过程,企业界迫切需要建立一个科学、全面的 CRM 战略评价体系,不仅要对 CRM 战略实施的有形的、无形的、目前的、潜在的价值创造进行评价,为 CRM 战略实施的"得"与"失"建立更加具体的准则,还要对 CRM 战略实施过程中的关键流程与企业行为进行有效评价与控制,以保证 CRM 战略目标的正确落实。

如何衡量 CRM 的绩效或成败,因为其衡量的复杂性,目前尚无统一的标准,学术界和企业界力图探询其中的衡量标准,皆无定论。

因此建立 CRM 绩效评价体系,不仅可以丰富 CRM 的理论体系,而且更重要的是帮助企业理性正视 CRM 实施过程中的成就和问题,更具有指导下一步完善与发展的前瞻性意义。

12.2　CRM 绩效衡量的复杂性

CRM 绩效衡量是一件非常复杂的事情。Vince Kellen(2002)认为由于下列原因使得 CRM 的衡量日益复杂:

(1)多种不同的数字渠道与顾客交换信息。

(2)通过数字技术分配全部或部分产品与服务的能力。

(3)业务单位储存招致有差异的和非连接的技术以及人力过程。

(4)产品的储存招致有差异的和非连接的技术以及人力过程。

(5)公司之间在价值链上的日益增加的数据和过程整合。

(6)顾客进行决策的不同方法。

(7)不同的 CRM 衡量目的:影响合作的决策制定过程;指导正在进行的行为和预测未来状况。

笔者认为,由于 CRM 项目本身所具有的复杂性,导致其绩效评估的复杂性,体现在:

第一,CRM 项目实施效果的时滞性和长期性。CRM 作为一种通过优化客户价值和提炼企业价值来获取长期竞争优势的企业战略,追求的是一种长期效应。企业实施 CRM 项目,也许马上见出一些成效,但全部成效并不会立竿见影,需要一定的时间运营方能转

---

①　Rajnish Jain, Sangeeta Jain, Upinder Dhar. Measuring Customer Relationship Management[J]. Journal of Services Research, Volume 2, Number 2,2002 by Institute for International Management and Technology.

化为成经济效益,方能形成企业的核心竞争优势。所以不能仅仅依靠近期的数据来衡量CRM的成败。另外,CRM的实施还会为企业带来很多隐形的效益。

第二,CRM项目涉及的部门和人员的多元性。CRM项目涉及企业内部很多部门、产品和服务流程。此外还涉及企业外部的客户感知价值,因此其评价标准是多元和复杂的。例如,对系统中呼叫中心的绩效评估,就涉及每一个呼叫的成本,就实施CRM前后进行对比来作为衡量其绩效的一个标准,这是聚焦其内部的评价。呼叫中心还需不断地调查客户满意度,这是一个聚焦外部的评价。

第三,CRM系统绩效的评估很多指标难以量化。如CRM实施引导企业建立以客户为中心的企业文化,增强了企业凝聚力,培训了员工的技能等绩效就无法量化。

第四,CRM系统的建立是一个持续改进的过程。CRM系统的建立并不是一蹴而就的事情,需要通过运行而不断改进,是一个持续的过程,在这个过程中又有投入,所以很难精确计算其阶段性的投入和产出。

第五,不同的行业、不同的企业,甚至是同一企业的不同业务单元其具体情况不同,对其进行绩效评估,要考虑到各种具体情况。

12.3 CRM绩效衡量指标文献回顾

对于CRM的绩效衡量指标学术界和企业界皆有探讨,学术界从不同的角度对此进行研究,企业界从实用的角度给出相应的指标,但CRM领域的现有研究没有提供衡量CRM效果的框架,也没有一个公认的评估标准。

Rajnish Jain,Sangeeta Jain和Upinder Dhar(2003)与服务行业的专家运用深度访谈技巧从130个因素中提炼出50个,后又筛选出33个,最终又将其归类为10个因素对30个专家进行调研,然后将这10个因素[①]作为企业CRM绩效的衡量指标,它们是:①服务态度;②对顾客期望的理解;③感知的服务质量;④可靠性;⑤沟通;⑥顾客定制化;⑦认可;⑧承诺;⑨对顾客满意的审计;⑩顾客保留。

以上指标多从顾客维度进行考虑,顾客角度的指标皆是主观指标,偏重于顾客的感知,这些指标很难直接取得,需要对顾客进行问卷调研才能得到。这些指标对于企业而言很难操作,目前企业较为流行的衡量指标是:①销售量和销售额;②利润;③市场份额;④新顾客数量;⑤顾客流失率;⑥成本降低;⑦为顾客服务的时间;⑧顾客抱怨。

这些指标可从如下途径或用如下方法收集到:销售报表、平衡表、现场访问、联系中心等,它们皆可提供各种有用的信息以衡量整个营销的效率和效果。这些指标皆是显性指标,易于收集,也容易理解和操作,但是CRM运营绩效的隐形指标如员工观念改变、企业文化创新、组织结构调整、企业协作精神和凝聚力增强等却得不到体现,而且很少从关系的另一方——顾客角度来衡量其绩效。

不同的商业模型和不同的企业业务单元对其CRM活动绩效的评估指标皆不同。如品牌经理衡量以客户为中心的活动绩效的指标就大大不同于现场服务经理衡量以客户

---

① Rajnish Jain,Sangeeta Jain and Upinder Dhar. Measuring Customer Relationship Managemnt[J],Journal of Services Research,Volume 2,Number 2 (October 2002-March,2003).

为中心的活动指标。这恰似"盲人摸象"，每个企业或每个部门或每个管理者皆从各自业务范围理解 CRM 系统绩效的评估。

另有学者(Vince Kellen，2002)从多个角度给出了 CRM 绩效衡量的框架：

(1)品牌建设：品牌忠诚、品牌认知、感知质量、品牌联想。

(2)顾客资产建设：顾客行为模型、顾客价值管理、顾客资产管理(价值资产、品牌资和保留资产)。

(3)面向顾客的运营。包括以下方面：营销运营绩效；销售人员绩效；服务中心运营绩效；现场服务运营绩效；供应链和物流运营绩效；网站运作绩效等。

(4)领先指示器衡量：平衡计分卡、顾客知识管理。

在上述 CRM 绩效衡量框架中，笔者认为皆有偏颇或不完善之处，其指标体系要么偏重于顾客感知，要么偏重于企业的实际运营，各种衡量指标从一定程度上反映了 CRM 系统运营的绩效，但皆不全面、客观，有失偏颇。

12.4 传统的 CRM 绩效评估

传统的财务会计衡量方法是当今广泛运用的营销衡量方法，其中包括净现值法(NPV)、投资收益率(ROI)以及内部收益率(IRR)等。这些方法最基本的原理就是经济学原理：利润取决于收入与成本。也就是说对 CRM 绩效的评估就是要对实施 CRM 进行成本与受益的评估。评估框架如下：

1) CRM 成本分析

(1)CRM 系统的成本及其构成。

CRM 系统建设是一个规模大、复杂程度高的人机系统。在现实的经济活动中，成本是一个应用十分广泛的概念，它反映了产品生产过程中所消耗的各项费用的总和，包括原材料、燃料和动力、折旧、工资、管理费用等开支。项目的成本分析有不同的方法，可以用两种方法划分和测算 CRM 系统的成本：一种是按信息系统的生命周期阶段划分，另一种是按开支的经济用途划分。

按经济用途划分 CRM 项目成本如图 12-1 所示。

▶ 硬件购置费用：主要指购买计算机和相关设备的费用。

▶ 软件购置费用：包括购买操作系统、数据库系统和其他应用软件费用。

▶ 基建费用：包括新建或改造机房及配置相关设置的费用。

▶ 通信费用：包括购置计算机网络设备、通信线路器材等。

▶ 人工费用：包括各类系统开发人员、操作人员和与系统有关部门的管理人员的所有工资费用。

▶ 消耗材料费用：主要用于购置打印纸张、磁盘等。

▶ 系统开发、运营及维护期间水电及维修费用。

▶ 管理费用：指办公费、差旅费和会议费等。

▶ 培训费用：包括 CRM 系统使用人员培训、有关技术人员或管理人员进修的费用。

▶ 其他费用：包括资料费、固定资产折旧费和咨询费等。

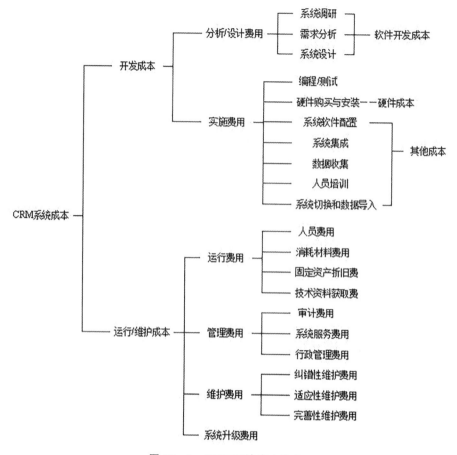

图 12 - 1　CRM 系统成本结构

（2）顾客关系成本。

从企业与客户的关系发展进程看，企业与客户的关系从启动关系、建立关系、维持关系到发展关系无不发生成本。其成本内容有：①获得新客户的成本：每次商务会谈的成本（促销，商机产生，电话销售），每笔销售的电话费用，每笔销售的访问费用，每个新客户的销售成本，每个新客户的总成本等；②维持老顾客的费用；③发展现有顾客的费用。

从其成本看，包括如下成本：①直接成本；②假拟直接成本；③间接成本。直接成本是指直接用于各客户的成本，如销售人员访问客户所消耗的时间、费用。假拟直接成本是指不直接用于客户，但仍直接用于类似客户群的成本。间接成本是指并不直接用于单个客户或客户群，但平均用于组织所有客户的成本。

2）客户关系收入分析

客户关系收入包括很多方面：①获取新客户的收入。②保留老客户的收入，如重复购买收入、交叉购买收入、增量购买收入、推荐的客户的收入等。③重新获取流失客户的收入。以上各项收入的总和即为客户关系总收入。

这些评估方法的主要优点是适用于投资火爆的评估领域，其局限主要是它们仅注重现金流和财务标准的评价，而难以用来评价投资于某些领域的以期望获得无形的、间接的和战略的收益状况。①而且企业过度使用财务指标会给企业带来很多弊端：

（1）与当今的经营环境不符。当今的价值创造并不仅限于企业有形的、固定的资产，相反价值根植于企业内人们的理念、客户和供应商的关系、关键信息的数据库、革新和有质量的文化。

（2）看着后视镜开车。因为财务指标为企业过去的绩效和事件做出了很好的总结，但对未来的预测毫无帮助。

（3）倾向于强调职能部门。这种按职能部门编制的财务报表方法与当今的职能交叉的企业形式不相符。

此外，财务指标缺乏长远的思考、与企业的各个层次不相关等也是其过度强调财务指标的弊端。

12.5 CRM 评估指标的原则

为了实现对 CRM 绩效的有效评价，确定 CRM 评价指标体系至关重要。CRM 目标的实现程度如何，不仅关系到目前企业获得的经济效益水平，而且关系到企业未来如何发展、向何处发展、核心竞争力何在。因此，在建立 CRM 绩效指标测评体系时应该遵循以下原则：

（1）指标必须与企业 CRM 目标一致。从制度经济学角度讲，在存在交易费用的情况下，不同制度安排将导致效率不同的资源配置。绩效评价指标，本质上是企业实施 CRM 过程中的一种制度安排，因此必须考虑它是否会引导做出与 CRM 目标相符的决策。

（2）定量与定性相结合原则。此原则要求在测评指标体系中，既要包括定量的关于各项工作应该达到的目标水平指标，又要有经过一定方式量化了的和无法量化的定性指标，这类指标通常更多属于相应的工作与产出质量或软指标。

（3）兼顾短期和长期利益。财务指标往往强调短期利益，所以应引入代表长期利益的若干其他指标，借以强调企业长期利益。

（4）在财务指标与非财务指标间达成平衡。财务指标往往都是一种结果指标，它并不能评价达到这项结果的过程中各项行为的业绩，因此需要辅之以过程指标（往往是一些非财务指标）以及一些人性化的、能够反映人主观变化的指标。

（5）关注客户与关注员工相结合原则。企业长期持续生存力的培养，不仅要依靠忠实、满意的客户群体的存在，同样离不开经过长期培养、训练有素和忠于企业的优秀员工群体的存在。因此，所设计的指标体系不能将员工与客户对立起来。

（6）测评结果与指导方向相结合原则。一般来说，测评指标体系更多地被用来评定已经完成的工作状况，实际上，作为结果评定往往又成为奖励与惩罚的依据。鉴于指标的这一作用，在设计指标体系时，应该充分关注其一导向性作用的发挥。所设计的指标体系应使员工清楚企业提倡什么、反对什么。

（7）战略目标与战术目标相结合原则。在指标体系中，应该既包括各项具体的操作

---

① Jonghyeok Kim Euiho Suh Hyunseok Hwang. A Model for Evaluating the Effectiveness of CRM Using the Balanced Scorecard[J]. Journal of Interactive Marketing，Volume 17/ Number 2/Spring 2003.

指标,又包括反映企业战略目标的相关指标。

鉴于以上现阶段评价弊端以及评价的原则,本书推崇用平衡计分卡作为评价的工具来评价 CRM 绩效。

12.6　平衡计分卡与 CRM 绩效评估

12.6.1　平衡计分卡简介

平衡计分卡(Balanced Score Card),简称 BSC,它是根据企业组织的战略要求而精心设计的指标体系,是 1992 年美国著名的管理大师卡普兰(Roberts Kaplan)和复兴方案国际咨询企业总裁诺顿(David Norton)在总结了 12 家大型企业的业绩评价体系的成功经验基础上,提出的一种划时代的绩效评估工具。用其创始人的话来说,"平衡计分卡是一种绩效管理的工具。它将企业战略目标逐层分解转化为各种具体的相互平衡的绩效考核指标体系,并对这些指标的实现状况进行不同时段的考核,从而为企业战略目标的完成建立起可靠的执行基础"。

经过不断发展,目前 BSC 成为一种协助企业战略实施的评价与控制系统。平衡计分卡的核心思想就是利用四个方面指标——财务(financial perspective)、客户(customer perspective)、内部业务流程(internal business process perspective)、学习与成长(learning and growth perspective)之间相互驱动的因果关系(cause-and-effect links)来展现企业的战略轨迹,为企业管理人员提供了一个全面的框架、一种沟通的语言,向全体员工传播企业使命和战略。它以"因果关系"为纽带,对战略目标、过程、行为与结果进行一体化控制。它把企业的使命和战略层层分解、落实到四个维度的目标、衡量指标以及行动方案上。通过阐明企业想要获得的结果和这些结果的驱动因素,使企业管理者能够汇集整个企业员工的能力和具体知识来实现企业长期的目标。

12.6.2　平衡计分卡的评价体系

平衡计分卡以信息为基础,分析哪些是完成企业使命的关键成功因素以及评价这些关键成功因素的项目,并不断检查审核这一过程,以把握绩效评价促使企业完成目标。它把企业的使命和战略转变为目标和衡量方法,这些目标和衡量方法分为四个方面:财务、客户、内部经营过程、学习与成长。该模型侧重企业长期目标的实现。它整合并构建了均衡财务与非财务指标的一种评价体系用于对企业业绩进行评价与控制。平衡计分卡实际上就是衡量企业在满足不同利益相关者(员工、供应商、客户、股东等)要求方面的业绩。其评价体系见图 12 - 2。

之所以称此方法为"平衡"计分卡,也许正是因为这种方法通过财务与非财务考核手段之间的相互补充"平衡",不仅使绩效考核的地位上升到企业的战略层面,使之成为企业战略的实施工具,同时也是在定量评价与定性评价之间、客观评价与主观评价之间、指标的前馈指导与后馈控制之间、企业的短期增长与长期发展之间、企业的各个利益相关者的期望之间寻求"平衡"的基础上完成的绩效考核与战略实施过程。

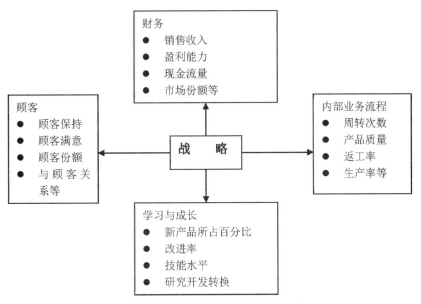

图 12‐2　从四个角度平衡定义企业战略

12.6.3　平衡计分卡的因果关系

BSC 是根据公司的长远发展战略,由一系列的内在因果关系链贯穿而成的公司整体管理绩效评价体系。加拿大学者欧文·N.诺(Olven Roy)和威特·N(Wetern)曾于1999 年提出关于 BSC 因果关系链"Z 理论",其核心思想是:

(1)BSC 的四种计量观在企业整个生命周期内都是十分重要的。

(2)BSC 的四种计量观存在令企业成员易于理解的因果关系链,其关系详见图 12‐3。

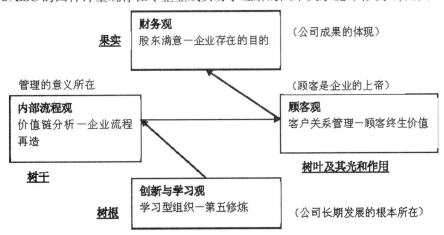

图 12‐3　平衡计分卡因果链条

从图 12‐3 中可得,这四个指标间有这样的因果关系链:企业学习与创新指标—内部企业过程指标—顾客指标—财务指标,包含着产出指标(滞后指标)与动因指标(导向指标)。企业学习与创新是一切财务指标的源泉,它驱动着企业的内部流程和价值链上的价值增值,最后导致企业的盈利。这一因果关系链是平衡计分卡的精髓,即通过这四方面指标之间相互驱动的因果关系展现企业的战略轨迹,实现战略实施—绩效考核—绩效改进以及战略修正的目标。平衡计分卡中每一项指标都是一系列因果关系中的一环,通过它们把相关部门的目标同企业的战略联系在一起;而"驱动关系"一方面是指计分卡的各方面指标必须代表业绩结果与业绩驱动因素双重涵义,另一方面计分卡本身必须是包含业绩结果与业绩驱动因素双重指标的绩效考核系统。

12.6.4　平衡计分卡对 CRM 绩效评估的适用性和可行性

目前国内外对 CRM 实施的绩效评估还没有统一的模式和方法,也没有一个公认的评估标准。本书采用"价值创造"作为衡量企业实施 CRM 的绩效指标,这一绩效指标包含两个方面内容:一是企业实施 CRM 为客户带来的价值创造,二是企业实施 CRM 为企业带来的价值创造,并在前述内容中分别对此进行了详细分析和研究。为了全面衡量 CRM 战略实施绩效,本书采用平衡计分卡模型进行综合分析和研究。笔者认为 BSC 对 CRM 战略绩效评估的适用性和可行性体现在如下方面:

(1)CRM 战略是企业总体战略中的一部分,任何适用于评估战略的工具也适用于评估 CRM 战略。平衡计分卡是评价战略绩效的全新评价工具,也适用于评价 CRM 战略的实施绩效。

(2)CRM 战略、实施过程以及带给客户和企业的价值创造之间存在因果关系,可以采用 BSC 来分析他们之间的因果关系,从而展现 CRM 战略实施的轨迹,实现 CRM 战略实施—CRM 绩效考核—CRM 绩效改进—CRM 战略修正的目标。

(3)BSC 通过同时利用有形财务指标和无形财务指标全方位地衡量企业战略实施绩效,与分析企业实施 CRM 战略给客户和企业的价值创造的衡量指标有相当程度的吻合,可以确保其能正确地评估 CRM 战略管理活动。

(4)BSC 是一种目标导向系统,可以兼顾各级目标并通过持续的方式对 CRM 进行评估。

(5)BSC 可以全面评价技术和业务领域的绩效,对战略实施绩效评估具有理论上的指导意义,是一种先进的指标评价体系。

12.7　利用平衡计分卡建立的 CRM 绩效评价模型

12.7.1　已往的评估模型

CRM 绩效评估应是一个对 CRM 有效性进行持续评估的过程,而且它也是一个与 CRM 战略实施流程相并行的系统工程。Jonghyeok Kim Euiho 与 Suh Hyunseok Hwang(2003)[①]给出了 CRM 评估模型,该模型中企业 CRM 战略的实施与评估主要分为六个环节:

(1)明确 CRM 战略目标和任务。

---

① Jonghyeok Kim Euiho Suh Hyunseok Hwang. A Model for Evaluating the Effectiveness of CRM Using the Balanced Scorecard[J]. Journal of Interactive Marketing,Volume 17/ Number 2/Spring 2003.

（2）识别 CRM 战略实施的关键战略因素。

（3）分析战略要素与战略实施目标之间的因果关系,识别主要评价活动和关键战略点。

（4）制定战略评价与控制的指标体系。

（5）CRM 战略实施状况的分析与评价。

（6）得出战略评价结果。

该评估模型给出了 CRM 的绩效评估指标:客户知识、客户沟通、客户满意和客户价值。并在此基础上进行了因果关系分析。

12.7.2 本书对以往评价指标的修正

本书在卡普顿等的 BSC 评价指标以及 Jonghyeok 等 CRM 评价指标基础上进行了如下修正,见表 12-1。

表 12-1 对 BSC 评价指标体系的修正

BSC 评价指标	战略要素	Jonghyeok 等 CRM 评价指标	战略要素	本研究对 CRM 评价指标的修正	战略要素
财务观	为股东创造价值	客户价值	提高客户忠诚度	为企业创造价值	提高顾客忠诚度和顾客盈利率
客户观	为客户创造价值	客户满意	调查分析客户满意度,提高客户的全面满意	为顾客创造价值	提高顾客的感知价值、顾客满意度
内部业务流程观	提高内部业务流程的操作效率和效用	客户沟通	改善沟通渠道管理提高业务操作水平	与顾客互动	改善与顾客的互动,提高营销效率(多渠道整合和管理、个性化营销策略实施)
学习和成长观	通过持续改善保持企业的学习和创新能力	客户知识	提高客户信息的获取和分析能力	获取顾客知识	提高对顾客信息管理能力(获取、分析客户信息的能力、对客户进行细分、识别和定位)

12.7.3 CRM 绩效总体评估模型

1) CRM 战略要素和因果关系分析框架模型

CRM 战略要素和因果关系分析框架如图 12-4 所示。从该图中可知 CRM 战略要素及其目标实现的因果关系。

（1）获取顾客知识。其实这是一个有关顾客信息管理的过程。企业通过 CRM 系统的强大功能全方位收集顾客信息,并利用数据挖掘和统计技术将有相似需求特征的客户归类,形成商业智能,并为企业对目标市场的个性化营销策略的决策提供支持。

（2）与顾客互动(多渠道整合和管理过程、营销策略实施过程):企业通过 CRM 系统中与顾客接触的各种界面、互动平台和工具以及营销活动与客户进行适时互动沟通。如销售自动化(SFA)、营销自动化(MA)、服务自动化(SA)以及集成了网络、传真等各种沟通渠道的呼叫中心等模块,分别完成以客户联系人管理、销售活动管理、销售机会管理、营销百科全书管理、个性化营销服务、营销费用管理、客户自助式服务、客户关怀、反馈管理以及客户服务流程自动化管理等为代表的业务操作和与客户之间的沟通与服务行为。这些执行活动如客户关系维持计划、客户满意度、忠诚度计划、目标客户营销活动、销售竞赛、与客户进行互动的渠道的管理与整合以及剥离无价值或负价值贡献的客户等。

(3)为顾客创造价值:当企业实施 CRM 战略,成功地利用各种渠道和活动向目标客户提供了满足其个性消费需求的产品、服务,客户的感知价值增加,满意度提高,从而忠诚度也会提高。

(4)为企业创造价值:由于企业实施 CRM 战略,为目标顾客提供了个性化的产品和服务,顾客获得了价值增值,因而提高满意度,进而提高忠诚度,也由于企业通过各种针对性的营销活动,节约了营销成本,增加了营销收入,从而提高了营销效率,因此顾客盈利率提高,也得到了增值的价值创造。

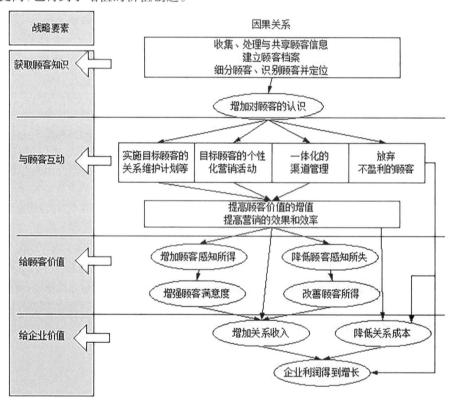

图 12-4 CRM 过程中的因果关系分析和战略要素

2) CRM 绩效总评价体系模型

以上分析中的各要素及其对应关系见图 12-5。

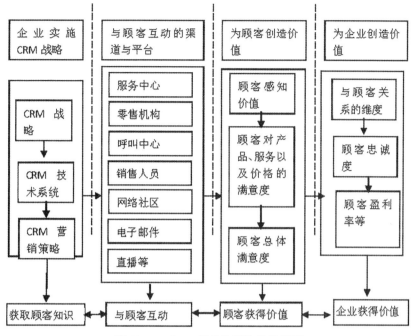

图 12-5　CRM 绩效总评价体系模型

12.7.4　各评价指标的选取

在上述评价体系中确立了 CRM 评价的战略要素,然后对影响每一战略要素维度的因素进行分析研究,选取下一级评价指标。选取的原则如下:①与 CRM 战略相关;②有因果关系(对业绩有驱动作用);③财务指标与非财务指标结合;④内部(企业)指标和外部(顾客)指标相结合;⑤滞后指标和前置指标相结合;⑥尽可能量化(如:将不可量化指标通过问卷或打分等方式尽量转换成可量化指标);⑦可获得性;⑧易理解性。

在前述研究的基础上,结合上述原则对 CRM 绩效评价进行各战略要素的指标选取。

1)获取顾客知识

顾客知识,顾名思义,就是有关顾客的知识。它包括顾客的消费偏好、喜欢接触的渠道、消费行为特征、顾客的未来需求趋势等。顾客知识其实与 BSC 模型中的学习与成长相对应。企业通过充分发挥 CRM 系统功能、不断提升员工的操作技能以及不断完善和维护 CRM 系统功能来获得顾客充分的信息,并通过系统的数据挖掘技术和数据仓库技术获得并使用顾客知识。

(1)指标分析。

①CRM 系统性能评价。优良的 CRM 系统性能是产生良好应用效果的前提和保证,因此,评价实施 CRM 战略的绩效首先应对系统性能进行较为全面的评价。此外,信息的安全性也是顾客非常关注的问题。顾客希望企业能正确使用这些信息并能保证交易过程的安全性。

②CRM 系统功能的发挥。面对人数众多、需求不一的顾客群体,企业要了解每个顾客的兴趣和偏好是一件非常困难的事情。每一位顾客都希望企业根据自己的需求对其

提供个性化的产品和服务。为了分析顾客的需求,企业要充分发挥 CRM 系统功能,利用系统中的数据挖掘工具和数据仓储技术来对客户需求进行分析和挖掘,通过分析顾客知识、保留、流失和获取情况来了解顾客的需求特征、消费偏好,通过 CRM 系统进行网站登录数据、每日网页浏览率、网上交易量、顾客定制产品或信息服务数量等分析。

③员工对 CRM 系统操作技能的提升。为了适应以顾客为中心的经营环境,充分获取、挖掘顾客信息,了解顾客需求,企业需要充分利用数据挖掘和数据仓储技术来获取对企业有用的数据,而数据挖掘的任务就是从大量的数据中吸取有用的信息。那么如何过滤、筛选、处理、分析和管理这些数据,以萃取与 CRM 活动相关的信息就成了主要问题。这对企业员工的能力提出了很高的要求。因此企业必须对员工培训,不断提升员工的操作技能和相关能力,确保员工熟悉系统功能知识并正确操作,这对于充分发挥 CRM 系统的功能非常重要。

④完善和维护 CRM 系统的功能。

(2)指标选取。

各细分指标的选取见表 12 - 2。

表 12 - 2 获取客户知识的指标

战略要素	衡量指标
CRM 系统性能	人际交互的灵活性和方便性 系统响应时间与信息处理速度 输出信息的正确性 系统安全性 单位时间内的故障次数 故障时间在工作时间中的比例 系统故障诊断、排除、恢复的难易程度
CRM 系统功能发挥 (收集、分析顾客信息)	潜在客户数量
	获取顾客数量
	网站浏览量
	网上交易量
	客户定制产品和服务量
员工操作技能	员工人均生产力(人均销售额)
	员工培训费用
	专利技术数量
CRM 系统功能完善和维护 (研发投资)	支持性研发投资(数据仓库、数据交换中心、数据挖掘、多维数据分析)
	服务研发投资(客户细分、客户推荐、网站服务和维护)
	客户特征研究

2)与顾客互动

(1)指标分析。

此战略要素与平衡计分卡中的企业内部流程部分相对应。Stone,Woodcock 以及

Wilson(1996)认为顾客的互动有如下方面:①与公司员工的接触——前台和其他地方;②外部接触管理——邮件、电话、销售访问以及分销;③有形的服务环境;④交易——价格、价值和谈判交涉。

Winer(2001)认为关系项目包括:顾客服务、忠诚计划、顾客定制、奖励计划以及社区建设。

笔者认为,在 CRM 系统中有许多与顾客互动的渠道。从接触界面上看,有有形的,如现场服务、销售拜访、服务中心;也有无形的接触点或面,如电话、呼叫中心、邮件、信件、传真、网站以及虚拟的因特网互动沟通渠道。有效和及时的管理互动沟通渠道对于成功实施 CRM 是非常重要的。

为了有效地管理多种互动沟通渠道,企业必须管理和控制好业务流程。业务流程包括:内部流程和外部流程。前者由企业内部控制,它决定了企业的运营水平,后者由供应商和顾客的互动决定,它决定了渠道管理的效率。

因此,与客户的互动指标包括如下内容:

① 内部流程。包括营销运作、销售、服务中心、现场服务和网站。

▶ 营销运作。CRM 系统的营销运作模块可以使企业进行营销计划、执行和跟踪其营销活动。其相关的评价指标包括:顾客参与程度、顾客响应率、顾客交易率、顾客获取成本等。

▶ 销售运作。CRM 系统中销售管理模块把所有的销售环节有机地结合起来,使企业各销售部门之间、异地销售部门之间以及销售与市场之间建立一条以顾客为引导的流畅工作流程。它缩短了销售周期,提高了销售成功率,提高了销售人员的劳动生产率。其评价指标包括:销售总量、销售费用、成交率、交叉销售率等。

▶ 服务中心运作。也叫呼叫中心(或称客户服务中心、交互中心)是 CRM 系统的重要组成部分,由于呼叫中心出现的时间较长,因此有关呼叫中心绩效的测量已经有很多评价准则,以下是一些常用的指标:呼叫数量和时间、平均等待时间、平均谈话时间、呼叫答复质量等。

▶ 现场服务运作。现场服务运作包括许多与销售有关的活动。如服务合同管理、配置现场服务代表、内部服务的工作分配、问题跟踪和解决、现场服务的库存管理、零部件补充的物流管理等。主要评价指标有:响应时间、完成时间、修理备件时间、顾客满意分等。

▶ 网站运作。随着因特网的普及,许多企业开始重视建设自己的网站,并将其作为销售、营销和服务支持的有效手段。其运作评价指标包括:访问量、独立访问量、网页点击量、停留时间、点击链接率等。

② 外部流程。外部流程是指供应链和物流运作。供应链和物流管理对 CRM 的运营绩效颇有影响。一方面它们与 CRM 系统紧密相联,另一方面它们又互相独立。对于有实体产品或电子产品的企业,为顾客提供个性化的产品和服务是改善顾客满意的重要因素,企业如何在价值链上确保这些产品流动的快捷高效显得非常重要。供应链和物流运作的一些评价指标包括:完成率、准时装运率、退回订单量、顾客订单周期、现金周期等。

(2)指标选取。

根据对"顾客互动"中的战略要素和各种驱动因素的因果分析,其评价指标选取见表12-3。

表 12-3　与顾客互动的指标

内部流程	营销运作 顾客参与程度、顾客响应率、顾客交易率、顾客获取成本、总促销成本、对各产品类型的参与程度、顾客平均订单金额、顾客交易的频率
	销售 销售总量、销售费用、成交率、销售失败率、销售知识共享效用、交叉销售率、顾客价值分、销售配额、线索成功比率、电话数量、新客户的数量
	现场服务 响应时间、完成时间、修理备件时间、客户满意分、现场服务优先级
	服务中心(呼叫中心) 呼叫数量和时间、平均等待时间、平均谈话时间、平均处理时间、客服人员利用率、答复速度、呼叫答复质量、堵塞呼叫量、放弃率、平均放弃时间、一次呼叫平均成本
	网站 访问量、独立访问量、网页点击量、停留时间、点击链接率、注册用户、中途失败率
外部流程	供应链和物流运作 完成率、准时装运率、退回订单量、客户订单周期、现金周期、供应链周期、完美订单准则、上游灵活性

3）为顾客创造的价值

此指标对应于 BSC 模型中的顾客观。企业实施 CRM 战略,通过获取顾客知识,与顾客互动沟通,为顾客提供个性化的产品和服务,降低了顾客的感知成本,增加顾客的感知利益,从而增加了顾客的感知价值,顾客因而获得满意。

(1)指标分析。

由本书第 6 章所知,CRM 为顾客的价值创造其关键环节为:顾客感知所得、顾客感知所失,两者决定顾客的感知价值。顾客的感知价值与顾客的预期相比较,就可知顾客是否满意。若感知价值超过顾客预期,顾客就会欣喜,若感知价值低于顾客的预期,顾客就会不满,感知价值等于顾客预期,则顾客就会满意。在顾客预期不变的情况下,顾客是否满意则取决于顾客感知价值的大小,也就是所取决于顾客感知利益和顾客感知成本的差值。而决定顾客感知利益的关键因素是产品和服务的质量、品牌等。

(2)指标选取。见表 12-4。

表 12 – 4 为顾客创造价值的指标

战略要素	细分指标
顾客感知利益	**服务质量** 有形性:设备完好率、工作人员精神面貌、其他服务提供设施的完好状况; 可靠性:提供服务的及时性、承诺履行情况; 响应性:雇员对提供服务的愿望和准备情况; 保证性:店员用他们的知识和礼貌等能力唤起客户的信任和信心; 移情性:提供服务的企业对客户的关心,使客户感受到具有个人色彩的特别关注
	产品质量 质量:如材料种类、产品寿命、可靠性、安全性、外观、包装、说明书; 功能:如功能的适用性、适应性、方便性、完善性、兼容性、定制性、升级性、维护性; 交付:如交付的及时性、可靠性; 品种:如品种系列性、多样性; 支付:如支付的灵活性、方便性
	品牌:品牌知名度、品牌美誉度、品牌风格、个性化、时尚感、身份感等
顾客感知成本	价格:性价比、价格弹性、安装费用、使用费用、维护费用等
	获取的方便性、获取费用、风险性等
	付出的时间、精力、心理成本等
顾客满意	服务满意度、产品满意度、总的满意度

4)为企业创造的价值

此指标对应于 BSC 中企业的财务观。企业实施 CRM,为顾客带来价值,顾客因此满意,满意的不断累计就很可能导致顾客忠诚,其结果是顾客不断重复购买、或交叉购买,甚至是增量购买,或口碑传诵和推荐。企业因此增加关系收入,降低关系成本,从而增加顾客盈利率。

(1)指标分析。

企业实施 CRM,不仅给企业带来有形的价值,还为企业带来无形的价值。有形的价值可以定量计算,如顾客盈利率,无形的价值无法定量计算,但可以通过各种调研、问卷方法将定性问题转化为定量问题(如第 7 章中的顾客忠诚经济价值分析内容)。

(2)指标选取。细分指标见表 12 – 5。

表 12 – 5 为企业创造价值的指标

战略要素	衡量指标
顾客维持和发展	顾客保留率
	处理顾客投诉所花成本

战略要素	衡量指标
顾客盈利率(顾客终生价值)	顾客关系成本
	顾客关系收入
	顾客关系生命周期
顾客忠诚	态度忠诚: 对其偏好的程度 口碑传诵次数 向人推荐次数
	行为忠诚: 重复购买、增量购买与交叉购买量

以上各战略要素的指标只是一个参考,由于在不同的行业,或同一行业不同性质的企业中,CRM系统应用的范围、功能和目标不尽相同,因而其系统实施绩效评估的指标也不尽相同,而且每一指标赋予的权重也是不同的。

12.7.5　CRM价值创造评估模型的建立及其方法、步骤

以上评估CRM绩效的各级指标数量多,各级指标的性质也不一样,有定性的指标,也有定量的指标,而且各个指标的量纲、经济意义也不同,各表现形式差别很大,对总目标的作用趋向也大相径庭,因而不具有直接的可比性,需要将其指标进行无量纲处理以及指标价值量化后,才能计算其综合评价结果。

本书利用层次分析法建立模型,步骤如下:

(1)选取各级指标,构建总的评价指标层次,并获取各级指标数据。

各级指标以上述分析为参考,并结合行业和企业实际。其指标的获取可以通过统计方法(客观指标)、问卷调查(主观指标)以及实测(如网站访问量)等。

根据上述评价指标体系得出:

一级指标有:$X=(X_1, X_2, X_3, X_4)$

二级指标有:$X_1=(X_{11}, X_{12}, \cdots)$;$X_2=(X_{21}, X_{22}, \cdots) \cdots$

$\cdots\cdots$

(2)对各级指标进行无量纲处理。

(3)确定各指标层的权重(运用层次分析法)。①构造判断矩阵;②求矩阵特征值和特征向量;③进行一次性检验;④计算组合权重;⑤给每一指标评分(专家组评分);⑥计算每一战略要素评价结果;⑦计算综合评价结果;⑧对评价结果分析、提出改进措施建议。

平衡计分卡帮助 K 公司留住顾客

　　K 公司是韩国著名的一家经营网上购物的零售企业,大约经营 12 类共 3 万多种零售商品,总营业额达到 3 000 万美元。在韩国在线购物零售机构中排名第 18 位。K 公司建立于 1999 年 9 月 5 日。并自始经营网上零售业务,相关伙伴厂商达 480 多家。近几年来,K 公司的经营范围延伸到了门户服务领域,如网上社区、股票服务以及网上聊天等。

　　此案例研究的数据来源主要有以下几种:专家访谈、问卷调查以及网上数据分析等。有些时段性财务数据,如营业收入、销售收入以及销售成本等,经过了本案例的调研者 6 个月的调查积累而获得(第 1 期:2002 年 2 月—2002 年 4 月,第 2 期:2002 年 8 月—2002 年 10 月)。具体的评价指标根据 K 公司的具体营运目标确定。整体评价结果如表 12 - 6 所示。某些评价指标是通过调查问卷的形式进行调查和分析的。供选择的答案选项从 1 点到 10 点依次代表了极度不满(1 点)到极度满意(10 点)。问卷共随机挑选了 K 公司的 240 名目标客户发放,得到 52 份问卷回复。

表 12 - 6　K 公司的 BSC 评价表

评价矩阵	第 1 期	第 2 期	百分比变化率
1.学习与成长(客户知识,编者注)			
客户获得	2 300	7 500	226%
客户数量	42 000	132 000	214%
每日平均网站浏览数量	25 000	50 000	100%
每日客户拜访量	5 000	11 000	120%
员工人均净销售额($)	290 000	350 000	21%
技术生产力(百万点击率)	1	1.5	50%
硬件升级频率(次/每年)	1	2	100%
研发投资额(万$)	21	42	100%
顾客信息调研投资(RM)	4 000	2 000	−50%
网络安全水平(防火墙和 SSL 加密)	高	高	—
2.财务观(客户价值,编者注)			
净销售额($)	2 300 000	9 700 000	322%
主营业务销售额($)	−850 000	490 000	142%
员工人均资产额($/人)	91 000	80 000	−12%
员工人均利润($/人)	−34 000	15 000	156%
渠道界面			
可用性	71	8.0	0.9

评价矩阵	第1期	第2期	百分比变化率
吸引力	6.2	7.6	1.4
浏览效率	7.5	7.8	0.4
内容搜索	8.6	8.4	−0.2
网站内容连续性	8.5	8.2	−0.3
3.内部业务流程(客户沟通,编者注)			
营销活动频率(次数/年)	4	12	200%
促销费用($/年)	2 000	6 000	200%
网站内容更新频率	1/天	1/天	—
付款方式	3	4	1
对客户询价的反馈渠道数量	1	4	3
渠道管理费用	2 000	3 000	50%
平均送货时间(时数)	3～5	3～5	—
对顾客询价的响应时限(时数)	1	2.5	1.5
会员交易量比例	3%	12.1%	9.1%
产品多样化程度	8.5	8.5	—
具体产品信息	8.5	8.2	0.3
普通商品的适销性	6.1	8.0	1.9
4.顾客观(客户满意,编者注)			
品牌知名度	35%	53%	18%
服务响应率	100%	96%	−4%
每日顾客询价数量	3	71	68
顾客满意度			
保证性	6.1	8.1	2
可靠性	8.5	8.5	—
移情性	7.3	8.2	0.9
响应性	5.3	8.0	2.7
有形性	4.9	7.5	2.6

　　K公司首期BSC评价结果直观显示了K公司CRM系统中几处亟待改进的地方,如许多顾客对K公司的服务水平和渠道界面并不满意,尤其是对K公司对顾客的渠道响应迟钝或不响应最为不满。所有这些不满导致了顾客的回头率非常低。因此,通过BSC评价可以看出K公司的客户沟通这一环节的工作是其薄弱之处。由此可以得出:为全面与顾客接触与沟通,K公司应拓宽与顾客沟通的渠道数量如付款方式的完善和响应渠道

的数量。此外,调查还表明许多顾客对 K 公司的企业名称并不熟悉,而且 K 公司与顾客沟通的渠道界面使用率和吸引力评价得分也较低,这说明公司的渠道界面,如公司网页设计等,对顾客缺乏吸引力并且利用效率不高。这要求 K 公司需着手改善公司的网页设计并加大企业品牌知名度的市场推广力度以提高公司网站的利用效率、对顾客的吸引力以及公司的品牌知名度。最后,通过 K 公司的净销售额构成分析可以得出,尽管 K 公司在 2002 年的 2 月份到 4 月份期间的净销售额量比较大,但经过分析可以看出其中企业会员采购的数量比重和企业的网站浏览者采购的总量都很小。经过 K 公司的管理层对表1 所述内容的分析和讨论,得出了 K 公司的在第一期(2002.02—2002.4),即在采取措施对 CRM 系统实施进行改善之前的关于 CRM 效用评价结果的分析图例,如图 12 - 6 所示。

图 12 - 6　公司第 1 期 CRM 效用的四项评估内容评价图例

在此之前,K 公司没有任何有效的分析工具来评估公司 CRM 战略和系统的有效性,更没有对相关的 CRM 所涉及的各领域内具有因果效应的活动环节进行分析。因此,K 公司无法制定长期的战略计划并难以采取有效的具体措施提升组织绩效水平。K 公司正是采用了符合本书所构建的 CRM 效用的 BSC 评价模型的评价内容和评价原则的评价体系。在对 BSC 评价所得结果进行了分析之后,可以得出 K 公司目前所面临以下问题并需要采取相应措施对其进行克服:

▶ 回头顾客比重低。措施建议:改善服务水平、提高网站内容的吸引力、更好网页界面、开发适当的网上社区。

▶ 企业品牌知名度低。措施建议:加大、完善市场推广力度、采取多种形式的促销计划、提高促销频率。

▶ 会员采购比重低。措施建议:提供顾客定制化产品、开展商品促销和宣传行动提高顾客忠诚度、改善交易流程。

▶ 缺乏有效顾客沟通或交易渠道。措施建议:拓宽与顾客的沟通渠道,提供完善、迅速的沟通与服务。

▶ 热销产品上市不及时。措施建议:提高市场调研力度。

▶ 系统登录速度缓慢。措施建议:提高系统硬件的升级、改善系统资源的配置。

表 12 - 6 中"第 2 期"栏中显示了采取以上管理措施之后再次进行 BSC 评价所得的分析结果。表中最后一览"变化度"说明了"第 1 期"和"第 2 期"所得评价结果之间得差

异状况。可以看出，"第2期"中许多评价指标的结果明显超过了"第1期"中相应的指标内容。而"第2期"中出现负增长的指标主要是由于网站内容的更新与增多导致暂时性的系统结构协调性下降、复杂性提高以及用户搜索内容的速度受到影响所致。图12-7显示了采取上述CRM系统完善措施之后的顾客相对满意水平评价图例。

图12-7 M公司第2期BSC效用的四项评估内容评价图例

通过图12-6和图12-7的对比可以看出，K公司对CRM有效性进行评价并采取措施完善CRM系统活动的前后状况是有着显著差别的。由此，可以得出BSC评价模型作为评价与控制企业CRM战略的工具是有一定的适用价值的。

（资料来源：根据 Jonghyeok Kim Euiho Suh Hyunseok Hwang. A Model for Evaluating the Effectiveness of CRM Using the Balanced Scorecard. Journal of Interactive Marketing，Volume 17/ Number 2/Spring 2003 整理）

案例思考题

(1)分析K公司利用BSC评价其实施CRM绩效的作用。
(2)K公司利用BSC方法评价企业实施CRM绩效的经验何在？

本章复习思考题

(1)企业为什么要进行CRM绩效评估？
(2)平衡计分卡对CRM绩效评估的要点何在？

第 13 章　CRM 应用现状及发展趋势

智能客服如何从内驱动滴滴新增长

滴滴出行携手企点客服,通过组织化管理、招募促活司机团队,提供人性化、场景化关怀,提升司机活跃度、保障出行安全,实现业务增长。

随着互联网服务日益渗透入生活、工作、学习的方方面面,带来极大便利的同时也深化了虚拟交易里安全的重要性。以出行行业为例,安全、服务向来是行业、企业、消费者关注的重中之重。企业不断健全安全预警与突发事件应对机制,如滴滴出行的行车录音、110 报警等功能。完善技术解决方案之外,由于行业特殊性,司机的数量、活跃度、服务态度直接影响到消费者体验、出行安全,是出行行业的核心业务指标之一,高效化管理、体系化运营的重要性不言而喻。

由于司机团队规模庞大而分散,给外呼触达的工作量、服务效率提出极大挑战。智能时代,如何通过数字化技术、工具提高触达的质量与效率,是出行企业必须思考的问题。作为出行领域头部企业,滴滴出行在利用技术工具优化出行体验的同时,积极提高客服团队智能化水平,通过对司机的高效触达,以服务为起点、延伸入营销环节,带动业务增长。

腾讯企点简介

腾讯企点,以即时通信、音视频、人工智能、大数据、云呼叫中心等科技为基础,结合微信、QQ 社交通路,提供从营销孵化、销售转化、交易协同到客户服务的全场景企业级 SaaS 服务,提升企业获客、待客、留客的效率,实现企业数字化智慧经营的全面升级。

腾讯企点包含一组 SaaS 产品组件:企点客服,企点呼叫中心,企点营销,企业 QQ 2.0,企点应用市场,企点供应链协同平台,用于扩展和定制的开放平台,以及专业化的企业级服务。

智能客服时代　开启司机组织化管理新想象

对出行行业来说,客服团队很大程度上影响着平台口碑、业务顺利开展。滴滴早期采取客服外包模式,由外包厂商提供坐席、电话线路,数据安全无法保障,且价格昂贵。为满足自己业务发展需要、保障乘客出行安全,滴滴 CEO 程维在 2018 年 9 月表示将摒弃客服外包模式,新投入 1.4 亿专项资金加强安全客服团队的建设,多渠道、组织化地对司机进行高效管理。

为保证驾驶安全,行程中不建议操作手机,语音成为客服与司机交流的主要模式。为保证语音识别的准确、稳定,滴滴不断加大技术投入,开发语音识别模型自学习平台,应用于人机交流、智能外呼等领域;同时组建客服机器人团队,批量解决重复问题、提高外呼量等,智能客服背后的知识库实现机器对一般问题的智能应答、极大解放传统呼叫中心的客服压力。

在不断增加技术投入的同时,滴滴也在加强与外部企业的合作,如采用腾讯云企点客服云呼叫中心的线路,实现平台与司机的高效沟通。

以精准服务为支点　撬动客服的业务增长价值

智能客服对滴滴司机团队管理的价值发挥是多方面的。从业务视角看,智能客服可对未上传证件、证件过期的司机,及时提醒培训、引导注册;留存在云端的通话记录增强通话联动性、为后续跟进提供可靠支撑。在结合业务场景、提升服务的人性化程度上,智能客服同样具有优势。司机驾驶时间过长后,客服会电话提醒司机将暂停派单、稍作休息;疫情期间,及时将滴滴免费安装防疫防护膜行动通知到每一位车主、按时告知他们学习防疫须知,并于出行时提醒司乘佩戴口罩。

在这个过程中,腾讯云企点客服完备的服务器搭建、多运营商码号供应保证呼叫中心以"云一样的速度,云一样的成本"实现上云,手机管家黄页认证降低客服电话在司机手机显示为骚扰电话的概率,高效触达渠道辅助司机管理。

在服务能力之外,智能客服具有更深层的业务增长价值。对滴滴来说,扩充、促活司机团队满足乘客增长的出行需求,提高司机服务质量以应对其他平台的竞争,是核心业务指标之一。

在合作过程中,企点客服助力滴滴线路从110席扩展到710席,合作城市从5个扩展到62个,连接司机超过484万人次,显著提升平台规则传达、司机部落下载、沉默司机激活等业务指标,发挥内生驱动的价值、成为滴滴新的业务增长点。这也是腾讯云企点客服"服务营销一体化"理念在互联网出行领域的一次生动实践。

智能客服新升级　企点引领服务营销一体化

作为企业数智化转型中的重要一环,客服中心智能化程度的纵深化发展,将通过与客户每一次沟通机会,以优质服务植入客户心智、促进销售转化与业务增长。

腾讯云副总裁、企点客服总经理张晔在之前的采访中提道:"客服是关键的产品模块,但我们跳出客服框架,是企业跟客户的连接,售前、售中、售后形成数据资产,打通业务部门、上下游数据。只有数据打通协同、业务流程协同,企业给客户的服务、商品、解决方案,才能更好地满足客户需求。"

立足服务营销一体化理念,腾讯云企点客服的价值,就是能够贯穿企业售前、售中、售后全流程,支持多渠道高效沟通与互动,借助AI技术实现客服机器人、智能外呼、智能质检等能力,并在用户管理、数据分析等应用场景上发挥作用。在这个过程中,企点客服也在不断升级智能客服体系,开启服务营销一体化新征程。

(资料来源:根据腾讯企点案例、网上资料整理)

CRM 的实施目标就是通过全面提升企业业务流程的管理来降低企业成本,通过提供更快速和周到的优质服务来吸引和保持更多的客户。作为一种新型管理机制,CRM 极大地改善了企业与客户之间的关系,实施于企业的市场营销、销售、服务与技术支持等与客户相关的领域。

13.1 CRM 的应用现状

13.1.1 CRM 的行业应用

由于实施 CRM 有重要意义和诸多优势,迄今为止,CRM 的行业应用非常广泛。CRM 适用于多种行业和企业。如:金融和银行业、房地产业、电信业、旅游和交通业、广告业、医药与生命科学研究、医疗保健业和制药业、航空航天业、汽车业、制造业、零售业、教育机构、政府机构等。

金融银行业:每个人都需要金融服务,每个人的实际财力也都不同,这样就需要通过CRM 来详细地管理客户的资料和分级。金融服务领域正在快速扩张。投资银行、私人股权投资和其他财务机构都在拓展业务的同时管理客户关系。CRM 能帮助该行业中的公司降低成本、提高效率,管理并保持客户关系。CRM 能帮助银行保持客户组合。此外,它还提供了一种整体的客户视角,确保银行在适当的时间,向适当的顾客提供适当的服务电信业:针对这个行业需求定制的 CRM 解决方案可帮助降低客户流失率,生成新的销售机会,以及提高客户保留率。在现在这样的时代里,竞争对手的数量与服务种类一样繁多,还可帮助用户企业提供捆绑服务(bundle service),从而降低成本和维护善变的客户群。

旅游和交通业:在根据该行业需求定制的 CRM 解决方案功能中,活动管理自动化和销售队伍自动化(SFA)可帮助整合客户数据并为顾客带来更舒适的体验,从而提高生产力、增加客流量和降低成本。

CRM 能帮助航空公司和旅行社节省时间与成本,在日常业务中,它提供了完善的客户数据处理能力。在该行业中实施 CRM 能协助公司建立并管理客户群体。

广告行业:对于广告行业,CRM 的运用可在如下方面有所作为:

(1)提高客户的忠诚度,防止客户流失:客户详尽资料记录每个客户的关注点、广告理念及诉求点。可时刻把握客户的切实需求,做出最适合的综合广告服务。最大限度地提高客户的忠诚度,防止客户流失,即使员工离职也不怕挖墙脚。

(2)注重销售过程化管理,达成任务目标:客户经理拜访客户及沟通的过程历历在目,每天的工作日志与计划对比情况让领导及时掌控。客户跟踪进展做到可知、可调、可控,每月的销售目标才能保质保量地完成。

(3)创意文案、制作管理、知识积累:长期积累的广告创意文案无疑是广告公司最大的知识财富,对于后来者的学习、参考、借鉴提供了章法依据。大幅提升工作效率的同时,节约了高额的培训成本。

医药与生命科学研究:医药与生命科学研究行业与其他行业有所不同,它要求大量的数据与信息处理。对于大量临床实践数据,上游原料商、材料商的管理,下游销售部门、信息反馈部门的管理都是非常重要的。而且 CRM 能储存并提供大量的客户数据。

制药业——对于制药业,客户关系管理应用系统可帮助提高销售演示技巧,更好地推广产品信息,以及促进与医生在产品市场统计方面的合作。

医疗保健业、保险业:CRM 帮助数以百计的医疗保健公司达成了他们的市场目标。CRM 能预测未来行业中的医药需求,为医院、公司和医师带来了显著的投资回报。该行业覆盖的人群面积非常的广,而且客户的数据在随时发生变化和增减。通过 CRM 可以更灵活地维护这些数据。

对保险公司而言,CRM 能让他们向客户提供评估保单信息、检查保单状态等服务,同时,也能帮助客户解决实际问题。通过 CRM 数据反映客户群体的变化和趋势,以及从客户方面反映的各种针对产品的意见。

制造业、零售业:当我们谈及制造业时,通常第一印象就是该行业最需要大量的设备与厂房。同样,这一行业也需要借助 CRM 来把盈利最大化。CRM 能让该行业中的公司直接或间接地向客户销售产品。制造业在实际运行过程中需要及时掌握市场需求和客户反馈的信息以迅速调整生产,CRM 在这里很好地为企业传递了市场的及时信息。

相比其他行业,零售业与顾客的距离最近。CRM 能帮助该行业的公司储存客户知识,全面研究客户行为与喜好,从而提高销售、盈利与客户保持率。

房地产业:随着地产行业竞争的加剧,地产中介与经纪人在客户问题上的困难日益凸显。CRM 能帮助他们挖掘市场,促进销售和服务活动,并协助公司掌握并管理客户效率。此外 CRM 解决方案可通过以下方法改进客户关系:捕捉在线销售线索、增加高质量销售线索的数量、实施个性化的电子营销活动和把多个行政管理流程自动化(预测、报价和融资)。

汽车业:CRM 能满足汽车制造商、分销商等在销售、市场与服务方面的要求。在该行业中实施 CRM 系统能为这些公司提供可用的客户信息,管理潜在客户,开发市场活动,并提高销售业绩。

教育机构:CRM 可以帮助教育机构管理各种"客户"——在校学生、潜在学员、毕业校友,加强这些客户与学校的互动,提高其满意度、忠诚度,而且还可提高内部管理的效率。

政府部门:即便对于非营利性的、服务对象通常被称为"公民"而非"客户"的机构组织(其实,"公民"也是广义的"客户"),CRM 应用系统也可为其带来收益。总的说来,政府部门一直在努力改进"客户服务"质量和提高总体用户满意度。CRM 应用系统可以协助政府部门合并服务以及更快地做出响应。

13.1.2　CRM 市场变化

1) CRM 市场需求变化

随着市场经营环境的变化,企业对 CRM 提出了迭代升级的新需求。具体如下:

(1)如何有效获取潜在商机。由于营销渠道不断扩展,如从报纸、杂志、电视、广播等传统媒介渠道到新媒体如网站、小程序、企业微信、短视频、直播间等渠道,引流方式增多,获客接口增加,营销渠道倍增,媒体转化效率稀释。往哪儿营销、怎么营销,如何有效获得客户成了众多企业的难题。

(2)如何沉淀、挖掘、分析数据。移动互联网、工业互联网等技术的发展增加了线索数据的入口,如用户信息数据、用户行为数据、用户交易数据等,面对几个月翻一番的海量数据,高效利用已有数据是 CRM 必须具备的硬实力。

（3）如何用轻型 CRM 满足个性化需求。在复杂多变的商业环境及数字经济浪潮影响下,企业组织形态及商业模式也在不断变革,更加贴近业务场景的 CRM 越来越受企业青睐,如何在标准化和定制化之间寻求平衡成了 CRM 厂商亟须关注的另一要点。

2）CRM 市场供给变化

随着众多企业需求的变化,CRM 市场的更加成熟,厂商新型商业模式也不断涌现。CRM 厂商也从过去的"羊群效应"变为现在的独立思考,从过去的跟风模仿到现在有清晰的 STP,即市场细分、目标市场、定位。不同类型厂商结合外部机遇及内部实力,推动落地不同的模式。具体如下:

（1）通用平台构建。部分较早入局财力相对雄厚的 CRM 厂商聚焦于 CRM 的平台化、体系化建设,通过不断扩大服务覆盖面,来提供可以支撑多场景、个性化需求的全套 CRM 解决方案。如资金雄厚、背靠大树的通用型 CRM 厂商开始打磨"大而全"的 SaaS ＋ PaaS 平台级能力,选择业务通用＋行业化的发展方向,横向修筑竞争壁垒。

（2）细分赛道深耕。一部分 CRM 厂商选择苦练内功,聚焦细分场景与领域,专注于特定客户关系管理模块或服务特定业务场景、业务流程的企业客户,集中攻坚产品创新性,开始特定赛道的深耕,进行纵向的能力沉淀,实现"小而美"。

尽管不同厂商在商业模式选择上越来越泾渭分明,但在生态融合方面还是存在默契,不少平台型和垂直型厂商均选择基于企微、钉钉、微信等 B/C 端流量入口展开商业布局。

而 CRM 厂商的商业模式选择也将从过去的"羊群效应"变为现在的独立思考,从过去的跟风模仿到现在有清晰的市场细分—目标市场—产品定位。不同类型厂商结合外部机遇及内部实力,将推动落地出不同商业模式。如资金雄厚、背靠大树的通用型 CRM 厂商开始打磨"大而全"的 SaaS ＋ PaaS 平台级能力,选择业务通用＋行业化的发展方向,横向修筑竞争壁垒;另一部分 CRM 厂商则聚焦细分领域开始特定赛道的深耕,进行纵向的能力沉淀,实现"小而美"。

而通过对 2021 年中国获投融资厂商的分析,专研 CRM 的厂商将更具优势,除泛场景通用 CRM 外,聚焦零售等特定场景、精耕垂直行业的智慧 CRM 俨然成了一股吸"金"的新兴力量。而同时,拥有品牌沉淀,具备融合通信能力、AI、大数据等技术亮点、可提供全生命周期服务价值链等竞争壁垒的智慧 CRM 厂商则更受资本青睐。

13.2 CRM 的发展历程

13.2.1 国外 CRM 发展阶段

CRM 从起源到发展经历了 20 世纪 60 年代的大型机 Mainframe、80 年代的 C/S、今天的 SaaS 和 PaaS 四个阶段。

1）大型机（Mainframe）阶段
此阶段曾有过辉煌的时代。1948 年,IBM 开发制造了基于电子管的计算机 SSEC。

1952 年 IBM 公司的第一台用于科学计算的大型机 IBM701 问世,1953 年又推出了第一台用于数据处理的大型机 IBM702 和小型机 IBM650,这样第一代商用计算机诞生了,1956 年,IBM 又推出了第一台随机存储系统 RAMAC305,RAMAC 是"计算与控制随机访问方法"的英文缩写。它是现代磁盘系统的先驱。1958 年 IBM 又推出了 7090,1960 年又推出 7040、7044 大型数据处理机。1964 年 IBM 公布了 360 系统。此后,IBM 于 1965 年又推出了 701 与 702 的后续产品 704 和 705,成为计算机发展史上的一个重要里程碑。

2)80 年代的 C/S 阶段

在 20 世纪 60—80 年代信息处理主要是以 C/S(主机系统+服务终端)为代表的,即大型机的集中式数据处理。那时,需要使用大型机存储和处理数据的企业也是寥寥可数。因为那时经济还没有真正实现全球化,信息的交流更不像今天这样普及。大型机体系结构的最大好处是无与伦比的 I/O 处理能力。虽然大型机处理器并不总是拥有领先优势,但是它们的 I/O 体系结构使它们能处理好几个 PC 服务器放一起才能处理的数据。大型机的另一些特点包括它们的大尺寸和使用液体冷却处理器阵列。在使用大量中心化处理的组织中,它们仍有重要的地位。主要用于大量数据和关键项目的计算,例如银行金融交易及数据处理、人口普查、企业资源规划等。

进入 80 年代以后,RSI 更名为 Oracle 系统公司(Oracle System Corporation),Oracle 公司用产品名称为公司命名,帮助公司赢得了业界的认同,并在同一时间 Oracle 决定开发便携式 RDBMS 并推出便携式数据库。同一时代的 SAP 公司也不甘落后,公司还研发出了 SAP R/3,该产品的推出成就了 SAP R/3 时代。微软公司是世界 PC 机软件开发的先导,创始于 80 年代,是全球最大的电脑软件提供商。

起步较晚的 PeopleSoft 拥有一段不断创新改革的历史岁月。这家公司从 80 年代中期开始运作,当时公司的创办人 DaveDuffield 和 Ken Morris 制作出 PeopleSoft 第一套人力资源应用方案.他们将这套应用方案建构于一个主从式平台上,而非传统的主架构,并加入必要的弹性,从而将更多的控制权交付于使用者手上.而历史正重新上演:由主从式架构转换成网际网络架构的世代交替趋势,使企业机构大幅地加强他们与客户,伙伴和员工之间的互动。

随着 PC 机性能的极大提高和网络技术的普及,大型机的市场变得越来越小,很多企业都放弃了原来的大型机改用小型机和服务器。另外,客户机/服务器(Client/Server)技术得以飞速发展,也是大型机市场萎缩的一个重要原因。这种 C/S 模式使信息利用的难度大大降低,并很快在全球普及开来。而大型机却是每况愈下,有人还曾预言,大型机就要从地球上消失了。这时的大型机就像濒临灭绝的恐龙逐渐走向灭亡。C/S 结构软件(即客户机/服务器模式)分为客户机和服务器两层,客户机不是毫无运算能力的输入、输出设备,而是具有了一定的数据处理和数据存储能力,通过把应用软件的计算和数据合理地分配在客户机和服务器两端,可以有效地降低网络通信量和服务器运算量。由于服务器连接个数和数据通信量的限制,这种结构的软件适于在用户数目不多的局域网内使用。

1984 年,Sun 公司的联合创始人 John Gage 说出了"网络就是计算机"的名言,用于描述分布式计算技术带来的新世界。

3）SaaS 阶段

进入 90 年代后,经济进入全球化,信息技术得以高速的发展,随着企业规模的扩大与信息技术的发展,很多采用分散式运算模式的企业突然发现,其服务器的数量已经到了令人吃惊的地步,由此带来的是,复杂的管理模式、运算营运成本失控、关键型应用无法实现,因而迫使他们用大型机实现服务器的再集中。这就是今天的 SaaS(软件即服务)。

SaaS 是随着互联网技术的发展和应用软件的成熟,而在 21 世纪开始兴起的一种完全创新的软件应用模式。它与"on-demand software"(按需软件),"the application service provider"(ASP,应用服务提供商),"hosted software"(托管软件)具有相似的含义。它是一种通过 Internet 提供软件的模式,厂商将应用软件统一部署在自己的服务器上,客户可以根据自己实际需求,通过互联网向厂商定购所需的应用软件服务,按定购的服务多少和时间长短向厂商支付费用,并通过互联网获得厂商提供的服务。

用户通过互联网来使用软件,不需要一次性购买软件、硬件,也不需要维护和升级。SaaS 运营商统一安装、升级、维护软件和硬件。SaaS 通常被用在企业管理软件领域,产品技术和市场以美国 Salesforce 为领头羊。国内类似的厂商以八百客、沃利森为主,主要开发 CRM、ERP 等在线应用。用友、金蝶等老牌管理软件厂商也推出了在线财务 SaaS 产品。国际上其他大型软件企业中,微软提出了 Software+SaaS 的模式;谷歌推出了与微软 Office 竞争的 Google Apps;Oracle 在收购 Sieble 升级 Sieble on-demand 后推出 Oracle On-demand;SAP 推出了传统和 SaaS 的杂交(Hybrid)模式。

4）PaaS 阶段

PaaS 是把服务器平台作为一种服务提供的商业模式。通过网络进行程序提供的服务称之为 SaaS,而云计算时代相应的服务器平台或者开发环境作为服务进行提供就成为 PaaS。PaaS 是随着互联网技术的发展和应用软件的成熟,而在 21 世纪开始兴起的一种完全创新的软件应用模式。

PaaS 是 SaaS 技术发展的趋势,实际上是指将软件研发的平台(计世资讯定义为业务基础平台)作为一种服务,以 SaaS 的模式提交给用户。因此,PaaS 也是 SaaS 模式的一种应用。但是,PaaS 的出现可以加快 SaaS 的发展,尤其是加快 SaaS 应用的开发速度。在 2007 年国内外 SaaS 厂商先后推出自己的 PaaS 平台。PaaS 能给客户带来更高性能、更个性化的服务。如果一个 SaaS 软件也能给客户在互联网上提供开发(自定义)、测试、在线部署应用程序的功能,那么这就叫提供平台服务,即 PaaS。Salesforce 的 force.com 平台和八百客的 800App 是 PaaS 的代表产品。PaaS 厂商也吸引软件开发商在 PaaS 平台上开发、运行并销售在线软件。

PaaS 之所以能够推进 SaaS 的发展,主要在于它能够提供企业进行定制化研发的中间件平台,同时涵盖数据库和应用服务器等。PaaS 可以提高在 Web 平台上利用的资源数量。例如,可通过远程 Web 服务使用数据即服务(Data as a Service:数据即服务),还可以使用可视化的 API,甚至像 800App 的 PaaS 平台还允许你混合并匹配适合你应用的其他平台。用户或者厂商基于 PaaS 平台可以快速开发自己所需要的应用和产品。同时,PaaS 平台开发的应用能更好地搭建基于 SOA 架构的企业应用。

此外,PaaS 对于 SaaS 运营商来说,可以帮助他进行产品多元化和产品定制化。例如

Salesforce 的 PaaS 平台让更多的 ISV 成为其平台的客户,从而开发出基于他们平台的多种 SaaS 应用,使其成为多元化软件服务供货商(Multi Application Vendor),而不再只是一家 CRM 随选服务提供商。而国内的 SaaS 厂商 800App 通过 PaaS 平台,改变了仅是 CRM 供应商的市场定位,实现了 BTO(Built to order:按订单生产)和在线交付流程。使用 800App 的 PAAS 开发平台,用户不再需要任何编程即可开发包括 CRM、OA、HR、SCM、进销存管理等任何企业管理软件,而且不需要使用其他软件开发工具并立即在线运行。

上述是 CRM 发展的四阶段论,也有人提出三阶段发展论,即第一代产品为传统的预置型 CRM;第二代产品以云计算为特征,采用以 Salesforce 为代表的 SaaS 服务模式;第三代产品以移动互联、云计算和社交网络为特征。

13.2.2 中国 CRM 发展历程

从概念兴起至今,CRM 在中国市场已有 20 多年的历史(见图 13 - 1)。随着信息基础设施的发展和 PC 时代、移动时代、数据时代、智能时代等时代的更迭变迁,其发展主要经历了 C2C(Copy to China)、摸索、成长、本土化创新等阶段,并从初代 CRM 孵化形成了如今的 CRM4.0,能力不断升级,产品形态也不断向多渠道、多接口演进。但目前我国 CRM 行业还没有被完全唤醒,不但没有形成明显的头部效应,而且市场渗透率较低,产品能力方面也还需要时间的沉淀去累积更多本土化创新经验,丰富产品深度及功能。综合行业自身发展曲线及外部影响因素,毋庸置疑,该领域在未来仍有较大发展潜力。

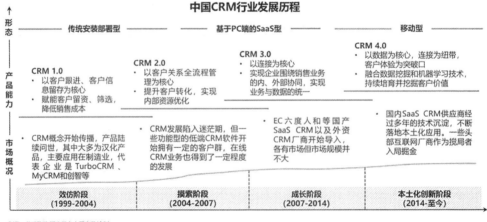

图 13 - 1 中国 CRM 行业发展历程

13.3 CRM 的发展现状

13.3.1 市场规模

据统计显示,2021 年中国 CRM 市场规模为 156 亿元,相较 2020 年增长了 16.5%。2020 年受疫情影响,企业 IT 投入收紧,对 CRM 等非直接用于获客增收的企服软件的需求下降,资本投资力度也同步收缩,CRM供需疲软,市场整体增幅放缓,但随着疫情回暖、市场渗透率提升和社交化、智能化CRM等赛道的发展,市场增速迅速回升。2023年起,在经历新一轮的快速增长后,预计市场将保持10%左右的年增长率平稳发展。预计近三年中国CRM市场规模将增长百亿,在2024年总体突破250亿元。

13.3.2 产业图谱

生态体系日渐成熟,各级厂商群雄逐鹿(见表13-1)。

表13-1 中国CRM产业图谱

CRM专业厂商		综合软件厂商	
综合泛场景CRM	Salesforce、ZOHO 纷享销客、销售易 红圈CRM、励销云 神州云动、销氪 销帮帮、悟空CRM 口袋助理	综合软件国外厂商	SAP、Oracle IBM、Microsoft
综合垂直型CRM	OKKI、玄讯、勤策、软素 螳螂科技、明源云 云朵课堂、DPRLINK	综合软件国内厂商	金蝶、用友、浪潮 神州数码、东软 泛普软件、鼎捷软件 中科软科技
SCRM	腾讯企点、Ec、聚通达微盛·企微管家、明略科技微伴助手、尘锋、微丰SCRM		

13.3.3 市场格局

本土CRM专业厂商占比近半成,SCRM为后起之秀。

根据各典型赛道的企业营收,推算得出2021年中国CRM市场上,SaaS/PaaS与本地化部署CRM比例互为三七开,本土厂商渗透率超外国厂商约50%,与综合软件厂商相比,CRM专业厂商以60%的市占率保有优势。此外,2015年至今,SCRM厂商数量占CRM企业总数比例整体上不断攀升,增加至7.2%,贡献营收约10%,整体营收能力较强。

13.4 CRM的发展趋势

据Gartner称,企业机构正在利用CRM作为数字举措作为增强客户体验的一个主要组成部分。Gartner表示,对现代化的客户关系管理的需求正在推动着更新或者扩展集成,以及CRM软件使用的所有领域。CRM的前景仍然很好,采购者们专注于能够实现在多通道环境中更有针对性的客户互动的技术。

"未来几年CRM将成为数字举措的核心。这是一定会得到资金支持的技术领域,因为数字业务对于保持竞争力是非常关键的。"Gartner 研究副总裁 Joanne Correia 表示。"CRM 投资的热门领域包括移动、社交媒体和技术、Web 分析和电子商务。"

Gartner 副总裁、知名分析师 Ed Thompson 表示："不出所料，高科技、银行、保险、证券、电信、医药、消费品、IT 制造和 IT 服务等垂直领域将继续是 CRM 支出最大的领域，因为这些领域都广泛采用了不同类型的 CRM 应用和技术。所有这些领域都加大了对新兴经济体的投资，进一步推高开支水平。"

客户关系管理的产生是现代技术发展到一定程度的产物，同理，其发展趋势也得益于各种先进技术的推动。目前 CRM 热门话题的主要推动力包括：云、社交、移动和大数据，现在又增加了第五个推动力：物联网，也就是传感器将事物连接到互联网，创建之前我们从未想到的新型服务。主要的发展趋势有如下四个：

1）社交化

随着社交媒体的崛起，人们的沟通方式也悄然发生着改变。社交网凭借其快速传播的特点，受到用户的广泛青睐。如今，社交网络大行其道，国外有 Facebook、Twitter、YouTube，国内则有微博微信、短视频如抖音快手等。数字化时代的到来不仅改变了人们的传统社交、生活习惯，更是让商家看到了无限商机，很多企业纷纷通过社会化媒体进行营销活动。在此背景下，社交 CRM 应运而生。

社交媒体的力量已经影响到了商业领域。在美国 Twitter 对于商业来说非常重要，商务社交网站 LinkedIn 更是不可或缺。很多公关公司都对企业客户表示，现在社交媒体几乎已经是唯一的重要媒体了。因此，CRM 软件公司必须要善用社交媒体，否则将来就有靠边站的危险。这种需求为 CRM 界开辟了一个全新的市场，也就是所谓的"社交CRM"市场。

企业对这个全球化的社交媒体现象有切身的体会，并感受到了巨大的压力。很明显，社交媒体是客户汇集而且企业希望进入的地方。社交媒体对于企业贴近客户具有无穷的潜力，通过社交媒体，企业有望提高收入、降低成本并提高效率。各企业都纷纷开展了社交媒体举措。几乎所有的企业都意识到，如果他们的企业不参与其中，就会被客户抛弃。

2）移动化

移动终端数量的井喷，使得移动 CRM 展现出了不可逆转的发展态势。除此之外，移动和社交技术相糅合，更是达到了相得益彰的效果。社交趋于移动化社交网络的共享、微博和即时批准等特性，对用户来说让内部协作变得更加容易。那些没有带宽/设备工具来创建或分享内容的用户，被微软视为最关键的移动用户群，社交工具可以使移动用户的交流合作更加的畅通无阻。

随着 5G 移动网络的部署，CRM 已经快速进入了移动时代。移动 CRM，是利用无线网络实现 CRM 的技术。它将原有 CRM 系统上的客户关系管理功能迁移到手机。移动 CRM 系统具有传统 CRM 系统无法比拟的优越性。移动 CRM 系统使业务软件摆脱时间和场所局限，随时随地与公司业务平台进行沟通，有效提高管理效率，推动企业效益增长。

移动 CRM 系统就是一个集 5G 移动技术、智能移动终端、VPN、身份认证、地理信息系统（GIS）、Web service、商业智能等技术于一体的移动客户关系管理产品。数码星辰的 CRM 产品就是典型的移动 CRM 产品。移动 CRM 将原有 CRM 系统上的客户资源管理、销售管理、客户服务管理、日常事务管理等功能迁移到手机。它既可以像一般的 CRM 产品一样，在公司的局域网里进行操作，也可以在员工外出时，通过手机进行操作。移动 CRM 主要实现了经常出差在外，以便随时随地掌握公司内部信息的所提供的手机版管理软件，客户只需下载手机版软件，然后安装在手机上就可以直接使用了，同时账户就用电脑申请的组织名和账户名就能直接使用该系统，这样客户不仅可以随时查看信息，而且也可以通过手机给公司内容人员下达工作指示，同时也可以使用平台所提供的所有功能了。

作为 SaaS 服务的产业先驱和领军企业，Salesforce 早在 2013 年 4 月就推出平台移动服务，以加快移动应用的开发速度并将前台软件与企业内部数据建立连接，还将企业社交平台 Chatter 放到底层架构中。Salesforce 这种将云计算、移动互联、企业社交整合起来的产品理念，正好跟销售易 CRM 早在 2011 年设计的初衷不谋而合。

3）平台化

如今，企业发展越来越快，信息化工具部署也越来越多，ERP、OA、CRM、SCM 等系统各自为政，信息互不沟通，高科技的信息化工具成为企业管理负担与瓶颈。与非平台的系统相比，平台级别的软件可与企业其他系统实现无缝对接，企业信息沟通便捷，讯息一键可达。

4）智慧化

随着 CRM 市场的愈加成熟，可以预见智慧 CRM 将成为 CRM 行业的破局革命及必经迭代之路。

随着国内产业互联网的高速发展，CRM 从一个简单的销售管理工具演变成为通过借助信息技术及互联网技术，如云和通信、人工智能和数据智能，帮助"企业"与"客户"建立全连接、全供应链的交互关系，以吸引新客户、保留老客户并提高客户黏性。其本质是连接企业内部业务及外部的终端客户、经销商、服务商及设备，打通内外部信息壁垒，实现业务的全面化管理，我们称之为智慧 CRM（Smart-CRM）。它通过融合"云和通信""人工智能"和"数据智能"的综合 CRM 服务，提供 PaaS 和 SaaS 服务，使广大客户能够以更高效和有效的方式管理其整个商业周期中的关键运营业务。

此外，新的智慧 CRM 以数据收集、存储、分析等功能驱动营销、销售和客服三大板块，支撑客户全生命周期管理，为客户打通完整的价值链条，并通过全媒体通信能力实现系统接入及客户触达，赋能企业数字化运营，助力产业互联时代下业绩的规模化增长。

而智慧 CRM 的核心客体是位于供应链需求部分的客户，服务边界除转化外，还包含客户沉淀、维系，及与之伴生的报价、合同订单、回款、复购等与客户需求、客户交互直接相关的多业务场景及业务流程。部门边界为营销、销售及客服。一言以蔽之，智慧 CRM 的场景边界是以客户为核心的售前—售中—售后闭环的全生命周期管理。

随着 CRM 行业的不断发展及成熟，以破求立，智慧 CRM 将开启全新、创新及充满无限智慧想象的新格局。

13.5 社交化的 CRM

1）社交化 CRM 的意义、作用

很明显，社交媒体是客户汇集而且企业希望进入的地方。社交媒体对于企业贴近客户具有无穷的潜力，通过社交媒体，企业有望提高收入，降低成本，并提高效率。

数以万计的人登录社交网站来发表自己的想法，社交网站已俨然成为众人汇聚交流的中心。将社交化的 CRM 引入企业管理中，能实现企业内部员工间高效、透明、便捷的沟通与协作。借助该平台，企业员工可上传个人资料、实时信息和状态更新，同时把应用程序和数据整合到平台当中。

在社交媒体时代下，社交化产品会帮助企业在口碑宣传、市场推广等方面取得新突破。比如快速消费品企业可以在社交媒体上发布促销信息，能有效地带动产品销量，而制造行业则可以利用社交媒体做口碑宣传，提升客户的黏着度。但由于社交媒体信息传播速度快，企业在做社交媒体营销时，需要建立良好的问题追踪机制和危机处理机制，这样才能预防负面信息在互联网上扩散。

社交化 CRM，帮助企业在社交媒体中精准的把握客户需求、追踪客户行为特征，为企业决策提供可量化的科学依据，帮助企业达到社交媒体运营目标。

社交化 CRM 对企业的作用很大，概括而言有如下 4 点：①利用社交网与客户沟通，倾听顾客心声；②利用社交网，开发新的客户；③利用社交网，与客户互动，为客户提供服务，提升客户体验，增加客户满意度与忠诚度；④利用社交网，企业内部员工加强交流沟通，提高效率。

2）社交化 CRM 的路径

从社交化 CRM 的工具或系统应用上看，目前有如下几个方向可向 SCRM 发展。

（1）传统的 CRM，如 Oracle、Salesforce、Sugar 等，他们往往是在传统的 CRM 中加入了与社交媒体的整合。例如，在客户联系信息中，加入 Twitter、Facebook 和 LinkedIn 的信息，这样就可以更好地了解这个客户。还有一些全新的社交化 CRM，一开始就建立用户 P2P 的支持社区等功能。已经建立市场地位的 CRM 厂商也许可以向现有客户推广社交化 CRM 的概念，但限于其产品架构，难于做太多的根本性改变。

（2）媒体监测工具：如 Radian6 等，他们原来是监测博客、论坛等，发现和统计与品牌相关的信息。现在也监测微博等社交媒体，加入了互动、聚合等功能。这些工具对刚涉足社交媒体的大品牌有用，但局限于分析，而不是在分享，所以很多已经卖给更大的公司。

（3）用户社区系统：如 Jive、Lithium 等，他们原来提供用户社区的解决方案，现在重新定位成社交化 CRM，购买了媒体监测工具，也提供对内的员工社区、对外的客户或合作者社区等，从而向企业提供全面的社会化商业的解决方案。

（4）微博客户端，聚合管理工具：如 Hootsuite、Cotweet，这些公司往往是从微博客户端起家，现在聚合多种社交媒体，提供管理、分析、统计等企业功能。这些客户端工具有广泛的（免费）用户基础，可以作为高级个人用户或中小企业的低端工具。

（5）P2P 社区：这是让用户自发成立的社区，如 Get Satisfaction 等，用户可以相互讨论产品,企业可以进驻帮助用户。这是一个全新的概念,但除了 Twitter,Facebook,用户是否愿意到另一个社区讨论? 企业是否愿意放弃控制权?

(6)整合 Email 和社交媒体的工具,如 Xobni,Gist 等。这些 Email 的 Plugin 整合了 LinkedIn,Facebook 的社交媒体的数据,使得 Email 更加社交化。

随着社交网络的发展,特别是近年来社交网站屡创奇迹,越来越多的企业开始意识到社交型 CRM 客户管理系统已成为一种不可忽略的趋势。

企业社交市场未来的发展空间很大,而且现在竞争也很激烈,但是对于厂商来说,更重要的是积累客户。在国外,微软、谷歌、Salesforce 等软件巨头都已经先后推出了企业社交化产品,并在积极地宣传和推广,已经获得了客户的认可。再看国内,八百客、用友、金蝶也都在这方面做足了文章。

3) 如何建立社会化 CRM

那么如何建立社交化的 CRM 呢? 有如下步骤:

(1)确定市场目标。企业都想获得更多的客户和盈利,但是要考虑的是达成这些的步骤。合理的在线营销方式可能包括网站流量的引入、竞价排名、引导客户在社交网络上交流等。

(2)将当前的市场渠道与社交媒体进行整合。将原有的客户渠道最大限度地集成到社交媒体中,例如,可以直接通过邮件等方式,添加微博或其他社交媒体主页链接。如果企业通过昂贵的报纸、电视等媒体刊登广告,但没有达到想要的效果,那么是否应该开始考虑社交媒体?

(3)确定受众。这点非常重要,关系到企业的计划是否能够精准送达目标群体,而且要尽可能考虑得具体、详细,比如产业、性别、年龄、购买习惯、收入水平、教育程度,等等。

(4)选择合适的平台。确定客户在哪,如果目标用户正在使用微博或者视频网站,那么这些平台就是应当重点关注的。对于小型企业来说,没有过多的精力维护所有的社交媒体,那么就抓住客户最喜爱的两个媒体。

(5)积极主动地参与互动。如果企业只说不听,那么没人愿意与其“交朋友”。在社交媒体中,消费者希望自己得到企业品牌的关注,当他们感受到自己在“被关注”的情况下,更愿意与企业建立联系。

(6)评估与监控。当然,在这些的背后,完善的评估监控系统是必不可少的,这会给企业的策略决策提供有力的、更科学的依据。

13.6　智慧化的 CRM

1) 智慧 CRM 的发展背景

(1)产业互联网下的企业数字化升级。

自 20 世纪 90 年代初,WWW(万维网)在国内出现,到全球 4G 商用及 5G 技术的普及,移动互联网的到来使企业不得不转变传统的思维模式和商业模式。价值链的掌控权已经转移到了用户侧,倒逼企业必须积极拥抱互联网,通过数字化手段创新业务场景、满足用户需求成为企业突围的关键。

(2)国内通信基础设施的稳定发展。

从 2015 年开始,我国多举措推动通信网络基础设施建设和网络普及,这使国内不仅拥有全球规模最大的通信网络,在最前沿的 5G 技术上,中国同样处在领先地位。在应用创新方面同样全球领先,其中,在工业互联网领域,已培育形成 100 多个具有一定区域影响力的工业互联网平台,应用于原材料、装备制造、消费品等 30 多个重点行业,这为智慧 CRM 的移动化及云通信服务奠定了坚实的基础。

（3）国内潜在 CRM 市场需求庞大。

据统计,目前我国拥有超过 2000 万家企业,其 CRM 的市场总需求量达到了将近 4000 亿的规模,但目前我国使用 CRM 的企业市场普及率只有 10%左右,而真正运用到智慧 CRM 就只有 1%了。但从 2018 年才开始出现的智慧 CRM,其服务市场的总收入从 2018 年约 16 亿元增加到 2020 年约 50 亿元。预期智慧 CRM 这个 CRM 服务市场的核心圈,总收益将于 2025 年增至人民币 337 亿元,自 2020 年起的复合年增长率约为46.5%,可谓充满想象空间。而这巨大的市场上升空间,也促进智慧 CRM 上游的软硬件厂商的快速发展,为智慧 CRM 提供更多服务模块及技术支持。

2）智慧 CRM 的市场新需求及价值点

（1）全触点营销获客及有效触达,获取潜在客户商机。随着小程序、企业级办公软件、短视频、直播间等新媒体新消费渠道的变革,营销渠道倍增,媒体转化效率稀释。往哪儿营销、怎么营销成了众多企业客户的难题。智慧 CRM 基于强大的云通信平台,可实现全媒体渠道的覆盖,除了传统的电话、邮件、短信外,还能打通新兴媒体渠道的触达,通过简单、高效和灵活且低成本的方式,实现对其消费者的全面触达,提升用户黏性。这也非常符合当前企业营销需要在多个媒体发力的趋势及需求。

（2）AIDI 的智能应用,全面提升企业运营效率。移动互联网、工业互联网等技术的发展增加了线索数据的入口,面对几个月翻一番的海量数据,高效利用已有数据是 CRM必须具备的硬实力。而智慧 CRM 通过商业智能（"BI"）和数据智能（"DI"）,则可帮助企业连接多平台数据,打破数据孤岛,更好地沉淀、挖掘和管理数据,探索潜在的业务和机会。如通过构建包含姓名、年龄、性别、购买信息、浏览行为等信息的多维度分析用户画像,企业能够清楚地了解客户需求,实现商业分析及商业预测。

同样,基于人工智能技术在智慧 CRM 中的深入应用,可以为企业为提供语音机器人、图像识别等智能应用,帮助企业实现更多营销、销售、服务等业务场景的智能升级,极大提高企业的运营效率。

（3）一站式的 CRM 满足企业的全生命周期管理需求。随着"客户为中心"理念的愈加深入及 CRM 市场的愈发成熟,客户生命周期管理势必进一步细化,并向互动价值链延展,除获客外,客户体验等客户维系模块成新的管理聚焦点。粗犷营销时代结束,获客难的问题越发显著,营销、客服板块日益被重视,精细化深耕各个模块成为新趋势。对 B 端客户而言,企业更需要贴合具体业务场景的产品和服务,而工具型软件仅是起点,智慧CRM 则能为企业提供覆盖售前—售中—售后全生命周期管理的一体化解决方案,真正有效地发挥服务企业、赋能业务的价值,这也是智慧 CRM 的核心优势所在。

3）智慧 CRM——CRM 厂商的竞争新业态

随着 CRM 市场的愈加成熟,可以预见智慧 CRM 将成为 CRM 行业的破局革命及必经迭代之路。

而 CRM 厂商的商业模式选择也将从过去的"羊群效应"变为现在的独立思考,从过去的跟风模仿到现在有清晰的市场细分—目标市场—产品定位。不同类型厂商结合外部机遇及内部实力,将推动落地出不同商业模式。如资金雄厚、背靠大树的通用型 CRM 厂商开始打磨"大而全"的 SaaS ＋ PaaS 平台级能力,选择业务通用＋行业化的发展方向,横向修筑竞争壁垒;另一部分 CRM 厂商则聚焦细分领域开始特定赛道的深耕,进行纵向的能力沉淀,实现"小而美"。

而通过对 2021 年中国获投融资厂商的分析,专研 CRM 的厂商将更具优势,除泛场景通用 CRM 外,聚焦零售等特定场景、精耕垂直行业的智慧 CRM 俨然成了一股吸"金"的新兴力量。而同时,拥有品牌沉淀,具备融合通信能力、AI、大数据等技术亮点、可提供全生命周期服务价值链等竞争壁垒的智慧 CRM 厂商则更受资本青睐。

主题案例

Salesforce 发起 SaaS 最大并购案

2020 年 12 月 2 日,全球最大的 CRM 服务商 Salesforce(NYSE:CRM)发布公告称,与企业级协作通信应用公司 Slack(NYSE:WORK)达成并购协议。根据协议,Slack 股东所持每股股票将可换取每股 26.79 美元现金,外加 0.0776 股的 Salesforce 普通股。按 Salesforce 普通股在 11 月 30 日收盘价计算,这笔交易所代表的 Slack 公司价值约 277 亿美元,预计此笔交易将于下一财年的中期完成。

值得注意的是,Salesforce 此番出手,成为 2020 年以来 SaaS(软件即服务)赛道上最大交易规模的并购,由此也给热闹的云计算市场再添了一把火。

SaaS 领域最大规模收购

为了便于理解其业务模式,Slack 在国内一般被类比为"美国版钉钉"。事实上,它成立于 2009 年,比钉钉面市要早 5 年。Slack 既是一款企业级即时通信工具,更打通了多种企业级工具和服务,于 2019 年 6 月 20 日登陆美国纽约证券交易所。收购交易披露后,Slack 股价攀升,一度创下历史新高。

"277 亿美元这么高的交易数字,我看到后有点吃惊。"国内较早一批做 CRM 服务的销售易创始人兼 CEO 史彦泽向记者表示。

Salesforce 为何要收购 Slack 呢?在史彦泽看来,Slack 的价值主要在于两方面,一是它相当于一个"企业级社交门户",Salesforce 收购它意味着其围绕企业客户的各种产品服务都将能够通过社交化的方式进行沟通协作,而社交化、移动化正是云计算软件发展的一大趋势。二是 Slack 能够连接支持几乎所有主流的企业应用软件,也就是说无须单独登录,就能够在 Slack 内进行便捷的操作,从而实现从一个单一的应用软件连接到多个客户在使用的其他应用软件。

另有一种观点认为,Salesforce 之所以收购 Slack 是为了补足其企业社交短板。从 PC 时代成长起来的老牌 SaaS 企业 Salesforce,企业内部沟通工具以邮件为主,随着移动互联网的发展,Salesforce 展示出了对企业移动社交的"野心"与冀望。2008 年,Salesforce 试图开发出移动工具 Chatter,然而市场表现平平,而后在 2016 年时,Salesforce 试图收购职业社交网站 LinkedIn,但这一交易并未成功,LinkedIn 最终以 262 亿美元的"天价"落入了微软的口袋。

不过,对于这种观点,深圳市六度人和科技有限公司(以下简称"六度人和")创始人兼 CEO 张星亮持不同看法。张星亮向记者分析,一般来说,企业的早期收购在于功能,而发展后期收购更多的是为了市场份额和客户资源,Salesforce 收购 Slack 是看中了其市场份额和客户群的协同效应,而不是为了功能补全。

Salesforce 收购 Slack 自然将后者的客户资源尽揽怀中。事实上,自 2010 年起,Salesforce 几乎每一年都有投资收购交易发生,覆盖社交营销、数字广告、AI 智能营销、应用集成、数据可视化等多个类别,同时不断刷新着自己对外并购交易的金额数字。

就近两年来看,2018 年 3 月,Salesforce 以 65 亿美元的价格收购了应用集成服务商 MuleSoft;一年多以后,即 2019 年 6 月,Salesforce 又以 157 亿美元的高价收购了 Tableau,后者是一家交互式数据可视化软件公司。此番将 Slack 收于囊中,更是创下了 Salesforce 对外投资并购史上最大手笔。

一位观察人士指出,Salesforce 的发展路径一直都很清晰,它以基于 SaaS 订阅模式的 CRM 起家,后推出 PaaS(平台即服务)平台,构建应用生态圈,再以投资并购的策略聚焦数据和营销智能化,打造 SaaS＋CRM＋AI(人工智能)的生态系统。

国产 CRM 服务商"谋动"

从 2021 年第三财季财报来看,在第三财季里,Salesforce 总营收为 54.19 亿美元,同比增长 20%,净利润为 10.81 亿美元,上一财年同期为净亏损 1.09 亿美元。该公司两大主要业务市场在美洲、欧洲,第三财季里分别贡献营收 37.58 亿美元、11.49 亿美元,而包括中国市场在内的亚太地区业务营收为 5.12 亿美元,在总营收的占比不足 10%。

在国内 CRM 领域,Salesforce 因"水土不服"并没有占据主流地位,主要玩家依然是本土厂商。但与 Salesforce 从 CRM 起家向平台化的发展路径不同,国内的 CRM 市场并没有出现一家"巨头"企业,国产 CRM 厂商往往选择与大型的云平台"结盟",成为云平台生态中的一环。

针对这种差异,张星亮向记者分析道,中美云计算发展的差异主要是在于"底座"IaaS(基础设施即服务)的成熟时间不同。具体来说,Salesforce 于 2004 年实现 IPO 上市,彼时亚马逊 AWS、谷歌云等均未成熟,因此它拥有平台化的机会。而国内 SaaS 发展之时,阿里云、腾讯云等巨头已然形成,因此像 Salesforce 那样往平台化发展的机会很小,而是走向专业化的道路,专业化吻合云生态,云平台上形成"横纵联合"的生态。基于此,六度人和成为腾讯 SaaS 生态"千帆计划"及 SaaS 加速器的首批加入成员。

Salesforce 收购 Slack,全球 SaaS 格局将发生哪些变化

回顾过去,Salesforce 一路从 CRM 工具逐渐裂变为了当下的 SaaS 巨头。其千亿帝国的崛起和不断的收购动作有着密切的联系,前 2 年也完成了几项重大的收购计划。而此次其目光投向 Slack,过去也曾有传出亚马逊和微软有收购 Slack 的想法。为何 Slack

能够获得 Salesforce 科技巨头的垂青？在此次收购背后，可能会给整个 SaaS 行业带来哪些影响？

1）瞄准 SaaS 黄金赛道，CRM 巨头大手笔买买买

结合近几年 Salesforce 在拓展业务版图上的动作，不难发现其收购云计算相关的公司并非首次。

仅在 2016 年，Salesforce 就收购了十多家公司。这些公司的重点多为 AI 和预测分析，但是其实有一些没有完全集成的 Salesforce 产品。

到 2018 年，它以 65 亿美元的价格收购了 MuleSoft，这当时是 Salesforce 有史以来最大的一笔交易，目的是帮助公司的产品连接云应用程序。

2019 年，又在 Tableau 上花费了上次两倍多的资金，以 153 亿美元收购了这家数据可视化公司。

而在这些动作背后，涉及不少是 SaaS 垂直领域的新晋玩家。因此，Salesforce 的意图可能都是为了进一步丰富其协作办公产品的覆盖范围。这样来看，Salesforce 此次选择收购 Slack 也并不是一时兴起，这依然是巨头为巩固其行业地位而迈出的重要一步。

Salesforce 的收购动作正是顺应着公司发展的趋势，而收购的促成其实也离不开另一方。无论是 MuleSoft、Tableau，还是现在的 Slack 都有着出售的理由，让收购交易变得更加合理。

它们在出售前的业绩表现难以令人满意，因此在资本市场其实也不受投资者的青睐。

而具体到 Slack 这家公司来说，目前其高管大部分都出自 Salesforce，融入其中时遇到的阻碍会相对较少。值得一提的是，Slack 的创始人在经营上不算十分成功，但却是一个合格的创业者，此前也有出售 Flickr 公司的先例。这些其实都构成了出售 Slack 给 Salesforce 的先决条件。

所以，此次收购消息的传出，双方都有着各自的出发点。而在这背后，其实也潜藏着不少更深层的原因值得挖掘。未来，随着收购流程完成后，也会给彼此带来一些长远的影响。

2）并购双方的意图

Salesforce 买下 Slack 不仅是收购，其野心或许是为了业务协同。

Salesforce 一直是在 CRM 市场占有领先地位的 SaaS 公司，而随着企业云市场的不断发展，其最大和增长最快的业务已是平台，而且多年一直致力于往更大规模平台型公司的方向发展。因此，从公司发展战略出发，选择收购 Slack 具有重大的意义。

虽然在 16 年公司收购了 Quip，带来了一种文档分享和协作的方式，但 Salesforce Chatter 几乎是企业客户唯一使用的社交工具，因此公司在社交方面存在着很大的不足。很早前就有消息传出 Salesforce 计划收购社交巨头 Twitter，理由可能就是在此。

而收购 Slack 完成后，恰好能给公司提供和提供坚实的企业聊天基础，进一步增强产品工具和企业客户之间的协同效应。

不仅是在提供企业聊天方面，Slack 还将帮助公司产品更好地嵌入工作流，与 Salesforce 的产品系列匹配后能涵盖销售、服务、市场营销等领域。此外，Slack 还能够帮助企业客户在 Salesforce 生态系统内部和外部的工作同时进行。

可以发现,这能够有效地实现 Salesforce 在产品上达成互补。随之而来的,可能就是业绩及用户规模上进一步扩大。

3)Slack"卖身"巨头背后,也有难以言说的无奈

不可否认的是,此次交易将带给彼此之间更多的可能。但单独站在被收购方的角度看,其实 Slack 也有着许多无奈,使得它不得不选择出售。

2020 年新冠疫情爆发后,远程办公需求激增,赋予了 Slack 业务快速扩张的良机。同处于云服务赛道下的不少 SaaS 公司的业绩迎来了迅猛增长,但 Slack 相较之下却无法令人满意。

数据显示,Slack2020 年第二季度的营收为 2.16 亿美元,同比增长 49%。结合连续多季度的营收情况,可以发现虽然收入规模在不断扩大,但是同比增速确呈现出缓慢下降的趋势。

而同时期的云视讯公司 Zoom 取得了营收同比增速 355% 的成绩,这让一样作为成长型公司的 Slack 稍显尴尬。

用户增长是 SaaS 企业价值的重要参考指标,也最能作为资本市场对公司前景的看法,但是 Slack 同样没有做得很好。

2020 年二季度 Slack 的付费用户规模在扩大,但是 CEO 表示,截至当年 7 月 31 日的付费客户流失率有所增加。这表现为使用 Slack 服务的员工人数减少,以及部分客户在合约到期后不再续订 Slack 服务。

Slack 最初在招股说明书中写道"我们的增长主要归因于口碑推荐",这意味着公司不需要投入很多在销售人员上,也可以实现一定程度的客户增长。但是事实却正好相反,营销费用也并不低。其中二季度录得 1.09 亿元,占总费用的比例高达 42.6%。

可以发现,面对长期可能继续出现的营收及用户增速放缓,Slack 其实一直在投入大量资金。在其疲于应对自身面临的业绩瓶颈时,却还一直受到最大的竞争对手微软 Teams 的冲击。

Slack 自 2019 年 10 月宣称日活跃用户数为 1200 万以来,一直没有发布最新具体的用户数,但是微软 Teams 却恰恰相反。

2019 年 11 月,微软宣布日活跃用户已经超过 2000 万,已远远领先于 Slack;2020 年 5 月还宣布,Teams 的日活跃用户已超过 7500 万。这一消息刚发布时还导致 Slack 股价一度下跌 10%,已经足以体现微软对其构成的威胁。

Slack 还未形成明显的生态系统,而微软建立的产品生态在大型企业客户中有着既定的声誉。微软将 Teams 免费捆绑在 Office365 中作为其部分,以此限制 Slack 的市场份额。而 Slack 目前不具备有效的途径能够抢夺微软的客户群体。

两者之间的竞争逐渐加剧,也让处于劣势的 Slack 疲于应对。若选择出售后,类似于 Team 转化微软庞大的客户资源,Slack 也能从 Salesforce 上获得相应的好处。本就具有出售公司先例的 Slack 创始人,或许也意识到了这一点,推动着他选择成为 Salesforce 的一员。

4)云计算收购潮袭来,SaaS 产业或迎进一步估值提升

Salesforce 对 Slack 的收购能否成功,在谈判结束前依然还是未知数。若未来这笔收购交易达成,Salesforce 原本的合作方微软反而会成为其竞争对手。后者在协同办公上领域占据庞大的市场份额,对于 Salesforce 的负面影响不言而喻。

传统巨头之间的较量可能也会随着这次收购而进一步激化,从而加速甲骨文、微软和亚马逊等竞争对手在 SaaS 企业中的收购步伐,垂直领域中表现较好的 SaaS 企业可能会成为它们的目标。

外媒评论称,Salesforce 与 Slack 联手,将加大与微软的竞争筹码,有助于 Salesforce 成为企业办公首选的云软件提供商,而 Slack 将成为企业使用 Salesforce 的前端入口。强强联合构成的威胁会让 SaaS 领域的对抗更加剧烈。

除了竞争层面,收购动作本身也伴随着风险。Slack 加入后,此前员工、产品之间建立的紧密联系可能会削弱。而且其不算亮眼的业绩,可能会拖累 Salesforce 自身,给收购合并后的短期发展带来一定的挑战。

在巨头收购加剧竞争的发展趋势下,头部效应将会更加凸显。资源很可能将集中在巨头手上,推动整个行业发展。

著名科技基金 ARK Invest Fund 曾预测,接下来的 10 年将是 SaaS 的黄金时代,市场将以 21% 的年复合增长率增长至 2030 年的 7800 亿美金规模。不断蚕食传统软件市场,占据软件行业 81% 的份额。

云服务加速渗透后,可能整个 SaaS 板块会迎来更大的估值提升。若以后回头来看,或许正是此次 Salesforce 和 Slack 的联手在其中起到了巨大的推动作用。

（资料来源：曲忠芳、李正豪,中国经营网）

案例思考题

(1)Salesforce 近几年为何频繁收购?

(2)Salesforce 收购 Slack,全球 SaaS 格局将发生哪些变化?

(3)试分析 Salesforce 与 Slack,双方收购与被收购的意图何在?

(4)该案例给你何种启示?

本章复习思考题

(1)试从环境变化的角度分析 CRM 的变化发展的趋势。

(2)CRM 软件企业该如何与时俱进满足其客户进行客户关系管理的需求?

参考文献

［1］Adrian Payne & Pennie Frow. A Strategic Framework for Customer Relationship Management［J］. Journal of Marketing. October 2005，Vol. 69，p167－176.

［2］Adrian Payne & Pennie Frow. A Strategic Framework for Customer Relationship Management［J］. Journal of Marketing.October 2005，Vol. 69，p168.

［3］Alex Belli，Anne-Maree O'Rourke，François A. Carrillat，Ljubomir Pupovac，Valentyna Melnyk，Ekaterina Napolova. 40 Years of Loyalty Programs How Effective Are They Generalizations From A Meta-analysis［J］. Journal of the Academy of Marketing Science. Jan2022，Vol. 50 Issue 1，p147－173.

［4］Arun Sharma R. Krishnan. Value Creation in Markets［J］. Industrial Marketing Management，May2001，Vol. 30 Issue 4，p391－402.

［5］Bradley T. Gale.Managing Customer Value［M］. The Free Press，1994.

［6］Christian Gronroos. The Relationship Marketing Process ：Communication，Interaction，Dialogue，Value［J］. Journal of Business & Industrial Marketing，2004，Vol. 19 Issue 2，p99－113.

［7］Darrell K Rigby，Frederick，Phil Schetter. Avoid the Four Perils of CRM［J］. Harvard Business Review，Feb2002，Vol. 80 Issue 2，p101－109.

［8］E.F.Cold.Providing OLAP to User Analysis［R］.

［9］IBM Business Consulting Services，CRM done right［OL］. Retrieved on January 7，2005 from http：//www－1.ibm.com/services/us/index.wss/ rs/bcs/a1002689.

［10］Jacoby，J.and Kyner，D.B. Brand Loyalty vs.Repeat Purchasing Behavior［J］. Journal of Marketing Research. Feb1973，Vol. 10 Issue 1，p1－9.

［11］Jill Griffin and M.W.Lowenstein. Customer Winback：How to Recapture Lost Customers- and Keep Them Loyal［M］. San Francisco：Jossey-bass，2001，p.23.

［12］Jonghyeok Kim Euiho Suh Hyunseok Hwang. A Model for Evaluating the Effectiveness of CRM Using the Balanced Scorecard［J］. Journal of Interactive Marketing. Spring2003，Vol. 17 Issue 2，p5－19.

［13］Lars Grønholdt，Anne Martensen & Kai Kristensen. The Relationship Between Customer Satisfaction and Loyalty：Cross-industry Differences［J］.Total Quality Management. Jul2000，Vol. 11 Issue 4/5/6，pS509.

［14］Richard Feinberg，Rajesh Kadam. ECRM Web Service Attributes as Determinants of Customer Satisfaction With Retail Web Sites［J］. International Journal of Service Industry Management，2002，Vol. 13 Issue 5，p432.

［15］Roger Hallowell. The Relationships of Customer Satisfaction，Customer Loyalty， and Profitability：An Empirical Study［J］. International Journal of Service Industry Management，1996，Vol 7.No.4，p27‑42.

［16］ Susan M. Keaveney. Customer Switching Behavior in Service Industries：An Exploratory Study［J］. Journal of Marketing，April 1995，Vol 59，P78.

［17］ The Website of SAS Institute Inc［OL］. http：//www.sas.com.

［18］ The One to One Future Revisisited Peppers and Rogers Group Consulting［R］. White Paper，2003.

［19］ W.H. Inmon. Building the Data Warehouse［R］.

［20］ Yi, Y. A Critical Review of Customer Satisfaction，in Zeithaml，V.（ed.）［J］. Review of Marketing. Americal Marketing Associate，Chicago Il，1990，p68‑123.

［21］ Zeithaml，V. A. Consumer Perceptions of Price，Quality and Value：A Means—end model and Synthesis of Evidence［J］. Journal of Marketing，July1988，Vol. 52，p2‑22.

［22］ Anupam Agarwal，David Harding，Jeffrey R，Schumacher. 改善组织结构以发挥CRM 的效益［R］. 麦肯锡公司研究报告，2004.

［23］ CRM 软件供应商的选择［N］. 中国计算机用户.

［24］ 德里克·艾伦（Derek Allen），莫里斯·威尔伯恩（Morris Wilburn）. 满意度的价值［M］.武永红，王妙，译.大连：东北财经大学出版社，2005.

［25］ Oracle 公司.大胆假设，合理求证——Oracle 建言亚洲银行的 CRM 建设［R］.

［26］ 辞海（缩印本）［M］.上海：上海辞书出版社，1999.

［27］ 厄尔·诺曼，斯蒂文·H.霍廷顿. 以客户为中心的六西格玛［M］. 王晓芹，等译.北京：机械工业出版社，2004.

［28］ 金高军，舒晓楠. 论企业组织结构重整与 CRM 的成功实施［J］. 商业研究，2004(1).

［29］ 罗纳德·S.史威福特.客户管理［M］.北京：中国经济出版社，2004.

［30］ 孟凡强，王玉荣. CRM 行动手册——策略、技术和实现［M］. 北京：机械工业出版社，2001.

［31］ 屈云波. 关系营销［M］. 北京：企业管理出版社，1996.

［32］ 屈云波，郑宏. 数据库营销［M］. 北京：企业管理出版社，1999.

［33］ 唐璎璋，孙黎.一对一营销［M］.北京：中国经济出版社，2002.

［34］ 唐雯. 直复营销及在我国的发展前景［J］.改革与战略，2004(4).

［35］ 田同生. 客户关系管理的中国之路［M］. 北京：机械工业出版社，2001.

［36］ 王广宇. 客户关系管理方法论［M］.北京：清华大学出版社，2004.

［37］ 汪莹，李林. 浅议企业文化与 CRM 战略实施的融合［J］.山西青年管理干部学院学报，2003(3).

［38］ 魏想明. CRM 系统的实施与企业文化重塑［J］.集团经济研究，2006(1).

［39］ 夏俊. 直复营销管理.［M］.北京：中国发展出版社，2000.

［40］ 徐作宁，康杰. 业务流程重组是成功实施 CRM 的关键［J］. 经济体制改革，2002(2).

［41］ ［美］亚瑟·M.休斯. 数据库营销：策略与案例［M］. 劳帼岭，译. 北京：机械工业出

版社,2004.

[42] 杨龙,王永贵.顾客价值及其驱动因素剖析[J].管理世界,2002(6).

[43] 野口吉昭.客户关系管理实施流程[M].杨鸿儒,译.北京:机械工业出版社,2003.

[44] 余郁,王成钢.基于 CRM 的企业流程再造[J].山西科技,2005(1).

[45] 中国大百科全书·哲学卷[M].北京:中国大百科全书出版社,1987.

[46] 周洁如.客户忠诚及其经济价值分析[J].上海管理科学,2002(5).

[47] http://erp.newmaker.com.

[48] http://tech.sina.com.cn.

[49] http://www.c800.com.

[50] http://www.crm086.com.

[51] https://www.djyanbao.com.

[52] http://www.eceb.com.cn.

[53] http://www.edu.cnki.net.

[54] http://www.emkt.com.cn.

[55] http://www.hollycrm.com.

[56] https://www.iimedia.cn.

[57] http://www.turbocrm.com.

[58] https://www.weaver.com.cn.

[59] http://www.wecrm.com.

[60] http://202.121.226.3.